KB036222

근대 영혼 구원하기

치료요법, 감정, 그리고 자기계발 문화

근대 영혼 구원하기

Saving the Modern Soul:

치료요법,
감정,
그리고
자기계발 문화

Therapy, Emotions, and the Culture of Self-Help

에바 일루즈 Eva Illouz 지음 | 박형신·정수남 옮김

한울
아카데미

Saving the Modern Soul
Therapy, Emotions, and the Culture of Self-Help
by Eva Illouz

근대정신의 비극은, 근대정신이 "우주의 수수께끼를 풀었"지만
그것은 단지 우주의 수수께끼를 자신의 수수께끼로 대체했을
뿐이라는 데 있다.

_알렉상드르 쿠아레Alexandre Koyre, 『뉴튼식의 연구Newtonian Studies』

차 례

감사의 말 _ 9

제1장 | 서론 11

문화사회학과 치료요법 20
새로운 감정 양식으로서의 치료요법 26
텍스트와 맥락 30
문화 비판과 심리학 35

제2장 | 프로이트: 문화 혁신가 39

하나의 카리스마적 기획으로서의 정신분석학 41
프로이트적 카리스마의 사회조직 44
미국에서의 프로이트 49
프로이트적 문화의 매트릭스 56
심리학과 대중문화의 로맨스 77
결론 83

제3장 | 호모 에코노미쿠스에서 호모 커뮤니칸스로 85

조직사회학에서의 감정통제 88
통제 권력과 권력 통제 92
심리학자, 시장에 진입하다 95

새로운 감정 양식 103
감정통제 107
기업 정신으로서의 소통 윤리 124
감정적 역량, 도덕적 역량, 직업적 역량 133
결론 144

제4장 | **친밀성의 독재** **147**

친밀성: 점점 더 차가워지는 안식처 150
자신들의 의지를 넘어서? 심리학자와 결혼생활 160
페미니즘과 심리학의 공통점 167
친밀성: 새로운 감정적 상상력 173
침실에서의 소통 합리성 182
순수 감정이라는 이데올로기를 향하여 187
열정 냉각시키기 197
결론 208

제5장 | **고통의 승리** **210**

치료요법이 승리한 이유 216
치료요법적 자아 서사 235
치료요법을 통해 자아 수행하기 244
행위 속의 서사 255
결론 269

제6장 | **새로운 감정적 계층화?** 270

감정적 역량의 발흥 274

감정 지능과 그 선조들 277

글로벌 치료요법 아비투스와 신남성 296

하나의 사회적 재화로서의 친밀성 303

결론 323

제7장 | **결론: 문화 연구에서의 제도적 실용주의** 326

주 _ 338

찾아보기 _ 371

옮긴이 후기: '감정자본주의'는 어떻게 형성되었는가? _ 378

빚에는 여러 가지 형태가 있다. 어떤 빚은 너무 커서 책의 감사의 말 부분에 적절히 다 표현할 수 없기도 하다. 내가 악셀 호네트Axel Honneth에게 진 빚이 바로 그런 빚이다. 악셀 호네트는 나를 2004년도 아도르노 강의the 2004 Adorno Lectures의 강의자로 초대했고, 그리하여 내가 놀랍도록 논쟁적인 독일 학계의 청중에게 이 책의 기본 논거를 발표할 수 있게 해주었다.

나는 이 책을 쓰는 데 커다란 지원을 해준 몇몇 기관, 즉 이스라엘 국립과학재단Israel National Science Foundation, 셰인연구소Shain Institute, 그리고 런던 히브리 대학교Hebrew University의 연구개발처에 감사를 표하고 싶다.

도일 매카시Doyle McCarthy, 제프리 프래거Jeffrey Praeger, 찰스 스미스Charles Smith는 캘리포니아 대학교 출판부를 대신하여 책 전체를 읽고 검토하여 대단한 비평을 해주었다. 그 비판은 세부적인 내용에서는 호되었지만, 그 의도는 호의적인 것이었다.

적절한 비판을 해준 것은 물론 새로운 깨달음을 주는 참고 문헌을 제공해 준 친구와 동료들에게도 감사한다. 보아스 샤미르Boas Shamir, 미할 프렌켈Michal Frenkel, 미할 파기스Michal Pagis는 제1장과 제3장의 논지를 더 선명하게 하는 데 도움을 주었다. 나흐만 벤예후다Nahman Ben-Yehuda와 요람 빌루Yoram Bilu에게는 특별한 감사를 표한다. 그들의 우정과 지지는 비잔티움 학계를 감내할 수 있게 해주었고, 심지어 그 속에서 즐겁게 보낼 수 있게 해주었다.

각주와 참고 문헌을 확인하는 드러나지 않는 일을 끊임없이 도와준 리오 플럼Lior Flum과 이 책의 편집에 도움을 준 캐럴 키드론Carol Kidron에게도 아주 깊은 감사를 전한다. 쇼샨나 필켈만Shoshanna Finkelmann은 이 책을 마무리하는 단계까지 책임을 다했고, 아마도 그 기간 동안 내가 얼마간 제정신을 유지하는 데에도 도움을 준 것으로 보인다. 마지막으로, 캘리포니아 대학교 출판부의 멋진 팀인 나오미 슈나이더Naomi Schneider, 엘리자베스 매그너스Elisabeth Magnus, 매릴린 슈워츠Marilyn Schwartz, 발레리 위트Valerie Witte는 이 책을 만들며 그 분야에서 그들이 누리는 명성이 괜한 것이 아니라는 것을 보란 듯이 증명해 주었다.

이 책을 언제나처럼 내 남편이자 최고의 친구인 엘캐넌Elchanan에게 헌정한다.

제1장

서론

분명 계몽의 개념이 방법론적으로 너무 제한되어서는 안 된다. 왜냐하면 내가 이해한 바로는 계몽은 단지 논리적 연역과 경험적 검증에 그치지 않기 때문이다. 오히려 계몽은 그 둘을 넘어서는 것, 즉 현상학적으로 사색하고 공감하고 이성의 한계에 접근하고자 하는 의지와 능력 역시 포함한다. …… 거기에 감정도 포함되는가? 나의 관심사는 아니지만, 물론이다. 계몽이 감정으로부터 자유로워야 한다고 어디에 규정되어 있는가? 내게는 그 반대가 사실인 것으로 보인다.

계몽은 오직 정념과 함께 작동할 때에만 그 임무를 적절히 완수할 수 있다.

_장 아메리Jean Amery*

사람은 말로 다른 사람을 더없이 행복하게 만들 수도 있고 절망에 빠뜨릴 수도 있다. 선생은 말로 학생들에게 자신의 지식을 전달한다. 말은 감정을 유발하고, 일반적으로는 사람들 사이에서 상호 영향을 미치는 수단이다.

_지그문트 프로이트Sigmund Freud**

치료요법therapy에 관한 연구와 비판은 지난 30년 동안 꾸준히 축적되어

왔다. 방법과 전망에서는 서로 다르지만, 그러한 작업들은 치료요법적 신념therapeutic persuasion이 철저히 근대적이라는 데 동의하며, 또한 치료요법적 신념이 근대성—관료제화, 나르시시즘, 거짓 자아의 구성, 근대 삶에 대한 국가의 통제, 문화적·도덕적 위계질서의 붕괴, 자본주의 사회조직에 의한 삶의 극심한 사사화, 공동체적 관계의 단절로 인한 근대 자아의 공허함, 대규모 감시, 국가 권력의 확장과 국가 정당화, '위험 사회'와 자아의 취약성 계발[1]—에 대해 크게 불안하게 만든다는 점에서도 근대적이라는 데 동의한다. 어쩌면 치료요법 담론에 관한 연구만으로도 근대성의 사회학(그리고 근대성 비판)을 구성하는 다양한 테마에 관한 소개서를 쓸 수 있을 것이다.

공동체주의적 입장에서 근대성을 비판하는 사람들은 심리학이 자신이 치유한다고 주장하는 바로 그 병을 유발하거나 적어도 조장하는 원자론적 개인주의atomistic individualism를 표현한다고 주장한다. 이를테면 심리학은 우리가 사회관계에 진입하거나 유지하는 데서 점점 더 겪고 있는 어려움을 다루고 그 어려움을 해결하도록 돕는다고 내세우면서도, 실제로는 우리로 하여금 다른 사람에 대한 헌신보다는 우리 자신의 욕구와 선호를 우선시하게 한다. 치료요법 담론의 비호하에 사회관계는 유해한 공리주의pernicious utilitarianism—사회제도에 대해 헌신하지 않는 것을 용인하고 나르시시즘적이고 피상적인 정체성을 정당화하는—에 의해 해체된다.[2]

리오넬 트릴링Lionel Trilling, 필립 리프Philip Rieff, 크리스토퍼 라시Christopher Lasch, 필립 쿠시먼Philip Cushman과 같은 평론가들은 치료요법적 세계관의 부상이 문화와 가치라는 자율적 영역을 쇠퇴시키는 것으로 해석해 왔다.[3] 소비와 치료요법 관행 덕분에 자아는 순탄하게 근대성의 제도들 속으로 통합되었고, 이로 인해 문화는 자신이 지니고 있던 능력, 즉 사회를 초월하고 사회에 대항할 수 있는 능력을 잃었다. 소비의 유혹 자체와 치료요법적 자기도취self-absorption가 사회에 대한 그 어떤 진지한 대항도 쇠퇴시키고 서구 문명 전반을 문화적으로 고갈시키고 있다. 더 이상 영웅, 구속력 있는 가치, 문화적 이상을 창조할 수 없는 자아는 자신의 텅 빈 껍데기 속으로 철수했다. 치료요법적 신념은 우리에게 우리 자신 속으로 철수할 것을 요구함으로써 우리로 하여금 시민권과 정치라는 위대한 영역을 버리게 했고, 사적 자아와 공적 영역을 연결시키는 방법을 깨닫지 못하게 했다. 왜냐하면 치료요법적 신념이 자아 속에서 자신의 공동체적·정치적 내용물을 비워버리고, 그 내용물을 나르시시즘적 자기 관심으로 대체했기 때문이다.

그간 치료요법 담론에 대한 가장 급진적이고 아마도 가장 영향력 있는 비판을 고무해 온 것은 바로 미셸 푸코Michel Foucault가 수행한 지식체계의 역사화 작업이었을 것이다. 치료요법 담론에 대한 푸코의 접근방식은 의미공동체community of meaning를 복원하는 데 관심을 두기보다는 권력이 수직적·수평적으로 사회구조 속으로 얽혀 들어가는 방식을 밝혀내는 데 더 관심을 두고 있다. 널리 알려져 있다시피, 푸코는 자아해방self-liberation이라는 정신분석학의 영광스러운 프로젝트가 규율의 한 형태이자 '또 다른 수단에 의해' 자아를 제도적 권력에 예속시키는 것이라고 폭로함으로써, 정신분석학에 치명적인 타격을 가했다.[4] 그는 정신분석학 프로젝트에서 핵심을 이루는 섹슈얼리티의 과학적 '발견' 작업은 고백을 통해 피험자들이 자신에 대한 진실을 찾고 말하게 하는 오랜 전통을 잇고 있다고 시사해 왔다. 치료요법은 우리 자신을 원망, 욕구, 욕망—우리의 자유를 위해 밝혀지고 범주화되고 통제되어야 하는—을 지닌 개인으로 발명하는 현장이다. 정신분석학적 관행은 '성sex'과 '정신psyche'이라는 쌍둥이 범주를 통해 우리 자신에 대한 진실을 찾게 하며, 따라서 그 진실을 발견하는 것 및 그 과정에서 해방을 모색하는 것과 관련하여 정의된다. 근대 시기에 '심리 담론psy discourse'[5]이 특히 효과를 발휘하는 까닭은 그러한 담론들이 자기인식self-knowledge의 관행을 인식론적이자 도덕적인 행위로 만들기 때문이다. 근대 권력은 검열관의 단호한 얼굴 모습을 보이기는커녕, 정신분석가—광대한 권력 네트워크(익명성과 편재성을 통해 어디에나 존재하고 널리 퍼져 있는 전체주의적인 네트워크)에서 하나의 마디에 지나지 않는 것으로 판명되는—의 자비로운 얼굴 모습을 하고 있다. 따라서 정신분석학 담론은 '자아의 정치적 테크놀로지political technology of the self—국가의 정치적 합리성이라는 일반적인 틀 속에서 이용되고 발전된 하나의 도구—이다. 따라서 자아를 해방시킨다는 정신분석학의 목표 그 자체가 바로 개인을 관리 가능하고 규율 있게 만든다. 공동체주의적 사회학자들이 치료요법 담론을 자아와 사회 간을 이간시키는 것으로 바라본다면, 푸코는 반대로 치료요법을 통해 자아가 권력체계를 위해 그리고 권력체계 내에서 순조롭게 작동하도록 만들어진다고 주장한다.

비록 이 책이 근대성 비판에 일정한 함의를 지닐 수밖에 없지만, 나는 그러한 비판에 대해서는 논의하지 않을 것이다. 치료요법 담론이 도덕적 의미 공동체를 위협하는지, 가족을 훼손하는지, 여성을 억압하는지, 정치적 영역의 적실성을 약화시키는지, 도덕의 미덕과 특성을 부식시키는지, 일반적인 감시 과정을 수행하는지, 나르시시즘의 빈 껍데기를 강화하는지, 자아를 약화시키는지는 나의 관심사가 아니다(하지만 이 질문 중 일부는 이후의 논의에서 불가피하게 자주 등장할 것이다). 나의 목적은 치료요법 담론의 유해한 효과를 입증하는 것도 아니고 그 담론의 해방 잠재력에 대해 논의하는 것도 아니다. 그러한 과업은 많은 다른 사람에 의해 아주 잘 수행되어 왔다.[6] 여기서 내가 의도하는 것은 오히려 문화 연구 분야를 그간 문화 연구가 너무나도 크게 의존해 온 '의심의 인식론epistemology of suspicion'에서 벗어나게 하는 것이다. 달리 말하면, 나는 사회관계가 어떠해야 하는지를 이미 알고 있는 척하지 않고 문화를 분석하고자 한다. 나는 과학적 대상에 대한 브루노 라투르Bruno Latour와 미셸 칼롱Michel Callon의 사회학적 접근방식을 이용하여, 문화 연구자들에게 두 가지 원칙을 채택할 것을 요구한다. 그것이 바로 '불가지론'의 원칙principle of agnosticism—즉, 사회적 행위자에 대해 몰도덕적인 입장을 취하는 것—과 대칭의 원칙principle of symmetry—즉, 비슷하거나 대칭적인 방식으로 서로 다른 현상을 설명하는 것—이다.[7] 문화분석의 요점은 문화적 관행이 어떠해야 하는지, 또는 어떠했어야 하는지에 근거하여 그 관행을 측정하는 것이 아니라, 오히려 문화적 관행이 어째서 현 상태가 되었는지, 그렇게 되는 과정에서 문화적 관행은 왜 사람들을 위해 '어떤 일을 수행하는지'를 이해하는 것이다. 따라서 푸코적 접근방식은 그 탁월성에도 불구하고 충분하지 않다. 왜냐하면 푸코는 '감시surveillance', '생명권력bio-power', '통치성governmentality'과 같은 치명적 결함을 지닌 지나치게 포괄적인 개념을 사용했기 때문이다. 이 개념들은 행위자의 비판적 능력을 진지하게 고려하지 않는다. 이 개념들은 왜 행위자들이 자주 의미에 깊이 관여하고 몰두하는지를 묻지 않는다. 그리고 이 개념들은 사회적 영역 간을 구분하지 않고, 그러한 영역들을 프랑스의 사회학자 필리프 코르퀴프Philippe Corcuff가 '불도저bulldozer'[8] 개념이라고 부르는 것, 즉 사회적인 것이 지닌 복잡성을 결국에는 한데 뭉뚱그려버리고 모든 것을 한데 아우르는 개념(이를테면 '생명권력'이나 '감시'와 같은 개념) 아래 함몰시킨다. 내가 보여주고 싶어 하는 것처럼, 사회 영역을 구분하는 것이 중요하다. 치료요법의 이용과 효과에 대한 심층적이고 맥락적인 분석은 ('감시'나 '생명권력'의) 전반적인 효과가 전혀 단일하지 않다는 것을 보여준다. 반대로 치료요법의 이용과 효과는 기업, 결혼생활, 또는 후원단체의 영역에서 각기 다르게 나타난다(우리는 이를 제3장, 제4장, 제5장에서 순차적으로 다룬다).

심리학 담론을 비판하는 사람들 모두가 그 담론이 '승리'했다는 데 동의하기는 하지만, 그리고 몇몇 주목할 만한 연구가 치료요법에서 **무엇**이 '승리'를 거두었는지를 자세히 설명하고 있기는 하지만,[9] 우리는 그 담론이 **어떻게**, 그리고 **왜** 승리했는지에 대해서는 여전히 그리 잘 알지 못한다.[10] 이 문제를 다루면서, 나는 문화적 관행이 어떻게 특정한 정치적 관행을 실행하는지를 (또는 실행하지 않는지를) 체계적으로 폭로하는 과정에서 의심의 인식론에 의존하는, 문화에 대한 비판적 접근방식과 결별한다. 그 대신에 나는 우리가 문화의 메커니즘—즉, 의미가 생산되는 방식, 의미가 사회구조 속으로 얽혀 들어가는 방식, 의미가 일상생활 속에서 관계를 틀 짓고 불확실한 사회세계에 대처하는 데 이용되는 방식, 그리고 의미가 자아와 타자에 대한 우리의 해석을 조직화하는 방식—을 이해하기 전에는 문화를 적절하게 비판할 수 없다고 주장한다. 내가 보여주고 싶어 하듯이, 치료요법 에토스에 대한 분석**과** 비판 모두는 사회관계가 어떠**해야** 하는지에 대한 선험적인 정치적 가정에 근거하지 않을 경우 새로운 양상을 띤다. 오히려 나의 분석은 의미와 관념을 유용한 도구—즉, 우리로 하여금 일상생활에서 특정한 것들을 성취할 수 있게 해주는 도구—로 보아야 한다고 파악하는 실용주의적 통찰에 동의한다.[11]

따라서 치료요법 담론에 대한 나의 연구는 다른 무엇보다도 문화사회학의 관점에서 수행된다. 치료요법 에토스에 대한 탐구는 아마도 그 어떤 다른 주제보다도 "문화가 작동하는 방식"을 고찰하기 위한 하나의 이상적인 현장일 것이다. 다음과 같은 몇 가지 이유에서 그러하다.

첫째, 문화 연구자들에게 치료요법 언어는 자아에 대한 질적으로 새로운 언어라는 보기 드문 장점을 지니고 있다. 비록 치료요법 언어가 정신에 대한 아주 오랜 견해에 의존하기는 하지만, 그것은 미국이나 유럽의 문화에서 실제로 전례가 없다. 그런 점에서 치료요법 언어는 새로운 문화적 형태가 출현하는 방식과 새로운 언어가 자기인식—이는 사회적 관계와 행위 속으로 스며든다—을 변화시키는 방식을 있는 그대로 이해하게 해줄 수 있다. 프로테스탄트 개혁에 대한 로버트 벨라Robert Bellah의 통찰을 상기하면서, 우리는 치료요법 담론이 "가장 심층적인 수준의 정체성 상징을 재정식화해" 왔다고 말할 수 있다.[12] 그러한 재정식화는 문화사회학자들에게서 특히 흥미를 끈다. 왜냐하면 그러한 재정식화가 전문화된 과학적 지식의 공식 채널이라는 한편과 문화산업(신문, 대중매체, 출판산업, 텔레비전)이라는 다른 한편에서 동시에 이루어졌기 때문이다. 치료요법 담론이 자아에 대한 질적으로 새로운 언어일 경우, 그것은 우리로 하여금 새로운 문화 코드와 의미의 출현에 대해 전혀 다르게 질문을 던질 수 있게 하고, 또한 문화 코드와 의미가 사회 전반으로 확산되고 사회에 영향을 미치는 조건을 탐구할 수 있게 해준다. 이 책은 보다 넓은 의미에서의 자기성찰의 문화사의 한 단편으로, 다시 말해 우리가 ('욕망', '기억', '감정'과 같은 범주들을 통해) 우리 자신을 바라보고 고찰하기 위해 사용하는 언어와 기법의 역사로 읽힐 수 있다.

둘째로, 정치적 자유주의라는 관념과 경제적 효율성이라는 시장에 기반한 언어를 제외하면, 그 어떤 다른 문화적 틀도 치료요법 담론만큼 20세기의 자아 모델에 결정적인 영향을 미치지 못했다. 전체 인구의 거의 절반이 정신건강 전문직 종사자들과 상담했을 뿐만 아니라,[13] 훨씬 더 중요하게는 치료요법 전망이 현대 사회의 다양한 사회 영역(이를테면 경제조직, 대중매체, 아이 양육 패턴, 친밀한 관계와 성관계, 학교, 군대, 복지 국가, 교도소 재활 프로그램, 국제 분쟁)에 제도화되어 왔다. 치료요법은 여러 형태로 미국 대중문화에 필적할 만한 규모로 (그리고 어쩌면 그것보다도 훨씬 더 큰 규모로) 전 세계적으로 확산되어 왔다. 치료요법이 자기성찰적 정신분석학, 뉴에이지 '마음-몸' 워크숍, 또는 '자기주장 훈련assertiveness training' 프로그램 등 그 어떤 형태를 취해왔든지 간에, 그것은 매우 다양한 사회집단, 조직, 제도, 문화적 환경을 가로지르며 보기 드문 수준의 문화적 정당성을 확보해 왔다. 치료요법 담론은 근대성의 구획화된 영역들을 넘나들며 그 경계를 모호하게 만들었고, 자아를 표현하고 틀 짓고 인도하는 주요 코드 중 하나가 되었다. 게다가 치료요법 담론은 대학의 커리큘럼 표준화와 심리 전문직의 표준화를 통해 국경을 초월하며 '초국가적' 자아 언어를 이루고 있다. S. N. 아이젠슈타트S. N. Eisenstadt의 말대로 문명이 존재론적 비전을 확산하고 구체화하는 중추를 가지고 있다면,[14] 치료요법 전망은 서구 문명으로 알려진 비정형적이고 모호한 실체의 중추 중 하나가 되었다.

셋째, 치료요법 담론은 어쩌면 다른 어떤 문화적 형성물보다도 문화와 지식이 현대 사회에서 분리될 수 없게 겹쳐져 온 방식을 예증해 줄 수 있다.[15] 카린 크노르-세티나Karin Knorr-Cetina가 말했듯이,

> 지식사회는 단순히 보다 많은 전문가, 기술 인프라와 정보구조, 그리고 (참여자가 아닌) 전문가의 해석으로 이루어지는 사회가 아니다. 지식사회는 지식문화가 사회로 쏟아져 들어와서 지식문화의 티슈tissue들이 사회를 얽어매어 온 사회, 즉 일련의 과정, 경험, 관계 전체가 지식에 의지하고 지식의 표현을 통해 전개되는 사회를 의미한다. 이러한 지식의 '열개dehiscence', 즉 지식 관계가 사회 속으로 펼쳐나가는 방식은 지식사회에 대한 경제학적 설명 속에서가 아니라 사회학적 설명 속에서 해명되어야 하는 문제이다. …… 우리는 지식이 사회적 관계를 구성해 온 방식을 추적할 필요가 있다.[16]

심리학이 그 학문을 생산하고 사용할 자격을 가진 전문가들에 의해 공식 조직 속에서 생산된 텍스트와 이론의 집합체라는 데에는 의심의 여지가 없다. 그러나 어쩌면 심리학은 또한 기본적으로 다양한 문화산업을 통해 전 세계적으로 확산된 지식의 집합체이기도 하다. 자기계발서, 워크숍, 텔레비전 토크쇼, 라디오의 시청자 전화 참여 프로그램, 영화, 텔레비전 시리즈, 소설, 잡지 모두는 미국 사회와 문화 도처에 치료요법을 확산시킨 가장 중요한 문화 플랫폼이었다. 이 모든 것은 치료요법 지식을 확산시키는 데서 중심적인 현장이었고(지금도 여전히 그러하다), 그러한 지식을 현대 미국 중

간계급의 문화적·도덕적 세계에서 필수적인 부분으로 만들었다. 이처럼 전문적이면서도 동시에 대중적이라는 심리학의 이중적인 지위는 현대 문화 연구자들에게 심리학을 매우 흥미로운 현상으로 보이게 했다. 심리학의 이러한 성격은 고급문화와 대중문화가 지식 형성물들로 가득 차는 방식을 이해하는 기회를 제공한다. 실제로 "지식이 우리의 경제 및 기술의 발전에 결정적인 힘이 되었다"[17]는 점을 고려할 때, 지식은 현대 사회에서 문화적 행동의 중요한 측면을 구성한다. 지식의 이러한 확산은 대중매체와 여러 제도적 영역을 통해 이루어졌다. 그 과정에서 심리학적 지식은 자아를 수행하는 방법이 되었고, 이는 다시 심리학적 지식이 왜 그토록 오랫동안 주의를 끄는 방식으로 자아를 정의해 왔는지를 설명해 준다. 지식과 상징체계가 우리가 누구인지를 틀 지어온 까닭은 그것들이 사회제도—특정한 방식의 앎과 말하기에 권위를 부여하고 그것들을 관례화하여 앎과 말하기가 일상의 행동을 조직하고 자아의 상호작용 의례를 구조화하는 보이지 않는 기호학적 부호가 되게 하는—내에서 생성되기 때문이다. 바로 이 가정이 이 책에서 취하는 주요 전략을 인도한다. 왜냐하면 이 책에서 우리가 치료요법 담론이 기업, 가족, 그리고 자기계발의 일반적인 관행(우리는 이것들을 제3장, 제4장, 제5장에서 차례로 검토한다)과 같은 서로 다른 제도적 환경에 통합되어 온 방식과 이들 분야 각각에서 치료요법이 사회관계를 조직화하는 방식을 검토하기 때문이다.

마지막으로, 치료요법 담론은 문화분석을 위한 아주 좋은 현장이다. 왜냐하면 치료요법 담론이 20세기 전체에 걸쳐 그 세력과 영역을 확보해 왔기 때문이다. 치료요법의 문화적 구조는 어떻게 20세기 내내 살아남아 강화되었는가? 어떤 과정이 하나의 문화구조를 지속시키고 지탱되게 하는가? 올랜도 패터슨Orlando Patterson이 주장하듯이, 문화적 연속성은 그저 가정되는 것이 아니라 설명될 필요가 있다.[18] 치료요법 담론이 지닌 비상한 상황대처 능력resilience은 그 담론이 미국 사회의 중심 제도들로 통합되었다는 사실에 의해서뿐만 아니라 그 담론이 엄청난 수의 사회적 행위자와 문화산업을 그 성원으로 삼을 수 있었다는 사실에 의해서도 설명될 수 있다(제5장을 보라).

이러한 이유에서 나는 치료요법 담론이 문화사회학자에게 (비록 버겁기는 하지만) 아주 좋은 연구 대상이라고 생각한다. 따라서 이 책에서 나는 치료요법 문화의 다양한 측면을 증거에 근거하여 입증하는 데 그치지 않고, 그간 문화사회학자들이 너무나 드물게 수행해 왔던 과제, 즉 새로운 **문화 구조**가 어떻게 출현하는지도 추적하고자 한다.

문화사회학과 치료요법

비록 문화사회학이 때때로 절망적일 정도로 불분명한 분야처럼 보이기도 하지만, 우리는 이 분야의 핵심을 구성하는 여러 명제를 확인할 수 있다. 첫째는 우리가 누구인가라는 문제에서 문화가 매우 중요하다는 것이다. "우리가 누구인가"라는 말을 통해 내가 주목하려 하는 것은 우리의 목적, 관심사, 또는 물질적 자원이 아니다. 오히려 나는 우리가 누구인지를 이해하는 방식에 주목한다. 우리는 우리가 누구인지를 (가치, 주요 이미지와 시나리오, 이상, 사고 습관에 의해 틀 지어지는) 행위를 통해, (우리 자신과 타인의 경험을 프레임 짓는 데 이용하는) 서사를 통해, (우리가 우리 자신과 타인의 성공과 실패를 설명하는 데 이용하는) 설명을 통해, 우리가 자격이 있다고 느끼는 것을 통해, 그리고 (우리가 우리의 사회적 세계를 위계화하는 데 이용하는) 도덕적 범주들을 통해 이해한다. 우리의 행위, 서사, 설명, 도덕적 범주는 우리가 누구인지를 이해하는 데 도움을 줄 뿐만 아니라 우리가 자신을 다른 사람들에게 알리는 방식, 우리가 다른 사람들의 지지를 동원하는 방식, 우리가 자신을 방어하고 자신을 위해 싸울 준비를 하는 방식, 그리고 우리가 애매한 선택에 직면했을 때 방향을 잡는 방식에서도 중요한 역할을 한다. 조지 스타인메츠George Steinmetz가 말했듯이, "문화는 보다 심층적인 힘, 보다 근본적인 힘, 또는 보다 물질적인 힘을 실어나르는 컨베이어벨트 그 이상의 것이다."[19] 치료요법 담론은 은유, 이항 대립, 서사 도식, 설명 틀로 이루어진 전적으로 새로운 하나의 문화적 매트릭스로, 20세기 내내 자아와 타자에 대한 우리의 인식을 점점 더 틀 지어왔다. 이런 점에서 치료요법 담론은 여전히 문화에서 의미가 수행하는 중심적인 역할을 확인할 필요가 있는 사회학자들에게 그 역할을 증명할 수 있는 아주 좋은 기회를 제공한다.[20]

문화사회학에 의해 만들어진 둘째 명제는 의미들은 현실을 규정하는 능력에서 차이가 있다는 것이다. 어떤 의미들은 다른 의미들보다 더 강력하고 더 구속력이 있다.[21] 전통적으로 문화사회학은 제도와 상당한 정도로 공명하고 있는 의미들, 즉 강력한 제도적 틀에 의해 공식적으로 인정되고 만들어진 의미들에 관심을 가져왔다. ('개인주의'는 다양한 제도 속에서 만들어지고 그 제도들에 의해 공식적으로 인정되었다는 의미에서 제도와 크게 공명하고 있는 의미의 좋은 사례이다.) 문화 연구가 보통 강력한 제도에 의해 만들어진 의미들에 관심을 가져온 까닭은 그러한 의미들이 더 구속력 있고 또 사회질서와 가장 가시적으로 연결되어 있다고 추정되기 때문이다. 치료요법 에토스가 반제도적이고 나르시시즘적인 자아에 특권을 부여한다는 견해[22] — 공동체주의적 사회학자들 사이에 널리 퍼져 있는 견해 — 와 달리, 나는 치료요법 담론이 근대성의 주요 기관 내에서 그리고 그 기관들을 통해 만들어졌기 때문에 문화와 상당한 정도로 공명하게 되었다고 주장한다. 치료요법적 담론은 반제도적 태도를 주입하기는커녕, 자아를 제도화하는 엄청나게 강력한, 그리고 본질적으로 근대적인 방식이다.[23]

문화사회학이 독특하게 제시하는 셋째 주장은, 문화는 바람이 나무에서 나뭇잎을 떨어뜨리는 것과 같은 방식으로 우리의 행위를 유발하지 않는다는 것이다. 비록 많은 문화 연구자들이 독립적인 인과적 힘을 가진 문화적 변수들을 확인하기 위해 노력하기는 하지만, 문화라는 진흙 밭에서 작업하는 우리 대부분은 문화가 '그 밖의 다른 부분들'과 너무 얽혀 있기 때문에 문화에 실증주의적 인과 모델을 적용하는 것은 (바람직하지 않은 것은 아니더라도) 그리 적합하지 않다고 본다. 실제로 설명 변수로 간주되는 것들은 자주 그 자체로 설명되어야 하는 것들이다.[24] 우리는 문화가 사회와 접하는 관계를 비와 비가 내린 흙 간의 관계와 비교할 수 있다. 우리는 비 때문에 흙이 젖었다는 것을 알기는 하지만, 우리에게 남는 것은 자주 흙과 물로 다시 분리될 수 없는 '진흙'뿐이다. 나 역시 치료요법 담론이 점차 자아의 언어를 틀 지었던 역사적 순간을 추적하기 위해 노력하지만, 경제적 자유주의나 계약법의 언어가 그러하듯이, 이제 우리가 자아를 조직하는 다른 '지배적인 문화' 코드로부터 이 자아 언어를 따로 떼어내는 것은 사실상 불가능하다. 따라서 중요한 과제는 문화가 사회적 관계로부터 완전히 자율적이지 않으면서도[25] 어떻게 사회적 관계를 구성하는지를 이해하는 것이다. 치료요법 담론은 언어가 자아의 구성에서 중요한 역할을 한다는 주장을 강력하게 펼치는 데 도움을 준다. 왜냐하면 언어가 감정을 경험하고 표현하는 역동적인 수단이기 때문이다. 언어는 감정의 범주를 정의하고, '감정 문제'가 무엇인지를 명확히 해주며, 그러한 문제를 이해하는 인과적 틀과 은유를 제공하고, 더 나아가 감정을 표현하고 이해하고 관리하는 방식을 제약한다.[26]

문화사회학의 넷째 특징은 문화사회학이 의미와 사회집단—그 집단이 의미의 생산자이든, 전달자이든, 또는 소비자이든 간에—간의 (인과관계로 축소될 수 없는) 관계를 찾기 위해 체계적인 시도를 한다는 것이다. 사회적 위치 또는 물질적 이해관계라는 한편과 관념, 가치, 신념이라는 다른 한편 간의 관계는 결정론적 관계이거나 기계적인 관계일 수 없다. 하지만 비록 우리가 그러한 관계를 인과론적·결정론적인 방식으로 생각할 수 없을지라도, 관념과 상징의 사회적 전달자를 식별하는 것은 문화사회학의 지극히 중요한 과제 가운데 하나로 여전히 남아 있다. 하지만 치료요법 담론이 강력한 제도적 기반을 가진 일단의 언어적 관행이라는 사실은 그러한 탐구를 복잡하게 만든다(그러한 제도적 기반은 대학의 학과, 연구 기관, 전문 저널에서 기원한다). 치료요법 담론은 심리학자라는 전문가 계급에서 나오며, 특히 신중간계급의 성원과 여성 사이에서 수용되어 왔다. 그러나 치료요법 담론은 또한 일련의 현혹적인 사회적·문화적 장소들(TV 토크쇼, 인터넷, 출판산업, 임상의의 개인 진료실, 비즈니스 컨설팅, 학교 커리큘럼, 교도소 훈련 프로그램, 사회복지 서비스 및 수많은 후원단체)에 산재되어 있는, 저자를 알 수 없고 출처도 불분명한 채로 널리 퍼져 있는 세계관이기도 하다. 리오넬 트릴링Lionel Trilling의 표현을 빌리면, 치료요법 담론은 "우리 문화의 통용어slang"가 되었다.[27] 그러므로 치료요법 담론은 뚜렷한 경계와 글쓰기 규칙을 가지고 공식적인 조직에서 생산되며 전문적 네트워크를 통해 — 특히 '지식 생산자'를 통해 — 운반되는 **공식적인** 지식체계이자,[28] 동시에 일상의 문화적 관행과 자기인식 속에 존재하는 무정형적이고 널리 확산되어 있는 **비공식적인** 문화체계이기도 하다. 비록 이 책은 후자의 체계에 초점을 맞추지만, 나는 두 영역 간의 관계를 강조하려고 노력한다.

나는 문화를 정의하는 이 네 가지 차원에 대해 대부분의 문화사회학자가 동의할 것이라고 믿는다. 하지만 나는 여기에 문화사회학에서 불행하게도 무시되어 온 하나 또는 두 가지 차원을 나 나름으로 추가적으로 제시한다. 문화사회학은 놀랍게도 구조structure와 행위agency를 연결하는 중심적인 연결고리일 수 있는 것에 진지한 주의를 기울이지 않아왔다. 문화사회학이 놓친 연결고리missing link가 바로 감정이다.

감정은 우리로 하여금 특정한 행위를 하게 하는 내적 에너지inner energy로, 그 행위에 특정한 '분위기'나 '색깔'을 입혀준다.[29] 따라서 감정은 행위의 한 측면, 즉 그러한 '에너지를 담고 있는' 측면으로 정의된다(여기서 에너지는 인식, 영향, 평가, 동기, 몸을 동시에 함축하는 것으로 이해된다). 감정은 전前사회적이거나 전前문화적인 것이기는커녕 문화적 의미이자 사회적 관계이다. 문화적 의미와 사회적 관계는 밀접하게 그리고 뗄 수 없게 하나로 압착되어 있으며, 이 둘이 행위에 에너지를 불어넣을 수 있는 것도 바로 그 둘 간의 그러한 단단한 압착 때문이다. 감정에 그러한 '에너지'가 내장되는 것은 감정이 항상 자아 및 자아와 (문화적으로 규정된) 타자 간의 관계와 관련되어 있기 때문이다. 감정은 주체의 믿음과 욕망에서 기원하는 것으로, 문화적으로 부호화된 사회적 관계가 자아 속에서 그리고 자아에 의해 실행되는 방식과 분리될 수 없다. 누군가가 "또 늦었네"라고 말할 때, 그 말이 수치심, 화, 또는 죄책감 중 무엇을 유발하는지는 거의 전적으로 그 말을 한 사람과 늦은 사람 간의 관계에 달려 있을 것이다. 그 말이 상사가 지각한 것에 대해 지적한 것이라면 늦은 사람은 수치심을 느낄 가능성이 크고, 동료가 한 말이라면 화가 날 가능성이 크며, 학교에서 기다리고 있던 아이가 한 말이라면 죄책감을 느낄 가능성이 크다. 감정은 확실히 심리학적 실체이지만, 그 못지않게 그리고 어쩌면 그 이상으로 하나의 문화적·사회적 실체이다. 다시 말해 우리는 감정을 통해 사람임personhood에 대한 문화적 정의를 실행한다. 왜냐하면 감정은 구체적이고 즉각적이기는 하지만 항상 문화적·사회적으로 규정되는 관계를 표현하기 때문이다. 문화적 의미와 사회적 관계의 빈틈없는 조밀한 압착은 또한 감정에 전前성찰적이고 종종 반半의식적인 성격을 부여한다. 감정이 깊이 내면화된 그리고 비성찰적인 행위의 측면인 까닭은, 감정이 자신 내에 문화와 사회를 충분히 포함하고 있지 않기 때문이 아니라 오히려 문화와 사회를 너무 많이 포함하고 있기 때문이다. 이러한 이유 때문에 '내부'로부터 사회적 행위를 이해하는 것을 목표로 하는 해석학적 사회학은 행위의 감정적 색깔이나 투套에 주의를 기울여야 한다. 왜냐하면 그러한 행위의 색깔과 투가 실제로 행위를 추동하는 것이기 때문이다. 종교와 마찬가지로 치료요법 담론은 가장 우선시해야 하는 경험적 실재를 창출하고 행위의 본질 자체를 변화시키는 상징을 제공한다.[30] 그러한 경험적 실재를 설명하기 위해서는 우리는 감정을 끌어들일 필요가 있다. 그러므로 나는 리처드 비어나키Richard Biernacki가 다음과 같은 말로 표현한, 문화를 관행practice으로 바라보는 다음과 같은 견해에 동의한다. "생각과 감정은 행위를 준비하는 것이 아니라 행위이다."[31] 문화에 대한 나의 접근방식에서 핵심적인 것은, 감정적인 삶이 대단히 중요한 부분을 이루는 실제 문제들을 해결하는 데서 의미가 도움이 된다는 실용주의적인 주장이다.

이 책은 치료요법 담론을 공식적이고 전문화된 지식의 집합체이자 자아 인식과 타자 개념을 형성하고 구체적인 감정 관행을 산출하는 문화적 틀로 바라봄으로써 치료요법 언어가 "정체성 상징의 가장 심층적인 수준"[32]을 어떻게 재구축하는지를 살펴본다. '문화'로부터 '지식'을 분리해 내는 것은 사실상 불가능해졌기 때문에, 치료요법 담론에 대해 이중적으로 접근할 것이 요구된다. 즉, 치료요법 담론은 공식적인 기관을 통해 전달되는 이미 확립된 과학적 지식의 집합체이자 자아, 정체성, 감정적 삶을 틀 짓는 언어이기 때문에,[33] 우리는 '문화의 생산production of culture' 접근방식 – 행위자agent가 동원하는 자원, 조직, 네트워크를 조사함으로써 문화 요소cultural material의 출현을 설명하는 방식 – 과 해석학적 접근방식 – 문화를 사람임의 개념에 깊이 부호화된 일단의 의미들로 바라보는 방식 – 을 동시에 동원하고 조화시킬 필요가 있다.

새로운 감정 양식으로서의 치료요법

나는 많은 노력을 요구하는 '대화 치료talking cure', 정신건강 문제에 대한 미봉책을 제공하기 위해 제작된 상업적 자기계발서, 후원단체, 자기주장 훈련 프로그램, '원 쇼one-show' 스타일의 치료요법적 상담을 제공하는 텔레비전 프로그램 등과 같이 아주 다방면에 걸친 대상에 대해 **치료요법적**이라는 말을 사용한다. 많은 사람이 내가 이 용어를 이렇게 아무런 제한 없이 사용하는 것에 대해 이의를 제기할 것이다. 이 이의는 중대한 것으로, 우리로 하여금 잠시 멈추어서 우리의 작업이 분석대상을 적절히 해명하기에는 너무나도 많은 광범위한 것을 다루고 있는 것은 아닌지 숙고해 볼 것을 요구한다.

종교적 관념들—때로는 신학자들이 전문적인 토론을 통해 도출했을 수도 있는—이 그러하듯이, 과학자들이 자신들의 전문 영역에서 정교화한 개념들이 사회적·자연적 환경에 대한 우리의 일상적 이해를 틀 짓는다. 이 지적은 전문지식 단체들과 일상의 문화적 관행 간의 접점에 있는 개념들(이를테면 '친밀성', '섹슈얼리티', 또는 '리더십')을 정의하는 임무를 맡은 임상심리학이라는 과학에 특히 적실하다. '전문' 심리학과 대중심리학 간의 연속성을 시사한다는 점에서, 나는 그 둘에 대해 문화 연구가 식자층의 문헌과 대중문화에 대해 둘 모두는 똑같이 자신이 생산되는 사회적 조건을 반영한다고 주장하는 것과 같은 입장을 취한다. 이와 유사하게 나는 심리학의 전문 언어와 그것의 대중적인 버전 모두가 유사한 은유와 서사를 이용하여 자아를 다룬다는 점에서 전문적인 심리학적 지식과 이른바 통속 심리학pop psychology 간의 경계에 많은 구멍이 나 있다고 주장한다.[34] 그렇다고 해서 내가 서로 다른 문화적 형태들의 복잡한 차이를 무시하라고 요구하는 것은 아니며, 또한 환자에게 정성을 다해 임하는 (그리고 비용이 많이 드는) 치료요법적 상담이라는 한편과 자기계발 문헌이나 워크숍에서 제공되는 상품화된 미봉책적인 조언이라는 다른 한편 간에 존재하는 실제적 차이를 의식하지 못하는 것도 아니다. 우리 사회학자들은 특정한 언어가 이용되는 방식을 규정하는 서로 다른 조직적 틀 간에 불연속성이 존재한다는 것을 인정해야 하지만, 특정 분야의 전문직 종사자들이 지켜내고자 하는 '구분선'을 액면 그대로 받아들여서는 안 된다. 우리가 기성 지식의 사회적 구분을 넘어 존재하는 문화적 연속성을 파악하고자 한다면, 우리는 공식적 지식과 비공식적 지식 간의 그 같은 구분을 체계적으로 검토하고 의문시하고 심지어는 보류해 둘 필요가 있다.

또 다른 그리고 어쩌면 더 설득력 있는 논거 역시 치료요법사들의 전문적인 식자층 언어와 대중문화의 언어 간의 경계를 흐리게 하는 (외견상 지적인 것처럼 보이는) 조치를 정당화해 준다. 지그문트 프로이트Sigmund Freud(다음 장을 보라) 자신을 위시해서 상당수의 전문 심리학자들은 전문지식과 대중문화를 나누는 경계를 쉽게 그리고 즐겁게 넘었으며, 사실 둘 간의 경계선에 위치하는 것을 좋아했다. 이를테면 인간주의 심리학의 유명한 창시자인 칼 로저스Carl Rogers는 널리 읽힌 책 『사람이 되는 것에 대하여On Becoming a Person』의 서문에서 자신의 작업을 다음과 같이 인기 있는 자기계발 가이드를 연상시키는 방식으로 프레임 지었다. "나는 상담이나 심리치료 분야에 특별한 관심이 없는 사람들이 이 분야에서 만들어지는 지식이 자신의 삶에서 자신을 강하게 만들어줄 것이라는 점을 이 책에서 발견하기를 진심으로 바란다."[35] 저명한 심리학자들이 쓴 다른 인기 있는 책, 이를테면 아론 벡Aaron Beck의 『사랑만으로는 결코 충분하지 않다Love Is Never Enough』나 앨버트 엘리스Albert Ellis의 『합리적 삶을 위한 새로운 가이드A New Guide to Rational Living』와 같은 책들도 유명한 전문 심리학자들 역시 유사하게 광범한 공중을 출판산업의 미분화된 소비자 대중으로 다루고 싶어 했음을 시사한다.[36] 거꾸로 (그러나 서로 균형이 맞게) 많은 인기 베스트셀러는 그 책이 전문적인 치료요법 작업을 글로 옮긴 것이라고 밝히고 있다. 공인받은 치료요법사들은 수많은 자기계발서를 집필하여 자신들의 사례 연구들과 심지어 치료요법 처치 기록들을 독자에게 제공하는 등 자신들이 일하는 과정에서 얻은 전문적인 통찰력을 광범위한 독자들과 공유한다.[37]

사실 미국의 전문 정신분석가들과 심리학자들은 그 전문직이 시작되었을 때부터 자신들의 목소리를 멀리 그리고 크게 들려주기 위해 문화산업에 의지했다. 나는 대화 치료와 자기계발서 간의 구분을 허물어버림으로써 전문 치료요법과 대중 치료요법이라는 서로 다른 문화영역이 하나의 공통의 **감정 양식**emotional style으로 결합되어 있다는 것을 보여주고자 한다.

'감정 양식'이란 무엇인가? 수잔 랭어Suzanne Langer는 그녀의 잘 알려진 책 『철학의 새로운 열쇠Philosophy in a New Key』에서 다음과 같이 주장한다. "철학의 역사에서 모든 시대는 그 나름의 관심사를 가지고 있다. …… 만약 우리가 그 역사를 특징짓는 교의가 서서히 형성되고 축적되는 과정을 되돌아본다면, 우리는 그 안에서 주제에 따라 묶이는 것이 아니라 그 관념들의 '기법'이라고 불릴 수 있는 더 미묘한 공통 요소에 따라 묶이는 일군의 특정한 관념들을 발견할 수 있을 것이다. 문제의 내용이 아니라 문제를 다루는 방식이 그 문제를 하나의 시대에 할당한다."[38] 나는 여기서 하나의 문화가 특정한 감정에 '집착'하게 되어 그러한 감정을 이해하는 특정한 '기법들' – 언어적, 과학적, 의례적 기법들 – 을 고안하는 일단의 방식을 **감정 양식**이라고 부른다.[39]

하나의 감정 양식은 새로운 '대인 관계 상상력interpersonal imagination' – 즉, 자아와 타자의 관계에 대해 생각하고 둘 간의 가능한 관계를 상상하며 실제로 그 관계를 실행하는 새로운 방식 – 이 정식화될 때 확립된다. 실제로 대인관계는 (민족처럼) 사회적 친밀감이나 거리감에 의미를 제공하는 상상된 각본에 의거한다. 다시 말해 우리는 그러한 각본에 따라 대인관계를 생각하고 갈망하고 배신하며 그것을 놓고 논쟁하고 분투하고 협상한다. 이를테면 내가 제2장에서 살펴보듯이, 프로이트가 문화에 미친 가장 큰 영향은 과거(즉, 개인의 가족적 과거)를 상상하는 새로운 방법을 통해 (그리고 장차 그 과거로부터의 해방을 통해) 자아와 타자의 관계를 재정식화했다는 데 있다. 그러한 재정식화는 미국 문화 전반에 계속해서 등장할 많은 핵심적 관념과 문화적 모티프로 표현되었다. 내가 이전의 연구에서 개관한 연구 의제를 따라,[40] 나는 특히 전문 지식체계, 미디어 테크놀로지, 감정이 교차하는 현장에서 근대의 상상력이 재정식화될 가능성이 크다고 제안한다.

치료요법적 감정 양식은 제1차 세계대전부터 제2차 세계대전까지의 비교적 짧은 시기 동안에 출현하여 1960년대 이후 공고해졌고 또 널리 이용될 수 있게 되었다. 분명히 이 감정 양식은 당시 잔류하던 19세기 자아 관념에 의지했지만, 그것은 또한 감정과 자아를 일상적 삶의 영역에서 개념화하고 논의하기 위한 새로운 어휘 및 감정적 삶을 다루는 새로운 방식도 제시했다. 전문적인 학술논문에서부터 토크쇼와 자기계발서를 거쳐 가족 심리 드라마 〈소프라노스The Sopranos〉에 이르기까지 치료요법 담론이 도처에서 다양한 형태로 등장한다는 이례적인 사실을 감안할 때, 치료요법적인 것이 무엇인지를 엄밀하게 조작적으로 정의하기란 쉽지 않다. 나는 보수적인 접근방식을 취하기로 결정했고, '치료요법적인 것'을 공인받은 심리학자들이 제시한 일단의 주장들과 심리학자 및/또는 치료요법사가 출연하여 일정한 역할을 하는 일단의 텍스트들(이를테면 〈소프라노스〉, 오프라 윈프리Oprah Winfrey 토크쇼, 우디 앨런Woody Allen의 영화들)로 정의했다. 이러한 감정 양식의 문화적 새로움은 어쩌면 가장 덜 예상되었던 영역, 즉 미국의 기업에서 가장 뚜렷하게 나타났다. 당시 등장하고 있던 기업자본주의corporate capitalism의 점점 더 복잡해진 구조를 운용하던 관리자들은 효율적인 통제를 하기 위한 실마리를 찾기를 간절히 바랐고, 따라서 화합과 생산성 모두를 증진시킨다고 주장하는 언어와 기법들을 열심히 끌어모았다. 제3장에서 살펴보듯이, 심리학은 남성의 감정 문화와 여성의 감정 문화를 점점 더 하나의 공통의 양성적인 감정 행동 모델로 수렴하게 만듦으로써 작업장의 감정 문화를 크게 변화시켰다. 이 과정은 결혼생활의 영역에서도 똑같이 작용해 왔다. 내가 제4장에서 주장하듯이, 페미니즘과 심리학이 제공한 새로운 모델은 결혼생활에서 여성에게는 보다 자율적이고 자기주장적이 될 것을, 그리고 남성에게는 보다 감정적으로 성찰하고 수다스러워질 것을 요구했다. 더 나아가 제5장에서 나는 이러한 새로운 감정 모델들이 후원단체와 치료요법 워크숍과 같은 매우 다양한 사회적 현장에서 실행되는 젠더 중립적인gender-blind 정체성 서사에서 작동한다고 주장한다. 마지막 장인 제6장에서 나는 심리학적 지식이 사회구조에 미치는 영향을 살펴본다. 만약 문화가 사회학적 프로젝트에서 중심을 이룬다면, 그 이유는 문화가 경제적·상징적 자원의 구조 자체를 틀 짓기 때문이다. 심리학은 경쟁적인 투쟁의 장에서 행위자들이 의존하는 자원을 변화시켜 사회계층과 젠더 계층 사이에 새로운 단층선을 만들어내 왔다.

텍스트와 맥락

나는 민족지학자들이 일반적으로 작업을 수행하는 방식, 다시 말해 자신들의 자료에 빠지는 방식으로 치료요법적 전망의 의미를 연구한다. 그러나 나는 역사적 방법, 사회학적 방법, 인류학적 방법 간의 학제적 대화의 형태를 취하며 자료에 몰입해 왔다. 윌리엄 슈얼William Sewell과 마찬가지로, 나는 "역사학자와 사회과학자들 간의 더 심층적인 이론적 맞물림이 서로에게 도움이 될 수 있다"는 것을 넘어 우리가 문화 연구를 진전시키고자 한다면 그러한 맞물림이 필요하다고 확신한다.[41]

치료요법 에토스가 현대 문화를 압도하고 있기 때문에, 그러한 자료들은 엄청나게 많고 질릴 정도로 다양하다. 그러한 자료에는 1930년대부터 1990년대 사이에 출간된 잡지에서 뽑은 기사 샘플들(총 237건)도 포함되어 있다. 대상이 된 잡지는 ≪레이디스 홈 저널Ladies' Home Journal≫, ≪굿 하우스키핑Good Housekeeping≫, ≪코즈모폴리턴Cosmopolitan≫, ≪레드북Redbook≫, 그리고 ≪페어런츠Parents≫였다. 나는 또한 인기 있는 심리학적 자기계발 가이드(대부분 베스트셀러였다), 소설, 영화, 자서전, 그리고 오프라 윈프리 토크쇼의 다양한 샘플을 이용했다. 나는 지그문트 프로이트, 캐런 호나이Karen Horney, 에이브러햄 매슬로Abraham Maslow, 칼 로저스, 에릭 에릭슨Erik Erikson, 알프레드 아들러Alfred Adler, 스티븐 미첼Stephen Mitchell, 엘턴 메이요Elton Mayo와 같은 매우 다양한 정신분석학적·심리학적 이론가들뿐만 아니라 『정신장애 진단 및 통계 매뉴얼The diagnostic and statistical manual of mental disorders(DSM)』과 임상심리학의 다양한 교과서도 읽었다. 치료요법 담론이 어떻게 전문 역량의 정의를 바꾸어놓았는지를 이해하기 위해(제3장을 보라), 나는 미국에 있는 기업에서 일하거나 유명 MBA 프로그램에서 공부하는 남성 및 여성과 심층 인터뷰를 15회 실시했고(남자 8명, 여자 7명), 은퇴한 기업 경영자와 또 다른 세 번의 인터뷰를 실시했다. 치료요법이 어떻게 친밀한 관계와 결혼생활을 바꾸어놓았는지를 이해하기 위해, 나는 많은 치료요법 처치를 받았거나 자신이 치료요법사였던 또 다른 15명의 중간계급 사람들과 인터뷰했다(제4장과 제6장). 비교를 위해, 나는 또한 치료요법 처치를 받아본 적이 없는 노동계급 남성들과 여섯 번의 인터뷰를 실시했다. 5년이 넘는 기간 동안 나는 치료요법적 사고방식에 동조하는 친구들과 가족의 표현, 서사, 자기 인식에서 나타나는 변화를 일지로 기록했다. 마지막으로, 치료요법 담론이 전 세계적으로 어떻게 이용되는지에 관한 가설을 세우기 위해, 나는 이스라엘에서 열린 두 개의 워크숍—그중 하나는 '감정 지능'에 관한 것이었고, 다른 하나는 랜드마크 에듀케이션 코퍼레이션Landmark Education Corporation이 제공한 것이었다—에 대해 민족지학적 분석을 수행했다. 나는 이 두 워크숍의 참가자들과 몇 차례 비공식적인 대화를 수행했다. 나는 또한 6명의 이스라엘 기관 소속 컨설턴트 및 치료요법 처치를 받은 10명의 이스라엘 남녀와 인터뷰를 실시했다(여자 7명, 남자 3명). 이러한 서로 다른 특성을 가진 다방면의 자료는 또한 나의 분석 방법이 역사적 방법에서부터 참여 관찰, 심층 인터뷰, 텍스트의 기호학적 분석에 이르기까지 다양하다는 것을 말해준다.

이러한 다양한 자료와 방법을 활용한 것은 우연이 아니다. 왜냐하면 내가 곳곳에서 주장하듯이, 문화는 행위의 전략 속에뿐만 아니라 텍스트 속에도 자리하고 있기 때문이다. 실제로 문화에서 텍스트성이 차지하는 압도적 중요성을 고려하지 않고 심리 문화를 분석한다는 것은 불가능하다. 심리학은 많은 문자 텍스트를 통해 구두 상호작용의 말하기 양식과 관행을 조직하고 구조화하는 하나의 문화적 형성물이다. 이러한 의미에서 문화사회학자는 현대 자아가 형성되는 데서 텍스트가 수행하는 역할과 씨름할 수밖에 없다. 하지만 나는 이 두 현장(텍스트의 현장과 상호작용의 현장)을 동등하거나 서로 대체할 수 있는 것으로 보지 않는다. 사실 나는 문화사회학의 중요한 과제 중 하나가 텍스트와 사회의 관계를 해명하는 것이라고, 그리고 보다 정확하게는 텍스트가 행동에 어떻게 그리고 어디에 영향을 미치는지를, 그리고 제프리 알렉산더Jeffrey Alexander의 표현을 이용하면 의미론과 화용론이 어떻게 서로 연결되는지를 보다 정확하게 이해하는 것이라고 믿는다.[42]

문화사회학은 대체로 (후기구조주의에서처럼) 행위를 텍스트 아래에 매몰시키거나 (구조주의에서처럼) 행위를 객관적 구조에 각인되어 있는 의미를 기계적으로 실행하는 것으로 봄으로써, 또는 텍스트 자체의 중요성을 인정하지 않음으로써 텍스트가 행위에 미치는 영향의 문제를 회피하거나 간단하게 처리해 버려 왔다. 이를테면 수용이론reception theory은 독자들이 일단의 특정한 단일 텍스트(TV 프로그램 또는 문학 장르)를 해석하는 데 이용하는 서로 다른 다양한 전략에 초점을 맞춘다.[43] 이러한 방식으로 수용이론은 텍스트가 독자들의 해석 전략으로 축소되거나 그것 아래에 포섭되는 것으로 가정하거나, 텍스트가 독자들에게 영향을 미친다고 하더라도 텍스트는 기존의 의미 ─ 일반적으로 행위자의 사회적 위치를 반영하는 ─ 를 작동시키는 일을 한다고 암묵적으로 가정한다. '문화의 생산' 패러다임은 텍스트의 제도적 전유에 초점을 맞춤으로써, 그리고 의미를 사회적 권력과 조직 구조에서 비롯되는 것으로 바라봄으로써 텍스트와 텍스트가 미치는 사회적 영향 간의 관계의 문제를 전적으로 도외시한다.

이 책은 텍스트와 행위의 관계 문제를 문화사회학의 전면에 위치시킨다. 여기서 텍스트는 전문가 지식체계와 (시각 장르와 텍스트 장르로 공식화되고 대중매체에 의해 전파되는) 대중 지식체계 양자 모두를 포함한다. 그렇다면 우리는 텍스트와 행위의 관계라는 골치 아픈 문제를 어떻게 연구할 것인가? 사회적 삶의 토대는 도덕적인 동시에 감정적이라는 에밀 뒤르켐Emile Durkheim의 중심 통찰을 따라, 나는 자아를 인지와 감정의 불가분의 앙상블로 이해한다.[44] 이와 유사하게 나는 텍스트가 두 가지 주요한 방식으로, 즉 인지를 통해, 그리고 감정을 통해 행위에 스스로 끼어든다고 주장한다. 폴 리쾨르Paul Ricoeur가 주장했듯이, 텍스트는 직접적 경험과 자아 간에 일정한 거리를 도입하고 그 거리를 통해 경험을 조직화한다. 텍스트는 "그 거리 속에서의 커뮤니케이션이자 그 거리를 통한 커뮤니케이션"이며,[45] 그 거리 내에서 커뮤니케이션은 부호, 관례, 그리고 안정된 표현의 문제로 정식화된다. 하지만 텍스트가 고정된 부호일 뿐이라면, 텍스트는 우리를 텍스트 안으로 끌어들일 수 없을 것이다. 소설, 영화, 자기계발 문헌, 텔레비전 프로그램과 같은 문화 요소들이 우리에게 어떤 영향을 미친다면, 그것은 그러한 문화 요소들이 우리가 우리의 세계를 이해하는 것을 돕는 해석 장치일 뿐만 아니라 (분노, 동정, 사랑에 대한 갈망, 공포, 불안과 같은) 복잡한 감정 장치를 이용하고 유도하고 전달하는 문화 장치이기도 하기 때문이다. 소설, 현대 조언 문헌, 또는 많은 미디어 문화가 갖는 중요성은 기본적으로 그것들이 일련의 감정적 반응을 통해 독자를 자신들 안으로 끌어들이는 능력에 있다. 소설과 조언 문헌은 행위자들에게 그들이 인지적으로 자신의 감정 경험을 시연하고 다른 사람들의 감정 처리와 감정 표현을 성찰할 수 있는 시나리오를 각기 다른 방식으로 제공한다. 행위자들은 그렇게 함으로써 자신(그리고 타인)의 감정을 이해하고, 감정을 관리하는 규칙을 미묘하게 규정하고, 내적 성찰의 어휘와 방법을 제시한다. 이것이 바로 심리학 텍스트가 스스로 행위에 끼어드는 방식이다.

내가 문화 요소를 해석하는 방법은 두 가지 주요 관심에 의해 인도된다. 첫째, 나는 가능한 한 특정한 관행이 지닌 의미를 '파고 들어가며' 독해하지 않으려고, 다시 말해 사회적 행위자들의 어깨 '위에서' 독해하지 않으려고 노력한다. 그 대신에 나는 텍스트(자기계발 문헌, 인터뷰 녹취록, 또는 사회적 상호작용 동안 이루어진 실제 언어 교환)가 지닌 문자 그대로의 의미를 참조하는 전략을 택한다. 그렇게 함으로써, 우리는 행위자들이 말하고자 한 것과 그들의 말이 낳은 의도하지 않은 결과 간의 차이에 주의를 더 잘 기울일 수 있다(이 전략의 사례로는 인간관계 운동human relations movement이 의도한 의미와 그 운동이 초래한 결과를 명확하게 구별하는 제3장을 보라). 둘째, 나는 다양한 문화 현장 사이에서 체계적인 패턴과 연관성을 발견하고자 한다. 비록 내가 분석 과정에서 특정한 발견이 얼마나 체계적인지를 항상 명확하게 밝히지는 않지만, 나는 반복적이고 체계적인 것에만 초점을 맞추었으며, 패턴에 느슨하게 통합되어 있는 것처럼 보일 뿐인 요소들은 제외했다.

문화 비판과 심리학

그간 많은 사회학자가 치료요법 어휘가 사회적·집합적인 문제들을 '비정치화'한다고 주장함으로써 신중간계급과 여성이 치료요법 담론을 열광적으로 지지해 온 이유를 스스로 이해하기 어렵게 만들어왔다. 그 사회학자들은 치료요법 담론을 지지하는 사람들의 생각이 하나의 '허위' 의식이라고 다소 설득력 없게 가정하거나, 현대 사회가 전산화된 시민 통제 장치와 치료요법사의 사무실에 동일하게 구현된 빈틈없는 감시 과정에 의해 지배된다고 가정할 뿐이다. 실제로 치료요법 담론은 착취 구조를 간파하게 할 것을 주장하는 마르크스주의자나 페미니스트의 요구를 만족시키는 데까지 이를 수 없다. 사회학자들의 심리학 비판은 보다 도발적인 다음과 같은 질문을 덮어 감추어버린다. 우리는 치료요법 담론을 '헤게모니', '가부장제', '상징 폭력', 또는 '감시' 같은 용어로 동어반복적으로 설명하지 않으면서도 어떻게 그 담론의 범위와 힘을 설명할 수 있을까?

나는 치료요법적인 나르시시즘적 '자아실현' 훈령이 사람들의 도덕적 헌신을 약화시키는지, 또는 치료요법적 고백이 '또 다른 방식으로' 사람들을 권력에 예속시키는지에 대해 묻지 않는다. 이 과제는 다른 사람들에 의해 이미 달성되었으며, 나는 치료요법 담론이 수행할 것을 요구받는 것—즉, 사람들로 하여금 일관성 있는 자아를 구축하게 하고 친밀성을 획득하게 하고 업무의 영역에서 유능하다는 느낌을 가지게 하고 사회관계 전반을 잘 풀어나가게 하는 것—의 관점에서 치료요법 담론을 고찰할 것이다. 우리는 치료요법 언어가 왜 그리고 어떻게 자아의 언어를 정의하게 되었는지, 그리고 무엇이 치료요법 언어를 하나의 **문화적 자원** — 다시 말해 행위자들이 좋은 삶에 대한 특정한 정의를 내리는 데 도움을 주는 행위 전략을 세우는 하나의 방법 — 으로 만드는지를 물어야 한다. 아주 단순하게 말하면, 이는 치료요법 담론을 그것 자체의 전제와 주장의 지평 내부로부터 분석한다는 것(그리고 궁극적으로는 비판한다는 것)을 의미한다. 이것이 바로 내가 다른 곳에서 **내재적 비판**immanent critique이라고 부른 비판 모델이다(제6장을 보라).[46] 내재적 비판은 사람들의 욕망과 목표를 '심층적으로thick' 이해하는 것에서 시작되어야 하며, 따라서 일반 행위자들의 실제 이해와 전략을 고려하지 않을 수 없다.

나는 가장 성공적인 관념 — 정신분석학이 그중 하나라는 데에는 의심의 여지가 없다 — 은 다음의 세 가지 조건을 충족시킬 수 있는 관념이라는 가설을 제시한다. 첫째, '어떤 식으로든' 사회구조에 적합해야 한다. 다시 말해 행위자들의 사회적 경험(이를테면 급속한 경제 변화, 인구학적 패턴, 이민의 흐름, 하강 이동, 지위 불안)을 이해하는 데 도움이 되어야 한다. 둘째, 불확실하거나 갈등 상황에 처해 있는 사회적 행위 영역(이를테면 섹슈얼리티, 사랑, 또는 경제적 성공)에 대해 지침을 제공해야 한다. 셋째, 사회적 네트워크 속에 제도화되어 그 안에서 통용되어야 한다. 나는 문화에 대한 이러한 접근방식을 '실용주의적' 접근방식이라고 부른다. 왜냐하면 이 접근방식은 관념과 의미는 제도화될 때뿐만 아니라 우리가 '뭔가를 하는' 데, 즉 실제적인 문제에 대처하고 그 문제를 해결하는 데 도움을 줄 때에도 지배적이 될 수 있다고 주장하기 때문이다. 관념은 사회적 경험을 해명할 수 있을 때와 윌리엄 슈얼이 '제도의 마디institutional node'라고 부르는 것(이를테면 국가나 시장과 같은 많은 자원을 생산하는 현장)에 통합될 때뿐만 아니라 상징적·실제적인 행위 방법을 제공할 때에도 성공을 거둘 수 있다. 그러므로 성공한 문화적 관념은 자아가 자신의 환경의 다양한 부분을 주어진 제도적 맥락에서 '효력을 발휘'하는 서사, 프레임, 은유 속으로 통합시킬 수 있게 해주는 관념이다.

실용주의의 발자국을 따르는 문화사회학은 다음과 같은 두 가지 중심적인 질문을 던져야 한다. 문화의 배후에는 어떤 '객관적 실재'가 존재하는가? 그리고 특정한 의미들은 왜 '효력을 발휘'하는가? 어떤 담론이 효능을 가지기 위해서는 그 담론을 믿고 이용하는 사람들을 위해 특정한 무언가를 수행해야 한다(제2장을 보라). 어떤 담론이 사람들의 일상생활에서 '효력을 발휘'하는 특정한 무언가를 수행한다면, 그 담론은 계속해서 기능하고 통용될 것이다. 문화에 대한 실용주의적 견해는 우리에게 왜 어떤 관념이 진리로 여겨지는지, 그리고 그 관념이 일상생활에서 어떻게 이용되는지에 대해 물을 것을 요구한다. 윌리엄 제임스William James의 말을 인용하면, "새로운 견해는 자신이 경험한 새로운 것을 자신의 축적된 신념에 흡수시키고자 하는 개인의 욕망을 충족시키는 정도에 비례하여 '진리'로 간주된다. 새로운 견해는 옛 진리에 기대어 새로운 사실을 파악하고 있음에 틀림없다. …… 우리가 어떤 것을 진리라고 부르는 이유가 그것이 진리인 이유이다."[47] 윌리엄 제임스는 여기서 우리에게 '새로운' 관념 속에서 무엇이 우리로 하여금 그 관념을 진리라고 부르게 하는지, 다시 말해 무엇이 그 관념을 경험을 해명하는 편리하고 활용할 수 있는 도구로 만드는지를 이해할 것을 요구한다. 더 나아가 존 P. 머피John P. Murphy는 제임스의 생각을 다음과 같이 요약한다. "관념은 그것이 새로운 경험을 '가장 적절하고 편리하게' ('최소한의 수정'으로 '최소한의 충격'을 받고 '최소한의 방해'를 받으며 '최대한의 연속성'을 유지한 채) 그간 누적된 경험에 합류시키는 능력에 의해 스스로를 검증한다. …… 관념은 그간 누적된 경험과 새로운 경험 사이를 가장 적절하고 편리하게 매개함으로써 스스로를 검증한다고 말해진다."[48] 문화는 과학 패러다임이 변화하는 것과 같은 방식으로 변화하지 않는다. 왜냐하면 문화는 (과학 패러다임처럼 종래의 요소를 거부하기보다는) 종래의 문화 요소를 통합하고 재생하며 변화시키기 때문이다. 문화 변화가 '어수선한' 것은 바로 이 때문이다. 다시 말하면, 새로운 관념, 가치, 문화 모델이 기존의 문화 요소와 공존하고 그러한 문화 요소를 통합하고 재가공하기 때문이다. 이런 점에서 문화는 항상 새로운 것이 옛것들 위에 겹쳐지는 팔림프세스트palimpsest[쓰여 있던 글자를 지우고 그 위에 다시 쓴 양피지_옮긴이]이다. 다음의 장들에서 제기하는 중심 질문은 정신분석학과 심리학에 의해 재접합된 '옛 진리'와 '축적된 신념'은 무엇인가 하는 것이다.

제2장

프로이트: 문화 혁신가

과학자의 세계에서는 혁명 이전에는 오리였던 것이 그 이후에는 토끼이다. 처음에는 위쪽에서 상자 외관을 보았던 사람이 나중에는 아래쪽에서 상자 내부를 본다.

_토마스 쿤Thomas Kuhn*

2006년에 ≪뉴스위크Newsweek≫는 프로이트가 남긴 불후의 유산을 커버스토리로 다루면서 다음과 같이 주장했다. 프로이트는 "지난 한 세기 동안 우리 문화를 사로잡았던, 그리고 여전히 그러한 중간 수준 교양인들의 한담 시간을 이끌어온 위대한 엔진"이었다. "만약 프로이트가 없었다면 우디 앨런Woody Allen은 일개 얼간이에 지나지 않았을 것이고, 토니 소프라노Tony Soprano는 한낱 흉한에 불과했을 것이다. 다시 말해서 오이디푸스는 있을지 몰라도 오이디푸스 콤플렉스는 없었을 것이다."[1] 그렇다면 정신mind에 대한 하나의 과학적 이론으로 출발했던 프로이트적 전망은 어떻게 그리고 왜 상품화된 대중매체 영역에 의해 장악되어 끊임없이 재생되는 널리 퍼져 있는 대중 언어가 되었는가? 정신분석학 — "프로이트주의적, 신프로이트주의적, 그리고 후기 프로이트주의적 정신분석학" — 은 어떻게 "미국인의 삶의 모든 측면으로 엮여 들어"갔는가?[2] 그리고 어떤 과정을 거쳐 그런 일이 일어났는가? 어쩌면 무례할 수도 있지만, 나는 제도, 의미, 내면적 삶에 초점을 맞추는, 문화사회학의 관점과 감정사회학의 관점을 결합시킴으로써만 이 난제들을 적절히 다룰 수 있다고 주장한다.[3]

로버트 우스노Robert Wuthnow는 사회적·문화적 변동을 설명하는 방법에는 세 가지가 있다고 주장한다. 첫째 방법은 새로운 계급의 출현에 중요성을 부여한다. 둘째 견해는 사회변동을 복잡성의 증대에 점진적으로 적응하는 과정으로 바라본다. 막스 베버Max Weber에서 영감을 얻은 셋째 이론은 사회변동을 일으키는 커다란 힘을 카리스마적 개인들에 귀속시킨다.[4] 이 목록이 우리가 앞으로 다룰 문제를 해명하는 데 이용할 수 있는 설명의 전 범위를 포괄하는 것은 아니지만, 우리는 프로이트의 기획이 지닌 카리스마적 특성에서 출발할 필요가 있다. 정신분석학적 기획은 하나의 직업이 되기 전까지는 하나의 단일한 개인적 기획일 뿐이었다.

오늘날 사회과학의 지적 맥락에서 볼 때, 이러한 주장은 상당한 단서 조건을 달고서야 제시될 수 있다. 우리가 역사를 개인의 행위와 결단의 산물로 이해하던 악명 높던 시대로 돌아가지 않기 위해, 사회학자들은 문화의 패턴과 구조를 탐색하는 데 집중함으로써(이것이 그간 문화사회학을 지배해왔고 또 앞으로도 지배할 것이다) 새로운 문화 코드를 창조하는 데서 혁신적 개인이 수행하는 역할은 대개 간단히 처리해 버리고 만다.[5] 따라서 현대사회학에서 '창의성inventiveness'이 환기된다고 하더라도, 그것은 대체로 자유롭게, 즉 "비결정론적 방식으로" 행위한다는 온건한 의미를 취한다.[6] '창의성'은 행위자들이 자신의 의도와 전략에 계속해서 이용하는 창조성에 불과해져 버렸다.[7] 사회학자들도 일상의 행위가 지닌 창조성에 초점을 맞추어 왔지만, 아이러니하게도 그들은 (예술적 또는 과학적) '창조성'이 지닌 관례적 특성—그러한 창조성은 일반적으로 사회적 네트워크, 관습, 자원의 할당, 조직구조의 결과로 간주된다—을 부각시키는 데 열중해 왔다.[8] 달리 말하면, 사회학이 취한 전략은 '창조성'을 구조적, 조직적, 또는 사회적 자원—창조성을 동원하여 그 창조성을 사회에 적합하게 하고 사회를 변화시키는 힘이 되게 하는—하에 포섭시킴으로써 하나의 통상적 사회활동으로 만들어버리는 것이었다.[9] 미국의 맥락에서는 비록 치료요법적 신념이 복잡한 사생활의 역사, 의료조직, 그리고 새로운 메시지를 탐색하는 신흥 문화산업으로부터 생겨났지만, 우리는 한 단일한 사회적 행위자—즉, 지그문트 프로이트—가 심리학, 신경학, 정신의학, 의학의 전문화된 관행이라는 한편과 대중문화와 고급문화 영역이라는 다른 한편을 이어주는 은유와 서사를 통해 그의 동시대인들의 상상력을 현혹했다는 사실을 간과해서는 안 된다. 위르겐 하버마스 Jurgen Habermas가 지적했듯이, "19세기 말에 우리는 하나의 학문[정신분석학]이 주로 한 단일한 사람[프로이트]의 작업으로 인해 출현하고 있음을 목도했다."[10] 따라서 지그문트 프로이트의 이론과 그 이론이 미국 문화에 미친 영향은 우리로 하여금 역사에서 창조적 행위자들—우리가 이 카리스마적 행위자들을 자유부동하는 행위자가 아닌 사회구조와 문화 코드를 출현시킨 사람들로 이해할 경우—이 수행한 역할을 재검토하지 않을 수 없게 한다.

하나의 카리스마적 기획으로서의 정신분석학

카리스마는 개인의 속성이다. 베버에 따르면, 카리스마적 권력은 합리적 권위나 전통적 권위와 대조적으로 인내력, 의지력, 타인의 복리에 대한 헌신과 같은 비범한 개인적 능력에서 비롯된다.[11] 프로이트의 전기 작가 가운데 가장 유명한 사람 중 한 명인 폴 로젠Paul Roazen이 지적했듯이, "프로이트는 그리스 철학자나 위대한 랍비를 모델로 하여 영감을 불어넣어 주는 선생이었다. 그의 퍼스낼리티가 지닌 매력과 힘 외에 그의 저술과 강의, 그리고 치료요법 또한 그가 살아 있던 동안뿐만 아니라 오늘날에도 충실한 추종자들을 끌어모으고 유지해 오고 있다."[12] 정신분석학이 하나의 종파와 자주 비교되어 왔다면, 그 이유는 정신분석학이 프로이트의 퍼스낼리티와 긴밀하게 연계되어 전개되면서 그 분야의 종사자들에게 스승의 가르침에 대한 완전한 충성을 요구했기 때문이다. 그러한 충성심은 또한 그 분야 종사자들을 하나의 광범위한 네트워크로 단단하게 묶는 일단의 엄격한 규율 규정을 만들어냈다. 막스 그라프Max Graf가 빈에서 열린 정신분석학회 초기 모임과 관련하여 기술한 것처럼, "그 방에는 종교의 토대를 이루는 것과 유사한 분위기가 있었다. …… 프로이트의 제자들은 그의 사도였다."[13] 프로이트의 또 다른 추종자인 빌헬름 스테켈Wilhelm Stekel—스테켈은 후일 그 교의의 반대자가 되었다—역시 "나는 나의 그리스도였던 프로이트의 사도였다!"라고 말했다.[14] 다시 말해 정신분석학은 단지 하나의 관념의 집합체일 뿐이었던 것이 아니었다. 그것은 추종자들에게 공경뿐만 아니라 규율도 명할 수 있는 한 사람을 중심으로 돌아가는 하나의 새로운 신념이었다. 게다가 베버가 주장하듯이, "카리스마적 인물이 아는 것이라고는 내적 결단과 내적 자제뿐"이라면,[15] 프로이트는 아마도 그에 전적으로 부합하는 인물이었을 것이다. 프로이트의 또 다른 전기 작가가 표현하듯이, "프로이트는 일종의 규율 권력과 같은 분위기, 다시 말해 정신분석학이라는 단일한 목적에 이용하는 엄청난 에너지를 가지고 있었다."[16] 프로이트는 정신분석학에 대한 초기의 거부, 집단 내의 불화, 그리고 멘토 및 동료들과의 극적인 파열에도 불구하고 그의 생애 내내 자신의 사상을 밀고 나가는 데서 비범한 결단력을 드러내 보였다. 실제로 프로이트는 그러한 거부와 파열을 이용하여 자신의 집단과 자신의 사상의 응집력을 강화했다.

카리스마적 지도자의 또 다른 측면은 사람들이 그 지도자가 다른 사람들을 구원할 것이라고 인식한다는 것이다. 막스 베버를 또다시 인용하면, "이 카리스마적 지도자는 삶 속에서 자신의 힘을 입증함으로써만 권위를 획득하고 유지한다. …… 무엇보다도 …… 그의 신성한 사명, 즉 그에게 충실하게 복종하는 사람들이 성공할 것이라는 점을 스스로 '입증'해야 한다."[17] 프로이트의 혁명적 사상은 사실 하나의 주된 관심사—정신적 고통—를 가지고 있었고, 그러한 고통을 치료하고 완화하는 전례 없는 기법을 제시했다. 카리스마적 지도자들은 치유자의 역할을 취하여 고통에 대처하는 문화적 전략을 제시할 때 특히 강력한 영향력을 행사한다. 프로이트의 기획은 고통에 대해 말하고 토론하는 새로운 장을 제공했고, 따라서 많은 점에서 (민속) 구원 종교의 특징을 취했다.

마지막으로, 그리고 아마도 가장 중요한 것으로, 카리스마적 지도자는 "인간 존재 및 인간이 살고 있는 우주의 어떤 매우 중심적인 특징"과 관련이 있거나 적어도 관련이 있는 것으로 인식된다.[18] 실제로 내가 아래에서 보여주듯이, 프로이트와 초기 정신분석학은 근대 정체성의 핵심 관심사들—섹슈얼리티, 아동기에서 성인기로의 이행, 부모임의 성격—을 다루었다. 베버 해석가 요하네스 파비안Johannes Fabian이 덧붙이듯이, "[베버는] 카리스마를 관례화/합리화 과정의 기층을 이루는 것으로 규정함으로써 문화변동에 대한 이해는 '의미Sinn'의 출현, 정식화, 조정에 초점을 맞추어야 한다고 시사했다."[19] 내가 아래에서 보여주듯이, 프로이트는 근대 자아를 자율성, 자아인식, 행복 추구라는 이상과 연결시킴으로써 근대 자아의 가장 중요한 우주론이 된 것을 제시했다.

탤컷 파슨스Talcott Parsons는 카리스마를 고찰하면서 카리스마는 "'초자연적'인 것, 즉 현실의 비경험적 측면—그러한 측면이 인간의 행위와 세상사에 목적론적 의미를 부여하는 한에서—과 갖는 관계 덕분에 인간과 사물에 부여되는" 속성이라고 주장한다.[20] 다시 말해 카리스마는 실제 개인에게서 비롯되지만 나중에는 사물이나 사상에 부착될 수도 있다. 따라서 이러한 견해에 따르면, 정신분석학 자체는 그것이 일상생활의 모든 측면을 해독해야 할 의미 있는 사건들로 변화시키는 능력을 가지고 있다는 점에서 카리스마적 대상이 될 수 있다. 프로이트가 카리스마적 인물이었을 뿐만 아니라, 정신분석학 그 자체도 일상의 삶을 '초자연적' 상징의 영역과 연결시키는 능력을 지니고 있다는 점에서 카리스마적 기획이 되었다.

하지만 사상과 의미는 아무리 카리스마적이더라도 조직구조—카리스마가 관례화되는 과정 그 자체—를 통해 전달됨으로써만 확산될 수 있다. 사상이 어떻게 확산되고 그 사상을 받아들이는 행위자들이 어떻게 동원되는지가 그러한 사상들이 어떻게 그리고 왜 사회제도로 통합되는지를 이해하는 데서 결정적이다.

프로이트적 카리스마의 사회조직

과학적 지식은 그 지식을 특정한 장소와 시간에 뿌리내리게 하는 문화형태와 문화조직 속에 동시에 내장된다.[21] 따라서 우리는 프로이트의 사상을 수용하고 가공한 일군의 사람들의 사회적 정체성을 파악할 필요가 있다. 이것이 우리가 프로이트 사상의 수용과 확산을 이해하는 데서 매우 중요하다는 것이 바로 나의 가정이다.

문화사회학자들은 문화의 소재지 문제, 즉 누구를 위해 그리고 누구에 의해 특정한 사상이 전유되는가 하는 문제에 특히 민감하다. 실제로 문화형태가 사회의 구조적 특징과 아무리 공명한다고 하더라도, 광범위한 전파는 무엇보다도 조직과 제도화에 달려 있다. 프로이트가 미국에서 성공을 거둔 것은 유럽에서 정신분석학 개념과 관행이 빠르게 확산되고 핵심적 행위자들이 그 개념과 관행을 과학 및 문화 기구 속으로 전유할 수 있게 해준

견고한 조직구조 위에서 프로이트가 거대이론grand theory을 구축했기 때문이었다. 프로이트는 조직과 사회적 네트워크를 통해 정신분석학을 제도화하는 방법을 알고 있었던 최고의 조직가였다.[22] 사상이 제도화되는 과정을 이해하는 것은 매우 중요하다. 왜냐하면 사상이 제도화되어야만 새로운 개념적 언어가 "사람들이 자신의 욕망을 정식화하고 그 욕망을 성취하기 위해 노력하는 방식에 강력한 영향력"을 행사하기 때문이다.[23]

초기 정신분석학의 조직구조가 지닌 세 가지 특징이 정신분석학이 자신의 영향력을 성공적으로 확대하는 데 기여했다. 첫째는 프로이트 주변에 있던 소규모 열성자 집단의 단단한 응집력이었고, 둘째는 그 집단 내의 몇몇 저명한 성원의 불화였고, 셋째는 초기 정신분석학의 국제적 조직구조였다.

1902년에서 1906년 사이에 프로이트는 새로 들어온 정신분석학 제자들이 서로 긴밀하게 접촉하고 새로운 아이디어를 창출하도록 하기 위해 '수요일 저녁Wednesday evenings'이라는 비공식 모임을 발족시켰다. 논문 발표는 반半공식적인 입회 의례였고, 논문을 발표한 다음에 신입회원으로 받아들여졌다. 프로이트는 그 모임에 참석한 사람 중 누군가에게 자신의 감정, 환상, 꿈을 드러내게 했고 참석자들로 하여금 그것에 대해 공개적으로 토론하고 해석하게 했다. 1907년에는 그 단체를 방문한 첫 외국인인 스위스 사람 막스 아이팅곤Max Eitingon이 그 모임에 참석하여 조언을 받았다. 그는 후일 영국에서 가장 집요한 정신분석학 옹호자 가운데 한 사람이 되었다. 이는 초기의 핵심 추종자들이 전 세계로 퍼져나갔을 수 있고 또 퍼져나갔다는 것을 예증한다. 이 수요일 모임이 프로이트 핵심 추종자들을 유지했고 또 확대시켰다.[24] 정신분석학 집단의 강한 응집력을 보여주는 또 다른 실례가 1928년에 베를린에서 정신분석학자들을 양성하는 공식 교과과정이 만들어진 것이었는데, 그 교과과정에서도 지망자의 사례들과 관련된 이론적·

방법론적 문제를 참석자들이 같은 방법으로 토론함으로써 수요회Wednesday Society를 재현했다. 그다음에 그 조직은 전 세계에서 모방되었다. 이는 분명 디마지오DiMaggio와 파월Powell이 동형화isomorphism라고 부른 것—즉, 조직이 서로를 모방하는 능력—을 보여주는 초기 사례일 것이다.[25] 이처럼 수요회가 광범위한 사회적 네트워크를 통솔하고 핵심적인 표준 관행과 교과과정을 채택한 것은 정신분석학 이론이 시작될 때부터 왜 "프로이트 집단이 …… 국가적이자 국제적이었는지"를 설명해 준다.[26]

같은 해인 1928년에 이 단체는 전문 조직으로 발전했고, 수요회는 비엔나 정신분석학회Vienna Psychoanalytic Society로 이름을 바꾸었다. 이는 (잘츠부르크에서 개최된) 최초의 국제회의의 발판을 마련한 것으로, 그 국제회의의 개최가 정신분석학이 전 세계적으로 보급되고 확장되는 데 기여하는 조치였다는 것에는 의심의 여지가 없다. 그 회의에는 42명의 정신분석학자들이 참석했는데, 대부분 오스트리아와 스위스에서 왔으나 미국, 영국, 독일, 헝가리에서도 왔다.[27] 이 단체는 국제정신분석학회International Psycho-Analytical Association (IPA)가 설립되면서 그 범위를 확대했다. 이 국제조직은 프로이트가 승인한 회원들이 통솔하는 지역(국가) 정신분석학회의 연합체가 될 예정이었다. 따라서 프로이트는 그 성원들로 구성된 국제 네트워크에 광범위한 지배력을 행사할 수 있었다. 이 점에서 흥미를 끄는 것이 바로 "정신분석학은 지역 조직이 자리 잡기도 전에 국제적인 기반을 가진 유일한 전문 분야였으며, 이는 프로이트주의자들로 하여금 지역 및 국가의 관습을 무시할 수 있게 해주었다"는 것이다.[28]

IPA는 특히 정신분석학의 메시지를 확산시키는 데 초점을 맞추고 있었다. 실제로 창조성은 그것이 "집단 속에서 퍼져나갈" 때에만 하나의 사회적 통화가 될 수 있다.[29] 이것은 사회적 네트워크의 사회학이 제시한 분석과 일치한다. 그 분석에 따르면, 공식 회의, 저널, 비공식 네트워크를 통해 정보와 지식을 순환시키는 데 전문가 네트워크가 이용된다.[30] 프로이트주의 집단은 공식 회의, 저널, 비공식 네트워크 모두를 매우 효율적으로 이용했다. 실제로 IPA는 2년에 한 번 열리는 회의를 개최했고, 메일을 통해 아이디어, 결과, 질문을 공유하면서 격하게 소통했다. 동료들이 정신분석학의 수칙을 전파했을 뿐만 아니라, 이전에 환자였던 사람들도 정신분석학을 전 세계에 전파하는 임무를 떠맡았다. 그 결과 정신분석학은 그 힘이 증가되었고 또 널리 전파되었다.[31]

알프레드 아들러와 칼 융Carl Jung과 같은 저명한 반대자들을 추방한 것은 그 초기 조직이 단결력을 확보하고 정신분석학의 교의와 관행을 정교화하는 방식을 계속해서 통제하기 위해 결단을 내렸다는 것을 의미했다.[32] 역설적이게도 이들 반대자는 정신분석학적 또는 심리학적 세계관을 더욱 전파시켰는데, 왜냐하면 그들이 그 세계관의 몇 가지 근본 전제, 즉 자아가 치료요법사와의 관계에 의해 그리고 그 관계를 통해 바뀌고 틀 지어질 수 있다는 것, 정신은 이해와 통제를 필요로 하는 많은 층으로 구성되어 있다는 것, 그리고 언어는 자아 만들기self-making에서 결정적인 역할을 한다는 것을 받아들여 전파했기 때문이다. 심리학자들은 자신의 직업이 지닌 분류도식과 제도적 구조에 사로잡혀 있기 때문에, 사회학자가 볼 수 있는 것을 보지 못할 수도 있다. 다시 말해 융, 아들러, 오토 랑크Otto Rank가 프로이트와 벌인 격렬한 논쟁에도 불구하고(이 논쟁으로 인해 그들은 프로이트와 소원해지게 되었다), 그들은 실제로는 사람을 연구하고 나아지게 하고 변화시키고자 할 때 주목해야 하는 적절한 지점에 대해 프로이트와 많은 가정을 공유하고 있었다. 미국에서 캐런 호나이와 에리히 프롬Erich Fromm이 탈퇴함으로써 야기된 논쟁은 정신분석학을 더욱 가시화시키고 정신분석학의 핵심 개념을 얼마간 더 잘 확립하는 데 기여했을 뿐이다. 실제로 바로 그러한 투쟁들이 그 투쟁이 일어나고 있던 사회적 장의 경계를 확립하고 공고화하는 데 도움을 주었다. 이러한 강렬하고 격렬한 논쟁은 결국 정신분석학이 하나의 직업 관행으로서 갖는 문화적 핵심과 일관성을 훼손하기보다는 강화하는 결과를 낳았다.

정신분석학 내의 불화는 정신분석학의 핵심을 강화시켰을 뿐만 아니라 그 메시지의 몇몇 기본 요소를 더 널리 확산시켰다. 반대자들은 프로이트로 하여금 원래의 신앙[프로이트의 원래의 교의_옮긴이]의 수호자이자 그 복음의 직접적 전파자로 활동하던 사람들로 이루어진 작은 위원회에 의존하게 만드는 결과를 가져왔다. 카를 아브라함Karl Abraham, 산도르 페렌치Sándor Ferenczi, 오토 랑크, 한스 삭스Hanns Sachs, 어니스트 존스Ernest Jones, 막스 아이팅곤은 모두 각자의 나라에서 유명하고 열성적인 정신분석학자가 되어, 새롭게 구성된 사회적 네트워크를 통해 정신분석학을 더욱 확산시켰다.

그러나 정신분석학의 조직에 대한 이러한 일반적인 비평은 왜 그러한 관념들이 미국 대륙에서 그렇게 빨리 채택되었는가라는 질문에 대해서는 여전히 답을 내놓지 못한다. 1909년에 클라크 대학교Clark University에서 프로이트를 강의에 초청한 것은 정신분석학은 물론 미국 문화에도 중요한 역할을 했다. 이를 통해 미국 문화는 프로이트의 사상을 선택적이기는 하지만 열광적으로 받아들였다. 피터 게이Peter Gay가 지적하듯이, 미국으로의 항해는 프로이트에게 "그의 운동이 이제 진정한 국제적 사안"이라는 것을 확인시켜 주었다.[33] 게다가 클라크 대학교에서 프로이트가 한 강의는 "그를 하룻밤 사이에 유명하게 만들었다."[34] 에디스 커츠와일Edith Kurzweil은 새로운 것을 환영하는 미국인의 성향을 소환함으로써 이를 간명하게 설명한다. 하지만 '새로운' 것이라고 하더라도 미국인들이 환영하지 않는 것도 많았기 때문에, 우리는 왜 미국 문화가 정신분석학 사상이 수용되기에 그렇게 유리한 지형이었는지를 좀 더 면밀하게 탐구해 볼 필요가 있다.

미국에서의 프로이트

미국에서 정신분석학이 이례적으로 반향을 불러일으킨 이유를 설명하려는 그 어떤 시도도 미국의 의료 사회조직, 의료 사회조직과 심리치료요법 간의 관계, 정신분석학을 확산시킨 집단과 네트워크, 그리고 마지막으로 정신분석학적 관념의 본질 자체 등 그와 관련하여 동시에 작용한 다양한 요인을 고려할 필요가 있다.

미국 정신분석학의 맥락: 의학과 영성 간의 투쟁

어떤 나라도 프로이트 사상을 수용하는 데서 미국만큼 적극적이지 않았다. 많은 요소가 이 수용성을 설명해 주지만, 가장 가시적인 요소 중 하나는 "프로이트가 처음으로 미국 땅에 발을 디뎠을 때, 심리치료요법이 이미 미국 문화와 미국의 의료구조에 짜여 들어가 통합되어 있었다"는 사실과 관련되어 있었다.[35] 20세기로의 전환기에 심리학은 비교적 잘 확립된 학문 분과였다. 미국의 의료기관은 유럽에서는 없던 방식으로 심리치료요법을 적극적으로 수용했다. 그러한 의학 담론은 신경쇠약, '철도 척수railway spine'[19세기에 철도사고에 휘말린 승객들에게 나타난 외상후 증상에 대한 진단명_옮긴이]', 히스테리와 같은 정신적 문제들을 다루었다. 미국에서는 그러한 장애에 대한 의학적 관심 및 치료와 함께 이를테면 정신 치료 운동mind cure movement, 이매뉴얼 운동Emmanuel movement(일군의 보스턴 의사들과 성공회 목사들에 의해 시작되었다), 신사상New Thought[19세기 미국에서 시작된 정신치료운동_옮긴이], 크리스천 사이언스Christian Science[1879년 메리 베이커 에디Mary Baker Eddy에 의해 미국 매사추세츠 주 보스턴에 설립된 기독교 계통의 신흥 종교_옮긴이], 그리고 영성주의적 또는 종교적 세계관과 강한 친화성을 가진 여타

집단들에 의해 비과학적인 치유 관행들이 실행되고 있었다.[36]

미국은 정신분석학을 수용하는 데 특히 비옥한 맥락을 제공했다. 왜냐하면 미국에는 '정신을 통해' 치유하는 방법이 프로이트가 미국 땅에 발을 들여놓기 이전부터 이미 잘 확립되어 있었고, 의료 전문직 내에서도 격렬한 공적 논쟁의 대상이 되어왔기 때문이다. 20세기 초 수십 년 동안 의료 전문직은 정신질환자를 주류 의학으로 더 잘 치료할 수 있다고 주장하면서, 그러한 환자들을 성직자 및 온갖 신념을 가진 다양한 치유자의 손에서 빼내오기 위해 필사적으로 싸웠다. 학계의 심리학자들 또한 심리치료사의 종교적 선임자들이 사용했던 치유법의 위상과 타당성을 둘러싸고 분열되었다.[37] 의사들과 마찬가지로, 학계의 심리학자들 역시 이매뉴얼 운동과 같은 대중운동이 실행하는 것은 좋은 의학도, 진정한 종교도, 효과적인 심리학도 아니라고 비난했다.

이러한 논쟁은 역설적이게도 정신치료요법이 필요하고 또한 효과적이라는 생각을 강화했다. "1909년 9월 프로이트의 역사적인 미국 방문이 있기 전날 밤에 (비록 절대다수는 아니지만) 상당히 많은 수의 미국 의사들이 이전에는 많은 의사가 비방했고 그보다 상당히 더 많은 수의 의사가 그저 무시해 버렸던 방법에 대해 자신들의 배타적 사용권을 기꺼이 방어하고 나섰다."[38] 실제로 문화적 전망에 대한 '저항'은 그 저항이 반대하는 바로 그 견해를 강화하는 결과를 낳을 수 있고 또 자주 그렇게 되는데, 이는 저항이 "그러한 전망의 중요성을 인정한다"는 인상을 은연중에 풍기기 때문이다.[39] 이처럼 문화적 지배는 반드시 동의를 획득함으로써 생산되는 것이 아니라, 오히려 특정한 문화적 대상을 **둘러싼** 특정한 문화적 활동, 즉 어쩌면 논쟁 형태를 취할 수도 있는 활동을 발생시킴으로써 생산된다.

요컨대, 정신 치유가 종교 성직자와 의료 전문직 사이에서 논쟁의 대상이 되어왔기 때문에, 프로이트의 언어와 범주는 정신 치료와 치유가 이미

공적 담론의 가시적이고 중요한 범주로 자리매김하고 있던 문화적 맥락 속으로 수용되었다.

프로이트 사상의 수용과 문화 엘리트

클라크 강의—이는 프로이트와 아메리카 대륙 간의 첫 만남이었다—가 즉각적으로 수용된 맥락도 프로이트의 사상이 즉시 확산되는 데서 중요한 역할을 했다. 1909년에 이루어진 클라크 강의에는 다양한 문화 엘리트들이 참석했는데, 그들은 네트워크와 자원에 접근할 수 있기 때문에 프로이트의 사상을 사회생활의 서로 다른 영역으로 확산시킬 수 있었다. 엘리트들은 또한 새로운 사상에 권위와 정당성을 부여할 수 있다는 점에서 매우 중요하다. 독일에서는 프로이트의 이론이 무시되거나 가볍게 다루어져 온 반면, 미국에서는 학계의 성원들이 프로이트의 선구적 사상을 승인하고 그 사상에 과학적 정당성을 부여했다. 프로이트의 클라크 강의에는 정신의학계와 신경학계의 중요한 구성원들—이를테면 스탠리 홀Stanley Hall, 윌리엄 제임스, 제임스 퍼트넘James Putnam, E. B. 티치너E. B. Titchener, 아돌프 메이어 등—이 참석했다. 그간 최면술을 사용해 온 신경학자 모턴 프린스Morton Prince는 프로이트가 무의식을 밝혀내기 위해 최면술을 이용하는 것에 특히 관심이 있었다. 잠재의식의 관념에 대해 연구해 온 신경학자 퍼트넘도 프로이트의 무의식 개념의 전개와 그 개념이 지닌 치료요법적 가치에 대해 유사한 관심을 가지고 있었다. 퍼트넘은 일찍이 1904년—퍼트넘은 당시에 이미 동료들 사이에서 비길 데 없는 명성을 누리고 있었다—에 정신분석학의 유용성을 선언했다. 프로이트의 사상에 대한 퍼트넘의 긍정적인 평가는 클라크 강의에서 단지 더 강화되었을 뿐이지만, 미국 신경학계에서 퍼트넘이 차지하는 중요한 지위를 감안할 때, 퍼트넘의 영향력은 결정적이었다. 퍼트넘과 마찬가지로 취리히에서 훈련을 받은 또 다른 의사인 아브라함 브릴Abraham Brill은 의사들과 더 많은 공중이 접할 수 있도록 정신분석학을 번역하고 조직하고 대중화하는 역할을 했다. 유명한 정신의학자인 아돌프 메이어는 유아기의 섹슈얼리티 관념에 수용적이었으며, 정신 이상은 뇌병변장애나 유전적 소인에서 기인하지 않는다는 자신의 주장을 뒷받침하는 정신분석학 자료를 발견했다.[40] 아마도 미국에서 가장 유명한 심리학자였을 윌리엄 제임스도 프로이트의 강의에 참석했다. 그는 정신분석학의 일부 측면에 대해 회의적이었음에도 불구하고, 정신분석학이 어떤 돌파구를 만들어낼 수도 있다는 데 관심이 있었고 또 그렇게 되기를 바라기도 했다. 프로이트의 사회적 정당성은 주로 의사들 사이에서 그의 사상이 받아들여진 데서 비롯되었지만, 프로이트는 다른 엘리트 집단들, 즉 지식인과 페미니스트들에게도 공감적 반응을 불러일으켰다.[41] 이를테면 무정부주의 운동의 지적·정치적 활동가이자 지도자였던 에마 골드먼Emma Goldman도 프로이트의 강의에 참석했다. 그녀는 그 후 여성의 섹슈얼리티가 해방되어야 한다고 훨씬 더 확신하게 되었다. 그녀는 프로이트의 이론을 '퓨리터니즘의 위선'에 대한 반박할 수 없는 주장이라고 묘사했다.[42]

텍스트의 수용에 관한 연구가 반복적으로 보여주어 왔듯이, 모호한 텍스트가 다양한 청중에게서 성공을 거둘 수 있는 것은 그러한 텍스트가 다양한 견해, 가치, 요구에 보다 쉽게 통합되기 때문이다. 프로이트의 강의는 그러한 다양한 해석을 하기에 특히 적합했다. 이처럼 프로이트의 강의는 하버드 대학교와 같은 기관뿐만 아니라 페미니스트와 급진주의자들에 의해 대표되는 다양한 부문의 미국 과학·문화 엘리트들이 다루는 주제에도 충분히 전유될 수 있을 만큼 광범위하고 또 모호했다. 이러한 다양한 분파의 엘리트 집단들은 다시 프로이트의 사상을 자신들의 투쟁을 진전시키기 위해 사용할 수 있었다.

정신분석학의 의료화

미국의 명망 있는 의료기관이 정신분석학을 받아들이고 심지어 정신분석학이 엘리트 의료의 전문영역으로 자리 잡음에 따라 미국에서 정신분석학은 더욱 수용되고 제도화되었다. 이것이 가능했던 이유는 1920년대에 미국 의료 전문직의 조직 경계가 유럽의 조직 경계보다 훨씬 더 유동적이었기 때문이다. 미국에서는 "의료 전문직의 연구 패턴과 의료 전문직과 대학 및 정부 간의 유대관계가 막 정착되고 있었기 때문에"[43] 의료 전문직은 여전히 혁신에 개방적이었다. 브릴과 퍼트넘 같은 의사들은 더 많은 공중에게 정신분석학을 장려하고자 하는 노력을 끈질기게 전개했고, 그리하여 정신분석학을 장려하고 정당화하는 문화 기업가로, 그리고 심지어는 전도사로 활동했다. 이를테면 브릴은 정규 교육을 이수한 정신분석가가 되는 것을 넘어 프로이트의 저술을 영어로 번역하는 등 정신분석학의 매우 적극적인 대변자가 되었다.[44] 브릴은 또한 다양한 전문가 집단과 일반인 집단에게 강의하기도 했고, 메이블 다지 여사Mrs. Mabel Dodge의 살롱에 모여든 아동연구협회Child Study Association 및 작가동맹Authors League의 여성 회원들, 다양한 예술가, 철학자 및 전투적인 노동조합원들을 상대로 연설을 하기도 했다.[45] 브릴은 결국 뉴욕 정신분석학 운동의 지도자가 되었다.[46] 게다가 네이선 헤일Nathan Hale에 따르면, 이 미국 의사는 엘리트는 물론 일반 공중을 위해서도 잡지에 글을 쓰는, 정신분석학의 대중화를 이끈 사람popularizer이었다.[47] 이처럼 정신분석학은 의학을 통해 정당성과 위세를 빠르게 획득했고 대중문화를 통해 확산되었다. 이는 일찍이 1915년에 아주 인기 있는 보수적인 잡지 ≪굿 하우스키핑≫이 프로이트를 다룬 기사를 실었을 때 이미 감지된 일이었다.

미국 정신분석학의 조직

프로이트의 비범한 조직력은 미국 대륙에서 즉각 가시화되었다. 프로이트, 페렌치, 존스는 자신들의 미국 추종자들과 계속해서 접촉하면서 그들에게 독자적인 조직을 설립할 것을 촉구했다. 이에 응해 1911년에 뉴욕 정신분석학회New York Psychoanalytic Society가 설립되었고, 1914년에는 퍼트넘의 주도하에 보스턴 정신분석학회Boston Psychoanalytic Society가 설립되었다. 비교적 단시간에 미국 정신분석학협회American Psychoanalytic Association(APA)가 설립되어, 분산되어 있던 몇몇 정신분석학 지지자들을 결집시켰다. 이 협회는 자원, 네트워크, 지식과 함께 정보를 유포하고 정신분석학을 조직적으로 구축하는 데서 결정적인 역할을 했다. 마갈리 사파티 라슨Magali Sarfati Larson이 지적하듯이, "공적 당국 또는 공중의 중요한 부문에 의해 대표자로 인식되는 전문협회가 출현하는 것"은 조직의 힘을 보여주는 비공식적인 지표이다.[48]

처음부터 미국의 정신분석학자들은 유럽의 정신분석학자들보다 자신들의 사회에 더 잘 통합되어 있었다. 미국 환자 가운데에는 중상계급의 성원뿐만 아니라 공장 노동자, 비서, 예술가도 상당 부분 포함되어 있었다. 또한 미국 정신분석학자들은 빠르게 ≪정신분석학 리뷰Psychoanalytic Review≫와 ≪계간 정신분석학Psychoanalytic Quarterly≫ 같은 자신들의 학술 간행물을 발간하고 나섰다. 미국의 특수한 의료 역사 때문에, APA 회원들은 의학의 탈을 쓴 사기꾼, 돌팔이, 영적 치료사로 비난받을 것을 우려하여 통일된 전문적인 기준을 마련하기 위해 노력했다. 이러한 이유들로 인해 미국에서 정신분석학은 조직화에 유리한 지형을 갖추고 있었다. 게다가 정신분석학자들이 제1차 세계대전 동안 폭탄 트라우마를 성공적으로 치료하자, 이들은 자신감뿐만 아니라 더 높은 지위와 정당성도 획득했다. 또한 제2차 세계대전은 심리학이 확립되고 확장되는 데서 엄청난 기회였다. 그 당시 심리학자들은 인사행정, 선전, 사기 진작, 정신건강 등 다양한 분야에 대거 채용되었다.[49]

제2차 세계대전 동안과 그 후 유럽의 정신분석학협회들이 와해되면서 미국 정신분석학협회는 점점 더 중심적인 지위를 차지하게 되었다. 1946년에서 1960년 사이에 "13개의 정신분석학회, 8개의 연구소, 4개의 교육센터가 미국에서 공식적으로 인정받았다. …… 1960년대 말경에 APA는 1302명의 개인, 29개의 지역협회, 21개의 승인된 교육기관이 회원으로 포함되어 있다고 보고했다."[50] 1945년 이후에는 임상 직업의 수가 크게 증가했다.[51] 이를테면 미국심리학회의 회원 수는 "1940년 2739명에서 1970년 3만 839명으로 1100% 이상 증가했다."[52]

심리학이 대학에 하나의 학과로 도입된 것은 심리학자들이 하나의 전문집단이 되는 데 일조했다. 대학은 심리학 지식과 관행을 표준화할 수 있게 했고, 심리학이 하나의 보편적 전문지식이라는 심리학자들의 주장을 정당화해 주었다.[53] 사파티 라슨이 지적하듯이, 전문화는 두 가지 요소가 한데 결합됨으로써 확보된다. 첫째 요소는 과학적 논쟁과 응용 둘 다 가능할 만큼 충분히 추상적인 형태의 지식이고, 둘째 요소는 시장이다.[54] 미국의 경우는 이 과정을 설득력 있게 예증해 주는 사례이다. 정신분석학은 고도로 전문화된 방식으로 빠르게 제도화되었고, 그 권위를 확립하기 위해 의학이라는 강력한 전문직에 기댔다. 실제로 상당 기간 동안 의사들만 정신분석학 교육을 받을 수 있었고 또 그에 관한 교육을 실시할 수 있었다. 과학적 지식 분야에서는 다양한 신념을 가진 임상심리학이 점점 더 특권적 지위를 차지하게 되었고, 연구자금에 대한 주요한 제도적 통제권을 장악했으며, 사회과학에서 가장 큰 전문협회를 만들어서 많은 수의 박사학위를 배출해 왔다.[55] 제2차 세계대전 이후, 심리학은 연구 분과이자 인간 상태의 실제적인 개선에 헌신하는 전문직이었기 때문에, 심리학의 자금원은 전례 없는 속도로 커졌고, 그리하여 전문적·지적 자신감도 강화되었다.

정신분석학은 명망 있는 의료 전문직의 권위를 누렸을 뿐만 아니라 '일반' 공중 사이에서도 폭넓은 인기를 누렸다. 모든 사회과학과 과학 중에서 심리학은 의심할 여지없이 가장 인기 있는 학문, 다시 말해 광범한 공중과 가장 잘 부합하고 가장 많이 접촉하는 학문이었다.[56] 조직적 또는 제도적 관점만으로는 왜 정신분석학이 대중문화와 일반 공중에 의해 그렇게 열정적으로 받아들여졌는지를 설명할 수 없다. 아래에서 나는 우리가 그러한 인기의 본질을 이해하고자 한다면 정신분석학의 **문화적 의미**를 이해해야 한다고 주장한다.

프로이트적 문화의 매트릭스

카리스마 이론이나 제도화 이론만으로는 프로이트 사상의 성공을 설명할 수 없다. 나는 이 책에서 문화가 중요하다면 그 이유는 문화가 우리가 일상생활을 영위하는 데 이용하는 의미와 해석을 틀 짓고 수정하는 방법이자 일상생활을 혼란케 하는 사건들을 이해시키는 방법이기 때문이라는 견해를 펼쳐나가는 데 전념한다. 스테판 푹스Stephan Fuchs가 지적했듯이, 천재는 "문화에서 일어난 주요한 파열과 변혁의 원인이 아니라 그 파열과 변혁에 대해 뒤돌아본 결과이다."[57] 문화 요소가 아무리 혁신적이거나 잘 조직되어 있다고 하더라도, 그것은 사회적 관계에 (마치 주사 바늘이 그러하는 것처럼) 새로운 문화적 성분을 '주입'하는 방식으로 사회적 관계를 변화시키지 않는다. 문화변동은 행위의 우연적·창조적 요소들과 기존의 사회문제 또는 구조를 재조명하는 새로운 코드들이 만나는 지점에서 발생하며, 바로 그 과정에서 해당 문제의 구조가 변화한다. 프로이트는 거의 혼자서 정신을 묘사하고 논의하고 관리하는 새로운 언어를 만들었지만, 그렇게 함으로써 그는 근대적 삶의 가장 지배적이고 문제가 되는 특징 중의 하나가 되어온 것—즉, 사적 영역—을 다루었고, 그럼으로써 사적 영역을 변화시켰다. 프로이트는 새로운 문화 코드를 정식화했으며, 그 문화 코드를 통해 그 당시에 이용할 수 있던 다른 어떤 문화체계보다 더 19세기 후반 동안 가족, 섹슈얼리티, 젠더 관계가 겪어 온 변화를 이해할 수 있었고 그러한 변화를 체계화하는 새로운 해석 틀을 제공할 수 있었다. 프로이트식 심리학 모델이 사회 전반으로 퍼져나간 것은, 그 모델이 미국식 자아의 중심 문제를 다루었기 때문일 뿐만 아니라, 대중 치유 및 대중 신화의 수사어구를 의학 및 과학적 합리성을 정당화하는 언어와 결합시킨 혼종 언어를 통해 자아 문제를 표현했기 때문이기도 했다. 게다가 프로이트적 모델들은 사적 영역, 즉 젠더 관계의 민주화로 인해 새로운 긴장에 직면한 영역을 다루었다. 한마디로 말해 이것이 바로 프로이트가 미국에서 엄청난 대중적 성공을 거둔 이유이다.

프로이트가 미국 문화에 공헌한 바를 탐구하려고 하면 우리는 곧바로 문화가 갖는 교묘함slipperiness과 복잡성이라는 잘 알려진 문제에 봉착한다. 프로이트의 사상은 여러 수준에서 작용했다. 그의 사상은 널리 퍼져 있는 성**규범**에 맞섰고, 삶의 일대기를 이해하고 틀 짓는 새로운 **서사 모델**을 제공했으며, 인간 갈등의 본질을 포착해 내는 수많은 **은유**를 만들어냈다. 프로이트의 사상은 가장 공식화된 이론구성 수준과 일상의 인지 형판型板, template 수준에서 동시에 작용했다. 나는 제1장에서 논의한 '감정 양식'이라는 광범위하지만 간편한 개념을 불러냄으로써 이들 수준을 함께 다룰 것을 제안한다. 우리는 프로이트가 제시한 테마, 은유, 이항 대립, 서사 모델들이 어떻게 인간 행위를 설명하고 자아에 대한 처방전을 제공하고 사람들로 하여금 자신의 감정과 관계를 근본적으로 새로운 방식으로 상상하게 만드는지를 이해함으로써 감정 양식을 개념화할 수 있다.

프로이트 사상의 기호학적 핵심을 확인하기 위해, 나는 두 개의 핵심 텍스트에 초점을 맞춘다. 그 하나가 1909년에 프로이트가 클라크 대학교에서 한 다섯 번의 강의이고, 다른 하나는 1915년에 출간된 『정신분석학 입문 강의Introductory Lectures on Psychoanalysis』(이하 『입문 강의』)이다.[58] 내가 이 두 개의 텍스트를 선택한 까닭은 두 텍스트가 프로이트의 사상을 파노라마식으로 개관해 주고 있으며, 또 더 중요하게는 프로이트 자신이 이들 텍스트를 정신분석학을 대중화시키는 플랫폼으로 만들려고 **작정했기** 때문이다. 클라크 강의—이 강의를 통해 프로이트의 사상이 미국에 소개되었다—는 프로이트가 이전에 출간하여 의료 전문직에게서보다 일반 공중에게서 더 성공을 거두었던 두 권의 책, 즉 『꿈의 해석The Interpretation of Dreams』과 『일상생활의 정신병리학Psychopathology of Everyday Life』에서 이미 제시했던 테마들(말실수, 꿈, 유아기의 섹슈얼리티, 무의식)을 담고 있었다.[59] 그러나 클라크 강의는 또한 『입문 강의』의 주요 테마 중 일부를 예기했다. 이러한 반복이 말해주는 것은 프로이트가 미국에서든 비엔나에서든 자신이 핵심 사상으로 여기는 것을 비전문적 청중과 광범위하게 소통하고자 했다는 것이다. 내가 클라크 강의에 집중하는 또 다른 이유는 이들 강의가 미국 문화가 프로이트의 사상과 처음으로 진지하게 만나는 장이었기 때문이다. 미국의 프로이트 수용과정에 대한 네이선 헤일의 연구는 클라크 회의가 "정신분석학을 진수시켰다"는 것을 확인시켜 준다.[60]

이 다섯 번의 광범위한 강의에서 프로이트는 다양한 청중 앞에서 정신분석학의 주요 관념들—이를테면 말실수, 우리의 운명을 결정하는 데서 무의식이 수행하는 역할, 정신적 삶에서의 꿈의 중심성, 우리의 욕망 대부분을 특징짓는 성적 특성, 우리 정신의 기원과 정신의 병리 상태의 궁극적인 원인으로서의 가족 등과 같은 미국 대중문화에서 굉장한 반향을 일으킨 것으로 보이는 관념들—을 제시했다. 이들 난해하고 함축적인 텍스트를 분석하면서, 나는 그 텍스트들에 담긴 테마, 은유, 규범, 가치, 이상으로부터 어떻게 자아 이미지와 자아 프로그램이 나오는지, 그리고 프로이트적 전망이 어떻게 변화하는 사회적 관계와 조건에 의미를 부여하는 새로운 전략을 제공했는지를 이해하려고 노력한다. 그러므로 나는 프로이트의 사상—이에 대한 탁월한 연구들은 무수히 많다[61]—보다는 그 강의들이 담고 있는 문화적 자아 모델에 더 관심이 있다. 그렇다면 내가 정신분석학적 상상력psychoanalytical imagination이라고 부르자고 제안하는 것의 주요 측면은 무엇이며, 그 상상력은 어떻게 새로운 감정 양식을 정식화했을까?

일상생활에 초점 맞추기

첫째, 클라크 강의와 『입문 강의』 모두는 정신분석학을 증상을 해독하는 동시에 일상의 사건에 의미를 부여하는 하나의 해석과학으로 제시하고 만드는 것을 목표로 한다. 『입문 강의』는 프로이트가 이미 『일상생활의 정신병리학』에서 발전시킨 테마를 사용하여 실제로 시시하고 비과학적이며 아주 작은 범위의 현상으로 보이는 것—이를테면 말실수—을 다룸으로써 '새로운 과학'의 시작을 알린다. 우리는 이미 아주 철저하게 프로이트화되어 있기 때문에 어쩌면 그의 놀라운 수완을 헤아릴 수 없을지도 모른다. 프로이트는 놀랍게도 정교한 이론이나 놀랄 만한 정신의학 사례가 아니라 그의 청자들에게 분명히 하찮게 보일 것(이를테면 단어에 대해 부주의하여 다른 단어를 사용하는 것, 깜박 잊는 행위, 빼먹기 등)을 가지고 새로운 과학과 새로운 형태의 사회적 상상력을 개시했다. 프로이트는 말실수(착오행동parapraxes), 혼란, 기억의 착오가 의미를 지닌다고, 다시 말해 그러한 것들은 목적과 의도를 지니고 있다고 주장한다. 프로이트가 클라크 대학교에서 한 세 번째 강의에서 말했듯이, 착오행동은 "개인들이 심리적 중요성을 부여하지 않는 것은 물론 전혀 알아채지도 못한 채 수행하는 행위와 몸짓이다."[62]

프로이트가 착오행동에 초점을 맞춘 까닭은 18세기 이후 문화 영역에서 일어난 광범위한 변화, 다시 말해 정체성과 자아가 일상생활의 영역에 재배치된 것에 담지되어 있다. 찰스 테일러Charles Taylor가 정의했듯이, 일상생활 또는 통상적 삶이 "생산 및 재생산과 관련된 인간의 삶의 측면들, 즉 노동, 삶에 필요한 것들의 생산, 그리고 (결혼과 가족을 포함하는) 성적 존재로서의 우리의 삶을 규정한다."[63]

프로이트는 이러한 지극히 평범한 일들에 초점을 맞춤으로써 초점을 광범한 문화변동에서 일상생활로 급진적으로 변화시켰지만, 그 과정에서 일상생활에 새롭고 전례 없는 '마력glamor'을 부여했다. 일상생활이 스탠리 카벨Stanley Cavell이 '사건이 없는uneventful' 것이라고 칭한 것의 영역이라면,[64] 프로이트의 전망은 그 영역을 주목하고 주의를 기울이고 해석하고 기억할 가치가 있는 사건들로 가득 채운다. 프로이트는 사건이 없는 평범한 일상생활의 영역이 자아가 만들어지고 파괴되는 가장 중요한 현장이라고 주장한다. 따라서 프로이트가 취한 문화적 조치는 매우 분명하다. 즉, 그는 그러한 조치를 통해 무의미한 것, 사소한 것, 평범한 것을 자아 형성에서 아주 중요한 것으로 만든다.

18세기까지 일상생활을 의미 있고 탐구할 만한 가치를 지닌 영역으로 여기는 도덕 담론이 부재했다는 사실에 비추어 볼 때, 프로이트의 문화적 조치가 갖는 중요성은 분명하다.[65] 일상생활은 가정과 여성의 영역이었고, 자아를 형성하는 데서 가치 있는 이상을 제공할 수 없었다. 이런 의미에서 프로이트는 카를 마르크스Karl Marx의 완벽한 문화적 대응물이었다. 마르크스가 인간의 가치와 투쟁을 노동의 영역 내에 위치시켰다면, 프로이트는 그것을 가정의 영역에 위치시켰다. 이렇듯 프로이트는 가정의 영역에서 자아에 대해 생각하고 상상하는, 그리고 보다 넓게는 일상생활의 영역을 자아 형성의 최고의 장으로 만드는 새로운 인지적 도구와 도식을 제시했다.

가족에 초점 맞추기

이 새로운 상상된 문화적 공간에서, 다시 말해 일상생활을 자아의 드라마가 펼쳐질 배경이자 무대 자체로 간주하는 공간에서 핵가족은 이제 하나의 중심적인 위치를 차지하게 되었다. 정신분석학적 상상력 속에서 가족은 자아의 원점, 즉 자아의 이야기와 역사가 시작될 수 있는 장소이다. 과거에는 가족이 긴 연대기적 사슬과 사회질서 속에 자신을 '객관적으로' 위치시키는 하나의 방식이었다면, 이제 가족은 어떤 사람이 자신의 생애를 통해 상징적으로 수행하는, 그리고 자신의 개성을 독특하게 표현하는 하나의 전기적인 사건이 되었다. 게다가 가족은 한 사람의 감정적인 삶의 원인과 토대가 되었다. 전통적인 결혼의 토대가 무너지기 시작한 것과 동시에 가족이 이번에는 하나의 '서사'로, 그리고 자아의 플롯을 짜는 하나의 방식으로 되돌아와서 자아를 맹렬하게 괴롭혔다는 것은 아이러니한 일이다. 가족은 새로운 자아 서사의 구성에서 더욱더 결정적인 역할을 했는데, 그 이유는 가족이 자아의 기원이자 동시에 자아가 해방되어야 하는 제도였기 때문이다.

자주 지적되어 왔듯이, 이처럼 정신분석학 담론은 무엇보다도 하나의 가족 서사이다. 이런 의미에서 정신분석학이 성공을 거두게 된 것의 기원은 19세기 가족의 구조와 모순에서 찾아야 한다. 사회사학자 존 데모스John Demos는 왜 프로이트 사상이 미국에서 그토록 성공을 거두었는지를 물으면서 정신분석학 담론 양식의 특징을 고려하는 아주 흥미로운 하나의 설명을 제시한다.[66] 데모스는 정신psyche의 역사를 가족 내에 위치시킨다. 그리고 그의 설명은 정신의 드라마를 오이디푸스 콤플렉스Oedipus complex의 삼각 구조 안에 위치시킨다. 데모스는 프로이트가 미국에서 그토록 성공을 거둔 것은 프로이트의 언어와 19세기 후반 미국 가족에서 일어난 변화가 서로 맞아떨어졌기 때문이라고 주장하면서, 자신이 '온실 가족hothouse family'이라고 부르는 가족 모델을 제시한다.[67] 그 당시 미국에서 등장한 온실 가족은 출산율의 감소, 부모와 자녀 간의 나이 차이 확대, 부모와 자녀 간의 더 명확한 구분, 젠더 역할의 전문화, 어머니와 자녀 간의 감정적 유대 강화로 특징지어졌다. 가족 내부에서의 역할 전문화와 현저한 세대 격차는 부모를 자식과 더 구조적·감정적으로 구별하게 만드는 결과를 가져왔다. '부부'는 나머지 가족들과 분명하게 구분되는 역할을 맡는 기능적 단위가 되었다. 게다가 여성들은 점점 더 어머니로 정의되었는데, 왜냐하면 그들이 집 안에서 했던 많은 일이 이제는 외부 산업에 의해 실행되었고, 그리하여 그들의 역할이 점점 더 감정적인 역할로 축소되었기 때문이다.[68] 마지막으로, 중간계급 가족들은 아들이 가족의 사회적 지위를 높여줄 것이라는 희망을 가지고 아들을 키웠기 때문에, 아들과 아버지 간의 경쟁이 중간계급 가족에 구조적으로 내장되었다. 따라서 가족 구조는 더욱 삼각관계적이 되었고 감정적으로 격앙되었으며 아버지와 아들 간에 내장된 경쟁심으로 특징지어졌다.

이러한 가족 구조는 엄격한 의미에서의 정신분석학 담론이 부상하기 전부터 존재했지만, 오이디푸스 콤플렉스라는 정신분석학의 핵심 서사와 놀라울 정도로 공명했다. 오이디푸스 서사는 이제 정체성은 가족을 축으로 형성된다는 것, 가족 유대는 심히 감정적이라는 것, 그리고 가족관계는 사랑과 경쟁심이 혼재한다는 점에서 본질적으로 양면적이라는 것을 기정사실화했다. 더 나아가 오이디푸스 서사는 젠더 구별이 견고해져 왔다는 것을 기정사실화했고, 따라서 점점 더 여성은 어머니로, 남성은 자신의 기본 정체성이 집 밖에 있는 행위자로 정의되었다. 데모스가 보기에, 정신분석학 담론은 중간계급 가족의 삼각 구조 및 그들 가족의 얽히고설킨 감정구조를 반영하고 포착하여 적절하게 묘사했다.[69] 오이디푸스의 문화 서사가 문화에 의해 전유될 수 있었던 것은 그 서사가 기존의 온실 가족 구조와 '잘 맞아떨어졌기' 때문이다. 이런 의미에서 오이디푸스 서사는 하나의 가족 모델이자 가족을 위한 모델, 즉 새로운 가족에서 자아가 차지하는 위치를 도해하는 서술적 언어이자 자아가 자아와 가족의 관계를 이해하는 방식을 규정하는 하나의 규범적 언어가 되었다.

구원 서사

프로이트가 문화에 기여한 또 다른 주요한 공헌은 자아에 대한 더 오래되고 더 근본적인 서사에 의존하면서도 자아의 플롯을 짜는 새로운 방법을 제시했다는 데 있다. 수잔 키르슈너Suzanne Kirschner는 자신의 저서 『정신분석학의 종교적·낭만적 기원The Religious and Romantic Origins of Psychoanalysis』에서 정신분석학이 정신건강 분야 종사자들 사이에서뿐만 아니라 보다 광범한 공중 사이에서도 빨리 인정받은 것은 정신분석학이 "사람의 바람직한 속성 및 능력에 관한 문화적으로 구성된 견해"와 잘 맞아떨어지기 때문이라고 주장한다.[70] 키르슈너의 견해에 따르면, 프로이트의 자아 서사는 예로부터 오랫동안 전해내려 온 서구 문화의 서사 중 하나인 구원 서사와 공명했다.[71] 구원 서사는 프로테스탄트의 자아 서사와 낭만적 버전의 종교적-성서적 서사 속에서 재가공되었다. 성서의 서사는 네 가지 특징을 가지고 있다. 첫째, 성서 서사는 아주 명확하게 규정된 시작, 중간, 끝을 가진 선형적이고 유한한 서사이다. 게다가 그 서사의 주요 사건들은 연속적이기보다는 예측하지 못한 것이고, 주인공들의 삶에 중요하고 극적인 변화를 만들어낸다. 둘째, 성서의 서사는 현재를 불완전하고 목표에 도달하지 못한 상태로 여기고, 따라서 미래에 기대를 건다. 성서의 서사는 (신의 설계에 따라) 가능한 최상의 끝을 향해 분투해 나아가는 이야기에서 나타나듯이, 종말론적 경향을 드러낸다. 셋째, 성서의 서사는 신이 공정하고 전능하다면 왜 도덕적인 사람이 고통 받고 사악한 자가 성공하는가라는 난제를 제시한다. 마지막으로, 성서 서사의 등장인물은 신, 인간, 영혼이고, 영혼이 극적인 전개와 갈등의 중심에 서 있다.[72]

이 원시적 서사의 형판은 키르슈너가 정신분석학이 제시한 '발달심리학적 자아 서사developmental psychological narrative of the self'라고 부르는 것 속에도 나타난다.[73] 발달심리학의 서사 자체가 삶의 의미, 고통의 중요성, 피조물의 특정 측면의 사악한 성격을 자세히 설명한다는 점에서 이 서사는 그 형식뿐만 아니라 실제적인 면에서도 구원 서사를 잇고 있다. 발달심리학의 서사는 "분리, 상실, 실망, 좌절, 불완전함, 반응적 또는 선천적 파괴성"과 같은 사태를 '악한 것'으로 본다.[74] 이 발달 궤적의 종착지는 개별화individuation—사람들이 자율성과 진정성 모두를 발전시키는 과정—와 친밀감—"놀이, 건강한 나르시시즘, 창조성"[75]과 연관된—이다. 프로이트의 문화 매트릭스는 이러한 구원 서사를 배경으로 병리 상태와 정상상태라는 한 쌍의 문화 범주를 통해 자아를 구원하는 새로운 방법을 제시했다.

여기서 살펴본 두 개의 텍스트에서 프로이트는 정신분석학을 단순히 정신질환을 치료하는 방법이 아니라 정신 일반—병이 있든 건강하든 간에—을 다루는 과학으로 제시했다. 이는 프로이트가 꿈을 다음과 같이 논의할 때 가장 분명하게 드러난다. "꿈은 그 자체로 신경증적 증상이며, 더 나아가 건강한 모든 사람에게 귀중한 이익을 가져다준다. 실제로 모든 인간이 건강하다고 가정했을 때, 그들이 꿈을 꾸면 우리는 그들의 꿈으로부터 신경증 연구를 통해 발견할 수 있는 거의 모든 것을 알아낼 수 있다. 꿈—다시 한 번 더 말하면, 거의 가치가 부여되지 않고 분명히 어떤 실제적인 유용성을 지니지 않지만, 착오행동처럼 실제로 건강한 사람들에게서 발생한다는 공통점을 가지는 일상적인 현상—은 정신분석학의 연구 대상이 되어왔다."[76] 꿈과 착오행동은 둘 다 공통적으로 '거의 가치를 부여받지 못하지'만, 모든 보통 사람에게서, 그리고 심지어는 건강한 사람들 사이에서도 발생한다. 따라서 프로이트는 매우 중요한 조치를 취한다. 즉, 그는 '일상적인 것'의 영역을 건강 개념—곧 하나의 이상이 될—과 연결시킨다. 훨씬 더 중요하게는 그는 하나의 단일한 병인론적 사슬 속에서 건강함과 병리 상태를 연결시킴으로써 병리 상태에 있는 사람과 건강한 사람 **모두**를 다루는 것을 목표로 하는 지식체계를 확립한다. 이것이 바로 프로이트의 문화적 구축물 속에서 꿈이 그토록 중요한 이유이다. 다시 말해 그가 『입문 강의』에서 지적하듯이, 꿈은 "정신질환과 아주 큰 유사성 및 내적 관계"를 가지지만, "다른 한편으로는 깨어 있는 삶에서의 완전한 건강과 양립할 수 있다."[77] 프로이트는 자신이 모든 정상인에게서 발견되는 평범한 일들이 병리 상태가 만들어지는 재료라고 주장하는 것과 동일한 방식으로, 성 도착 역시 자신의 동시대인들이 생각했던 것보다 훨씬 더 정상상태에 가깝다는 것을 보여준다. 프로이트는 일상생활의 영역 내에 정체성을 위치시키는 동시에 병리 상태와 정상상태 간 구별을 희미하게 만든다.

이처럼 프로이트는 일상생활의 영역에 정신분석학적 자아 프로젝트를 위치시키지만, 이 영역을 낯설게 만들어나간다. 프로이트는 일상생활의 사소한 혼란을 극단적 병리 상태와 이어진 것으로 제시함으로써 정상성과 일탈 모두에 대한 인식과 범주화에서 중요한 변화를 일으킨다. 프로이트는 일상생활의 영역은 일상생활의 가장 심각한 정신적 혼란과 이어져 있으며 정신의 '정상적' 발달과 '비정상적' 발달은 같은 경로를 따라 진행된다고 주장한다.[78]

프로이트는 동성애를 다룰 때에도 동일한 이론적·수사적 전략을 사용한다(거기서는 그 전략이 전도되어 있을 뿐이다). "우리가 이러한 병리적 형태의 섹슈얼리티를 이해할 수 없고 정상적인 성생활에 통합시킬 수 없다면, 우리는 또한 정상적인 섹슈얼리티도 이해할 수 없다. 요컨대 그러한 도착 행동이 어떻게 일어날 수 있는지, 그리고 **그러한 행동이 정상적인 섹슈얼리티라고 묘사되는 것과 어떤 관계에 있는지**를 이론적으로 완전히 설명하는 것은 피할 수 없는 과제로 남아 있다"(강조 추가).[79] 프로이트는 동성애적 충동은 모든 신경증적인 사람에게 존재하며 사랑의 대상으로 동성의 어떤 사람을 선택하는 것은 매우 빈번하게 일어나는 일이라고 주장한다. "자신들이 예외라는 동성애자들이나 성 도착자들의 주장은 우리가 동성애적 충동이 모든 신경증 환자에게서 항상 발견된다는 것을 알게 될 때 일거에 무너진다."[80] 프로이트는 비록 실제로는 정상적(즉, 이성애적) 섹슈얼리티와 동성애적 섹슈얼리티 간에 얼마간 차이가 남아 있기는 하지만 이론적으로는 둘 간에 거의 차이가 없다고 덧붙였다.

이 전략은 한 가지 주요한 결과를 가져왔다. 즉, 그 전략은 정상상태와 병리 상태 간의 거리를 폐지하여 '정상적' 행동과 '병리적' 행동을 이 새로운 과학의 두 가지 동시적 대상으로 만들었다. 필립 리프가 정확하게 평했듯이, "우리 모두는 어느 정도 '히스테리적'[이며] 이른바 정상상태와 신경증 간의 차이는 단지 정도의 문제일 뿐이라는 [프로이트의] 언명은 그의 저술에서 핵심 진술 중 하나이다."[81]

우리는 프로이트의 방법이 역사적으로 이중의 결과를 가져왔다고 평가할 수 있다. 즉, 프로이트의 방법은 일상생활을 정성 들여 성취할 수 있는 하나의 매력적인 프로젝트로 만드는 동시에 일상생활을 퀴어하게 했다. 사회학자 스티븐 사이드먼Steven Seidman이 정의한 것처럼, '퀴어'하게 하는 것to 'queer'은 "이미 알고 있고 친숙하고 평범한 것으로 여겨지는 것, 즉 사물의 질서, 자연스러운 방식, 정상적인 것, 건강한 것 등등으로 여겨지는 것을 이상하거나 '괴상하게queer' 만드는 것"이다.[82] 프로이트는 도착 행동과 정상상태를 하나의 연속선상에서 연결시킴으로써 정상상태와 병리 상태 간의 경계를 규제하는 핵심적 문화 코드 중의 하나를 불안정하게 만들었는데, 이 조치는 자아에 대한 통상적인 서사에 중대한 영향을 미쳤다(제5장을 보라).

프로이트가 '정상상태'와 '병리 상태' 사이에 반복해서 그린 직선은 (감정의) '건강함'와 '정상성'의 관념을 정확히 문화의 중심에 위치시켰다. 프로이트는 정상상태는 매우 불안정한 상태라고, 즉 좀처럼 도착하지 못하는 복잡한 성숙 과정의 종착점이라고 주장했다. 피터 게이Peter Gay가 프로이트를 전기적·철학적으로 묘사하면서 지적하듯이, "모든 사람이 흔히 성적 행동에서 '정상적'이라고 칭하는 것은 실제로는 자주 가로막히는 장기간의 순례의 종착점, 즉 많은 사람이 결코 …… 도달할 수 없는 하나의 목표이다. 성숙한 형태의 성적 충동은 **하나의 성취물**이다"(강조 추가).[83] 프로이트가 거둔 대단한 문화적 업적은 정상적인 것과 병리적인 것의 범위를 넓히는 동시에 정상성을 문제화한 것이었다. 19세기의 정신의학 담론이 정상적인 것과 병리적인 것 간의 경계를 엄격하게 만들었다는 푸코의 주장과는 반대로,[84] 나는 프로이트의 담론이 끊임없이 그 경계를 희미하게 만들었고 정상성을 매우 도달하기 어려운 문화적 범주로 만들었다고 주장한다.

문화적 범주로서의 '건강함'과 '정상성'은 중요한 면에서 전통적인 도덕적 범주(이를테면 '성적 순결')와 달랐다. 전통적인 도덕 범주들은 강력한 분류체계를 제공함으로써, 즉 금지되는 행위와 칭찬할 만한 행위 간의 경계를 설정하고 상대적으로 명확한 규범적 처방(이를테면 "혼전 섹스는 불결하고 금욕, 자제, 순결은 순수하다" 등과 같은)을 내림으로써 작동한다. 반면 건강함과 정상성의 범주는 분명한 기의記意, signified를 가지고 있지 않으며, 바람직한 행동과 바람직하지 않은 행동을 명확하게 나누는 상징적 경계체계로 기능하지도 않았다. '정상성'을 그처럼 강력한 문화적 범주로 만든 것은 정상성의 지시대상referent과 기의가 구체화되지 않은 채로 남겨졌기 때문이다.

심리적 건강과 심리적 병리 상태라는 범주는 경험적 지시대상이 분명하지 않았기 때문에, 이들 범주는 명확한 규범적 내용을 자신에게 귀속시킴으로써가 아니라 오히려 아무것도 귀속시키지 않음으로써 행동을 틀 지었다. 다시 말해 '건강함'과 '정상성'이 자아 서사가 틀 지어야 하는 목표로 상정되는 동시에, 정신분석학의 개념 구조 자체가 이 두 범주에 명확한 문화적 내용을 귀속시키는 것을 막았고, 그 결과 두 범주가 모든 개인이나 행동을 그 안으로 받아들일 수 있게 되었다. 만약 신경증적 행동과 건강한 행동 간의 경계가 돌이킬 수 없을 정도로 흐려진다면, 모든 욕망과 행동이 문제 있고 미숙하고 모순적이고 신경증적인 정신을 의미하게 될 수 있다.

이러한 분석은 문화사회학에서 중요한 것을 예증한다. 관념이 특히 강력한 힘을 발휘하는 것은 바로 그 관념이 명확한 경험적 내용을 가지고 있지 않을 때와 그 관념이 부정적으로 작동할 때(다시 말해 그 관념의 의미가 그 관념이 처방하는 것에서 파생되는 것이 아니라 그 관념이 만들어내는 대립의 끊임없는 작동에서 파생될 때)이다. 정신건강이 중요한 이유는 정신건강 자체가 하나의 표준이기 때문이 아니라 반대로 정신건강이라는 관념이 만들어내는 다양한 신경증과 기능 장애 때문이다. '건강'을 최종 목표로 상정하는 것은 반대로 기능 장애의 커다란 저수지를 만드는 것이었다. 일부 문화 용어가 다른 문화 용어들보다 데리다Derrida적인 까닭은 그 용어들이 자신이 산출한 부정적인 대비에 의해서만 기능하기 때문이다. 건강함과 정상성이 그처럼 강력한 힘을 발휘한 이유는 바로 건강함과 정상성이 **부정적인 문화적 범주**였기 때문이다.

해석학적 입장

프로이트가 병리 상태로부터 정상상태를 분리해 내는 것을 거부하고 그

두 가지가 뗄 수 없게 연결되어 있다고 주장한 것 배후에는 일상 행동에 대한 의심의 해석학hermeneutic of suspicion이 자리하고 있었다. 실제로 꿈과 착오행동이 프로이트가 그토록 관심을 가질 만한 가치를 지니게 되었던 것은 꿈과 착오행동이 끈기를 가지고 수고를 아끼지 않고 밝혀내야 할 의미를 부여받았기 때문이다. 프로이트는 자신이 『입문 강의』에서 제시한 예들을 통해 "착오행동이 어떤 의미를 지닌다는 것, 그리고 그 의미를 부수 정황에 의해 어떻게 발견하거나 확인하는지를 보여"줄 수 있었다고 주장했다.[85] 만약 착오행동이 이해되었다면, 그것은 착오행동이 외견상 일상생활의 통상적 특성으로 보이는 의미를 부여받았기 때문이다. 프로이트에 따르면, "그러므로 신경증적 증상은 착오행동이나 꿈처럼 어떤 의미를 지니고 있으며, 착오행동과 꿈처럼 그러한 증상을 생산하는 사람들의 삶과 연관되어 있다."[86] 실제로 정신분석학의 본질은 프로이트가 그의 초기 멘토인 요세프 브로이어Joseph Breuer와 함께 공동 작업을 시작할 때 받아들였던 의미 부여하기sense making/meaning making 활동에 있다. 프로이트는 다음과 같이 말했다. "나는 우리가 어떤 증상을 마주할 때마다 환자에게서 그 증상의 의미를 담지하고 있는 어떤 분명한 무의식적 과정을 추론할 수 있다고 주장한다는 점에서 브로이어를 따른다."[87]

프로이트적 전망은 우리에게 일상생활에서 우리가 (전문가가 아닌 일반인) 정신분석자로 행동함으로써 우리 삶의 해석자 역할을 할 것을 요구한다. "그[정신분석자]가 볼 때, 정신활동에는 사소한 것도 없고, 임의적이거나 우연적인 것도 없다."[88] 프로이트는 이러한 입장을 취하면서 종교적 해석학의 영역을 넓혔다. 좀 더 정확히 말하면, 그는 이전의 종교적 해석학의 형태와 공명하는 은유를 통해 종교적 해석학의 영역을 일상생활의 영역으로 이동시켰다. 프로이트는 이렇게 말한다. "만약 착오행동이 의미를 가질 수 있다면, 꿈 역시 의미를 가질 수 있다. 그리고 아주 많은 경우 착오행동은 의미를 가지고 있다. 그러나 그 의미는 엄밀한 과학의 주목을 받지 못했다. 그러므로 고대인들과 여러 민족의 편견을 받아들이고 고대의 꿈 해석자들의 발자취를 따라보기로 하자."[89] 일상생활의 수수께끼를 풀라는 프로이트의 훈령이 더욱더 효력을 발휘할 수 있었던 것은 그가 과학의 수사修辭를 이용하여 꿈에 초자연적인 의미를 부여하는 대중적 경향에 의도적으로 위엄을 부여했기 때문이었다. 프로이트가 자신의 세 번째 클라크 강의에서 주장했듯이, "오늘날에는 우리 사회의 하층조차도 꿈을 과소평가하는 실수를 범하지 않는다. 사람들은 고대인들처럼 꿈이 미래를 보여주는 것이라고 생각한다."[90] 프로이트가 일상생활을 해석학적 의심의 대상으로 만든 것은 그의 정신의 삼원 구조 모델tripartite model of the psyche과 밀접하게 연결되어 있었다. 프로이트가 볼 때, 본능적인 욕망을 억압하는 것은 에고ego가 자신의 권위를 주장하지 못하게 할 수 있었다. 이에 대한 프로이트의 처방은 갈등의 숨겨진 근원을 찾아내어 에고가 자신의 권력을 회복할 수 있는 조건을 발견해 내는 것이었다. 이처럼 갈등의 원천을 '무의식'에서 찾는 것은 모든 것을 의미 있게 만들 수 있다는 점에서 문화적 관점에서 볼 때 매우 생산적이었다. 사람들의 정신생활에서 느낌이 중요한 역할을 하기 위해 사람들이 반드시 그 느낌을 의식하거나 알아차릴 필요는 없기 때문에, 자아(그리고 타자)에 대한 거의 무한한 해석 가능성이 열리게 되었다.

프로이트의 '저항' 개념과 '부정' 개념—정신분석학의 대중화 속에서 놀랄 만한 성공을 거둔 개념—은 새로운 자아 서사를 만들어내는 데 일조했다. 이 새로운 자아 서사 속에서는 사람들이 생각하지도 않고 말하지도 않은 것, 또는 행하지도 않은 것이 자기 정체성 서사의 핵심을 규정할 수 있다(제5장을 보라). 이러한 방식으로 그 어떤 행동이나 감정(또는 감정의 결여)도 신경증의 한 특징이 될 수 있었고, 그리하여 해석(그리고 변화)을 필요로 하는 것이 될 수 있었다. 활달함이나 수줍음, 수다 떨기나 침묵, 성적 문란함이나 성적 자제, 오만이나 겸손 — 이 모든 것이 이제 똑같이 자기 해석을 필요로 하는 것이 될 것이었다. 다시 말해 저항과 부정은 심지어 (그리고 어쩌면 특히) 사람들이 특정한 의미를 부여받기를 거부할 때조차도 그 특정한 의미를 생성할 수 있게 되었다. 이러한 해석 규칙을 통해 프로이트는 새로운 서사 형식 narrative form을 제공할 뿐만 아니라, 끊임없는 자기 해석 프로젝트에 의해 계속되는 자아의 서사화 과정process of narrativization of the self을 제시했다. 과거와 현재의 사건들, 말하거나 말하지 않은 문제들, 과거와 현재의 관계의 모습들 모두가 하나의 완벽한 자아 서사 속에서 연결될 것이고, 그 서사를 통해 자아는 자신의 잃어버린 '근원', 신경증, 숨어 있는 욕망을 찾게 될 것이었다. 누군가의 자아를 이야기하는 과정은 개인의 새로운 기억 기술을 실행하는 과정, 다시 말해 과거를 끊임없이 현재를 괴롭히고 구조화하고 설명하는 유령으로 바꾸는 과정일 것이다.

프로이트는 자신의 클라크 강의에서 의심의 해석학과 강력한 미국식 자아 서사 사이에서 공명을 불러일으킨 (자신의 '유럽' 저술에는 없었던) 또 다른 관념, 즉 자기계발self-help이라는 능력주의적이고 자원주의적인 서사를 진전시켰다. 다섯 번째이자 마지막 강의가 끝나갈 무렵, 프로이트는 잃어버린 자아를 찾고 발견하는 것이 무엇을 의미하는지에 대해 다음과 같은 매우 미국적인 설명을 제시했다. "에너지 넘치고 출세한 사람은 자신의 일을 통해 자신이 갈망하던 환상을 현실로 바꾸는 데 성공한 사람이다."[91] 이런 식으로 프로이트의 잃어버린 자아에 대한 탐구는 사회적 성공의 추구와 교묘하게 결합될 수 있었다. 감정적 건강함은 동어반복의 연금술을 통해 사회적 성공으로 읽힐 수 있었다. 역으로 사회적 성공을 이루지 못한 것은 감정적 성숙함 — 에이브러햄 매슬로 등이 정교화할 관념(제5장을 보라) — 에 도달하지 못했음을 나타내는 것일 수 있었다.[92] 성공이라는 이상과 감정적 건강함 간의 이러한 연결 짓기는 문화산업에 의해 철저하게 상품화될 강력한 서사 프레임의 하나를 제공하게 된다.

따라서 나는 프로이트의 건강함이라는 이상이 때때로 주장되어 온 것처럼 행동을 정상화하지 않았다고 주장할 것이다. 오히려 그 이상은 행동을 병리화했으며 심리학적 해석학psychological hermeneutics — 다시 말해 자아 속에 깊은 의미가 숨겨져 있다는 의심 — 을 사회적 행위의 일상적인 특징으로 만들었다.

성적 쾌락에 초점 맞추기

문화적 모델은 불확실성으로 가득 찬 사회적 영역에 적용될 경우 행동의 지침이 될 가능성이 더욱더 크다. 앤 스위들러Ann Swidler 등이 주장했듯이, 유동적이고 불확실한 시대는 이데올로기의 활동을 증가시켰다.[93] 프로이트적 전망은 가족에 초점을 맞춘 '이데올로기적 활동'의 한 형태였고, 그 활동이 특히 격렬했던 까닭은 프로이트의 관념이 극심한 변화를 겪고 있는 (그러나 그러한 변화에 대처할 수 있는 지침은 거의 제공하지 않는) 사회제도, 행동, 규범을 다루었기 때문이다. 프로이트의 언어는 성관계, 젠더 정체성, 정체성의 형성과 관련된 새로운 문화적 불안을 이해하는 데 도움이 될 수 있었다. 윌리엄 슈얼이 주장하듯이, 특정한 역사적 순간에 클리퍼드 기어츠Clifford Geertz가 상징'에 대한 모델model of' 측면과 상징'을 위한 모델model for' 측면으로 불렀던 것 "간에 **괴리** 가능성"이 생겨나고, 이 괴리는 "행위자들에게 세계에 대해 비판적으로 성찰할 수 있는 공간을 열어준다."[94] 실제로 사회변화의 가속화와 새로운 형태의 사회적 경험은 자아의 언어를 시대에 뒤진 것으로 만들 수 있다. 그 까닭은 세계가 우리의 자아 해석에 저항할 수 있고, 특정 언어와 문화 간의 적합성 역시 의심받을 수 있기 때문이다. 사회구조, 사회적 경험, 그리고 경험에 대한 문화적 설명 간의 적합성이 느슨해질 때 새로운 언어가 출현할 수 있다. 섹슈얼리티의 영역에서만큼 그러한 '느슨화'가 감지된 영역은 어디에도 없었다.

피터 게이는 부르주아 가족에 대해 논의하면서 다음과 같이 주장한다. "그 어떤 시대에 그 어떤 다른 계급도 이들보다 더 열심히, 더 애타게 외모, 가족, 사생활에 헌신한 적이 없었다. 그 어떤 다른 계급도 자아를 위한 요새를 그토록 높게 쌓았던 적이 없었다."[95] 19세기 내내 공인된 성적 행동의 범위는 좁아졌다(이를테면 1800년대 초반에 허용되었던 '애무'는 용납할 수 없는 것이 되었다). 1870년대경에 몇몇 인기 있는 결혼 매뉴얼은 여성의 불감증을 하나의 덕목으로, 성적 냉담함을 바람직한 조건으로 옹호했다.[96] 하지만 피터 게이의 표현을 빌리면, 19세기는 또한 '자아 발견'의 세기였다. 고백적인 자서전, 자화상, 일기, 편지, 그리고 감상적·자기준거적 문학들은 모두 내면성과 주관성의 본질에 지대한 관심을 보였다.[97] 중간계급 가족은 자기성찰과 강렬한 감정적 삶을 선호했다. 그 결과 감정성과 엄숙성, 자제와 자만 간에 독특한 문화적 긴장이 발생했다. 섹슈얼리티의 억제에 관한 널리 퍼져 있던 모델과 새로이 추구되던 성적 표현 욕구 간에 긴장이 증가함에 따라 이 두 문화적·감정적 표현 양식 간의 긴장은 섹슈얼리티의 영역에서 특히 더 감지되었다.

19세기 내내 감소한 출생률이 암시하듯이, 재생산을 위한 섹슈얼리티와 섹슈얼리티 자체를 위한 섹슈얼리티 — 에로틱한 섹슈얼리티 — 는 점점 더 분리되고 있었다.[98] 두 텍스트 모두에서 프로이트는 재생산을 목적으로 하는 섹슈얼리티와 쾌락을 위한 섹슈얼리티 간의 구분을 중시하며 그러한 변화를 성찰했다. 개인의 쾌락과 집단적 억제 간의 관계에 대한 거대 서사를 제시하면서, 프로이트 사상은 성의 억제에 반대하는 강력한 주장을 펼쳤다. "프로이트, 해브록 엘리스Havelock Ellis 및 여타 20세기 이론가들이 갖는 중요성은 성적 표현에 대한 옹호 그 이상의 것을 포함하고 있었다. 절제의 철학에서 방종을 부추기는 철학으로의 전환은 섹슈얼리티에 극히 새로운 중요성을 부여하고 있던 더 큰 방향 전환의 단지 한 측면일 뿐이었다. …… 이론가들은 섹슈얼리티에 개인적 자아 정의self-definition의 능력을 부여했다."[99] 그러나 프로이트가 중요한 이유는 성적인 자제에 의문을 제기했을 뿐만 아니라 에로틱한 섹슈얼리티를 행위의 내적이고 숨어 있는 진정한 엔진으로 만듦으로써 에로틱한 섹슈얼리티를 자아의 중심에 정면으로 위치시켰기 때문이었다. 쾌락을 위한 섹슈얼리티와 재생산을 위한 섹슈얼리티를 구분하는 작업은 해브록 엘리스—프로이트는 그의 저작을 잘 알고 있었다—와 같은 저자들에 의해 이미 논의되고 진척되어 왔다. 하지만 프로이트는 당시 다른 어떤 성 과학자도 제시할 수 없었던 것, 즉 성적 쾌락을 정당화하는, 그리고 성적 쾌락을 전체 정신을 형성하는 주요 현장으로 전환시키는 포괄적인 자아 서사를 제시했다.[100] 실제로 여기서 논의한 두 텍스트는 자아 서사를 다시 쓸 핵심 관념들—유아기의 섹슈얼리티, 성적 갈등, 성적 욕구의 부정이라는 관념과 성적 본능이 문명과 문명 발달의 구조적 측면이었다는 관념—을 제공했다.[101]

프로이트에 대한 일부 페미니스트의 비판에 맞서, 나는 프로이트의 사상에서 새롭고 매력적인 것은 젠더를 다루는 그의 방식과 여성의 섹슈얼리티에 대한 그의 정당화였다고 주장할 것이다.[102] 페미니스트 아나키스트인 에마 골드먼과 극작가이자 활동가인 릴리언 헬먼Lillian Hellman이 프로이트를 열성적으로 지지한 것에서 알 수 있듯이, 프로이트의 사상과 성 해방의 정치 간에는 어떤 기본적인 친화성이 존재했다. 비록 프로이트가 나중에 쾌락과 '문명'은 양립할 수 없다고 선언하기는 하지만, 그는 자주 성적 억압으로부터의 해방과 쾌락 추구를 촉구했다.[103] 풀러 토리Fuller Torrey는 자신의 책 『프로이트의 사기Freudian Fraud』에서 프로이트가 한 여성에게 그녀의 정신분석가—호레이스 핑크Horace Fink—를 위해 남편을 떠나도록 부추긴 것을

(못마땅해 하며) 인용한다. 프로이트는 후에 다음과 같이 말함으로써 자신의 조언을 정당화한다. "나는 성적 만족과 다정한 사랑을 위해 노력하는 것이 모든 사람의 정당한 **권리**라고 생각했다."[104] 이 문장은 (여성) 환자에 대한 (남성) 정신분석가의 가부장적 권력을 정당화하는 것으로 읽힐 수 있다. 그러나 그 진술이 이루어진 문화적 맥락을 고려할 때, 비록 그것이 결혼제도의 규범적 요구사항에 반하는 것이기는 하지만, 이 문장은 여성의 섹슈얼리티를 정당화하고 심지어 고무하는 것으로 보는 것이 더 합당하다.

정신과 리비도에 대한 프로이트의 견해는 성적 정체성을 중성화한다는 점에서 남성성과 여성성에 대한 문화적 정의를 변형시켰다. 소년**과** 소녀의 정신이 성적이라고 주장함으로써, 신경증을 일으키는 것과 유사한 기본적인 정신 과정을 상정함으로써, 그리고 남성과 여성 모두 동성애 충동을 가지고 있다고 주장함으로써,[105] 프로이트는 여성을 성애화하는 동시에 여성을 그들의 남성 상대방에 더 가깝게 만드는 데 기여했다. 이처럼 프로이트의 상상력은 정체성을 성애화했을 뿐만 아니라 또한 남성과 여성에게서 가능한 성 정체성의 영역을 확장시켰다. 남성과 여성 모두의 정신이 동성애 경향을 포함하게 되자, 이성애 자체는 운명이 아니라 우연적인 선택의 문제가 되었다.

합리적 자아 인식의 방법

마지막으로, 내가 다른 곳에서 주장한 것처럼,[106] 문화적 관념은 사회적 모순을 조화시킬 때 대중화될 가능성이 가장 크다. 정신분석학이 거둔 대단한 성공은 정신분석학이 근대 자아의 두 가지 중심적이고 모순적인 측면을 말끔하게 결합하고 그러한 방식으로 조화시켰다는 점에 의해 설명될 수 있다. 그리하여 첫째, 자아는 이제 내부로 방향을 바꾸어 사생활의 영역 내에서 자신의 진정성과 독특한 개성을 찾게 되었다. 둘째, 자아는 근대성의 문화와 제도에 의해 합리적이 되도록 촉구되었다.

앞의 분석을 통해 정신분석학이 왜 내적 자아를 표현하기 위한 특권적인 현장이 되었는지뿐만 아니라 내적 성찰을 촉구하고 감정에 초점을 맞추고 무엇보다도 잃어버린 진정한 자아를 찾는 현장이 되었는지도 분명해졌을 것이다. 정신분석학이 자기성찰 과정에서 자신을 일정한 거리를 두고 바라봄으로써 자아를 인식하게 하는, 그리하여 궁극적으로는 자유와 자제력을 가지게 하는 합리적인 방법의 하나라는 사실은 덜 강조되었을 뿐이지 결코 덜 중요한 것은 아니다.[107] 제프리 B. 에이브럼슨Jeffrey B. Abramson이 주장하듯이, 프로이트는 "정직한 그리고 자율적인 의지가 갖는 도덕성을 대단히 중시한다."[108] 억압이 하나의 문제였다면, 그 까닭은 "이성으로부터 본능적 욕망을 격리시켰기" 때문이었다.[109] 소크라테스 프로젝트에서와 마찬가지로, 치료요법의 목적은 이성적 에고가 정신적 삶을 통제할 수 있는 조건을 만들어내는 것이다. 스티븐 마커스Steven Marcus가 주장하듯이, 정신분석학은 어떤 면에서는 "델파이Delphi 신전의 '너 자신을 알라'라는 엄명에서 시작된 특별한 내적 성찰 전통의 정점"으로 간주될 수 있다. 이성의 지배를 받는 이 자기성찰의 방법은 합리적이지 않은 모든 것—즉, 우리의 정서, 우리의 본능적인 분투, 우리의 공포, 공상, 꿈과 악몽, 우리의 죄책감, 우리의 끝없는 비난, 우리의 성적 집착, 통제할 수 없는 공격성 등—을 면밀한 검토의 주요한 대상들로 삼는다.[110] 마커스는 심지어 그리스 신화의 오이디푸스 왕Oedipus Rex으로까지 거슬러 올라감으로써 프로이트가 "유기적인 문화적 진화의 노선"을 결정적 종국에 이르게 한다고 주장한다. 이처럼 정신분석학은 합리성의 윤리와 상반되기는커녕 그 윤리를 뒷받침한다. 프로이트의 사상에서 승리를 거두는 것은 자아, 내적 삶, 감정을 면밀한 조사와 탐구의 대상으로 삼는 자유로운 이성이 역사적으로 추구한 하나의 독특한 프로젝트이다.

심리학과 대중문화의 로맨스

앞에서 환기시킨 테마와 양식은 두 가지 주요한 이유에서 미국 대중문화를 열광적으로 사로잡았다. 첫째는 그러한 테마와 양식이 자아와 관련된 새로운 불확실성과 불안을 다루었기 때문이고, 둘째는 신흥 미디어 산업의 테마와 장르를 확립하고 공고화하는 데 도움을 주었기 때문이다. 심리학은 세 가지 주요 영역, 구체적으로는 조언 문헌(책과 잡지 속에 실려 있는), 영화, 광고를 통해 대중문화의 장 속으로 침투했다.

조언 문헌

심리학자들은 자신들이 전문가임을 내세우는 매우 다양한 사회문제에 대해 발언할 수 있는 권리와 권한을 떠맡았다(그리고 그러한 권리와 권한을 기꺼이 부여받았다). 그러나 그들은 20세기를 거치면서 교육과 아이 양육에서부터 범죄 행동, 법률 전문가 증언, 결혼생활, 교도소 재활 프로그램, 섹슈얼리티, 인종적·정치적 갈등, 경제적 행동, 군인들의 사기에 이르기까지 사실상 모든 분야에서 다른 사람들을 인도하는 소명을 점점 더 많이 맡게 되었다는 점에서 (변호사나 엔지니어 같은) 다른 전문가들과 달랐다.[111]

심리치료사들은 그 직업이 시작될 때부터 광범위한 공중을 대상으로 했으며, 그 과정에서 학계, 전문협회 및 저널 등 전문영역에서 만들어내 온 개념들을 변형시켰다. 그러한 '대중화' 과정에서 심리치료사의 지위는 전문가의 지위와 도덕적 안내자 사이를 오가는 양면적 성격을 지니게 되었다. 심리치료사들은 전문가로서는 기술적·중립적 지식을 가지고 있었지만, 도덕적 안내자로서는 다른 사람들에게 그들의 행동과 감정을 틀 지을 가치를 가르쳤다. 조언 문헌은 그러한 독특한 이중적 역할에서 출현했고, 심리학자들이 시장에 진입할 수 있는 열쇠를 제공해 주었다.

1920년대에 조언 문헌은 영화와 마찬가지로 하나의 신흥 문화산업이었지만, 곧 심리학적 관념을 확산시키고 감정 규범을 정교화하는 데서 자신이 가장 오랫동안 살아남을 플랫폼임을 입증했다. 조언 문헌은 다음과 같은 여러 요건을 갖추고 있어야 한다. 첫째, 조언 문헌은 정의상 일반적 성격을 가져야 한다. 즉, 조언 문헌은 (자신에게 권위를 부여하고 법률과 유사한 진술을 할 수 있게 해주는) 유사 법률적인lawlike 언어를 사용해야 한다. T. S. 스트랭T. S. Strang, 데이비드 스트랭David Strang, 존 메이어John Mayer가 주장하듯이, "문화 범주 내에서 일어나는 확산은 이론화에 의해 가속화되고 그 방향을 바꾸게 된다. 여기서 이론화란 추상적 범주를 의식적으로 발전시키고 구체화하고 인과연쇄와 같은 패턴화된 관계를 정식화하는 것을 말한다."[112] 이론화는 관념을 일반적이고 탈맥락화된 방식으로 표현하기 때문에, 그러한 관념을 다양한 사회적 맥락, 개인, 욕구에 더 잘 맞아떨어지게 한다. 심리학적 조언이 널리 확산될 수 있었던 것은 그 조언이 이론적이고 일반적인 형태를 취했기 때문이다. 둘째, 조언 문헌이 정기적으로 소비되는 하나의 상품이 되기 위해서는, 그 문헌이 다루는 문제를 다양화해야 한다. 셋째, 서로 다른 가치와 관점을 가진 다양한 층위의 독자를 다루기를 원하다면, 조언 문헌은 몰도덕적이어야 한다. 즉, 조언 문헌은 사회관계에서 일어나는 행동 및 섹슈얼리티와 관련된 문제들에 대해 중립적인 관점을 제시해야 한다. 마지막으로, 조언 문헌은 신뢰할 수 있어야 한다. 즉, 정당한 전거에 의거하여 제시되어야 한다. 정신분석학과 심리학이 조언 산업에서 금광이었던 까닭은 이 두 영역이 과학이라는 아우라에 싸여 있었고, (그 어떤 개별 특성과도 맞아떨어지게) 고도로 개인화될 수 있었고, 아주 다양한 문제를 다룰 수 있어서 제품을 다양화할 수 있었고, 금기된 주제에 대해 과학의 냉정한 시선을 제시하는 것처럼 보였기 때문이다. 소비시장이 확대되면서 도서

산업과 여성 잡지들은 이론과 이야기, 일반성과 특수성, 비非판단성과 규범성 모두를 받아들일 수 있는 언어를 열심히 끌어모았다. 조언 문헌이 독자들에게 직접 영향을 미치지 않는 까닭에, 자아 어휘를 제공하고 사람들의 사회적 관계에 대한 인식을 인도하는 데서 조언 문헌이 갖는 중요성은 그간 충분히 인식되지 않았다. 현대 문화 요소의 많은 부분이 조언, 훈계, 비법의 형태로 우리에게 다가오고 많은 사회 현장에서 우리가 자아를 (문화적 레퍼토리에서 특정한 행동 방침을 취하여) 스스로 만든다는 점을 고려할 때, 조언 문헌은 자아가 자신을 이해하는 공적 어휘들을 틀 짓는 데서 중요한 역할을 했을 가능성이 크다.

영화

할리우드는 심리학자의 이미지, 정신분석학의 몇몇 중심 개념, 그리고 치료요법적 자아 서사를 전파하는 데서 중심적인 문화적 장이 되었다. 할리우드 제작자들과 영화 제작자들은 정신분석학에 관심이 많았고, 그들 스스로 자주 치료요법 처치를 받았다. 풀러 토리는 『네트의 도시: 1940년대 할리우드의 초상City of Nets: A Portrait of Hollywood in the 1940s』에서 오토 프리드리히Otto Friedrich의 다음과 같은 말을 인용했다. "할리우드는 자신의 삶의 의미를 설명해 주기를 원하고 그러한 설명에 많은 돈을 지불하는 신경증적인 사람들로 가득 차 있었다."[113] 이를테면 앨프리드 히치콕Alfred Hitchcock과 세약한 엄청난 힘을 가진 영화 제작자 데이비드 셀즈닉David Selznick은 정신분석 치료를 받았다. 어쩌면 그가 정신분석 치료를 받았기 때문에 정신분석학적 관념에 기초한 영화 〈스펠바운드Spellbound〉를 히치콕과 함께 만들 생각을 했을지도 모른다. 프랜시스 비딩Francis Beeding이 쓴 소설 『닥터 에드워즈의 집The House of Doctor Edwards』을 원작으로 한 그 영화의 각본 역시 정신분석 치료를 받고 있던 벤 헥트Ben Hecht가 썼다. 히치콕의 유명한 영화는 많은 관객에게 무의식의 관념, 꿈의 중요성, 억압 메커니즘, 그리고 정신분석 치료에서 언어가 갖는 중요성을 보여주었다.

그러나 영화에 심리학과 정신분석학을 도입하게 된 계기는 영화산업이 관객에 대한 감정적 지배력을 향상시키기 위한 비법과 공식을 찾고 있었다는 사실과 관련되어 있었다. 일찍이 1924년에 영화 제작자 샘 골드윈Sam Goldwyn은 프로이트에게 (10만 달러라는 꽤 큰 액수를 통 크게 보상으로 제시하며) "정말로 위대한 사랑 이야기"를 쓰는 일을 도와줄 것을 요청했다.[114] 사회사학자 엘리 자레츠키Eli Zaretsky에 따르면, 그다음 해에는 골드윈과 독일의 영화제작사 UFA가 "카를 아브라함Karl Abraham, 한스 작스Hans Sachs, 지그프리트 베른펠트Siegfried Bernfeld에게 접근하여 정신분석 영화를 만드는 것을 도와달라고 요청했다."[115] 영화 〈영혼의 비밀Secrets of the Soul〉은 골드윈의 지원을 받아 G. W. 파브스트G. W. Pabst에 의해 제작되었다.

정신의학자들과 정신분석학이 왜 그렇게 영화에 열심히 이용되었는지를 설명하는 것은 어렵지 않다. 카린 가버드Karin Gabbard와 글렌 가버드Glen Gabbard가 웅변적으로 요약했듯이, "영화 캐릭터로서의 치료요법사"는 인물 설명과 캐릭터 개발을 손쉽게 할 수 있는 장을 제공해 줄 수 있다. 캐릭터로서의 치료요법사는 또한 실제 테마를 정당화해 줄 수 있고, 초자연적인 '진리'를 합리주의와 대비시켜 줄 수 있고, 문제 있는 영혼을 세속적으로 구원해 줄 수 있고, 오해받는 개인에 대해 낭만적으로 관심을 가지게 해줄 수 있고, 신비로운 행동에 대해 설득력 있는 설명을 해줄 수 있고, 가정 내 위기를 상식적으로 해결해 줄 수 있고, 자유로운 영혼을 가진 영웅들을 억압적으로 대하게 해줄 수 있다."[116] 정신분석학이 영화에 특히 적합한 까닭은 정신분석학이 새로운 시각적 상징(이를테면 남근 상징)을 만들어낼 수 있고,[117] 잘 알려진 장르에 흥미로운 변이를 도입하는 데 도움을 줄 수 있고(이를테면 정신분석가가 탐정이 되고 꿈 조각은 풀어야 할 실마리가 된다), 캐릭터에 심리적 깊이를 더할 수 있고(정신분석가가 캐릭터의 정신을 해석할 때처럼), 꿈의 계기들을 통해 영화에 새로운 (환상적인) 미학을 부여할 수 있기 때문이다. 앨프리드 히치콕이 영화 역사상 처음으로 정신분석학을 활용한 것은 아니었지만, 시각적으로 그리고 테마적으로도 그러한 영화를 매우 철저하게 개발해 온 최초의 인물인 것은 확실하다.[118]

광고

심리학자들은 두 가지 주요한 방법으로 광고의 영역에 자리하고 있었다. 그들은 광고라는 새로운 전문직에 조언자 역할을 했고, 광고주들이 소비자들의 무의식적인 욕망을 이용할 수 있는 일단의 의미로 상품을 포장하는 것을 도왔다. 게다가 광고주들은 심리학적 테마를 이용하여 자신들의 제품 판매를 정당화했다. 이를테면 1931년에 리글리Wrigley 껌 광고 캠페인은 껌이 "현대 생활의 스트레스와 불안을 완화하고 정신적 안정과 개인의 웰빙을 회복하는 얼굴 운동"을 하게 한다고 주장했다.[119] 광고주들은 심리학적 테마와 공포를 이용하여 다양한 상품을 홍보했다. 그러나 상품들은 또한 보다 긍정적인 방법으로 홍보되었는데, 왜냐하면 상품은 자아의 숨겨진 잠재력을 깨닫는 것을 돕는 힘을 가지고 있었기 때문이다(심리학자는 이 방면에서 점점 더 전문가가 되고 있었다). 캐시 피스Kathy Peiss는 20세기로의 선환기의 미국 화장품의 역사에 관한 연구에서 이렇게 지적한다. "외모를 가꾸는 데 실패하는 여성은 심리학자들이 우리에게 우리의 일상의 자아 뒤에 숨어 있다고 말하는 잠재적 퍼스낼리티를 파괴한다. 정신분석학의 용어들이 업계의 신문을 통해 퍼져나가기 시작했다. 한 정신과 의사는 '자신의 좋지 않은 외모를 의식하는' 사람들은 열등감에 시달렸다고 판단했다. 그러나 업계 대변인인 에버렛 맥도너Everett McDonough는 도움이 말 그대로 가까이에 있다고 단언했다. 왜냐하면 '많은 신경증 환자가 립스틱을 멋지게 바르고 치료되었'기 때문이다."[120] 더 나아가 피스에 따르면, 미용 제품 광고주는 자신들이 하는 일을 묘사하기 위해 자주 '무의식'이나 '자신감'과 같은 관념을 이용하고 언급했다.

> 이러한 방식으로 립스틱이나 파운데이션을 바르는 단순한 행위는 1930년대보다 훨씬 더 치료요법적 주장과 결합해 나아갔다. 심리학자와 사회과학자들은 여성들에게 너무 지나친 화장은 어린 시절의 해결되지 않은 정신역학을 반영한다고 경고하면서, 과한 화장은 아버지의 마음을 끌고 어머니를 공격하는 잘못된 노력이라는 견해를 피력했다. 한 정신과 의사는 화장을 여성 병리학, 즉 여성들이 "자신을 생식기의 상징으로 축소시키는" '극단적 나르시시즘'의 한 형태라고 칭했다. "정신적으로 건강한 미용"에 관한 한 기사에서는 화장품을 사용하는 평균적인 여성들의 이야기를 정신병원에 있는 환자들의 사진과 함께 실으면서 두 집단 모두가 화장을 통해 심리적 고양감을 얻었다고 예증했다. 정신과 의사들은 '중도'를 표방하면서, 각각의 여성에게 자신의 실제 자아의 모습을 만들기 위해 가능한 모든 화장품의 도움을 받으라고 조언했다.[121]

전쟁이 끝난 후 화장품에 대한 심리학적 견해는 새로운 근거를 발견했다. 피스가 상정하듯이, 영화, 광고, 조언 문헌 모두는 전선으로부터 남성—남편 또는 남자친구—이 귀환한 것이 여성들의 마음에 충격을 주었고 그리하여 여성들에게 심한 '내적 갈등'을 겪게 했다고 암시했다. 이 심리적 위기에 대한 화장품 산업의 반응은 아름다움의 세계로 도피하는 수단을 제공하는 것이었다.[122] 요컨대, 자기계발 문헌, 영화, 광고라는 3대 신흥 문화산업은 각기 그들 나름의 논거에 의거하여 정신분석학을 이용함으로써 문화에서 자신들의 행위 양식을 확립하고 부호화했다.

결론

하나의 언어가 구속력을 가지고 지식·내적 성찰·자기 변혁의 새로운 관행을 창출하기 위해서는 그 언어가 강력한 사회제도 내에서 그리고 그 사회제도에 의해 이용되어야 한다. 부르디외와 푸코가 서로 다르지만 똑같이 설득력 있게 입증했듯이, 하나의 담론은 그 담론에 제도적 힘과 정당성을 부여하는 사회제도 내에 위치하고 그러한 사회제도로부터 나올 때 강력해진다.[123] 담론은 그 담론의 전달자가 그 또는 그녀가 대표하는 집단에 의해 축적된 '상징 자본'의 대표자일 때 수행력—즉, 그 담론이 현실에 이름을 붙이고 현실을 변화시킬 수 있는 능력—을 지니게 될 것이다.[124] 심리학자들은 다중 정체성과 역할의 문제를 겪는 복합적인 집단의 대변자이고, 과학의 제도적·경제적 권력으로부터 자신들의 말의 권위를 끌어내는 '과학적' 전문가이고, 국가 프로그램에 의해 승인되고 그것에 통합되어 있는 형태의 지식의 대표자이고, '영혼'을 치유하고 돌보는 전통적인 카리스마적 권위를 가진 대중적 지도자이다. 따라서 심리학자들의 권위는 다양한 사회적 영역에서 나온다. 심리학자들은 새로운 정신과학의 윤곽을 그린 것만이 아니었다. 그들은 또한 자신들이 개인과 사회의 관계를 이해하고 종교적 신앙과 대중 정치 운동(이를테면 파시즘)의 신비를 해독하며 성적 만족감의 성취, 성공, 행복의 기법과 지침을 전달한다고 주장했다.

하지만 가장 흥미로운 것은 심리학자들이 권력 추구 과정에서 대단한 성공을 거두었다는 것이 아니라, 치료요법 담론이 경험을 틀 짓고 조직화하는 하나의 문화 형태가 되었을 뿐만 아니라 자아와 사회관계를 이해하는 문화 자원이 되기도 했다는 사실이다. 심리학자들이 사회생활의 다양한 영역에서 강력한 입법자가 된 것은 그들이 근대성의 모호성과 모순을 다루는 상징적인 '도구'와 범주를 제공했기 때문이다. 그러한 상징적인 도구와 범주들은 종래의 것과 새로운 것을 결합하여 문화적 혁신과 연속성 모두를 가능하게 했다. 나는 심리학자들이 많은 제도적 표현에서 영혼의 중재자와 안내자가 된 것은 그들이 막대한 '문화적 작업'을 수행해 왔기 때문이라고 제안하고자 한다. 문화 활동은 '불안정한 시대unsettled period'[125]에 특히 격렬하다(불안정한 시대라는 이 애매한 용어에는 전통적인 사회적 역할의 붕괴와 역할 불확실성, 기존 생활 패턴의 소멸, 가치의 증식, 사회적 불안과 공포의 심화 등 다양한 현상이 포함되며, 이 모든 것이 개인들이 왜 다른 사람들의 행동을 설명하고 자신의 행동을 틀 짓는 방식을 찾는지를 설명해 줄 수 있다). 20세기는 훨씬 더 커진 규범적 불확실성을 특징으로 했다. 이는 격렬한 이데올로기적 및 문화적 작업을 요구했고, 그러한 활동의 상당한 부분이 적어도 미국의 맥락에서는 심리학자의 특권적 영역이 되었다.

심리학은 엄청난 제도적 공명을 불러일으켰고, 이는 다시 공통의 문화적 핵심을 축으로 하여 문화적 관행들을 조직할 수 있었다. 문화는 앤 스위들러가 자아에 의미를 부여하는 '행위 노선line of action'이라고 부른 것을 제공할 때 가장 큰 힘을 발휘한다.[126] 문화는 사람들이 삶의 전략을 세울 수 있는 자아, 스킬, 세계관을 틀 지음으로써 행위에 영향을 미친다. 아래의 장들에서 나는 프로이트적·치료요법적인 기호학적 자아 코드가 어떻게 다양한 제도에서 전유되어 새로운 행위 전략을 틀 짓는 데 이용되었는지를 조사하면서 이 기본적인 통찰력을 탐구한다.

제3장

호모 에코노미쿠스에서 호모 커뮤니칸스로

이성, 진지함, 감정통제—인간의 위대한 특권이자 문화적 자랑거리인—를 위해 인간이 얼마나 엄청난 대가를 치러야 했던가! 얼마나 많은 피와 공포가 이 모든 '좋은 것들' 뒤에 숨어 있는가!

_프리드리히 니체Friedrich Nietzsche*

자본주의가 사회적 관계에 미치는 영향은 고전 사회학의 중심 수수께끼가 되어왔으며, 사회학의 창시자들은 자본주의가 의미를 창출하고 사회적 관계를 유지하는 우리의 능력에 심각한 위협이 되었다는 데 대체로 동의했다. 문화사회학은 행위의 물질적 구성요소와 상징적 구성요소 간의 뒤얽힌 교점을 풀어가는 과제를 야심 차게 떠맡아왔고, 초기 사회학자들이 그렸던 것보다 훨씬 더 복잡한 그림을 제시해 왔다. 제프리 알렉산더가 주장하듯이, "행위와 그 환경 모두가 비합리적인 것의 침투—그 흔적을 지울 수 없는—를 받기 때문에, 순수한 …… 합리적 세계는 존재할 수 없다."[1] '상품화'와 '합리화' 개념이 자본주의 경제가 사회적 관계를 메마르게 만들고 사회적 관계를 도구적 합리성하에 포섭시켜 버린다고 가정했던 지점에서, 문화사회학자들은 경제적 거래가 문화적 의미 안에 내장되어 있으며 대인간의 감정적 거래는 시장에 반하는 것이기는커녕 시장에 의해 촉진될 수 있다고 주장해 왔다. 이를테면 비비아나 젤라이저Viviana Zelizer는 일련의 획기적인 연구에서 화폐 거래와 친밀한 관계는 공동으로 생산되고 상호 지속되며, 특정한 구체적인 관계와 이른바 비인격적인 교환 간에는, 즉 합리적 행위와 이른바 비합리적 행위 간에는 그 어떤 단순 대립도 존재하지 않는다는 것을 보여주었다.[2] 게다가 인류학자 마셜 살린스Marshall Sahlins가 자신의 책 『문화와 실천이성Culture and Practical Reason』에서 강력하게 주장했듯이,[3] 현대 자본주의 사회에서 경제는 상징적 생산의 주요 현장이며 사회 세계에 대해 사유하는 은유와 서사의 주요 원천이다. 이 장은 이러한 통찰에 근거하지만, 세 단계를 더 나아가기 위해 노력한다. 첫째, 이 장은 1930년대 이래로 미국 기업에 대대적으로 개입하기 시작한 심리학자들의 후원 아래 경제조직 내부에서 일어난 합리성의 진전은 우리의 직관과 달리 감정적 삶이 강화되는 것과 함께 이루어져 왔다는 것을 보여준다. 둘째로, 이 장은 전문가이자 동시에 문화 생산자로서 행동하는 심리학자들이 작업장 내부의 감정적 행동을 부호화했을 뿐만 아니라 보다 결정적으로는 '자기 이익', '효율성', '도구성'을 유효한 문화적 레퍼토리로 만들었다고 주장한다. 마지막으로, 이 장은 '자기 이익'과 '효율성'이 문화적 행위의 레퍼토리가 되는 과정에서 실제로 새로운 **사회성 모델**, 가장 두드러지게는 소통 모델model of communication을 만들어내고 조직화했다고 주장한다. 심리학적인 문화 프레임들은 시장의 문화적 매트릭스로부터 도출되어 그 매트릭스와 병합되었고, 그리하여 자아를 지향하고 자아에 행위 전략을 제공하고 아마도 더 결정적으로는 새로운 형태의 사회성을 틀 짓게 되었다.[4] 프랭크 도빈Frank Dobbin, 존 메이어와 브라이언 로완Brian Rowan, 그리고 월터 파월과 폴 디마지오의 저작에 근거하여, 나는 '합리성', '계산', '효율성'은 비인격적인 경제적 정명이 아니라 오히려 직업 정체성을 틀 짓고 직업 역량을 규정하는 문화적 레퍼토리로 기능한다고 주장한다. 왜냐하면 자기 이익과 도구적 계산이라는 문화적 동기가 심리학의 언어—즉, 감정, 자아, 정체성을 전면에 내세워 부호화한 언어—와 역사적으로 뒤얽혀 왔기 때문이다. 경제조직에 들어와서 그 내부에서 활동하는 심리학자들은 자신들의 직업 대본—이 대본에서는 감정의 성찰적 관리가 가장 중요했다—을 이용했고 그 대본을 합리성, 생산성, 효율성과 같은 시장에서 직접 파생된 대본과 결합시켰다. 따라서 나는 이 장에서 여러 가지 주장을 제기한다. 하나는 '합리성'과 '자기 이익'은 선험적인 자명한 사회적 행동 범주가 아니라는 것이다. 오히려 그러한 범주들은 심리학자들에 의해 정성 들여 부호화되고 홍보되었다. 다시 말해 심리학자들은 노동자들과 경영자들이 자신들의 이익에 따라 행동하도록 설득하기 위해 엄청나게 많은 문화적 작업을 수행했다. 게다가 자기 이익과 합리성이라는 범주는 감정과 반대이기는커녕 감정과 밀접하게 얽혀 있었고, 서로 공통의 경계를 가지고 있었다. 심리학자들은 **감정성의 모델을 정교화하는 것과 동시에** 합리성의 모델을 제시했다. 마지막으로, 경제조직에서 합리성과 자기 이익은 **사회성**—사람들이 사회적 유대를 만들어내고 유지하는 모델과 관행—을 부식시키기는커녕 기업 내부의 사회적·위계적 관계를 재조직화하고 궁극적으로는 그 안에서 권력을 재정의하는 문화적 프레임으로 여겨졌다.

20세기 내내 치료요법 담론의 지원 아래 감정적 삶은 경제학의 은유와 합리성에 물들었다. 반대로 경제적 행동은 감정과 감상의 영역에 의해 일관되게 틀 지어졌다. 감정의 합리화는 '경제적 행동의 감정화'로 특징지을 수 있는 자신의 역逆을 창출했다. 이 상보적 과정은 내가 **감정 자본주의**emotional capitalism라고 이름 붙인 더 광범한 문화적 과정을 시사한다.[5] 감정 자본주의에서는 감정 담론과 경제 담론이 서로를 상호적으로 틀 짓고, 그리하여 감정이 경제적 행동의 본질적 측면이 되고 또 감정생활—특히 중간계급의 감정생활—이 경제적 관계 및 교환의 논리를 따른다(제4장을 보라). 감정 자본주의에서는 시장에 기반한 문화적 레퍼토리들이 대인관계와 감정적 관계를 틀 짓고 인도한다. 대인관계를 만들고 유지하는 방법을 아는 것이 경제적 관계를 생각하고 상상하는 방법에서 중심적인 것이 된다. 내가 감정 자본주의라고 부르는 것은, '협력'과 '팀워크'라는 일반적인 문화적 틀이 예증하듯이, 경제 관계의 새로운 대본이 상호작용-감정 대본interactional-emotional script으로 정식화되어 그것과 뒤얽히는 문화적 과정이다. 심리학자들의 전문 언어와 효율성이라는 기업 언어로부터 태어난 이 대본들은 행위자들이 수평적·수직적 위계질서, 권력, 그리고 심지어는 (제한적이지만 확실하게) 젠더 관계까지를 개념화하는 방식들을 다시 틀 지어왔다. 심리적 담론과 경제적 담론의 이러한 상보적 영향이 '감정통제'라는 핵심적인 문화적 모티프에서만큼 뚜렷하게 나타나 온 곳은 어디에도 없었다.

조직사회학에서의 감정통제

감정은 경제사회학에는 자주 부재했지만, 조직사회학에서는 비록 '감정통제'라는 부정적인 형태로이기는 하지만 그 모습을 드러낸다. 기업에 관한 연구들은 20세기 미국 작업장이 그 선조들 — 즉, 19세기 작업 현장이나 공장 — 보다 훨씬 더 엄격한 감정통제를 요구했다는 것을 지속적으로 밝혀내왔다. C. 라이트 밀스C. Wright Mills의 『화이트칼라White Collars』와 윌리엄 화이트William Whyte의 『조직인Organization Man』은 사회학자들에게 경제조직의 새로운 감정적 요구 조건에 관심을 가지게 한 최초의 저작 중 하나이다.[6] 얼굴 없는 관료제적 구조의 지배에 불안해하는 베버적 시각에서 영감을 받은 이러한 (그리고 다른 후속의) 연구들은 20세기를 경과하며 대기업들이 피고용자들의 내적 삶과 감정을 '관리'하기 위해 피고용자들에게 새로운 종류의 압력을 행사했다고 시사했다. 알리 혹실드Alie Hochchchild는 항공 승무원에 대한 독창적인 연구에서 회사가 승무원들이 다양한 상황에서 어떻게 느껴야 하는지에 관한 이데올로기를 승무원들이 받아들이도록 조장할 때 승무원과 승객들의 상호작용에 상당한 감정통제('감정 작업')가 가해진다고 주장함으로써 그러한 사고 노선을 확장시켰다.[7] 혹실드는 서비스 산업에서 일하는 여성들이 '감정 노동자', 즉 회사의 이미지를 팔기 위해 자신들의 감정을 억제해야 하는 노동자가 될 가능성이 가장 크다고 주장했다. 비슷한 맥락에서 기디언 쿤다Gideon Kunda는 '하이테크' 기업의 문화에 대한 연구에서 현대 기업들이 '규범적 통제'를 통해 피고용자들의 '정신과 마음'을 통제하려고 시도한다고 주장했다.[8] 쿤다에 따르면, 현대 기업들은 통제가 행동 수행 통제에서 감정 수행 통제로까지 넓어져 왔다는 의미에서 통제를 심화시키고 확장해 왔다. 마지막이자 중요한 사례를 하나 들면, 캐럴 스턴스Carol Stearns와 피터 스턴스Peter Stearns는 미국에서 화anger를 통제해 온 오랜 역사를 풍부하고 함축성 있게 설명하면서, 미국 기업이 성공적으로 화를 억제했지만 그것은 다시 '개성'과 자발성을 위협하고 결국에는 우리의 삶을 지배하는 '얼굴 없는 관료주의'의 승리로 귀결된다고 주장한다.[9]

이러한 설명에서 감정통제는 사회적·경제적 통제의 한 이형이다. 혹실드, 쿤다, 스턴스 부부 모두는 감정통제가 합리적이고 냉정한 이익 추구의 한 전제조건이라는 베버적 의미에서뿐만 아니라 자본주의적 작업장 내부의 현대 사회통제 양식을 반영한다는 의미에서도 자본주의적 경제활동 영역과 강한 문화적 친화성을 가진다고 시사한다. 이 저자들 모두는 감정통제가 강요되는 것은 행위자들이 조직의 권위를 수동적으로 받아들이기 때문이라고 가정한다. 대부분의 사회학적 설명은 명령을 내리는 사회적·경제적 권력이라는 한편과 개인의 감정통제 실행이라는 다른 한편 간에 다소 직접적인 관계를 가정한다. 이러한 시각에서 보면, 개인들은 명령의 수동적 수용자인 동시에 가면을 쓰고 다른 사람들과 자신에게 '진정한' 자아에 대해 거짓말을 할 수 있는 순진하지 않은 행위자이다(행위자들은 이 양자의 모습을 얼마간은 비일관적으로 드러낸다). 게다가 이러한 연구들에는 감정적 자기 통제가 진정한 상호작용에서 작동하는 '인간적 요소'를 억압하는 까닭은 그러한 감정통제가 조직 내부 관계에서 가장 중심에 자리하고 있는 경제적 합리성에 기반하기 때문이라는 관념이 암묵적으로 내포되어 있다. 이 견해는 합리적 자기 통제의 이상이 배려 지향적이고 감정 표출적인 여성 스타일의 관리방식을 거부함으로써 작업장 내에 남성 정체성의 속성을 강화하고 작업장에서 여성을 몰아낸다고 주장해 온, 조직에 대한 페미니즘적 관점에 의해 보완되어 왔다.

여기서 나의 접근방식은 앞서의 접근방식들 모두와 상당히 다르다. 첫째, 나는 자기 통제와 자주 연관 지어지는 보다 광범한 사회적 역량 모델model of social competence을 이해하지 않고는 미국 작업장 내부에서 자기 통제라는 감정 규범이 출현한 것을 이해할 수 없다고 주장한다. 실제로 조직사회학에서 일관되게 간과되는 한 가지 요소가 바로 자본주의가 등장하기 오래 전에 감정통제라는 용어가 우리의 도덕적 어휘 속에 들어 있었고 감정통제는 자제, 침착, 도덕적 자율성—이것들 모두는 적절하게 훈련된 자아의 표시였다—을 넓게 표현하는 하나의 은유로 여겨져 왔다는 점이다.[10] 사람들이 일시적인 화, 욕정, 우울증을 통제할 수 있는 것은 (혹실드와 다른 사람들이 주장하듯이) 단순히 '감정의 상품화'의 결과가 아니라 사회적 역량의 중요한 요소 가운데 하나이다. 어빙 고프먼Erving Goffman이 예리하게 관찰한 바와 같이,

> 어떤 대화를 하는 동안, 개인은 자신이 얼마나 대화에 열중할 것인지, 즉 자신이 얼마나 철저하게 대화에 몰두할 것인지에 대한 기준을 설정한다. 그는 자

신의 감정이나 행동 준비에 빠져 상호작용에서 자신이 설정한 감정과 관련한 경계를 위협하는 일이 벌어지지 않도록 해야 할 것이다. …… 어떤 사람이 대화 주제에 과도하게 몰입하여 다른 사람들에게 그가 **자신의 감정과 행위에 대해 필요한 자기 통제 조치**를 취하지 않고 있다는 인상을 주면 …… 다른 사람들은 대화에 몰입하기보다는 화자에 몰입할 가능성이 크다. **한 남자**[원문 그대로]**의 과도한 열의는 다른 한 남자를 소외시킬 것이다.**[강조 추가][11]

누군가는 고프먼이 실제로는 남성다움의 매우 젠더화된 감정적 속성을 이루는 것을 당연하게 여기고 그대로 받아들인다고 주장할 수도 있다. 그러나 그러한 견해 자체는 여성들이 자신의 감정성을 거의 또는 전혀 통제하지 못한다는 치명적이고 잘못된 고정관념을 재생산한다. 고프먼이 여기서 언급하는 것은 (비록 그 양식이 젠더별로 다르기는 하지만) 남성과 여성이 공유하고 받아들이는 (상대적으로) 젠더 중립적인 형태의 사회적 역량이다. 더 나아가 그러한 역량을 발휘하는 것은 조직사회학자들이 분석해 온 억압적인 자기 통제와 쉽게 구별되지 않는다.[12] 노르베르트 엘리아스Norbert Elias가 자신의 기념비적인 저작 『문명화 과정Civilizing Process』에서 제시한 테제에 따라, 우리는 감정통제를 근대 시기(즉, 17세기 이후)에 기능과 상호 의존성 네트워크가 분화되어 자아가 더 많은 수의 사회적 상호작용을 지향하게 된 결과로 볼 수 있다. 이러한 상호작용의 빈도와 다양성이 증가함에 따라, 개인은 점점 더 많은 수의 타자에게 자신의 행동을 맞추어야 하기 때문에 자아를 보다 자기 규제적이고 예측 가능하게 만든다.[13] 이 견해에 따르면, 감정통제가 사람들의 감정을 틀 짓는 지배적인 방법이 되어온 것은 감정통제가 기업 통제의 한 형태이고 남성 정체성을 받아들이기 때문일 뿐만 아니라 사회적 상호작용의 사슬이 증가되고 연장됨에 따라 더 많은 형태의 사회적 역량을 동원하는 것이 필요해졌기 때문이기도 하다.

마지막으로, 조직사회학자와 감정사회학자들 모두—엘리아스를 포함하여—가 감정통제를 단일 범주로 취급하지만, 나는 감정통제가 주로 문화적으로 틀 지어진 자아 개념에 의거한다는 단순한 이유에서 서로 다른 많은 형태의 감정통제 형태가 존재한다고 주장한다. 승무원의 자기 통제는 이를테면 스토아학파가 말하는 평정ataraxia과는 거리가 멀다. 아래의 분석에서 보여주듯이, 경제조직에서 제창된 치료요법적 자기 통제는 합리성과 감정성을 혼합하고 있고 감정을 자아에 중심적으로 만드는 능력을 지니고 있으며 여성의 관점을 배제하기보다는 포함시킨다는 것이 특징이다. 역사적으로 새로운 형태의 이러한 감정통제는 조직 내부에서 통제 양식이 변화했음을 시사하지만, 내가 주장하듯이 이 변화는 조직사회학자들이 전통적으로 마음속에 그려왔던 것과는 분명히 다르다.

통제 권력과 권력 통제

1880년대부터 1920년대까지의 시기는 자본주의의 황금기라고 불렸다. 이 시기 동안에 "공장 체제가 확립되고, 자본이 집중화되고, 생산이 표준화되고, 조직이 관료화되고, 노동이 큰 기업에 편입되었다."[14] 가장 눈에 띄는 것은 수천 명, 심지어 수만 명의 노동자를 고용하여 기업을 관료제적으로 복잡하게 만들고 위계적으로 훨씬 더 통합시킨 대기업이 등장했다는 것이다.[15]

라인하르트 벤딕스Reinhard Bendix는 기업의 등장에 대한 자신의 독창적인 연구에서 19세기 동안 관리자들의 수사修辭는 (종교적인 청교도주의에서 영감을 받은) 자기계발과 (스펜서식의) '적자생존' 이론의 혼합이었다고 주장했다. 관리자들이 관리자였던 것은 그들의 장점 덕분이었고, 그러한 장점들은 의심할 수 없었다. 마찬가지로 하위 지위에 있는 사람들은 정의상 신체적·도덕적·지적 자질을 결여하고 있었다.[16]

산업 생산의 양과 속도가 증가하기 시작하면서, 감독해야 할 일과 노동자가 엄청나게 늘어났다.[17] 그러자 조직은 노동자들로 하여금 효율적이고 신속하게 생산하게 하는 일, 즉 관리 업무가 점점 더 복잡해지는 문제에 직면하게 되었다. 노동자 수의 증가와 그들을 규율할 필요성으로 인해 소유자도 노동자도 아닌 계급, 즉 노동자들 ― 기본적으로 어리석고 부도덕하고 의존적이며 사회 병폐의 주요 근원으로 간주되는 ― 을 관리함으로써 생산을 증가시키는 사회적 임무를 부여받은 것으로 보이는 관리계급이 출현했다. 노동 불안을 배경으로, 그리고 노동자와 자본가 간의 적대적인 분위기 속에서 프레더릭 테일러Frederick Taylor의 과학적 관리 이론theory of scientific management이 등장하여 물질적 부와 사회적 조화의 보장을 약속했다. 테일러의 목표는 '적대감의 원인'을 제거하는 것이었고, 그러한 목적을 달성하기 위해서는 그의 유명한 주장대로 "정신적 태도에서의 혁명"이 요구되었다.[18] 테일러는 이렇게 주장했다. "과학적 관리하에서는 사업을 책임지는 사람도 …… 노동자들만큼이나 많은 무수한 실험을 통해 개발된 규칙과 법에 의해 지배[되어야 한다]. 그리고 그 개발된 기준도 공평[해야 한다]."[19] 테일러는 궁극적으로 자본가의 이익에 봉사하는 비인간적인 관리체계를 발명했다고 자주 비난을 받아왔다. 그러나 문화적 관점에서 볼 때, 그 반대가 사실이다. 왜냐하면 테일러가 과학을 이용한 것은 전통적인 리더십의 정당성 기반을 약화시키고 심리학자들이 개입할 토대를 확립하고 그러한 개입의 필요성을 인식하는 데 기여했으며, 이는 다시 기업 내에 '인간적' 요소를 부호화하고 정식화하게끔 만들었기 때문이다. 따라서 테일러의 이론은 관리자의 성공을 자명한 것(어떤 사람이 처음부터 그럴 만한 자격이 있다는 증거)으로 간주하기는커녕, 관리자의 의무가 (재)검토되어야 할 필요가 있음을 암시하는 것이었다.

이는 훌륭한 관리자를 구성하는 것이 무엇인지에 대한 정의를 미묘하게 변화시키는 결과를 가져왔다. 제1차 세계대전 동안 군대에서 잘 알려진 지능검사 프로그램이 실시된 것과 함께 개별 노동자 역시 측정되고 테스트될 수 있는 특성들의 복합체로 간주되었다. 그러한 특성이 선천적인 것으로 간주되었는지 아니면 후천적인 것으로 간주되었는지는 중요하지 않았다. 벤딕스가 지적하듯이, 중요한 것은 지능검사가 중요하다는 것이었고, 그 검사가 노동자들을 평가하는 데 이용될 수 있다는 것이었다. 1920년대경에 미국의 고용주와 관리자들은 관심을 피고용자들의 태도와 감정으로 돌렸다. "그렇게 함으로써, 그들은 우연히 그들 자신의 권위의 토대에 의문을 가지게 되었다."[20] 그들이 성공을 장점의 표시로 간주하는 한, 산업 리더십의 또 다른 정당화는 필요하지 않았다. 그러나 관리에 대한 테일러식의 견해는 실패가 선천적으로 타고난 무능함의 피할 수 없는 결과가 아님을 시사했다. 오히려 실패의 원인은 탐구의 대상이 되고 적절한 관리 정책의 개발을 통해 방지되어야 했다. 벤딕스가 제시한 바와 같이, 노동자의 이미지에도 미묘하지만 중요한 변화가 있었다. 즉, 노동자는 덕성과 적절한 예절을 가르쳐야 하는 사람에서 적성과 태도를 검사해야 하는 과학적 정밀조사와 심문의 대상으로 바뀌었다.[21] 그 과정에서 성공과 리더십에 대한 정의도 바뀌었다. 19세기에 성공이 한 사람의 사회적 우월성을 나타내는 자명한 표시였다면, 리더십은 점점 더 파악하기 어려운 범주, 즉 필연적으로 그리고 반복해서 부여받은 자질이라기보다는 증명해야 할 자질이 되었다. 이는 다시 훌륭한 관리자를 구성하는 것에 관한 새로운 수준의 불확실성을 암시했다. 이전의 모델들, 즉 리더십에 대한 종교적 또는 다원주의적 정당화와 비교해 볼 때, 관리이론은 집단적 정밀조사와 심문의 과정을 만들어내 왔고, 그리하여 새로운 사회적 형태의 불확실성과 불안을 만들어냈다. 이는 다시 새로운 조직

통제 형태를 만들어낼 것으로 보인다. 좋은 노동자의 본질과 관련하여 새로운 문화적 불안이 발생한 것, 그리고 적절한 지식의 배치가 노동자의 성과를 향상시키기 위한 해결책을 찾는 데 도움이 될 수 있다고 생각한 것이 기업 내부에 심리학자가 점점 더 개입하는 배경이 되었다.

심리학자, 시장에 진입하다

1920년대경에는 모든 임금노동자의 86%가 제조업에 고용되어 있었다.[22] 그보다 훨씬 더 눈에 띄는 것은, 예후다 셴하브Yehouda Shenhav가 지적하듯이, 미국 회사가 전 세계에서 관리 노동자의 비율이 가장 높다는 사실이었다(생산노동자 100명당 관리 노동자가 18명이었다).[23] 생산과정을 체계화하고 합리화하는 것을 목표로 하는 경영이론이 공고화되는 것과 함께 기업도 확장되었다. 실제로 관리체계는 통제의 중심지를 전통적인 자본가에게서 기술관료로 이전시켰다. 과학, 합리성, 전반적 복리라는 수사를 이용하여 자신들의 권위를 확립하는 기술관료들은 자신들이 고용주와 피고용인 모두의 이익을 충족시킬 수 있을 것이라고 주장했다. 셴하브는 이러한 변화를 전문가 계급의 역할을 하는 엔지니어들이 새로운 형태의 권력을 장악한 것으로 바라본다. 작업장을 하나의 '체계'로 바라보는 새로운 경영 이데올로기가 작업장에 도입되었는데, 이는 개인 관념을 없애버리고 일반적인 규칙과 법규를 공식화하여 노동자와 업무 과정에 적용하게 했다. 탐욕스럽고 이기적인 것으로 자주 묘사되었던 자본가와 대조적으로, 이 새로운 경영 이데올로기 속에서 관리자는 합리적이고 책임감 있고 예측 가능한 존재로, 또한 표준화와 합리화라는 새로운 규칙의 담지자로 등장했다.[24] 하지만 1920년대까지 '체계로서의 작업장'이라는 엔지니어들의 수사가 작업장을 지배했다면,[25] 곧이어 심리학자들은 개인과 개인의 감정에 많은 관심을 기울이는 또 다른 담론을 만들어내기 시작했다.[26] 한편에서 기업들이 생산 공정을 극대화하고 더 효율적으로 만드는 방법을 알아내기 위해 노력하고 있었다면, 다른 한편에서는 심리학자들이 스스로를 하나의 전문 집단으로 자리매김하기 위해 고군분투하고 있었고, 따라서 생산성의 문제를 해명하기 위한 어휘들을 제시했다.

행동심리학에서 존 B. 왓슨John B. Watson이 거둔 혁신의 영향하에 있던 실험심리학자들은 경영자들로부터 회사 내부의 규율과 생산성 문제에 대한 해결책을 찾아달라는 요청을 받았다.[27] 제1차 세계대전은 심리학자들에게 커다란 추동력을 제공했다. 프로이트식의 정신역학적 견해로부터 영감을 받은 일부 심리학자들은 군인들을 모집하거나 전쟁과 관련된 트라우마를 치유하는 데 도움을 주는 등 군대와 관련된 활동에서 특히 성공을 거두었다. 로버트 여키스Robert Yerkes의 지도 아래 심리학자들이 집단 지능검사와 후일 인사심리학personnel psychology으로 알려진 것을 개발한 것도 바로 제1차 세계대전 동안이었다.[28] 여키스는 신병들의 정신적 결함을 심사하고 선발된 신병을 군 직무에 배치하는 방법들을 제안했다. 그는 또한 군인의 동기, 사기, 신체 무능력 및 관련 심리적 문제('전쟁 신경증'), 규율 등을 조사하는 심리학자위원회를 구성했다. 1918년에 군 정보국 장교, 심리학자, 의사들이 노력한 결과, 훈련·지휘부 사기 분과Morale Section of the Training and Instruction Branch가 설립되었다. 이 분과의 목적은 "군의 사기를 진작시키고 유지하는 것"이었다.[29] 이 부서는 종국적으로는 군대와 민간인 모두와 전국적인 유대 네트워크를 구축했다. 이 사기 분과는 YMCA와 YWCA, 콜럼버스 기사단Knights of Columbus, 유대인 복지회Jewish Welfare Board, 미국 도서관협회American Library Association, 훈련소활동위원회Commission on Training Camp Activities, 교육·특수훈련위원회Committee on Education and Special Training, 공보국Bureau of Public

Information과 같은 단체와 공식적인 관계를 수립했다.[30] 이러한 관계는 사기에 관한 연구가 군대 너머로까지 확산되었으며 모방적 동형화에 의해서든 아니면 규범적 동형화에 의해서든 간에 국가 전체로 퍼져나가고 있었다는 것을 암시했다. 1920년대에는 미국 대학교에서 산업심리학 전공 박사학위를 수여하기 시작했는데,[31] 이는 산업심리학이 가장 먼저 제도화된 심리학 분과 중 하나였음을 말해준다.

경영자들은 심리학자들이 군대에서 거둔 성공을 고려할 때 기업 내부에서도 심리학자들이 그 성공을 재현할 수 있을 것이라는 기대에 부풀었다. 심리학자들은 높은 생산성을 지닌 노동자들을 식별하여 고용할 수 있게 해주는 검사를 고안해 줄 것을 요청받았다. 그러한 목적을 위해 심리학자들은 지능이 생산성과 상관관계가 있는지를 알아내기 위한 일련의 검사방법을 만들어냈다. 그 결과는 그 관계가 너무나도 자명해서 유의미하지 않다는 것을 일관적으로 보여주었다. 하지만 심리학자들은 정직, 충성심, 그리고 신뢰성과 같은 성격 특성이 생산성과 유의미하게 관련되어 있다는 것을 발견했다.

엘턴 메이요는 경영자들이 추구하는 정체성을 만들어내기 위한 지침을 제시한 경영이론가들을 열거한 긴 목록에서 첫 번째로 꼽히는 사람 중 한 명이었다. 하지만 메이요가 경영에 대한 모든 설명 가운데서 명예로운 지위를 부여받아야만 하는 까닭은 “어떤 분과학문이나 연구 분야에서도 단일한 일단의 연구나 단일 연구자와 저술가가 메이요와 호손 연구Hawthorne studies[메이요 및 그 연구팀이 호손전기 회사 공장에서 일하는 노동자를 대상으로 실시한 작업 능률 향상에 대한 연구_옮긴이]가 4반세기 동안 행사한 만큼 큰 영향력을 행사한 경우를 거의 찾아볼 수 없기” 때문이다.[32] 실험심리학자들의 연구와 인간관계에 대한 엘턴 메이요의 혁명적인 이론 간에는 큰 이론적 격차가 있음에도 불구하고, 메이요가 본질적으로 **퍼스낼리티**가 기업에서 성공하는 데 가장 중요하다고 시사했다는 점에서 양자의 일단의 연구 간에는 연속성이 있었다. 경영이론을 연구하는 역사가 대니얼 렌Daniel Wren이 기술하듯이, "[메이요의] 획기적인 호손 연구 결과는 새로운 경영 스킬들을 혼합할 것을 요구했다. 그러한 스킬들—첫째로 인간 행동의 의미를 포착해 내는 진단 스킬, 둘째로 노동자들과 상담하고 그들에게 동기를 부여하고 그들을 인도하고 그들과 소통하는 스킬—은 인간의 상황을 다루는 데 매우 중요했다. 기술적 스킬만으로는 호손 연구에서 발견한 잘못된 행동에 대처할 수 없었다."[33] 인간관계 스킬이 사람을 **사람으로** 다루는 스킬이라면, 성공적인 경영은 실제로 다른 사람을 이해하고 인간관계 전반을 다루는 관리자의 능력에 달려 있었다. 이제 관리자들은 자신들의 스킬과 기술적 능력에 따라서뿐만 아니라 '적절한 퍼스낼리티를 가지고 있다', '인간의 상황을 다루는 방법을 알고 있다', '갈등을 해결하는 방법을 알고 있다'와 같은 애매하고 불명확한 기준에 따라서도 평가될 것이었다. 하지만 실험심리학자들이 '충성심'이나 '신뢰성'과 같은 도덕적 자질을 유능한 퍼스낼리티의 중요한 속성으로 보았던 반면, 메이요의 유명한 호손 실험—1924년부터 1927년까지 수행되었다—은 감정적 교류 자체에 역사적으로 유례없는 관심을 기울였다. 왜냐하면 그 실험에서 메이요 연구팀은 작업 관계가 노동자의 감정에 대한 배려와 관심에 의해 특징지어질 때 생산성이 증가되었다는 주요한 사실을 발견했기 때문이다. 메이요는 '성격character'이라는 빅토리아 시대의 언어 대신에 인간관계를 적절한 지식과 이해에 의해 얼마간 해결할 수 있는 기술적 문제로 바라보는 심리학의 몰도덕적·과학적 언어를 사용했다.[34] 다시 말해 미국 기업들이 생산성을 증대시키기 위해 고군분투하고 있었기 때문에, 그리고 그 문제에 대한 해결책을 심리학이라는 신흥 과학에서 훈련을 받은 사람들에게 위임했기 때문에, '인간관계'라는 새로운 문화적 범주가 출현했다. 다른 어떤 집단과 달리, 심리학자들은 '인간관계'를 하나의 문화적 범주와 문제로 만들었다.

이 점에서 아마도 가장 흥미로운 것은 제너럴 일렉트릭General Electric에서 실시한 메이요의 첫 번째 실험에서 실험 대상자들이 모두 여성이었다는 것이다. 메이요의 초기 발견은 자신도 모르게 매우 젠더화되어 있었다. 메이요가 분석한 사례들을 살펴보는 것은 작업 갈등에 대한 그의 접근방식이 심리학적 세계관에 의해 영향 받은 방식과 메이요가 여성 노동자들을 통해 해명한 문제들이 젠더화된 방식 모두를 살펴보는 데 도움이 된다. 메이요의 보고서에는 다음과 같은 사례가 언급되어 있다. "한 여성 노동자는 …… 면담하는 동안에 자신이 특정한 감독자를 싫어하는 것이 자신이 혐오하는 계부와 닮았다는 생각에 기초한다는 것을 발견했다. 바로 그 감독자가 면접자에게 그녀는 '다루기가 쉽지 않다'고 귀띔해 주었던 것은 이상한 일이 아니었다."[35] [또 다른 사례에서는_옮긴이 추가] 다른 두 명의 여성 노동자가 더 나은 부서로 옮길 것을 제안받았다. 하지만 메이요가 지적하듯이,

> 그 제안을 받아들이는 것은 자신들이 소속된 집단을 떠나 다른 부서에서 일한다는 것을 의미했다. 따라서 그들은 거절했다. 그러자 노동조합 대표들은 그녀들이 계속해서 거부한다면 노동조합 조직책들도 "그만 설득하는 것이 나을 것 같다"고 주장하면서 그녀들에게 얼마간 압력을 가했다. 마지못해 소녀들은 결정을 번복하고 한층 더 숙련을 요하는 일을 받아들였다. 두 소녀는 즉각 한 면접자의 주목을 받았다. 두 소녀는 비공식 회원이었던 이전 집단을 좋아했다. 둘 다 새로운 집단과 새로운 상황에 적응하는 데 노력이 필요하고 개인적인 불만이 생겨날 것이라고 느꼈다. 그 과정에서 그녀들은 친밀한 조직과 자신들이 새로 속하게 된 두 집단의 공통 관행에 대해 많은 것을 알게 되었다. 이는 그녀들이 새로운 집단에 적응하는 것을 용이하게 해주었고, 그리하여 그녀들의 집단에서 팀워크를 재구성하는 데 실제로 도움이 되었다.[36]

메이요는 마지막으로 다음의 사례를 들고 있다.

> 면접자는 한 여성이 어머니가 그녀에게 가하는 승진 압박 때문에 업무 수행에 지장을 받고 있다는 것을 확인할 수 있었다. 그녀는 면접자에게 자신의 상황을 이야기했고, 그 과정에서 면접자는 승진한다는 것이 그녀에게는 자신이 매일 보던 친구 및 동료들과 헤어진다는 것을 의미한다는 것을 분명하게 알 수 있었다. 직접적인 관련은 없지만, 흥미로운 점은 면접자에게 상황을 설명한 후 그녀가 자신의 어머니에게 침착하게 자신의 입장을 이야기할 수 있었다는 것이다. …… 어머니는 즉시 이해하여 승진 압박을 가하는 것을 포기했고, 그 소녀는 다시 하던 일로 복귀했다. 이 마지막 사례는 공장 밖에서도 공장 안에서처럼 면담이 소통 라인의 감정적 방해물을 제거하는 한 가지 방법임을 예증한다.[37]

이러한 분석들이 어떻게 대인관계와 감정을 작업장의 문화적 상상력의 중심에 위치시키는지에 주목하라. 하지만 그러한 분석들은 또한 **여성**이 작업장을 경험하는 방식도 보여준다. 남성의 사회적 역할은 주로 가족 부양자로 정의된다. 그렇기 때문에 많은 남성이 승진과 친구 사이에서 괴로워했다거나 친구보다 승진을 포기하는 것을 택했다는 데에는 의심의 여지가 있다. 기업 내부에서 사회적 유대를 형성하고 유지하는 방법의 문제가 메이요와 그 이후의 이론가들에게 핵심 모티프가 되었다면, 그것은 메이요의 초기 연구 결과가 양육, 돌봄, 애정 표시, 외면적 지지 표현, 언어적 소통이 사회적 정체성과 사회적 유대에서 중심적인 역할을 하는 여성의 감정 문화를 반영하여 (부지중에) 젠더화되었기 때문이다. 남성을 대상으로 한 메이요의 후속 실험은 온화한 감독과 신뢰 분위기가 더 높은 생산성에 도움이 된다는 그의 견해를 더욱 확인시켜 줄 뿐이었다.

메이요는 바로 이 같은 방법을 통해 작업 관계가 본질적으로 인간적·대인관계적·감정적 성격을 가지고 있다는 것을 '발견'할 수 있었다. 실제로 메이요의 면접 방식이 이름만 빼고 치료요법 면접의 **모든** 특징을 갖고 있다는 사실을 눈치 챈 사람은 거의 없다. 메이요는 자신의 면접 방법을 다음과 같이 정의한다.

> 노동자들은 회사를 대표하는 것처럼 보이는 사람이나 그의 태도로 미루어 보아 권위를 가지고 있는 것처럼 보이는 사람과 대화할 때 그 내용을 직업상의 비밀로 간주해 주기를 (그리하여 결코 악용되지 않기를) 바랐고, 그 같은 상황에서 자유롭게 말했다. 그러한 경험은 그 자체로 흔치 않은 일이었다. 자신이 말하는 모든 것을 방해하지 않고 열심히 들어주는 지적이고 관대한 사람을 만나본 사람은 이 세상에 그리 많지 않다. 그러나 그러한 상황을 만들기 위해서는 면접자들에게 경청하는 방법, 방해하거나 조언하는 것을 피하는 방법, 그리고 일반적으로는 개별 사례에서 자유로운 표현을 방해할 수 있는 어떤 것도 피하는 방법을 훈련시키는 것이 필요했다. 따라서 면접자의 작업에서 지침이 될 만한 몇 가지 규칙이 마련되었다. 그 규칙들은 대략 다음과 같았다.
>
> 1. 면접 대상자에게 모든 관심을 기울이고, 관심을 기울이고 있다는 것을 분명히 할 것.
> 2. 말하지 말고 들을 것.
> 3. 논쟁하지 말 것, 충고하지 말 것.
> 4. 다음의 사항을 간파할 것.
>   a) 그가 말하고 싶어 하는 것
>   b) 그가 말하고 싶어 하지 않는 것
>   c) 그가 도움 없이는 말할 수 없는 것

5. 이야기를 듣는 동안, 이야기에 설정되어 있는 (개인적) 패턴을 잠정적으로 그리고 나중에 수정하기 위해 플롯화할 것. 그 패턴을 검증하기 위해, 들은 내용과 코멘트한 것(이를테면 "이것이 당신이 내게 말하고 있는 건가요?")을 그때그때 요약할 것. 항상 최대한 주의를 기울여서 그렇게 할 것.……
6. 언급된 모든 내용을 개인적인 비밀로 간주하고 누구에게도 누설하면 안 된다는 것을 명심할 것.[38]

나는 치료요법 면담에 대해 이보다 더 잘 정의한 것을 알지 못한다. 메이요는 심리학의 개념적 도구를 이용했기 때문에 본질적으로 사적이고 감정적인 형태의 말을 이끌어낼 수 있었다. 게다가 메이요가 수행한 획기적인 실험의 대상자가 여성이었기 때문에, 그는 여성의 감정적 속성을 대체로 여전히 남성 노동력에 의해 지배되고 있는 작업장에 통합시키는 과정을 부지중에 개시했다. 따라서 많은 페미니스트가 주장했듯이, 남성성이 작업장 내부의 분류 및 평가 도구에 암묵적으로 각인되어 있다면, 확실히 메이요의 발견은 그 반대의 사례이다. 다시 말해 '일반적인' 것으로 보이는 메이요의 주장 속에는 여성성이 각인되어 있다. 메이요는 여성의 문제, 즉 근본적으로 대인관계적·감정적 성격을 지닌 문제를 해결하기 위해 '여성의 방법'—말하기와 감정 소통에 기초하는—을 이용했고, 이를 고도로 젠더화된 남성 조직에 적용했다. 그렇게 함으로써, 메이요는 작업장 내부에서 남성성을 재정의하는 과정에 착수했다. 이 재정의는 자아를 타인과 관련시켜 생각하는 하나의 상이한 방법을 만들어내는 것이었고, 또한 본질적으로 감정성의 어휘와 생산성의 어휘를 혼합하고 결합하는 것이었다.

새로운 감정 양식

메이요의 발견은 노동자뿐만 아니라 경영진을 위해서도 무엇이 적절한 작업환경인지를 규정하는 데 적용되었다. 누가 성공한 경영자가 될 것인가? 메이요에 따르면, '새로운' 지도자는 사회적 감상의 조사관 역할을 수행하고 조직 목표를 달성하기 위해 경영자와 노동자 간의 협력을 촉진할 수 있는 사람이었다.[39] 메이요가 경영이론을 혁명적으로 변화시킬 수 있었던 것은, 메이요가 자아에 대한 도덕적 언어를 심리과학의 냉철한 용어로 대체한 것과 마찬가지로 그가 당시까지 지배적이었던 합리성이라는 엔지니어의 수사를 '인간관계'라는 새로운 어휘로 대체했기 때문이다. 메이요는 갈등이 희소자원을 둘러싼 경쟁의 문제가 아니라 오히려 얽히고설킨 감정, 퍼스낼리티 요인, 해결되지 않은 심리적 문제에서 비롯된다고 제시함으로써 **가정과 작업장 간에** 담론적 **연속성**을 만들어냈다. 이처럼 생산성을 증대시키기 위해 고용된 심리학자들이 가족 연구에서 파생된 용어를 이용하여 작업했기 때문에, 작업장에서의 갈등에 대한 언어와 해결책이 전형적으로 가정 영역으로부터 도출되었다.[40]

메이요에 따르면, 갈등은 감정 교류의 결과였고, 따라서 그러한 감정을 인정하고 상호 이해함으로써 화합에 도달할 수 있었다. 메이요의 경영이론은 그러한 방식으로 다방면에서 자본가와 노동자들의 상충하는 이해관계를 조화시키는 데 성공했다. 그의 이론은 작업조건에 대한 노동자들의 비판을 전달하는 도관 역할을 했다(또는 적어도 그러한 역할을 하는 것으로 보였다).[41] 그러나 그의 이론은 그러한 비판을 억누르는 기법도 제공했다. 이를테면 메이요와 그의 연구팀은 노동자들이 불만을 토로할 때 관리자가 화가 난 사람의 말을 들어주고 그 사람이 화를 표출하도록 하는 것이 그 화난 사람을 진정시켜 준다는 단순한 사실을 알아챘다. 같은 맥락에서 직장에서의 갈등은 자본주의의 결함 있는 구조적 조직에서 비롯되는 것이 아니라 퍼스낼리티 문제와 어린 시절에 겪은 문제에서 비롯되는 것으로 재개념화되었다. 처음으로 각각의 개별 개인 및 그 또는 그녀의 감정이 면밀하게 조사되었고, 생산성의 언어가 정신의 언어와 서서히 뒤얽히게 되었다. 게다가 좋은 관리자라는 것은 심리학자의 특질을 드러내 보이는 능력을 지니고 있다는 것을 의미했다. 그러기 위해서는 작업장에서 일어나는 사회적 교류의 복잡한 감정적 본질을 파악하고 다룰 수 있을 것이 요구되었다.

메이요의 연구 대상과 연구 목적은 분명히 많은 점에서 임상심리학의 연구 대상 및 목적과 근본적으로 달랐다. 그렇지만 메이요의 이론은 작업장에서 작동하는 인적 요인, 감정과 인간관계 같은 무형의 것, 그리고 가족과 작업장을 연결하는 보이지 않는 실을 강조함으로써 기업에서 일하는 행위자들이 (당시 대중심리학의 담론이 전파하던) 리더십에 대한 새로운 정의에 훨씬 더 수용적인 태도를 가지게 했다. 1930년대의 불안정한 경제 환경이 만들어낸 새로운 불확실성의 상황 속에서 기업에서 성공을 거두는 것은 올바른 퍼스낼리티를 가지는 것에, 따라서 그 사람의 올바른 감정 관리에 달려 있었다. 그 결과 심리학자들은 '퍼스낼리티'라는 관념을 경제적 행위의 중심에 자리하게 함으로써 정신의 언어와 경제적 효율성의 언어 간에 새로운 관계를 만들어낼 수 있었을 뿐만 아니라 기업 및 사회 전반에서 자신들의 권위 역시 확인하고 정당화할 수 있었다.

그 후 경영이론이 메이요식의 사상에서 벗어났을 때에도 이 기본 전망만큼은 살아남았다. 1950년대 후반에 노동자와 경영자 간의 이해 갈등이 자연스럽고 불가피한 것이라는 새로운 견해에 의해 인간관계에 대한 메이요식의 합의가 도전을 받았을 때에도, 감정과 인간관계의 언어는 심리학자와 경영이론이 성공적으로 확립해 온 협약의 일부가 되었기 때문에 지속되었다. 1940년대와 1950년대의 텍스트는 여전히 일반적으로 헌장, 규칙, 지침과 같은 무형의 조직 '논리'보다 사람들의 '감정'이 더 중요하다고 가정했다. 로스 스태그너Ross Stagner는 1948년에 평판 받는 학술지 ≪인사심리학Personnel Psychology≫에 투고한 글에서 "산업 갈등 현상을 철저하게 이해하기 위해서는 그 문제의 심리적 측면을 탐구해야 한다"라고 주장했다.[42] 약 10년 후인 1959년에 ≪인사심리학≫에 투고한 한 저자는 이렇게 진술했다. "'정신적 태도'가 …… 생산에서 미국이 갖는 우월함을 설명해 준다. '정신적 태도'에는 …… 직업 이동에 대한 태도, 관리자와 십장 간의 협력, 노동 교섭에서의 우호적이고 편안한 분위기, 산업에서의 사회적 관점, 보상이 생산 효율성에 대한 기여와 병행되어야 한다는 원칙의 수용 등이 포함된다."[43] 역사학자 대니얼 렌이 지적하듯이, "일반적으로 1950년대 초의 텍스트들은 감정, 감상, 협력을 강조했다."[44] 1960년대에는 매우 인기를 끈 에이브러햄 매슬로의 심리학의 영향하에서 이러한 경향이 조직의 권위주의적 경향을 벌충하고 개인의 목표와 조직의 목표를 통합하고자 하는 새로운 접근방식들—'산업 인간주의industrial humanism' 또는 '조직 인간주의organizational humanism'를 포함하여—에 의해 심화되었을 뿐이다. 이런 점에서 볼 때, 심리학이 지닌 놀라운 문화적 힘은 경제조직의 구조와 문화 내에 개인(그 또는 그녀의 욕구, 주장, 비판)을 새겨 넣는 능력에 자리하고 있었던 것으로 보인다.

이 다소 대담한 개관의 목적은 복잡하고 모순적인 경영의 역사를 거슬러 올라가 그 근원을 더듬는 것에 있지 않다.[45] 오히려 나의 목적은 다양하고 복잡한 경영이론 속에서 하나의 중심적인 문화 레퍼토리가 출현했음을 시사하고자 하는 것일 뿐이다. 그리하여 권위, 그리고 심지어는 힘에 기초한 전통적인 작업 관계가 비판받고 거부되어 감정적·심리적 실체로 재조명되었고, 그리하여 조직과 개인 간에 (겉으로 보기에) 조화가 이루어질 수 있었다.

이러한 새로운 문화적 레퍼토리는 경영과 리더십에 관한 대중적인 조언 문헌에서 가장 두드러지게 나타난다. 아래에서 나는 심리학자들이 새로운 리더십 이론을 정립하기 위해 고안한 자아에 대한 기호학적 코드와 문화적 레퍼토리를 가장 분명하게 표현하고 있는 대중 문헌들에 초점을 맞출 것이다.[46] 대중심리학자들은 '이상형ideal-type적' 경영자(또는 예비 경영자)를 다루면서, 경영이론 자체의 복잡성은 그대로 둔 채 기업 성공의 열쇠를 낳을 수 있는 자아 유형을 분명하게 밝히는 보다 광범위한 문화적 역할을 맡았다. 대중심리학의 텍스트들이 치료요법 언어의 실제적인 용도를 우리에게 직접 알려줄 수는 없지만, 그 언어는 자기 인식을 틀 짓는 데 공개적으로 이용할 수 있고, 다른 사람들의 행동을 해석하는 데에도 도움을 준다. 16세기의 책을 연구하는 역사학자 로제 샤르티에Roger Chartier는 텍스트를 구조화하는 정신적 또는 문화적 도식과 그 텍스트를 보는 사람들이 그 텍스트의 세계를 이해하는 데 이용하는 정신적 또는 문화적 범주 간에는 연속성이 존재한다고 주장했다.[47] 이는 조언 문헌의 경우에 더욱더 사실일 가능성이 크다. 조언 문헌은 그 정의에 따르면 불확실성으로 가득 찬 문화 지대(이를테면 리더십 또는 섹슈얼리티)와 관련한 명령이나 훈령을 내리는 문헌이다. 조언 문헌은 문학 연구자인 루이즈 로젠블랫Louise Rosenblatt이 '원심적 교류efferent transaction'라고 부른 텍스트 전유 양식—"주로 '얻어갈' 무언가를 탐색하는 것에 의해 이끌어지는 독서"로 이해되는—으로 우리를 초대한다.[48] 소설보다 조언 문헌을 훨씬 더 소비하는 독자들은 실제적인 지침 또는 웨인 부스Wayne Booth가 "유용한 '결과'useful 'carry-over'라고 칭한 것을 찾는다.[49] 대기업에서 일하고 자신의 가치 및 승진 기준과 관련하여 수많은 불확실성에 직면한 사람들은 조언 문헌에 의지하여 불확실한 환경을 이해하고 그러한 환경에 대처하기 위한 장기적인 행동 전략을 고안할 가능성이 크다.

하지만 여기에 한 가지 단서 조항을 붙여야 한다. 다시 말해 이 텍스트들은 하급 및 중간 관리자들의 자아와 관련된 공적인 문화적 틀에 대해 우리에게 무언가를 말해줄 가능성이 크지만, 최고 관리자들의 에토스를 우리에게 알려주는 데에는 그리 유용하지 않을 수도 있다. 특히 하급 또는 중간 관리자—승진하기 위해 다른 사람에게 의존하는, 그리고 그렇기 때문에 자신의 위치를 확인하기 위해 다른 사람의 행동을 해독할 필요가 있는—들이 그러한 성공 지침을 따를 가능성이 크다.[50]

감정통제

대중심리학자들에 의해 끝없이 다시 이용되어 온 메이요의 가르침 중 하나가 작업장에서 화를 추방할 필요가 있다는 것과 감정통제는 훌륭한 (중간) 관리자가 되기 위한 전제조건이라는 것이었다. 가족에 대한 청교도적 견해에 의해 영감을 받은 화 통제 규범은 항상 미국 가정을 지배해 왔다.[51] 19세기 동안 그러한 화 통제 규범이 가족의 보루로 남아 있었지만, 작업장 내에서는 지켜지지 않거나 최소한 가족 내에서처럼 엄격하게 지켜지지 않았던 것으로 보인다. 감정통제라는 새로운 훈련이 기업의 상상력을 사로잡았는데, 그 이유는 그 훈련이 화의 통제라는 종래의 청교도적 규범을 감정성과 경제적 효율성이라는 이중의 심리적 언어로 재구성했기 때문이다. 감정통제를 장려하는 새로운 문화적 대본이 빨리 정당성을 확보할 수 있었던 까닭은 합리성과 감정적 자제 간에는 유서 깊은 역사적 연결고리가 있었고, 감정통제가 가장 중요한 조직 신화 중 하나, 즉 합리성의 신화를 반영했기 때문이다. 프랭크 도빈Frank Dobbin이 새로운 경제적 행동 형태의 출현에 관해 분석하면서 주장하듯이, "새로운 관행은 합리적인 것에 관한 보다 광범한 인식과 부합해야만 한다."[52]

엘턴 메이요는 『산업문명의 인간 문제The Human Problems of an Industrial

Civilization』에서 화라는 반응은 적절한 조치를 필요로 한다는 점에서 신경쇠약과 유사하며, 적절한 관리에 요구되는 주요한 문제 중 하나가 바로 그러한 반응을 통제하거나 예방하는 것이라고 주장했다.[53] 인간관계 운동은 화를 **통제**하는 것이 높은 생산성과 효율성을 위한 필수조건이기 때문에 화의 통제가 리더십의 한 속성이라고 점점 더 주장했다. 스턴스 부부는 화의 역사를 다룬 자신들의 저서에서 1930년대 이후 기업들이 이 새로운 감정 에토스를 이용하여 자신들의 직원을 교육시키기 위한 조직 장치를 어떻게 개발했는지를 치밀하게 분석했다.[54] 기업이 그러한 장치를 개발한 것은 효율성과 생산성을 더욱 끌어올리기 위해서였을 뿐만 아니라 노동자들의 감정을 다루는 것이 노동자들의 화의 수준을 낮추는 데, 그리하여 불만과 파업의 발생 역시 낮추는 데 도움을 줄 것으로 보였기 때문이었다. 화에 대처하기 위해 자주 사용된 전략이 바로 불평과 화는 작업장과 무관하며 초기 가족 갈등의 재현일 뿐이라고 주장하는 것이었다.[55]

감정통제 훈련은 노동자만을 향하지 않았다. 어쩌면 다른 누구보다도 먼저 관리자들을 향한 것이었다. 이를테면 십장들은 다음과 같이 노동자의 불만을 경청하고 기분을 엄밀하게 체크하라는 명령을 받았다. "십장의 체크리스트: 나는 나의 노동자들의 실수를 단지 '노동자들에게 호통을 칠' 기회를 잡았다는 것이 아니라 그들이 앞으로 실수를 하지 않도록 돕는 데 더 관심이 있다는 것을 보여주는 방식으로 사려 깊게 바로잡아 주고 있는가?"[56] 1950년대에 T-그룹T-group(감성 훈련 프로그램의 하나로 인간관계를 훈련하는 그룹)에서는 "십장들이 호통을 치고 노동자들의 불만을 깔아뭉개던" 안 좋았던 옛 시절의 사례들을 가지고 십장들을 몰아붙였다.[57] T-그룹 속에서 십장들은 자신들이 "우호적이지만 비인격적"이어야 한다는 것과 '쿨함'을 유지하는 것이 역량의 중요한 특질 중 하나라는 것을 배웠다.[58]

현대 기업에 관한 연구들은 자제의 에토스가 널리 확산되어 왔다는 것을 분명하게 확인시켜 준다.[59] 이를테면 로버트 재칼Robert Jackall은 관리자에 관한 자신의 연구에서 가장 중요한 관리자의 자질은 자기 통제이며 현대 기업에서 자기 통제는 하위직에 있는 사람 중에서 자신이 리더십과 전문성을 갖추고 있다는 신호를 보내고 싶어 하는 사람들에게 아주 중요한 자산이라고 주장한다. 이는 쿤다의 하이테크 기업에 대한 연구와 혹실드의 항공 승무원에 대한 연구에서 확인된 사실이다. 우리는 또 다른 사례를 대중조언 문헌에서도 찾아볼 수 있다. 그 문헌에 따르면, "화를 자동적으로 표출하는 것은 …… 보통 통제력을 상실한다는 것을 의미한다. 당신의 그러한 감정 분출이 아무리 정당화될 수 있다고 하더라도, 그건 당신에게 나쁜 결과를 초래한다. 통제력을 상실한 동료를 바라보는 것에는 모두를 동요하게 만드는 무언가가 있다. 당신은 사무실 규칙을, 다시 말해 직업 예절을 위반하고 있는 것이다."[60]

페미니즘적인 연구들에서는 미국 자본주의 기업이 남성에게 점점 더 요구해 온 유형의 비인격적인 자기 통제는 자주 전형적으로 남성적인 속성의 것이며, 따라서 이는 다시 여성의 감정 양식을 히스테리적인 것으로, 그리하여 비전문적인 것으로 보이게 만든다는 점에서 여성을 차별하는 것이라고 인식되어 왔다.[61] 나는 몇 가지 이유에서 이러한 발견들을 달리 해석한다. 첫째, 감정통제에 대한 기대치에서의 젠더 격차가 19세기 이후 점점 좁혀져 왔다.[62] 둘째, 이미 언급했듯이, 메이요의 연구 결과는 여성의 감정 문화를 부지중에 작업장으로 옮겨놓고 그 문화를 정당화했다. 사회시학자 스테파니 쿤츠Stephanie Coontz가 시사하듯이, 감정과 감정통제에 대한 새로운 접근방식은 십장의 성격을 부드럽게 만들었다. 실제로 "미국의 산업 부문에서 남성들이 …… 일하는 데 필요한 자질은 거의 여성적인 자질들(눈치, 팀워크, 지시를 받아들이는 능력)이었다. 작업 과정에서 직접 도출되지 않는 것에 의해 남성성이 새로 정의되었다."[63] 1920년대 이후 관리자들은 부지

중에 남성성에 대한 전통적인 정의를 수정하여 자신들의 퍼스낼리티 속에 이른바 여성적인 속성 — 이를테면 자신들의 부정적인 감정을 통제하고 감정에 주의를 기울이고 다른 사람들의 말에 동조적으로 경청하는 것 등 — 을 통합시켜야 했다. 이처럼 새로운 유형의 남성성은 자신의 감정과 타인의 감정을 의식적으로 배려하는 — 이는 여성의 세계를 특징지어 온 것이었다 — 쪽으로 점점 더 나아갔지만, 새로운 남성성에 대한 그러한 묘사는 동시에 여성성의 속성을 피하는 것에 대한 불안감을 표현하는 것이기도 했다.[64] 빅토리아 시대의 감정 문화는 공적 영역과 사적 영역의 축을 따라 남성과 여성을 분할했지만, 20세기 기업은 여성성과 남성성에 대한 헤게모니적 정의의 토대를 훼손하는 경향이 있었다. 그 이유는 무엇보다도 서비스 경제 — 남성과 여성 둘 다를 고용하는 — 가 사람 중심 경제이기 때문이었다. 1920년대에 "백화점의 인사관리 프로그램은 판매원들이 중간계급의 품행 규범을 따르게 하기 위해 점점 더 노력했다. 비서 지망생(여성 비서뿐만 아니라 남성 비서까지도)을 위한 조언 서적들이 (1880년대에 해당 매뉴얼의 행동 세션을 지배하던) 정직과 시간 엄수를 강조하는 것에서 벗어나 감정통제의 필요성을 강조하기 시작한 것도 바로 이때였다."[65] 이것은 남성과 여성이 비록 불완전하지만 점점 더 공통의 감정적 행동 모델로 수렴되었다는 것을 시사한다. 오늘날의 기업에서는 남성과 여성에게 다음과 같은 동일한 감정 훈령이 내려진다. "느낌과 감정은 동료, 부하, 상사가 지닌 가치를 진술하는 것이다. …… 유능한 관리자는 더 효과적으로 감정을 조정하고 회의를 관리할 수 있다."[66]

캐시 퍼거슨Kathy Ferguson이 자신의 획기적인 연구에서 주장했듯이, 누군가는 경제조직에서의 자기 통제에 관한 젠더 중립적인 훈령이 크고 복잡한 관료제적 구조에서 남성과 여성 모두가 여성화된다는, 즉 자신들의 무력함을 똑같이 관리하게 만들어진다는 사실의 결과라고 주장할 수도 있다.[67] 이러한 견해에도 의심할 바 없이 얼마간의 진실이 존재한다. 그러나, 다시 말하지만, 그러한 견해는 자기 통제의 측면에서 일어나고 있는 몇 가지 중요한 문화적 변화를 놓치고 있다. 그중 하나가 감정의 자기 통제가 심리학자들에 의해 여성에게 권한을 부여하는 하나의 방법으로 강력하게 주장되어 왔고 계속해서 주장되고 있다는 것이다. 이를테면 여성 잡지 ≪레드북≫의 1980년 기사는 필라델피아의 성인개발연구소Center for the Study of Adult Development의 책임자인 피터 브릴Peter Brill 박사의 다음과 같은 말을 인용한다. "화, 눈물, 방어, 변명 ― 모든 종류의 감정적인 반응 ― 은 당신을 나쁘게 보이게 만든다. 그것들은 당신에게 모종의 부정적인 꼬리표가 붙게 할 것이다. 매우 예민하다거나, 지나치게 감정적이라거나, 공격적인 페미니스트라거나, 고집 센 계집이라거나 등등 ― 이 모든 것은 결국 '여자처럼 행동한다'는 비하적인 고정관념으로 귀결된다."[68] 일부 칼럼니스트가 여성에게 자신의 감정을 다룰 때 자신의 '타고난' 스킬을 이용하라고 주장하기도 하지만, 주된 메시지는 여성이 자신의 이익을 더 잘 확보할 수 있기 위해서는 여성이 지닌 감정 표출적 성격을 완전히 통제해야 한다는 것이다.

≪레드북≫은 같은 기사에서 다른 사람들의 비판을 받아들이는 법에 대해 논의하면서 여성에게 애초에 감정적으로 반응하지 않으면 상처받은 감정을 억누르려고 애쓰는 일을 피할 수 있다고 가르친다. "**근거 없는** 비판이 단연코 다루기가 가장 어렵다. 하지만 입술을 떨면서 눈물을 흘리지 않을 수 있는 현명한 대안이 있다. 이를테면 당신이 이를 악물고 그 비판을 무시하면 된다. 브릴 박사에 따르면, 이 접근법은 당신이 현재의 어려움 대신에 장기적인 목표에 집중할 때 더 쉬워진다." 이를 예증하기 위해 그 기사는 3년 동안 동료 학생들에게 비웃음의 대상이었던 한 여성의 사례를 제시한다. "브렌다Brenda는 치료요법사를 몇 번 찾고 나서야 결국 자신을 직업적으로 평등하게 만들어줄 졸업장에 집중함으로써 그들의 조롱을 무시하는 것이 최고의 전략이라는 것을 깨달았다." 또한 28살로 대형 소매체인의 고객

서비스를 담당하고 있는 루이스Lois의 사례도 제시되어 있었다.

> 그녀의 목표는 인사과로 옮기는 것이었다. 하지만 그녀의 상사는 약한 사람을 못살게 굴고 사람들을 교묘하게 다루고 기분 나쁘게 비판하는 스타일이었다. 그 상사는 그녀의 필체, 향수, 목소리 톤, 판단력 등 모든 것에 대해 불평했다. 그녀는 처음에는 말대답을 했다. "나는 그에게 그가 틀렸다고, 나는 그가 말한 것을 하지 않았다고, 모든 사람이 실수한다고 말하곤 했다. 마침내 나는 그가 미끼를 던질 때마다 내가 그 미끼를 덥석 물었다는 것을 깨달았다. 나는 비판을 끌고 가는 것이 아니라 끝내고 싶었고, 따라서 '당신이 왜 그렇게 느낄지 이해할 수 있다'거나 '당신이 맞을 수 있다'는 식으로 말함으로써 그의 공격수단을 무력화시켰다. 그것이 그를 만족시켰고, 다행스럽게도 결국 나는 승진하게 되었다."[69]

심리학자들은 회사 내부의 남성과 여성을 다룰 때, 젠더 중립적인 언어를 사용했고, 남성과 여성에게 동일한 감정 양식을 채택할 것을 요구했다. 즉, 절제할 것, 직무 효율성 정명에 따라 감정을 조절할 것, 그리고 무엇보다도 합리적이고 전략적으로 생각할 것을 요구했다. 유명한 책『반대 극복하기Getting Past No』에서 윌리엄 유리William Ury는 남성과 여성을 다루면서 "강하게 반발할 때나 합리적으로 사고하지 않을 때 우리는 우리의 이익을 망각하게 된다"라고 썼다.[70] 전례가 없었던 것이 바로 자기 통제, 합리성, 자기 이익 간의 긴밀한 연계였다. 자기를 통제하는 것이 합리성의 신호인 까닭은 자기 통제가 자신의 이익을 위해 자신의 열정을 규율할 수 있는 능력을 나타내기 때문이다.

이에 대한 표준적인 페미니즘적 해석은, 감정을 통제하라는 조언은 결국에는 감정 행동에 대한 남성적 모델을 수립하여 여성을 남성의 지배하에

두게 한다는 것이다.[71] 그러나 이러한 해석은 다시 그러한 조언의 명시적 의도가 여성에게 권한을 부여하기 위한 것이었다는 사실을 무시한다. 보다 결정적인 것은 그러한 조언이 여성을 자기 이익을 가진 피조물로 만들고자 한다는 것이다(이는 페미니즘 정치사상과 전술의 핵심 모티프 중 하나이다). 게다가 자기 통제가 직업 역량의 한 속성이 됨에 따라 이제 자기 통제의 이상은 헤게모니적 남성성에 대한 전통적 정의 – 남성을 자립적이고 공격적이고 경쟁적이고 지배와 정복을 지향하고 감정이 없고 필요할 경우 무자비하다고 규정하는 모델로 이해하는 – 에서 나타나던 이상과는 분명하게 달라졌다. 이와는 대조적으로 심리학자들이 요구하는 종류의 감정통제는 두 가지 속성, 즉 자기 이익을 추구하는 데서 합리적으로 행동하는 능력과 갈등을 해결하고 우호적인 관계를 만들어내는 능력을 결합한 것이었다.

공감

심리학자들이 주창한 자기 통제는 감정 전체의 억제를 의미하지 않는다. 사실은 그 반대이다. 오히려 공감이 자기 통제만큼이나 강력하게 옹호되고, 자기 통제에 필수적으로 부가되어야 하는 것으로 여겨진다. 이를테면 1937년에 데일 카네기Dale Carnegie는 매우 인기를 끌었던 책 『친구를 얻고 사람들을 움직이는 방법How to Win Friends and Influence People』에서 다음과 같이 썼다. "이 책을 읽고 당신이 한 가지만 얻는다면, 그것은 당신이 이제 항상 나른 사람의 관점에시 생각하고 당신 자신의 시각에서뿐만 아니라 다른 사람의 시각에서도 사물을 바라보는 경향이 늘어났다는 것일 것이다. 이 책에서 이것 한 가지만 얻더라도, 당신은 그것이 당신의 생애에서 가지는 이정표 중 하나가 될 것임을 쉽게 알 수 있을 것이다."[72] 1956년에 당시 카네기 공과대학교Carnegie Institute of Technology의 교수였던 레너드 재라드Leonard Jarard는 저널

≪인사심리학≫에 "공감은 감독자의 성공에 필요한 하나의 필수 요건으로 보인다"라고 썼다.[73]

기업에 친숙한 사람이라면 누구라도 조직 컨설턴트와 심리학자들이 주창하는 감정의 자기 통제가 빅토리아 시대와 일반적으로 연관 지어지는 엄격한 감정 억압과는 크게 다르다는 것을 알고 있다. 치료요법 버전에서는 자기 통제가 낙관적이고 명랑하고 유쾌한 방식으로 이루어져야 한다. 1930년대 이후 성공적인 경영을 다룬 거의 **모든** 가이드북이 긍정적인 대화, 공감, 열정, 친밀함, 활력이 갖는 가치를 강조했다면, 보다 최근의 가이드북들은 일의 수행에서 오는 불안을 떨쳐버리고 자신을 계발하고 자신과 다른 사람들에 대해 긍정적인 생각을 하라는 치료요법적 요구와 영성을 한데 결합할 것을 주장하고 있다. 로버트 재칼은 관리자에 관한 자신의 연구에서 자신이 인용한 관리자 중 다음과 같이 말한 사람과 의견을 같이한다. "행복한 사람들이 곁에 있을수록 더욱 좋습니다. [좋은 관리자가 되기 위해서는] 긍정적인 사람이 되는 것, 그리고 긍정적인 관점을 유지하는 것이 중요합니다."[74] 긍정적인 에너지—문제가 없고 열정적으로 보이는 것을 특징으로 하는—는 실제로 항상 품위 있고 우호적이어야 하는 관리자의 또 다른 중요한 속성이다. 조직심리학자들이 주창하는 자기 통제와 공감의 결합은 조직연구자들이 '환심 사기ingratiation' 전략이라고 부르는 것[75]—친근감, 타인에 대한 긍정적인 태도, 타인에게 감사 등을 표하는 능력을 드러내어 사람들로 하여금 호감을 가지게 하는 것을 목적으로 하는 전략—의 여건을 만들어내는 것을 목표로 한다. 그러한 감정적 페르소나를 만드는 데 중요한 것이 바로 신뢰와 신뢰성을 입증하는 능력이다.

따라서 심리학이 관리자들로 하여금 정신과 마음을 더욱 장악하게 해왔다거나 경제가 진정한 감정 영역을 훼손한다고 가정하는 주장은 과도하게 단순화된 주장이다. 자본주의적 작업장은 감정을 결여하고 있기는커녕 협력의 정명에 헌신하고 그 정명의 명령을 받는 종류의 감정들로 가득 차 있다. 자본주의는 상호의존의 네트워크를 요구하고 만들어내기 때문에, 그리고 자본주의적 거래의 중심에 감정을 위치시켜 왔기 때문에, 자본주의는 또한 자신이 애초에 확립하는 데 도움을 주었던 바로 그 젠더 정체성을 해체시켜 왔다. '심리학적 에토스'는 우리에게 우리의 정신적·감정적 스킬을 발휘하여 다른 사람들의 관점에 공감하라고 명령함으로써 관리자의 자아가 전통적인 여성 자아 모델을 향하게 한다. 심리학적 에토스는 남성과 여성으로 하여금 부정적인 감정을 통제하게 하고 상냥하게 굴게 하고 타인의 눈을 통해 자신을 바라보게 하고 타인과 공감하게 함으로써 **젠더 구분선을 희미하게 만든다.**[76] 이를테면 1990년대에 출간된 『일터에서의 사회적 스킬 Social Skills at Work』이라는 제목의 매뉴얼에는 다음과 같이 쓰여 있다. "직업적 관계에서 남성은 항상 '강한' 남성적 자질을 가져야 하고 여성은 항상 '부드러운' 여성적 자질을 가져야 할 필요는 없다. 남성도 여성만큼 감성과 연민 …… 협력과 설득의 기술을 가질 수 있고 또 가져야 하며, 반면 여성도 남성만큼 자기주장과 리더십, 그리고 경쟁과 지휘의 기술을 가질 수 있어야 한다."[77] 감정 자본주의는 감정 문화를 재편하여 감정적 자아를 도구적 행위와 더욱 긴밀하게 결합시켜 왔다.

물론 내가 조언 문헌의 훈령과 지시가 기업 생활을 직접 틀 지어왔다거나 기업 세계와 남성의 여성 지배가 낳은 가혹하고 종종 잔인한 현실을 기적적으로 일소해 왔다고 주장하는 것은 아니다. 다만 나는 경영과 인간관계에서 심리학자와 컨설턴트가 정식화한 새로운 감정 모델들이 중간계급 작업장 내에서 사회성의 양식과 모델을 미묘하지만 확실하게 바꾸어왔고 젠더 차이를 규제하는 인지적·실제적인 감정적 경계를 다시 그려왔다고 말하고 있을 뿐이다.

조직 내부 관계에 관한 전문가임을 자처하는 심리학자들은 자기 이익을 추구하는 것이 감정적 건강과 동의어라고 주장하며 관리와 생산성 담론에 감정을 도입해 왔다. 그들은 직업 역량과 감정을 연계시킴으로써 '퍼스낼리티 속성'과 감정 양식이 관리자가 갖는 권위의 정당한 토대라는 관념—이는 궁극적으로는 퍼스낼리티 속성과 감정 양식이 협력과 생산성에 기여한다는 것에 의해 경제적으로 정당화된다—을 축으로 하여 관리자 정체성을 구축해 왔다. 심리학자들은 지도자의 '도덕적 건강함moral fitness'을 감정 역량으로 재정의해 왔다. 이 정의에 따르면, 사람들은 (자아 통제를 통한) 타인과의 거리를 통해, 그리고 동시에 타인과 협력하는 능력을 입증하는 것을 목표로 하는 공감과 친근감을 통해 자신이 내면의 자아를 통제하고 있음을 알리고 나타낸다. 이러한 재정의는 기업 내부에서 전통적인 남성 지배 양식과 모델을 변화시켜 왔다.

심리학자와 권력의 변화

리처드 세넷Richard Sennett은 『인간성의 부식The Corrosion of Character』에서 팀워크의 에토스가 현재 현대 기업에 널리 퍼져 있으며 그 에토스가 기업 관계를 '권위 없는 권력'으로 이루어지는 것으로 재정의해 왔다고 주장했다.[78] 세넷은 그러한 권력이 이전의 권력 형태와 크게 다르지 않다고 생각하며, 심지어 권위 없는 권력이 더 나쁘다고 제안한다. 하지만 이 견해는 서로 다른 지배 양식들을 구분하지 않으며, 구분한다고 하더라도 자주 소프트 파워의 행사가 잔인하고 노골적인 형태의 권력 행사보다 더 나쁘다는 다소 황당한 입장을 채택하고 만다. 그 결과 이 입장은 서로 다른 형태의 권력 차이를 이해하는 더 어렵고 더 도전적인 문제에 대한 탐구를 회피한다. 실제로 심리학자들이 권력관계를 변화시켰다면(그리고 의심할 바 없이 그들은 그렇게 했다), 그리고 그러한 변화된 권력이 맞서 싸우기에 더 어려워 보인다면, 그 이유는 심리학자들이 심어주기 위해 노력했던 리더십 모델이 신뢰성과 협력에 바탕하고 있었기 때문이다.

베버는 권력을 "다른 사람의 행동에 자신의 의지를 강요할 수 있는 가능성"으로 정의했다.[79] 이러한 견해에 따르면, 권력은 제로섬 게임이다. A의 의지가 강력한 것으로 여겨지기 위해서는 A의 의지가 B의 의지보다 더 강해야 한다. 그러나 역량에 대한 치료요법적 정의는 권력에 대한 이러한 전통적인 접근방식을 변형시킨다. 왜냐하면 심리학자들이 볼 때 '진정한' 권력은 권력 투쟁에 전혀 참여하지 않고 자신의 감정을 억제함으로써 확립되기 때문이다. 이를테면 1950년대에 출간된 한 경영심리학 책에 따르면, "다른 사람들이 감정적 긴장을 해소하는 것을 돕고 감정 동요를 바람직한 패턴으로 유도하기 위해서는 그 상황을 책임지고 있는 개인이 자신을 통제할 수 있어야 한다는 것은 두말할 필요도 없다. 감정의 표출은 다른 사람들에게서 유사한 반응을 일으키는 경향이 있다. 이는 만약 어떤 사람이 상황을 통제하고자 한다면, 그는 자신을 다른 사람의 감정성에 의해 자극받게 놔두어서는 안 된다는 것을 의미한다."[80]

이 경우 두 명의 행위자—한 사람은 권력을 가지고 있고 다른 한 사람은 명령을 받는다—는 상대방에 대해 **반응하지 않음으로써** 자신들의 의지를 실현할 수 있다. 예컨대 고용주는 자신의 부정적인 감정을 통제함으로써 자신의 권위를 확고히 하는 반면, 피고용인은 이를테면 자신을 괴롭히는 상사에게 반응하지 않음으로써 자신의 힘을 깨달을 수 있다. 게다가 어떤 피고용인은 화나 항의를 표출하지 않음으로써 자신을 괴롭히는 상사와의 상호작용에서 영리한 승리자가 될 수 있다. 반응하지 않는 것은 자기 통제의 표시가 되고, 이는 다시 실제로 위계적 지위와 권력을 우회할 수 있는 하나의 숨어 있는 미묘한 심리적 권력을 시사한다. 심리학 문헌에서는 다른 사람의 공격에 대해 노골적으로 반응하는 것을 거듭 그리고 강력하게 제지한다. 하버드 경영대학원의 윌리엄 유리 교수는 관리자들을 위한 유명한 매뉴얼인 『반대 극복하기』에서 "당신이 반응할 때, 당신은 걸려든다"라고 훈계한다.[81] 어떤 사람이 자신의 명예—다른 사람들에 의해 자신에게 부여된 사회적 가치로 이해되는—를 공개적으로 방어하는 것은 항상 체계적으로 제지된다. 치료요법 에토스에 따르면, 완전히 성숙한 성인은 전략적으로 반응하고 자신의 명예보다 자신의 이익을 방어하는 쪽을 택하기 때문이다. 자신의 이익보다 명예를 더 선호할 가능성이 큰 사람들은 감정적으로 '무능하고' 그리하여 '진정한' 권력을 결여하고 있는 것으로 여겨진다. 하인츠 코헛Heinz Kohut이나 D. W. 위니콧D. W. Winnicott 이후 수많은 심리학자가 주장해 왔듯이, 자신을 진정으로 신뢰하는 사람은 방어 전쟁을 벌일 필요가 없다. 우리는 다음과 같은 놀라운 역설에 도달한다. 그것은 바로 '진짜' 심리적인 힘은 반응하거나 반격함으로써 자신을 방어하지 않고서도 자신의 이익을 확보할 수 있는 데 있다는 것이다. 이러한 점에서 상호작용에서 자기 이익과 권력을 확보하는 것은 자신감을 보여줌으로써 확립되는데, 이는 다시 방어 의사나 노골적인 공격 의사가 없다는 것과 동일시된다. 따라서 권력은 적대감의 표출 및 명예의 방어—이 둘은 전통적으로 남성성에 대한 정의에서 중심을 차지하고 있던 반응이다—와 분리된다. 전근대적 권력은 노골적으로 그리고 은연중에 적대적이고 공격적이었을지 모르지만, 오늘날의 권력 신호는 그러한 어떠한 감정 표출도 보류해 두어야 한다. 왜냐하면 치료요법 문헌에 따를 경우, 자신의 지위를 확고히 하는 법을 아는 것은 자신의 이익을 확보할 수 있는 능력을 의미하고, 그 능력은 다시 직접적인 대립을 피할 때 확립되기 때문이다. 자기 통제는 어떤 사람이 계산된 이성에 의해 지배된다는 것, 그리고 상호작용에서 예측 가능하고 일관성이 있다는 것을 의미한다.

나의 연구에서 나온 한 사례는 권력에 대한 문화적 정의에서 변화가 일어나왔다는 것을 특히 분명하게 보여준다. 나는 인터뷰 과정에서 응답자들에게 다음과 같은 이야기를 제시했다.

톰은 2년 동안 한 회사에서 일해왔다. 그는 자신의 일을 매우 좋아한다. 그의 월급은 남에게 전혀 뒤지지 않으며, 그의 일은 자극이 되고 흥미롭다. 하지만 그는 상사와의 관계에서 때때로 껄끄러운데, 그의 상사가 생산성을 향상시키고 매출을 증가시킬 수 있는 새로운 기법과 전략을 잘 알지 못하기 때문이다. 어느 날 톰은 상사에게 부서에 몇 가지 변화를 도입하자고 제안한다. 왜냐하면 톰은 그렇게 하지 않으면 부서가 손해를 볼 위험이 있고 매출이 감소할 것이라고 믿기 때문이다. 톰의 상사는 톰에게 걱정하지 말라고 하면서 거절하고, 무슨 일이 생기면 자신이 책임을 질 것이라고 말한다. 하지만 톰이 걱정했던 최악의 상황이 현실로 다가온다. 그 부서는 손해를 보고, 톰은 그 손실 때문에 비난을 받고, 그의 상사는 그 책임에서 자신의 몫을 떠맡기 위한 어떠한 조치도 취하지 않는다.

나이가 60세 미만인 응답자 15명 **모두**가 상사와 맞서지 않겠다고 대답했고, 몇몇은 그냥 회사를 떠나겠다고 했다. 하지만 65세 이상 응답자 3명은 모두 원칙에 따라 문제를 제기할 것이라고 말했다. 이를테면 72세의 은퇴한 수석 회계사인 티모시Timothy는 그 이야기에 다음과 같이 반응했다.

티모시: 그건 옳지 않아. 상사가 한 처신은 옳지 않아.

면접자: 당신이라면 그것에 대해 어떤 조치를 취했을까요? 다시 말해 당신이 톰이었다면 말입니다. —

티모시: 글쎄, 그건 상황에 따라서 …… 그렇지만 나는 화를 내서 그[보스]에게 그 사실을 확실히 알게 했을 거야. 어쩌면 더 높은 상사에게 갔었

을 수도 있어.

이 응답을 비즈니스 스쿨을 갓 졸업한 26세의 중간 간부인 알렉산드라 Alexandra의 다음과 같은 답변과 대비해 보자.

> 알렉산드라: 상사와 맞서는 것은 감정적으로는 만족스러운 선택일 수 있지만 경력 관리 측면에서는 최악의 선택입니다. 회사를 떠나거나 상사 뒤에서 몰래 뭔가를 벌이려고 할 겁니다. 그러나 절대로 그와 맞서지는 않을 겁니다.
>
> 면담자: 그 이유를 말해줄 수 있나요?
>
> 알렉산드라: 유치하고 신뢰할 수 없는 것처럼 보이는 것이 걱정되니까요.

사회학자 로데릭 M. 크래머Roderick M. Kramer와 캐런 쿡Karen Cook은 합리성과 일관성이 조직 내부에서 신뢰를 쌓는 조건으로 인식된다고 주장한다.[82] 만약 그들이 옳다면, 그러한 신뢰를 쌓기 위한 조건들은 다시 권력의 노골적인 표출이나 권력 경쟁과 관련된 감정적인 조건들을 약화시키는 경향이 있다. 권력을 침착성self-possession으로 정의하는 것은 역설적이다. 그러한 정의는 우리가 통상적으로 '부하를 괴롭히는 상사'와 연관 짓는 화의 폭력적인 표출을 억제하는 경향이 있지만, 또한 노동자들을 향할 수도 있는 또 다른 권력 남용에 대해 노동자들이 화를 표출하는 것을 탈정당화하기도 한다.

그럼 결론을 내려보자. 기업의 규모가 커지고 피고용자와 고위 경영진 사이에 더 많은 관리 계층이 만들어짐에 따라, 그리고 미국 사회가 서비스 경제를 향해 나아감에 따라(이른바 탈산업사회로 나아감에 따라), 사람, 상호작용, 감정을 주로 다루는 하나의 과학적 담론이 자연스럽게 작업장에서 자아의 언어를 틀 짓는 일을 맡는 담론의 후보가 되었다. 심리학의 담론은 다음과 같은 여러 가지 이유로 미국 문화 속으로 널리 퍼지게 되었다. 하나는 심리학자들이 미국 작업장에서 일어나는 대규모 변화에 부응하고 그러한 변화를 포착하는 것처럼 보이는 언어—사람, 감정, 동기에 관한 언어—를 제공했다는 것이다. 앤드루 애벗Andrew Abbott이 지적했듯이, "조직 사회가 발전하면서 개인들의 일과 개인적 삶을 뒤흔들어 놓았고, 그리하여 개인이 그 안에서의 삶에 적응할 수 있게 해주는 전문가들이 필요해졌다. 이 적응 문제는 미국에서 특히 절박했는데, 미국에서는 고도로 조직화되고 구조화된 사회와 어울리지 않게 거친 개인주의rugged individualism의 상징적 윤리가 지속되고 있었기 때문이다. 이 적응 문제를 다루는 주요 전문직이 바로 정신과 의사와 심리학자들이었다."[83]

게다가 심리학은 점점 더 복잡해지는 미국 조직과 미국 경제의 미로 속에서 개인에게 자신의 위치를 알려주는 새로운 도구를 제공한다고 주장했다. 카를 만하임Karl Manheim이 자신의 고전적 연구 『이데올로기와 유토피아Ideology and Utopia』에서 지적했듯이, "생각하는 것은 사람 일반이 아니다. 심지어 생각하는 일을 하는 것은 고립된 개인도 아니다. **특정한 사고방식**을 발전시켜 온 것은 특정한 집단 속에서 **자신들의 공통의 입장을 특징짓는 특정한 전형적인 상황에 대해 끝없이 일련의 반응을 하는** 사람들이다"(강조 추가).[84] 기업의 위계질서는 상품뿐만 아니라 사람까지도 지향할 것을 요구했기 때문에, 그리고 기업 내의 업무는 조정과 협력을 요구했기 때문에 작업장 내에서의 자아 관리가 점점 더 하나의 '문제'가 되었다. 이 '문제'에 대한 대응 방식이 심리학자에 의해 다루어지리라는 것은 지극히 당연한 일이었다. 심리학자들은 인간관계를 개선하기 위한 관념과 방법을 개발하고 그리하여 "일반인들의 사고를 틀 짓는 지식 또는 의식의 구조"를 변화시키는 '지식 전문가'의 역할을 했다.[85]

치료요법 언어가 빠르게 대중화된 것은 치료요법 언어가 생산성의 문제를 다루면서 관리자와 노동자 모두의 이익을 충족시켰기 때문이었다. 1920년대 후반에 경기 침체와 함께 실업률이 가파르게 상승하자 일자리가 더욱 불확실해졌다.[86] 이런 맥락에서 심리학의 담론은 상징적인 지침을 제공했고 노동자와 경영진 모두의 이익을 확보해 주는 것으로 보였다. 심리학의 언어는 관리자와 기업 소유자에게 특히 더 잘 맞아떨어졌다. 심리학자들은 자신들이 이윤을 증대시키고 노동불안을 막고 관리자-노동자 관계를 비대립적인 방식으로 조직화하고 (감정과 퍼스낼리티라는 유순한 언어로 계급투쟁을 다듬어냄으로써) 계급투쟁을 무력화시키겠다고 약속하는 것으로 보였다. 노동자에게는 심리학의 언어가 이전의 리더십 이론보다 훨씬 더 민주적인 것처럼 보였는데, 이는 심리학의 언어가 이제 좋은 리더십을 사회적 지위에 의존하기보다는 퍼스낼리티와 타인을 이해하는 능력에 의존하게 만들었기 때문이다. 어쨌거나 이전의 노동자 통제 체계에서는 "노동자들은 고용, 해고, 임금, 승진, 업무량 같은 문제에서 십장의 권위에 복종해야 했다. 대부분의 십장은 엄격한 감독과 폭언을 포함한 방법인 '대공세 체계drive system'를 이용했다."[87] 그밖에도 심리학자들은 작업장에 대한 노동자들의 비판에 관심을 기울였고, 노동자들의 욕구 충족에 대해 전례 없이 신경 쓰는 것처럼 보였다. 대부분의 사회학자는 초창기에 기업 내부에서 심리학을 이용하는 것을 교묘한 따라서 강력한 통제의 한 형태로 바라보아왔다. 하지만 나는 대신에 기업 내부에서 심리학을 이용하는 것이 노동자들에게 상당한 매력을 가지고 있었다고 제시한다. 왜냐하면 적어도 액면 그대로 받아들이면 그것이 노동자들의 비판을 청취하고 노동자와 관리자의 지배-종속 관계를 민주화하는 것처럼 보이기 때문이다(이것이 바로 제너럴 일렉트릭에 메이요가 개입한 것이 그처럼 효과적이었던 이유이다). 그러한 외견상의 민주화는 새로운 믿음, 즉 사회적 지위와 무관하다고 여겨지는 어떤 사람의 퍼스낼리티가 관리자에게 성공의 열쇠이며 관리자들은 작업 관계의 인간적 차원에 주의를 기울일 필요가 있다는 믿음과 연관되어 있었다.[88]

마지막으로, 심리학의 담론은 노동자와 관리자 모두가 자신들의 감정뿐만 아니라 (아마도 가장 결정적으로는) 이해관계까지 이해하고 소통하는, 그리고 그러한 감정과 이해관계에 따라 행동하는 문화적 레퍼토리를 틀 짓고 프레이밍했다. 이해관계 역시 다른 행위 동기들과 마찬가지로 문화에 매여 있었다. 자기 이익이 행위를 인도해야 한다는 관념도 자명한 것이 아니었기 때문에 심리학자들은 노동자, 관리자, 그리고 예비 관리자들이 자신들의 이익을 위해 행위하도록 설득하기 위해서는 여러 주장과 수사를 끌어모아야 했다. 이해관계는 전前문화적이거나 몰沒문화적이기는커녕 공적 어휘를 통해 의미 있게 만들어지는 것이었고, 따라서 실재로 기업 영역에 진입한 많은 전문가와 전문직 종사자들(심리학자, 조직 컨설턴트 등)에 의해 하나의 행위 원리로 주입되었다. 이러한 발견은 베버의 유명한 주장, 즉 "관념이 전철수처럼 선로를 결정해 왔고 그 선로를 따라 이해관계라는 동력이 행위를 떠밀어 왔으며"[89] 이해관계의 동학과 관념의 동학은 밀접하게 얽혀 있다는 주장과 일치한다. 그러나 심리학자들은 훨씬 더 나아가서 '이해관계'라는 관념 자체가 사회적 행위의 불변적 속성이기는커녕 실제로는 심리학자들에 의해 문화적으로 치밀하게 정교화된 것임을 시사한다. 다시 말해 심리학자들은 감정을 작업장에서 중요한 것으로 만들었을 뿐만 아니라 자기 이익의 개념 자체를 가차 없이 부호화하여, 성숙한 개인은 자기 이익을 확보할 수 있는 능력에 의해 정의되고 이는 다시 자기 통제에 의해 그리고 권력 표출을 삼가는 능력에 의해 표현된다고 주장한다.

기업 정신으로서의 소통 윤리

지식체계는 도덕극, 서사, 신화 못지않게 문화적 처방과 행동의 모델을 제공한다. 사실 지식이 그처럼 문화의 본질적인 부분을 이루는 이유 중 하나는 많은 지식체계가 좋은 또는 가치 있는 사람의 이미지뿐만 아니라 그러한 사람이 되기 위한 일련의 규칙 또한 제공하기 때문이다. 대중심리학자들이 경영에 관한 가이드북을 쓰면서 정교화한 서로 다른 이론들은 1970년대경에 널리 퍼지고 권위를 가지게 된 하나의 문화 모델, 즉 '소통' 모델로 수렴되었다. 심리학자들은 주로 인지적·언어적 상호작용의 규칙을 재정식화하고 '소통'에 기초한 사회성 모델을 제공함으로써 감정 행동의 규칙을 점점 더 세련되게 만들었다. 이 모델은 갈등과 문제들을 불완전한 감정적·언어적 소통의 결과로 설명한다. 반대로 이 모델은 적절한 언어적·감정적 소통을 바람직한 관계를 만들어내는 열쇠로 본다. 이 모델이 심리학자들과 함께 무無에서 탄생한 것은 아니었다. 이 모델은 '대화'와 '토론'을 계몽된 시민의 핵심 특징으로 바라보는 듀이Dewey적인 민주적 이상에 그 근원을 두고 있었다. 그러나 심리학자들은 이 이상을 감정적 자기 관리 및 경제적 리더십과 연관시킴으로써 그 이상에 새 생명을 얻을 수 있는 기회를 주었다.[90]

이 모델의 본질을 이해하기 위해서는 푸코의 '윤리적 실체ethical substance'의 개념화에 의존할 필요가 있다. 휴버트 드레이퍼스Hubert Dreyfus와 폴 라비노Paul Rabinow가 요약하듯이, 윤리적 실체란 어떤 주체가 그 또는 그녀 자신을 도덕적 주체로 구성하도록 만드는 것이다.[91] 윤리적 실체는 사람들이 이용 가능한 도덕적·과학적 담론을 통해 자기 자신과 맺는 관계이다. '윤리적 실체'의 첫째 차원은 다음의 질문을 다룬다. 나 자신의 어떤 측면이 도덕적인 행위와 관련되어 있는가? 이를테면 의도, 행위, 욕망, 또는 감정은 도덕 표현이 일어나는 장소인가? 윤리적 실체의 둘째 측면은 푸코가 말하는 복종 양식, 즉 법(신의 계율, 자연법, 합리적 규칙이 그 사례들이다)이 정당화되고 집행되는 방식을 말한다. 셋째 차원은 다음의 질문과 관련되어 있다. 윤리적이 되기 위해 (이를테면 우리의 행동을 절제하고 우리의 욕망을 뿌리 뽑고 또는 성적 욕망을 생식을 위한 목적으로 돌리기 위해) 우리가 우리 자신을 바꿀 수 있는 수단에는 어떤 것들이 있는가? 이것이 다시 푸코가 자아 형성 활동 pratique de soi이라고 부르는 것을 구성한다. 마지막으로, 넷째 측면은 우리가 특정한 목표(이를테면 아이를 갖는 것)를 이루기 위해 도덕적으로 행동할 때 열망하는 존재의 종류(이를테면 순수한 존재, 불멸적인 존재, 또는 자유로운 존재)이다.[92] '소통'은 기업 내에서 남성과 여성의 윤리적 실체에서 필수적인 부분이 되었다. 문화적 소통 모델에서 관계를 만들어내는 수단은 인지적이고(인지적인 수단은 자기 자신에 대해 성찰적 자세를 취할 것을 요구한다), 감정적이고(감정적인 수단은 다른 사람의 감정뿐만 아니라 자기 자신의 감정도 조절할 것을 요구한다), 아마도 주로 언어적일 것이다(언어적인 수단은 다른 사람을 위협하지 않는, 그리고 심지어는 다른 사람에게 적극적으로 감사를 표하는 적절한 말하기 방법을 터득할 것을 요구한다).

'소통' 모델은 분기된 정명들을 화해시키는 언어적·감정적 기법—즉, 자신을 주장하고 표현하면서도 다른 사람들과 협력하는, 다른 사람들의 동기를 이해하면서도 원하는 목표에 도달하기 위해 자기 자신과 다른 사람들을 능숙하게 다루는, 그리고 자기를 통제하면서도 품위 있고 쉽게 이해할 수 있는 언어적·감정적 기법—을 제공하는 것을 목적으로 한다. 따라서 소통은 자기 이익과 타인에 대한 관심을 분리하는 것이 불가능한 '윤리적 실체'이며, 언어는 본질적으로 이 둘을 화해시킬 수 있는 주요한 기법이다.

도덕적 행동과 관련된 자아의 주요한 측면이 바로 사람들이 언어와 감정 표현을 통해 다른 사람들에게 어떻게 보이는가 하는 것이다. 대중심리학이 제시한 소통의 에토스에 따르면, 다른 사람들과 좋은 관계를 맺는 전제조건은 자신을 '객관적으로' 평가하는 것인데, 이는 자신이 다른 사람들에게 어떻게 보이는지를 이해해야 한다는 것을 함의한다. 성공적인 리더십에 대한 수많은 가이드북은 미드Mead식의 행위자—즉, 자신의 자아 이미지를 평가하고 그것을 다른 사람이 자신에 대해 가지고 있는 이미지와 비교하는 사람—가 되라고 지시한다. 한 조언 서적은 다음과 같이 지적한다. "관리 훈련 교육[소통 워크숍]을 받지 않았더라면, 마이크Mike는 능력이 없기 때문이 아니라 자신이 **다른 사람들에게 자신에 대해 잘못된 인상을 심어주고 있다는 것을 이해하지 못했기** 때문에 그의 경력은 당연히 여전히 정체되어 있었을 것이다"(강조 추가).[93] 성공적인 관리를 다루는 조언 문헌들은 마치 다른 사람의 눈을 통해 자신을 보는 것처럼 자신을 심사할 것을 끊임없이 요구하고, 따라서 성공 가능성을 높이기 위해서는 다른 사람의 관점을 취하라고 제안한다. 이러한 방식의 자기 인식은 다른 사람들에 대해 냉정하거나 냉소적으로 접근하지 않고도 자신을 더 능숙하게 조종하고 통제할 수 있게 해준다. 사실 이러한 자기 인식은 다른 사람들과 공감하고 그들의 말을 경청하라는 훈령과 접해 있다. 리더를 위한 책 중 하나는 이렇게 적고 있다. "이 책은 관리자와 스태프 성원들에게 사람들이 왜 자신들이 하는 일을 하는지, 그리고 왜 자신들이 느끼는 바를 느끼는지를 더 잘 이해하도록 도움을 주기 위해 기획되었다. 이 책의 목표는 상황에서 벗어나서 '진짜 무슨 일이 일어나고 있고 왜 일어나는가?'라고 묻는 기술을 개발하는 것이다."[94] 금융교육연구소Institute for Financial Education의 한 출판물도 이와 유사하게 다음과 같이 진술하고 있다. "인식에 강력한 영향을 미치는 것이 자아 개념이다. **자아 개념**은 당신이 당신을 어떻게 바라보는지를 반영하는 일종의 정신적 거울이다. …… 개인들이 자기 자신에 대해 가지는 개념이 사건과 다른 사람에 대한 그들의 인식에 영향을 미친다."[95] 동일한 출판물은 더 나아가 "당신의 인지 스킬과 소통자로서의 당신의 스킬을 향상시키는 데 요구되는 필수적인 첫 단계는 바로 사람들이 [당신과] 다르게 인식하고 있다는 것을 인식하는 것"이라고 주장한다.[96] 다른 사람들과 협상하는 데 필요한 스킬로 다중관점주의multiperspectivalism가 끊임없이 제창되고 있는데, 이는 다른 사람들의 욕구를 '인지'하고 '공감'하는 것이 직업적으로 전략적이자 도덕적인 유형의 역량에 필수적으로 요구되는 요소이기 때문이다. 이를 위해 심리학자들이 환자와의 상호작용에서 자주 권장하는 기법이 경영자-피고용자 관계에서도 똑같이 권장된다. "[경영자와 피고용자 간에] 엄청난 라포rapport가 형성되는 순간에 놀랄 만한 비언어적 소통 패턴이 발전될 수 있다. 두 사람은 서로의 동작을 미러링mirroring한다. 이를테면 둘은 정확히 동시에 손을 내리고 자신들의 몸을 움직인다."[97] 아니면 또 다른 예를 들어보자.

> 당신이 이해하려고 노력하는 사람을 당신이 미러링할 때, 당신은 페이싱pacing과 리딩leading[책에서 이 두 가지 기법을 가르친다]을 가장 효과적으로 이용할 수 있다. 당신은 상대방이 취하는 몸의 자세를 그냥 취하고, 주요 동작을 미러링하고 가장 중요한 주요 단어를 의식적으로 사용하려고 노력한다. 미러링 속에서 당신은 당신이 이해하려고 노력하는 사람과 조화를 이루어 하나가 되고자 한다. 미러링은 임무를 수행하는 데 실패하거나 임무를 제대로 수행하지 못한 피고용자들을 이해하는 데서 유용할 수 있으며, 협상에서 당신이 통제력을 잃을 것 같을 때에도, 그리고 상대방이 '어디 출신인지'를 알고 싶어하는 상황에서도 도움이 될 수 있다. …… 의도적인 모니터링은 상대방의 관점을 더 잘 파악할 수 있게 해준다. 당신이 침착성을 되찾는 동안에, 당신은 상황과 상대방에 대한 관점을 가지게 될 수 있다. 마지막으로, 비언어적으로 서로를 미러링하는 사람들은 더 높은 수준으로 이해하고 공감하는 경향이 있다.[98]

미러링과 다양한 관점을 고려하는 능력은 자신에게 몰두하면서도 동시에 다른 사람의 시선을 인식하는 관계를 구축하는 기법이다. 미러링과 심리학적 다중관점주의는 자아와 자신의 이익을 증진시키는 동시에 서로 충돌할 수 있는 상이한 관점과 이해관계들을 파악할 수 있게 해준다. 소통 스킬을 제공하는 한 인터넷 사이트에서는 다음과 같이 가르친다.

> 좋은 소통 스킬은 높은 수준의 자기 인식을 요구한다. 당신의 개인적인 소통 스타일을 이해하는 것은 당신이 다른 사람들에게 좋은 그리고 지속되는 인상을 만들어내는 데 크게 도움이 될 것이다. 다른 사람들이 당신을 어떻게 인식하는지를 더 잘 인식함으로써, 당신은 다른 사람들의 소통 스타일에 더 쉽게 적응할 수 있다. 이것이 당신이 서로 다른 퍼스낼리티를 마주할 때마다 당신이 스스로 바뀌는 카멜레온이 되어야 한다는 것을 뜻하지는 않는다. 오히려 당신은 당신의 퍼스낼리티에 잘 맞으면서도 다른 사람과 공명하는 특정한 행동들을 선택하고 부각시킴으로써 다른 사람을 더 편안하게 만들 수 있다. 이렇게 함으로써, 당신은 미리 적극적인 청자가 될 수 있을 것이다.[99]

미러링은 리스닝listening과 연계하여 언급된다. 리스닝은 갈등을 예방하고 더 많은 협력을 촉진하는 데 중요한 것으로 여겨진다. 실제로 여기서 중요한 것이 사회적 자본이나 신뢰를 쌓는 것이며, 그것의 목적은 자신에 대한 다른 사람들의 신뢰를 증대시키는 동시에 자신이 다른 사람들을 신뢰하게 만드는 것이다. 화 관리를 다루는 한 책은 다음과 같이 설명한다. "당신이 앞의 몇 장章에서 배워온 전략들은 당신이 다른 사람들에게 더 민감해지도록 만들어줄 것이다. 이에 기반해서 당신은 공감 능력—즉, 다른 사람의 의식에 자신을 투영하고 다른 사람의 동기를 더 잘 이해하고 그들의 행동에 대해 판단할 때 불신이 개입하는 것을 줄일 수 있는 능력—을 발전시키는 데로 나아갈 수 있다."[100] 『메시지 분명하게 만들기Making the Message Clear』라는 제목의 책에서는 이를 다음과 같이 명확하게 제시한다. "소통 스타일을 적합하고 유연하게 만들면, 교환하는 정보의 양과 정확도 모두가 증가한다. 이러한 교환 또는 상호작용은 당신의 업무 관계의 토대이다. 상호작용이 증대되면, 라포, 신뢰, 업무 관련 목표의 성취도가 증가하고, 그로 인해 당신은 다른 사람들로 하여금 서로에게 유익한 결과를 낳게 할 수 있다. 성공적인 소통을 위해서는 당신의 스타일을 다른 사람의 스타일에 맞추고 소통과 사고에서 당신이 유연해질 것이 요구된다."[101]

위에서 기술한 리스닝의 형태는 수동적인 리스닝(이를테면 가톨릭 신앙고백에서처럼)을 의미하는 것이 아니다. 오히려 그러한 형태의 리스닝은 철학자 악셀 호네트가 '인정recognition'이라고 부르는 것 또는 "[사람들이 자신에 대해] 가지는 [상호주관적인] 긍정적인 인식"을 생성할 것이 틀림없다. "자아 이미지 …… 는 다른 사람들에 의해 지속적으로 뒷받침될 가능성에 의존하기" 때문에,[102] 인정은 인지 수준과 감정 수준 모두에서 다른 사람의 주장과 입장을 인정하고 강화하는 것을 수반한다. 따라서 갈등 해결에 대한 한 훈련 프로그램은 다음과 같이 진술한다.

> 적극적 리스닝 기법 …… 에는 여러 가지 기능이 있다. 첫째, 청자가 감정을 발산하는 것을 허용한다. 화자는 자신의 말을 들어준다고 느끼고 긴장이 풀린다. 고개를 끄덕이는 것과 같은 청자의 몸의 자세와 몸짓은 자신의 말을 들어준다는 느낌을 화자에게 확인시켜 준다. 그의 감정이 청자에 의해 다시 반사된다(이를테면 "…… 는 당신에게 정말 중요한 일이었어"). 그녀는 화자가 말한 것을 다시 말하거나 바꿔서 말함으로써 다시 한번 자신이 정확하게 이해하고 있는지를 그에게 확인한다. 그다음에 그녀는 추가적인 정보를 얻기 위해 질문을 명확히 하여 던진다. 갈등 해결에서 말하기-듣기가 수행하는 기능은

극히 중요하다. 이는 그 갈등이 이혼하는 부모에 관한 것이든 아니면 보스니아 민족공동체에 관한 것이든 간에 당사자들 간의 관계가 지속될 필요가 있을 경우에 특히 더 그러하다.[103]

이 마지막 인용문은 '소통'이 근대 자아의 기본 형태를 포함하고 있기 때문에 사적 영역에서 공적 영역으로, 그리고 공적 영역에서 국제적 장으로 옮겨갈 수 있는 하나의 인정 기법임을 시사한다.

처음에는 하나의 기법으로, 그리고 퍼스낼리티와 자아에 대한 이상적인 정의로 제시되었던 소통 개념과 소통 관행이 이제 환유적인 확장을 통해 이상적인 기업을 특징짓는 데에도 적용되고 있다. 이를테면 거대 기업 휴렛 팩커드Hewlett Packard(HP)는 다음과 같은 방식으로 자신을 광고한다. "HP는 사람들이 소통의 정신, 즉 끈끈한 상호관계의 정신을 호흡할 수 있는 회사이며, 사람들이 소통하는 곳, 당신이 다른 사람들을 향해 가는 곳입니다. HP는 하나의 정서적 관계입니다."[104] 실제로 소통은 기업적 자아 일반의 모델을 규정하게 되었다. "5만 명 이상을 고용하고 있는 기업의 채용 담당자를 대상으로 최근에 실시한 한 조사에서, 관리자를 선발하는 데서 가장 중요한 결정적인 단일 요소로 소통 스킬이 꼽혔다. 피츠버그 대학교의 카츠 경영대학원Katz Business School이 실시한 이번 조사는 다른 사람들과 함께 일하는 능력뿐만 아니라 서면 제출과 구두 발표를 포함한 소통 스킬도 직업 성공에 기여하는 주요 요인이라고 지적하고 있다."[105] 리처드 세넷은 다음과 같이 주장해 왔다. "현대 직업윤리work ethic는 팀워크에 초점을 맞춘다. 그 윤리는 다른 사람들에 대해 민감하다는 것을 찬양한다. 현대 직업윤리는 좋은 청자라는 것과 협력적이라는 것 같은 '소프트 스킬'을 요구한다. 무엇보다도 팀워크는 상황에 대한 팀의 적응력을 강조한다. 팀워크는 유연한 정치경제에 적합한 직업윤리이다. 현대 경영학이 사무실과 공장의 팀워크에 대해 심리적으로 과장하고 있기는 하지만, 팀워크는 경험의 표면에나 남아 있는 직업 에토스이다. 팀워크는 그러한 굴욕적인 표면성을 드러내는 집단 관행이다."[106]

그러나 그러한 세넷의 견해 자체가 표면적이다. 자기 이익과 동정 – 즉, 자기 자신에 대한 관심과 타인의 능란한 조정 – 을 이처럼 독특한 방식으로 혼합하는 것은 내가 **성찰적 자아**reflexive selfhood로 명명하는 역사적으로 새로운 유형의 자아를 분명하게 보여준다.[107] 성찰적 자아는 이기적인 경쟁심의 노골적 표출을 통해서가 아니라 사회적 관계를 제어하는 기술을 통해 자기 이익을 유지하는, 강력한 자기 통제 메커니즘을 내재화해 왔다. 성찰적 자아는 근대의 '개인'관을 구성하는 공간에 자리하고 있다. 하지만 성찰적 자아는 공감적으로나 전략적으로 다른 사람들을 상상하고 그들과 공감함으로써 다른 사람들의 관점을 통합하기 때문에 로빈슨 크루소Robinson Crusoe의 원형과는 거리가 멀다. 로버트 재칼은 기업에 대한 자신의 고전적 연구에서 관리자는 자신의 이익을 증진시키고 특정한 조치를 계획하고 다른 사람들과 연합하고 협상하고 자기주장을 펼쳐야 하면서도 다른 사람들을 인정하고 그들의 말을 경청해야 하기 때문에 지속적인 자기 정밀조사와 사적인 모니터링을 요구받는다는 점에서, 관리자의 자아는 본질적으로 성찰적이라고 시사한다.[108] 성찰성은 상징을 이용하는 재주와 다른 사람들과의 능란한 교류를 동시에 요구하는 현대 기업의 직무 구조 그 자체에 편입되어 있다.[109] 관리자들은 기호와 사람들로 이루어진 복잡한 위계질서 속에서 일한다. 그들은 다른 사람들에 의해 관리받고, 나시 다른 사람들을 관리한다. 관리자들도 대등한 사람들과 경쟁하지만, 그들과 연합해야 하고 경쟁자나 상사로부터 숨어 있는 단서를 해독해야 한다. 이 조밀한 위계 구조는 감정 통제, 상호작용을 해독하는 기호학적 스킬, 그리고 '소통 스킬'을 통해 자기 자신의 조치를 알리는 (또는 숨기는) 능력을 핵심적인 요소로 삼는 성찰적 자아를 요구하기 때문에 치료요법적 신념에 의해 부호화되었다. 따라서 심리학자들은 퍼스낼리티를 상징적 통화symbolic currency—이는 **사회적 유대를 스스로 통제하고 관리하고 능숙하게 조정하는** 능력에 의해 정의된다—의 한 형태로 구성해 왔다. 이를 통해 우리는 소통적 자아가 언어적 명료성과 감정 능력—이를테면 자기주장과 인정처럼 서로 반대되는 것을 감정적으로 혼합할 수 있는 능력—을 복잡하게 혼합함으로써 자신을 다스리는 동시에 다른 사람들을 제어하는 능력으로 특징지어진다는 것을 알 수 있다.

문화사의 특이한 우회로를 통해 심리학자들은 애덤 스미스Adam Smith의 복잡한 자아관을 소생시키는 자아 언어를 분명하게 표현해 왔다. 스미스는 자신의 『도덕감정이론Theory of Moral Sentiments』에서 자아가 그가 '공정한 관찰자impartial spectator'라고 부르는 것과 다른 사람의 곤경과 동정적으로 공감할 수 있는 자아로 나뉜다고 상정했다.[110] 사회학자인 베른 백스터Vern Baxter와 A. V. 마르가비오A. V. Margavio는 "공격적 충동이 내재화된 타자들의 기대에 의해 진정된다는 [스미스의] 생각이 경제적 행동을 누그러뜨리는 데 도움이 된다는 오늘날의 명예와 이성의 등식을 만들어낸다"라고 주장한다.[111] 애덤 스미스는 『국부론Wealth of Nations』에서 각자가 자신의 경제적 자기 이익을 추구하는 것이 사회적 조화의 원천이 되는 사회 모델을 구상했다. 왜냐하면 노동이 주의 깊게 그리고 세세하게 분할되는 사회에서 개인들은 모두 서로를 필요로 할 것이고, 따라서 자신의 자기 이익에 기초하여 다른 사람들과 시민적 관계에 들어갈 것이기 때문이다.[112] 소통의 에토스는 감정을 조절하고 서로의 말을 경청하고 서로 소통하고 공감하는 감정을 드러내는 것이 모든 사람에게 가장 이익이 된다고 제시함으로써 이 사회적 상호작용의 모델을 직접 활용한다. 현대 기업에서 사람들을 합리적으로 관리하는 것은 감정을 통제하는 동시에 표출하고, 합리적인 동시에 동정적이고, 자신의 자아 이미지를 통제하는 동시에 다른 사람들의 동기를 해독할 있는 복합적 퍼스낼리티 구조를 갖추는 데 기여한다. 이처럼 문화사의 아이러니한 뒤틀기를 통해 애덤 스미스의 자기 이익 추구적인 호모 이코노미쿠스Homo economicus는 심리학자들에 의해 자신의 말과 감정을 성찰적으로 모니터링하고 자신의 자아 이미지를 통제하고 다른 사람의 관점에 경의를 표하는 호모 커뮤니칸스Homo communicans로 개조되었다.

소통이 유능한 기업적 자아를 정의하는 데서 그토록 중요해진 이유는 여러 가지인데, 그 이유들은 자본주의의 변화와 관련되어 있다. 사회적 관계가 민주화되고 규범 구조가 변화함에 따라, 점점 더 위계적이 되는 기업 조직의 구조와 점점 더 민주화되는 사회적 관계를 조화시키기 위한 절차적 규칙이 마련되어야 했다. 게다가 경제 환경이 점점 더 복잡해지고 신기술의 발전 속도가 계속해서 빨라지고 그리하여 스킬이 급속하게 진부화됨에 따라, 성공의 기준들이 변화하고 서로 모순적이 되었으며, 자아가 긴장과 불확실성의 짐을 과도하게 떠맡아서 관리하는 책임을 홀로 지게 되었다. 따라서 소통은 불확실성과 상충하는 정명들로 가득 찬 환경을 헤쳐나가고 다른 사람들과 협력하는 감정 스킬이 되었다. 마지막으로, 치료요법적 신념에 의해 요구되는 유연성은 이른바 포스트 포드주의 시대에 요구되는 유연성과 친화성을 가진다. 실제로 1970년대와 1980년대에 자본주의는 맞춤형 생산, 생산의 분산, 다중 스킬을 가진 핵심 인력의 창출 쪽으로 방향을 바꾸었는데,[113] 이 모든 것이 불안정한 경제 환경에서 자아에 훨씬 큰 부담을 안겨주었다.

감정적 역량, 도덕적 역량, 직업적 역량

문화 코드는 텍스트뿐만 아니라 관행에도 존재한다. 심리학자들에 의해 만들어진 문화 코드와 직업 역량의 변화 간의 직접적인 인과 연계를 입증하기란 쉽지 않다. 그러나 우리는 하나가 다른 것으로 전환되는 방식, 또는 경제사회학자 프랭크 도빈의 표현으로는 관습이 인식이 되는 방식을 살펴볼 수 있다. 윌리엄 슈얼이 주장했듯이, "체계와 관행은 서로 보완적인 개념이다. 각각은 상대를 전제로 한다."[114] 300명 이상을 고용하고 있는 회사에서 일하는 관리자들과 미국에서 자주 최고 프로그램으로 평가되는 MBA 프로그램에 있는 학생들을 대상으로 실시한 15번의 인터뷰를 바탕으로, 나는 직업 역량에 대한 현재의 정의들을 검토하고 직업 역량에 대한 현재의 관점을 틀 짓는 데서 심리학자들이 수행한 역할에 대해 추론해 볼 것이다.[115]

치료요법 코드는 직업적 역량, 도덕적 역량, 감정적 역량을 융합함으로써 이 세 가지 역량 간의 관계를 재정식화해 왔다. 치료요법 코드는 관리자들이 자신의 일 및 자기 자신에 대해 가지고 있는 일상적 개념 속에서 드러난다. 중서부의 일류 대학에서 공학학사 학위를 받은 35세의 관리자 필립Philip과 가진 인터뷰에서 논의를 시작해 보자. 그는 운영 관리자이다. 그는 그 지위에서 여러 자원을 다룬다. 왜냐하면 제조 공정과 관련된 다양한 문제를 해결해야 하기 때문이다. 그가 수행하는 일은 상충하는 이해관계를 조정하고 여러 부서와 제조 공정의 여러 측면에서 제기되는 요구에 대응하는 것이다.

> 면접자: 당신이 방금 말한 "비즈니스 환경에서 협상"을 하는 동안 당신은 어떤 종류의 감정을 드러낼 때—드러낸다면 말입니다—그리 불편함을 느끼지 않나요?
>
> 필립: 일반적으로 나는 감정을 드러내지 않아요. …… 나는 논리적인 기술적 논의에서는 감정을 표현할 수 있는 자리가 많지 않다고 생각해요.

그건 전혀 도움이 되지 않아요. 그래서 일반적으로는 전혀 감정을 표현하지 않습니다. 사람들이 화를 표출할 때가 있지만, 나는 여전히 그렇게 하지 않을 겁니다. 만약 누군가가 나에게 화를 내더라도 나는 어떠한 직접적인 대결도 피하려고 노력해요.

면접자: 누군가가 당신에게 화를 낼 때 기분이 어떤가요?

필립: 일반적으로 그런 상황에서는 나는 그것에 별로 개의치 않아요. 나는 그 화가 어디서 생겨나는 건지를 알고 있거든요. 좌절감 때문이죠. 그건 때로는 다른 프로젝트 관리자와 겪은 과거의 경험 때문이기도 하고 회사가 그들에게 강요한 다른 일 때문이기도 하죠. …… 나는 일반적으로 화가 어디에서 생겨나는지를 알고 있고, 따라서 그 화를 개인적인 것으로 받아들이지 않습니다. 누군가가 나에게 실제로 소리를 지른다면, 때로는 나도 정말 화가 치밀겠죠. 하지만 일반적으로 그 사람에게 소리를 지르기보다는 휴식을 취하고 다음 날 또는 며칠 후에 다시 만나자고 제안할 겁니다. …… 내겐 현재 진행하고 있는 프로젝트가 있습니다. …… 나는 포장 공정에 약간의 변화를 주고 있습니다. 우리 세계에는 두 가지 종류의 공정이 있습니다. 우리가 가공 부분이라고 부르는 것과 포장 부분이라고 부르는 것이죠. 만약 당신이 포장된 음식을 가지고 있다면, 먼저 그 음식을 만들어야 하고 그다음에 그 음식을 포장해야 하니까요. 나는 지금 포장 공정을 수정하는 주요 프로젝트를 수행하고 있는데, 내가 하고 있는 수정 작업이 우리가 더 많은 것을 생산할 수 있게 해줄 겁니다. 하지만 역사적으로 이 분야에서는 공정에, 그러니까 제품을 생산하는 과정에 몇 가지 문제가 있어왔습니다. 그 문제들은 실제로 별개의 문제들입니다. 나는 그 공정의 한 부분을 수정하고 있고요. 하지만 그것이 다른 부분들에는 실제로 전혀 영향을 미치지 않습니다. 하지만 운영 담당자들은 내가 그 다른 문제

들을 해결하는 데 많은 시간과 에너지와 재정적 자원을 쏟게 만들려고 노력하고 있습니다. 그리고 나는 실제로 운영팀과 여러 번 회의도 했습니다. 그런데 그 특정 영역에는 매우 화를 내는 경향이 있는 사람이 한 명 있어요. 그는 내가 그러한 다른 문제들을 해결하는 데 자원을 충당하지 않는다고 여러 번 화를 냈습니다. 그는 매우 감정적인 사람이죠. 그것은 매우 역효과를 낳게 됩니다. 감정이 과도해지기 시작하면 생각을 논리적으로 교환할 수가 없어요. …… 몇 번인가 내가 "그만하죠"라고 말해야만 했습니다.

면접자: "매우 감정적인 사람"이란 어떤 뜻인가요?

필립: 그는 화를 표출할 가능성이 매우 큽니다.

면접자: 그게 감정적이라는 것의 의미인가요?

필립: 일반적으로 그렇습니다.

면접자: 그럼 그건 부정적인 건가요?

필립: 내가 직업 환경에서 어떤 사람이 감정적이라고 말할 땐 그렇습니다. 그건 부정적입니다.

면접자: 사적인 환경에서는요?

필립: (당황하고 주저하는 것으로 보임) 그게 말이죠, 그거 흥미롭네요. 난 그런 생각을 해본 적이 없지만, 아니에요. 사적인 환경에서 감정적이 되는 것은 좋은 것, 심지어 바람직한 거라고 말할 수 있겠네요. ……

면접자: 당신이 직업 환경에서 화를 내는 것에 반대하는 이유는 뭔가요?

필립: 화를 내는 것은 명확한 사고를 하는 데 적합하지 않아요. 그러니까 당신이 내게 소리친다면, 우리는 아마도 진전을 이루어내지 못하고, 논리적으로 생각할 수도 없고, 일을 끝내는 데도 도움이 되지 않겠죠.

면접자: 직장에서 당신 주변에 있는 사람들은 대부분 화를 잘 다스리나요?

필립: 예, 그렇고말고요.

이 인터뷰는 앞에서 개관한 치료요법 코드의 필수 요소 중 많은 것을 보여준다. 우선, 흥미로운 점은 이 관리자가 "작업장에서 감정을 표현하는 것"이라는 광범하고 막연한 표현을 부정적인 특성이라고 즉각 묘사한다는 것이다. 실제로 인터뷰에 응한 **모든** 관리자나 예비 관리자처럼 그는 작업장 맥락에서 "감정적이 되는 것"을 부정적으로 바라본다. 둘째, 비록 필립이 화를 표현하기에 부적절한 감정이라고 주장하지만, 그는 다른 사람들의 부정적인 감정이 어디에서 "생겨나는"지를 "알" 수 있다고 거침없이 주장한다. 필립은 다른 사람들과 공감하고 그들을 해독하고 이해하는 자신의 능력을 즉각 발휘한다. 마지막으로, 필립은 합리성과 생산성을 억제되는 않은 또는 자동적인 감정성과 대비시키고, 자기 통제와 자기 관리를 효율성과 협력의 전제조건으로 바라본다. 이 남자가 다른 사람들과 감정적으로 거리를 두는 능력과 그들과 협력하는 능력을 어떻게 양립할 수 있는 것으로 바라보는지에 주목하라. 그에게서 전자는 사실 후자의 전제조건이다. 그는 또한 감정통제를 합리성 행사의 표현이자 전제조건으로 보기 때문에 생산성과 감정통제 간에 강력한 연관성을 상정한다.

이 모든 것이 기업적 자아에 대한 치료요법 코드의 기본적인 구성요소를 형성한다. 메이어와 로완이 주장하듯이, 조직은 단순히 자신의 내부 구조, 규칙 및 네트워크의 산물이 아니라, 오히려 자신의 제도적 환경에 대한 신화를 반영한다.[116] 그러한 신화 중에서 가장 강력하고 오래 지속되고 있는 것이 합리성의 신화이다. 감정을 배제하거나 억누름으로써 합리성을 얻을 수 있다는 것은 서구의 도덕적·철학적 담론에 담겨 있는 오랜 모티프 중 하나이다.[117] 이미 논의했듯이, 기업이 내세우는 '합리성'이 기업을 정당화하는 요체이기 때문에, 합리적 행동 — 감정성의 부재와 자기 통제로 표현되는 — 은 직업 역량의 전제조건 가운데 하나이다.[118] 앞에서 인용한 인터뷰에서 합리성은 직업 역량의 발휘와 동일시되는데, 이때 직업 역량은 자기 이익의 방어에 근거하기 때문에 감정적 자기 통제를 요구한다. 하지만 이 매트릭스—합리성, 직업 역량, 자기 통제력 모두가 서로 연결되어 있는—는 협력과 팀워크를 배제하는 것이 아니라 반대로 협력과 팀워크를 분명하게 포함하고 있다.

또 다른 인터뷰, 즉 대형 컨설팅 회사의 재무 분석가인 빌Bill과 가진 인터뷰는 자기 통제의 양면적인 의미를 잘 보여준다.

면접자: 방금 말한 것으로는, 나는 당신이 "감정적이 되는 것"을 긍정적인 자질이라고 생각하는지 아니면 부정적인 자질이라고 생각하는지 잘 모르겠어요.

빌: 부정적이라고 생각해요.

면접자: 부정적이라. 감정적이 되는 것이 왜 부정적인 건가요?

빌: 글쎄요, 그건 그냥 단어 선택의 문제일 수도 있겠네요. 우리가 택해온 단어에는, 음 …… 우리는 단어에 많은 특성을 부여합니다. 만약 당신이 그 특징을 긍정적으로 말하고 싶다면 어떤 한 단어를 택하고, 그게 아니라면 다른 단어를 택한다는 거죠—나는 만약 당신이 **감정적**이라는 단어의 좋은 면을 말하고자 했다면 당신이 **열정적**이라는 단어를 사용했을 거라고 말하고 싶네요. 그리고, 음, 특히 좋지 않은 이유로 울음을 터뜨리고 소리치고 비명을 지르는 경우라면 당신은 아마도 **감정적**이라는 단어를 쓰지 않을까 싶네요. 그러니까—나 같은 경우에는—내가 **감정적**이라는 단어를 택할 때에는 더 부정적인 측면을 말할 때예요.

면접자: 왜죠?

빌: 음, 그게 불쾌하니까요. 내가 대체 왜—내가 왜 그런 배설물을 치워야 하는데. 내가 왜 그렇게 해야 하는데—나는 그게 정말 싫어요—나는

어떤 사람이 너무 감정적이 되면 참을 수가 없어요. 그건 눈치를 봐야 한다는 걸 뜻해요. 그건 상호작용하고 있는 사람들을 성질나게 하는 겁니다. 왜냐면 누군가가 매우 화가 나서 소리치고 비명을 지르기 시작한다면, 그건 모든 사람을 불쾌하게 만들기 때문이죠. 누구나 그렇게 하는 경향이 있기 때문에, 다른 사람들을 화나게 하지 않기 위해 자신들의 행동을 조절하고 눈치 보는 것이 사실 아닌가요. 주변 사람들을 화나게 만드는 것은 무례한 일이죠. 쉽게 화를 내는 경향이 있는 것은 폐를 끼치는 일이죠. 그건—그건 부당한 거예요.

면접자: 그렇군요. 그럼 당신은 일반적으로 직장에서 당신의 감정을 표현하지 않나요?

빌: 나는 가능한 한 적게 표현하려는 편입니다.

면접자: 가능한 한 적게.

빌: …… 사람들은 때때로 감정을 드러내는 것에 대해 걱정할 겁니다. 왜냐면 그게 부적절하기 때문이죠.

면접자: 그렇다면 직장에서 자신의 감정을 드러내는 것과 관련해서 가장 바람직하지 않은 것은 뭐라고 말할 수 있을까요?

빌: 그건 직업정신이 없는unprofessional 거죠. 그건, 아 …… 왜냐구요? 그건 일에 적합하지 않아요. 어, 뭐냐면, 내 말은 …… 그러니까 그런 것은 동료들에게 부담을 지우는 거예요. 그건 아주 나쁜 냄새를 풍기는 것과 같을 겁니다. 그건, 그건 다른 조건이 똑같다면 그 사람과 함께 일하는 것이 덜 즐겁다는 거예요. 왜냐면 사람들은 감정적이기 때문이죠. 사람들은 감정적이기 때문에, 자신들이 감정적이 되는 것을 참아야 해요. 그리고 "사람들은 다른 사람들에게 그렇게 할 권리가 없다"는 것이 본래 내 생각이에요. 직업정신이 없다는 건 바로 이런 뜻입니다.

면접자: 내가 당신 말을 정확히 이해했는지 얘기해 볼게요. 자신의 감정을 드러내는 것이 다른 사람을, 말하자면 그 사람의 편안함을 침해한다는 말인가요?

빌: 예. 바로 그 말이에요. 사람들에게는 그렇게 할 권리가 없어요. 다른 사람을 침해하는 것은 문제가 있어요—다른 사람을 침해할 충분한 권리가 있을 때도 있기는 합니다. 내 말은, 그런 경우에는 침해라는 말은 맞는 표현이 아닐 거라는 겁니다. 그러나 그건, 다시 돌아가서 말하면, 비속어를 써서 죄송하기는 한데, 그렇지만 사람들은 누군가가 "내가 왜 그런 지랄을 하는 걸 참아야 하는데"라는 말을 듣게 될 겁니다.

여기서도 다시 감정은 직업정신professionalism의 부족과 강하게 연관되어 있다. 하지만 감정통제라는 용어의 의미에는 감정통제와 권력관계 간의 양면적인 관계가 함축되어 있다. 감정통제가 '화합'을 이루기 위한 자기 억제와 통제를 함축할 경우, 감정통제는 관리자가 갖는 권력의 한계를 보여준다. 이 응답자가 주장하듯이, 감정통제는 다른 사람에게 자유까지는 아니더라도 적어도 편안함을 유지시켜 주는 방법의 하나이다. 감정통제는 감정표현보다 훨씬 더 비인격적이다. 그리고 감정통제 자체가 절차적 관계—이는 상호작용의 내용이나 대상 자체보다는 교환 규칙에 초점을 맞춘다—를 위한 조건을 만들기 때문에, 감정통제는 협력을 촉진한다.

감정통제에 함축된 또 다른 의미가 바로 사회적 권력—즉, 어떤 상황의 구성요소들을 통제하고 그 상황에 대한 다른 사람들의 반응을 관리하고 그리하여 그들을 합법적으로 통솔하는 능력—이다. 다음의 사례는 스콧Scott과의 인터뷰에서 따온 것이다. 스콧은 버클리 소재 캘리포니아 대학교에서 MBA를 마치고 큰 투자은행에서 일하는 중간 간부이다.

스콧: …… 나에 대해 말하자면, 내 생각에는, 나는 화를 낼 때면 내가 그 화를 통제하지 못했다고 생각했던 것 같아요. 내가 당신의 질문에 제대로 답했는지 잘 모르겠네요.

면접자: 아뇨, 아니에요, 아주 잘 답했어요. 당신이 그걸 통제하지 못하는 게 싫다는 거죠?

스콧: 예. 예, 맞아요.

면접자: 그 이유를 말해줄 수 있나요?

스콧: 나는 통제하는 것을 좋아하도록 배워온 것 같아요. 나는 내가 유능하다고 나 자신을 칭찬해요. 그리고 유능하다는 것은 통제한다는 뜻이에요. 그리고 …… 그러니까 만약 내가 화를 내고 내가 원했던 반응의 75%를 얻었지만 화를 통제했더라면 내가 원했던 반응의 90%를 얻을 수 있었을지도 모른다고 하면, 나는 '그래도 감정은 분출했잖아'라는 생각이 들지 않아요. 나는 에너지, 그러니까 감정 에너지를 분출했다는 것이 충분히 큰 보상이라고 생각하지 않아요. 반면 나는 보상을 위해 일하죠. 나는 유능하고 통제할 수 있어야 보상을 얻을 수 있다고 생각해요. 음 …… 그리고 내가 생각하기에, 일반적으로 사실 내가 감정을 분출하는 경우는 그리 많지 않아요 ― 그건 아주 당연하죠. 내가 감정을 어떻게 통제하는지를 알려주는 문화에서 살았으니까요. 따라서 심지어 나는 내가 화를 내고 있는 중에도 모든 문이 어디에 있고 어떻게 해야 하는지 알고 있죠. 따라서 나는 얼마간 통제할 수 있고, 동시에 통제할 수 없기도 해요. 하지만 그런 경험이 없으면, 감정통제는 쉽지 않아요.

면접자: 내가 당신에게 어떤 사람이 감정적이라고 말할 때 뭐가 떠오르나요? 그러니까 **감정적**이라는 단어가 당신에게 무엇을 연상시키나요?

스콧: 좋은 측면도 있고 나쁜 측면도 있어요. 좋은 측면은 감성적이라는 것

과 얼마간 솔직하다는 것일 겁니다. 그리고 나쁜 측면은 나약하다는 것과 예측 불가능하다는 것일 겁니다.

면접자: 감정적이 되는 것은 나약하다고요.

스콧: 예, 그래요.

면접자: 그 이유를 말해줄 수 있나요?

스콧: 예. 아니, 나는—나는—음 …… 왜냐면 …… 하는 사람들 때문이죠. …… 그렇지만 나약한 사람들이 감정적이 되는 경향이 있는 것만큼 감정적인 사람들이 나약하다고 생각하지는 않아요. 당신은 그 차이가 뭔지 아시죠? 감정을 우선시하는 것은 우리 문화의 지배적인 표현방식이 아니니까요. 통제력을 결여한 사람들이나 그러니까요. [나약한 사람]은 …… 어쨌거나 유능하지 않아요. 왜냐면 그런 사람들은 자기 자신도 다스릴 수 없기 때문이죠.

이 인터뷰 응답자는 앞서 논의한 테제의 일부를 요약하고 있다. 그에 따르면, 감정통제는 사람들의 자아의식과 역량에 중심적인 것으로 간주된다. 감정통제는 유능해지기 위한 실용적인 도구이자 '굳센strong' 것과 '나약한weak' 것을 구분하는 (다윈식의) 분류 장치이다. 여기서 '나약함'의 범주는 '자기 다스리기self-organization'라는 보다 일반적인 은유 아래 사회적 속성과 감정적 속성 모두를 농축한다. **나약하다**는 것과 **굳세다**는 것은 감정적이자 사회적인 표시이지만, **나약하다**는 것은 정신적·사회적 궁핍을 함의한다.

그러므로 감정통제가 자신을 제어할 수 있는 능력을 나타내는 한, 감정통제는 환유적 확장에 의해 다른 사람을 지배할 수 있다는 것을 의미한다. 많은 전근대 문화가 강한 감정성—특히 화의 노골적인 표현—을 권력 행사와 연관된 것으로 보아왔던 반면, 스콧은 치료요법 담론과 부합하게 억제되지 않은 감정성은 약한 심리학적 자아, 따라서 사회적 자아의 표시라고 시사한다. 이 모든 것은 권력이 경험되고 행사되는 방식이 변화된 결과이다. 만약 정말 자신 있는 사람이 결코 굴욕을 당하지 않는 사람이라면, 또는 반대로 상처받거나 굴욕을 당한 사람이 자신감이 부족하고 따라서 실제적인 권력이 없는 사람이라면, 이것은 실제로 권력 있는 사람은 거의 정의상 상처를 받지 않아야 한다는 것을 함의한다. 반대로 반복적으로 상처를 받는 것은 심리적인 결핍으로 이어질 가능성이 크다. 리더십에 대한 심리 지침서들이 반복해서 계속 진술하듯이, 화를 내거나 질투하거나 공개적으로 상처받는 것은 자신감을 결여하고 있는 것이며, 따라서 실제적인 사회적 권력을 결여하고 있는 것이다. 따라서 심리학자들은 권력을 감정적인 측면에서 '대뇌변연계의' 감정을 통제할 수 있는 능력으로 과감하게 (내가 보기에는 성공적으로) 재정의해 왔다.

감정통제가 사회적 우월성을 의미한다는 견해는 38세의 여성 거트루드 Gertrud와 가진 인터뷰에서도 나타난다. 거트루드는 미국의 일류 경영대학원에서 중재와 협상을 가르치고 있으며, 몇몇 중요한 소송에서 수석 조정 컨설턴트로 일해왔다.

> 거트루드: [감정적인 사람들은] 어리석은 사람들입니다. 그들은 좀 어리석어요. 그들은 좀 …… 해요. 어쩌면 그들은 모든 것에 신경 쓰지 못했을 수도 있어요. **나약하다**는 말은 좋은 말이에요. 왜냐면 …… 내 말은 그들이 사악한 사람이거나 …… 인 것은 아니라는 거예요. …… 그래요, 그들은 그냥 얼마간 어리석을 뿐이죠. 그들이 모든 것에 신경 쓰지 못하는 것뿐이죠. 알다시피, 그들은 그렇게 하지 못해요. …… 그들은 어쨌거나 모든 것을 다 통제하지 못해요. 그들은 나약해요. 내가 말하려는 것은 그들이 나약한 사람들이라는 거예요.
>
> 면접자: 그렇다면 감정을 드러내지 않는 것은 통제력을 발휘하는 것이고,

그러한 능력은 어쩌면 어떤 다른 바람직하고 우수한 자질, 그러니까 굳센 것을 가리키는 거네요. 내가 당신 말을 정확히 이해했나요?

거트루트: 예. 그래요. …… [인터뷰 후반에] …… [감정]은 표현하지 않는 것이 최선이죠. 나의 아버지를 보니까 그래요. 나의 어머니는 아버지보다 훨씬 더 감정 표현적이었어요. 감정을 잃으면 통제력을 잃어요. 이것이 바로 내가 학생들에게 주는 메시지입니다. 비즈니스에서 더 적절한 방법은 통제력을 잃지 않는 거지요.

이 답변과 스콧의 답변은 놀랍게 수렴한다. 둘은 감정통제가 힘을 나타내고, 그 힘은 다시 자신의 직업적 우월성, 따라서 사회적 우월성을 나타낸다고 시사한다. 도나 스탠턴Donna Stanton이 지적하듯이, "자신을 지배하는 것은 다른 사람을 지배하는 것이다."[119]

이처럼 이러한 답변들은 감정적 자기 관리 측면에서 내려진 치료요법적인 권력 정의가 텍스트에 국한되지 않고 경제조직 내부의 가치, 지위, 권력에 대한 일상적 개념 속으로 철저하게 스며들어왔음을 시사한다. 심리학자들이 구성해 낸 감정통제는 사회관계에서 양면적인 역할을 한다. 감정통제가 자기 제어 및 타인과의 거리두기를 의미하는 경우, 그것은 다른 사람의 범역 밖에 있는 능력을 나타낸다. 하지만 장기적인 실용적 목표를 위해 자신의 즉각적인 개입을 배제하는 능력을 의미할 경우에는 감정통제는 또한 협력 네트워크를 구축하고 합리성을 특권화하는 능력을 나타낸다.

결론

앞의 논의는 중요한 역설을 시사한다. 부르디외는 **이해관계**interest와 가장 반대되는 개념 중 하나가 이해관계 없음이 아니라 **무관심**indifference이라고 주장해 왔다. 부르디외의 무관심을 특징짓는 것은 자기 통제라는 치료요법적 이상에 의해 제창되는 종류의 감정적 삶과 매우 밀접하게 부합한다. "무관심하다는 것은 게임에 의해 마음이 동요되지 않는다는 것이다. 뷔리당의 당나귀Buridan's donkey[중세 프랑스 철학자인 장 뷔리당의 우화에 나오는 이야기로, 이 우화 속 당나귀는 배가 고프고 목도 마른 상태에서 건초 한 더미와 물 한 동이 사이에서 합리적인 결정을 하지 못해 죽고 만다_옮긴이]처럼, …… 무관심하다는 것은 윤리적인 무선호 상태일 뿐만 아니라 제기된 내기물들을 구별할 수 없는 지식 상태이다. …… 환상illusio은 평정ataraxia의 정반대이다. 환상은 게임에 내맡겨지고 게임 안에 들어가 있고 게임에 의해 장악되어 있는 상태이다.[120] 자기 통제라는 치료요법 윤리는 행위자에게 게임에 의해 마음이 동요되는 것처럼 보이지 않은 채 게임을 하는 방법을 주입하고자 하는 거대한 문화적 시도로 자신을 제시한다. 치료요법 윤리의 목적은 무관심한 태도를 주입하는 것이다. 즉, 치료요법 윤리는 자신의 최고 이익을 확보하는 것을 목표로 하면서도 게임에 넘어가지 않는 태도를 심어주는 것을 목적으로 한다. 치료요법적 인간은 자신의 감정에 깊이 숙고하면서도, 동시에 감정에 의해 흔들리지 않을 것을 요구받는다.

따라서 치료요법 에토스는 다음과 같은 사회학적 퍼즐을 제시한다. 즉, 치료요법 에토스는 소통에 기초한 형태의 사회성을 기르게 한다. 그리고 치료요법 에토스는 계몽된 자기 이익에 기초한 강력한 개인주의를 장려하지만, 항상 자아를 사회적 관계의 네트워크 안에서 유지하는 것을 목적으로 한다. 치료요법 에토스는 감정적 삶에 절차적으로 접근―심층적으로 또는 실제적으로 접근하는 것과 대비되는 것으로서의―할 것을 촉구한다. 수치심, 화, 죄책감, 손상된 명예, 탄복 모두는 도덕적 내용에 의해 그리고 관계에 대한 실제적 관점에 의해 정의되는 감정인데, 치료요법 에토스를 통해 이러한 감정들이 점차 감정적 미성숙이나 감정 장애의 징후로 만들어져왔다.

대신에 치료요법 에토스는 감정을 통제하고 매우 다양한 다른 사람들과 **소통하는** 규칙을 통달하는 능력을 키우라고 지시한다. 이 치료요법적이라는 형용사가 암시하는 것처럼, '감정적'이 된다는 것은 사회적 상호작용에 기대되는 순탄함을 저해한다. 하지만 사회학적 용어로는 '감정적'이 된다는 것은 단지 누군가가 다른 사람과의 관계를 보다 중시한다는 것을 의미할 뿐이다. 화, 경멸, 경탄, 애착은 그러한 관계들이 위협받거나 위태로울 때 사회적 관계에 대해 느끼는 바에 우리가 붙이는 이름이다. 이는 역설적이게도 '소통' 또는 '협력'의 전제조건이 **사회적 관계에 감정적으로 얽히는 것을 중단**하는 것임을 뜻한다. 감정이 사회적 관계에 자아가 뒤얽히는 것을 가리킬 경우, 감정은 또한 타인에 대한 의존을 가리킨다. 따라서 감정통제는 사람들이 다른 사람들과 더 잘 협력하기 위해 다른 사람들의 범역에서 벗어날 수 있는 능력을 과시해야만 하는 사회성의 모델을 시사한다. 치료요법적 신념이 제안한 유형의 감정통제는 (자제와 통제를 하는 데 바쁜) **유리된 자아**disengaged self의 표지이자 동시에 (다른 사람들과의 관계에 들어가기 위해 자신의 감정을 배제하는) **사교적인 자아**sociable self의 표지이다.

제4장

친밀성의 독재

그는 메이가 자신이 가지고 있다고 생각한 자유를 이용할 수 있는 유일한 방법은 그 자유를 자신이 아내로서 남편을 섬기는 제단에 바치는 것뿐이라고 생각한다는 것을 오래전부터 알고 있었다. …… 메이의 결혼 관념이 매우 단순하고 평범하기 때문에, 그가 눈에 띄게 도리에 어긋나는 행동을 하지 않는 한, 위기는 발생할 수 없었다. 그리고 그녀가 그에 대해 가지고 있는 더할 나위 없이 좋은 감정은 그런 일을 상상할 수도 없게 만들었다. 그는 무슨 일이 일어나더라도 그녀가 항상 충실하고 정중하고 화를 내지 않을 것임을 알고 있었고, 그것은 그로 하여금 그녀가 갖춘 것과 동일한 덕성을 실천하겠다고 서약하게 했다.

_이디스 워튼Edith Wharton*

치료요법 언어는 가족에 관해 이야기할 때 특권을 갖는 언어이다. 다시 말해 치료요법 언어는 가족의 사회적 변화로부터 생겨난 것일 뿐만 아니라, 처음부터 하나의 가족 서사, 즉 어린 시절과 자신의 주요 가족 관계에 자아와 정체성을 고착시키는 서사이기도 했다. 이 서사가 근대인들과 갖는 관계는 가계보 — 자신을 친족관계 속에 통시적·공시적으로 위치시키는 방법 — 가 우리의 조상들과 갖는 관계였을 것과 같은 것이지만, 한 가지 결정적 차이가 있다. 즉, 치료요법적 신념은 가족사의 측면에서 자아를 정의하고 설명할 뿐만 아니라 또한 자아를 자신의 억압적인 멍에로부터 해방시킨다고 주장한다.

아주 흥미롭게도 20세기에는 치료요법 서사와 마찬가지로 가족 내에서 자아를 이해하고 가족의 억압 구조로부터 자아를 해방시킨다고 주장하는 또 다른 서사가 출현했다. 그 서사가 바로 제2의 물결 페미니즘이다. 실제로 치료요법 담론과 페미니즘 담론 모두에서 가족은 자아의 병리를 이해하기 위한 근원적인 은유를 제공할 뿐만 아니라 또한 이 두 가지 신념이 요구하는 자아 전환self-transformation이 일어나는 주요 현장이기도 하다. 하지만 치료요법적 신념이 개인주의적 측면에서 자아의 곤경을 이해한다면, 페미니즘적 신념은 여성의 병리를 가족 내부에서(그리고 물론 외부에서) 권력이 불균등하게 분포된 결과라고 설명하는 정치적 서사를 제공했다.

이러한 맥락에서 많은 논자는 심리학적 담론이 여성과 가족이 처한 '실제적인' 정치적 상태를 치환하거나 감추는 하나의 이데올로기라고 주장해왔다. 그리하여 치료요법적 자아 인식 양식을 집합적인 정치적 문제를 개인의 심리적 곤경으로 해석하는 (그리하여 진정한 구조적 변화의 가능성을 억제하는) 허위의식의 한 형태로 보는 것은 페미니즘적 비판에서 얼마간 상투적인 표현이 되기까지 했다. 내가 이 장에서 보여주듯이, 미리 정의된 정치적 메시지를 전달하는 (또는 전달하지 않는) 능력에 준거하여 문화 요소를 분석할 경우, 정치가 문화 속에서 희석되는 많은 복잡한 방식과 역으로 문화적 도식 및 문화적 모델들이 정치적 관념과 행위에 영향을 미치는 방식을 파악하기가 어려워진다. 그러나 치료요법에 대한 페미니즘적 비판은 훨씬 더 중요한 사실, 다시 말해 심리학의 사명은 그 명시성의 정도에서는 다르지만 가족을 비판하는 것이었고 이 비판적 사명 때문에 실제로 심리학이 페미니즘을 만나서 페미니즘과 합체되었다는 사실을 놓치고 있다.

실제로 치료요법적 전망과 페미니즘적 전망은 동일한 대상—즉, 자아와 가족의 관계, 섹슈얼리티의 역할, 양성 간의 관계, 부모임과 어머니임의 의미—을 다루고 비판하려는 시도 속에서 서로 경쟁하는 것처럼 보이는 두 개의 강력한 문화적 형성물이 어떻게 동맹을 맺고 있는지를 아주 잘 보여주는 사례이다. 이 둘은 이데올로기적으로 '라이벌 관계'에 있음에도 불구하고, 치료요법 문화가 제시하는 감정 교류 모델들은 페미니즘이 제창하는 '문화 혁명'의 언어와 사상의 범주와 맞물려 있었고, 그리하여 남성과 여성의 권리와 의무를 인식하는 데에 새로운 어휘를 제공함으로써 가족의 감정 문화를 변화시켰다.

이 장에서 나는 두 가지 광범위한 이론적 문제를 다룬다. 첫째 문제는 겉으로 보기에 그리고 명백히 서로 경쟁하는 두 가지 담론(페미니즘 담론과 치료요법 담론)이 서로 상호작용하고 서로를 틀 짓는 방식과 관련되어 있다. 이 문제가 특히 의미 있는 까닭은 페미니즘과 심리학 간의 이론적 논쟁이 격렬했던 바로 그 시기에 실제로 두 담론은 서로의 문화적 범주의 언어와 사상을 서로 차용하고 있었고 따라서 문화가 (비록 항상은 아니지만) 자주 행위자들이 공개적으로 드러내는 (정치적) 입장의 배후에서 그리고 그것 너머에서 어떻게 작동하는지를 아주 잘 보여주는 사례를 제공해 주기 때문이다. 그러나 문화가 어떻게 그렇게 작동하는지는 아직 해명되지 않은 채로 남아 있다.

둘째 문제는 더 복잡한데, 이 문제는 막스 베버에 의해 많이 논의되고 후일 피에르 부르디외의 장 이론theory of fields에서 발전된 다양한 사회적 영역과 관련되어 있다.[1] 장 이론은 기본적으로 근대 세계에서 사회적 영역들(이를테면 시장, 가족, 또는 종교)이 점점 더 분화되고 각 영역은 행동의 규칙과 의미의 측면에서 서로 자율적이라고 가정한다. 하지만 일터와 가정 내부의 감정적 행동 규칙을 비교해 보면, 둘 간에는 사회적 영역의 분화 공준公準, postulate이

상정하는 것보다 훨씬 더 많은 공통점이 있음을 알 수 있다. 내가 이 장에서 보여주듯이, 경제적 교류의 언어와 가정 내 교류의 언어는 점점 더 자신들의 궤도를 서로 교차시키고 심지어는 합체시켜 왔는데, 이는 사회생활의 서로 다른 영역들이 비록 유사하지는 않더라도 적어도 서로 중첩되는 문화 모델과 규범적 레퍼토리를 포함하고 있을 수 있다는 것을 시사한다.

친밀성: 점점 더 차가워지는 안식처

많은 점에서 대조되기는 하지만, 근대 가족은 자신의 전임자인 빅토리아 시대의 가족과 겉으로 보이는 것보다 더 많은 친화성을 가지고 있다. 그 전임자처럼, 근대의 중간계급 가족은 출산을 제한했고, 공적인 사회성의 영역에서 물러나 있었고, 가족의 사명을 주로 감정적인 측면에서 바라보았고, 점점 더 부부에게 초점을 맞추었다.[2] 하지만 19세기의 가족과 20세기의 가족 간에는 한 가지 주요한 차이가 여전히 남아 있다. 빅토리아 시대의 결혼생활은 도덕적 가치를 전달하고 사회질서를 유지하는 데 분명하게 헌신했으며, 그런 점에서 가정 영역은 도덕적 목적 및 가치의 실현과 밀접하게 그리고 명시적으로 얽혀 있었다. 그러한 도덕적 처방은 다시 젠더화된 정체성을 통해 실행되었다. 다시 말해 '남성성' 또는 '여성성'의 정의를 수행하는 것은 가족 내에서 그러한 역할들에 요구되는 도덕적 역량(이를테면 겸손, 자신을 희생하고 헌신하는 능력, 충실함, 신뢰성)을 발휘하는 것을 의미했다.[3] 빅토리아 시대의 결혼생활이 행복했다면, 그들이 행복한 까닭은 한 남자와 한 여자가 일상적으로 공유하는 친밀감 속에서 "내면의 진정한 자아"를 실현했기 때문이 아니라, 오히려 서로 다른 역할, 젠더 정체성, 행위 영역을 가진 남성과 여성이 자신들의 개인적인 생각과 감정을 자신들의 공동체가 승인한 가치와 행위로 가득 채웠기 때문이었다.[4] 남성과 여성이 도덕과 성격에 대한 그러한 일반적인 지침을 따르는 한, 그들은 자신의 심리적 구성의 특수성 및 특이성과 무관하게 행복할 수 있었다.[5] 사회사학자 스테파니 쿤츠는 다음과 같이 적고 있다. "한 남자가 자신의 아내에게 해야 하는 적절한 지원은 무엇이며 그 대가로 그가 어떤 종류의 행동을 기대할 수 있는지에 대해 일반적인 합의가 있었다. 남자들은 자신의 직업윤리에 의해, 그리고 여자들은 자신의 가정적임의 질에 의해 평가받았다. 사랑이 점점 더 중요해졌다고 말해졌지만, 여전히 사랑은 객관적으로 확인하고 측정할 수 있는 어떤 것으로 간주되었다."[6] 심리학자들이 가족 내부에 대대적으로 개입하는 것이 가능해졌을 뿐만 아니라 필요해지게 되었던 까닭은 그러한 모델들이 무너지기 시작했기 때문이었다.

심리학자들의 결혼생활 개입

많은 사람이 근대 가족의 '위기'라고 명명해 온 것은 많은 숙고의 대상이 되어왔다.[7] 그러나 이 위기를 가족의 사명을 재정의하는 것으로 고려하는 것이 더 유용하다. 이 재정의는 피임약의 발명과 아동 수의 감소에 의해 부각된 재생산과 섹슈얼리티의 분리를 수반했다.[8] 게다가 부부들이 함께 시간을 보내는 기간이 증가하면서, 가족은 점점 더 아이를 키우고 남성과 여성의 경제적 생존을 보장하기 위해 설계된 기관에서 구성원들의 감정적 욕구를 충족시키기 위해 설계된 기관으로 변화되었다.[9] 달리 표현하면, 가족이 개인화되었다. 다시 말해 가족의 정당성은 사회질서에 기여하는 것에서가 아니라 개인의 사적 복리에 기여하는 것에서 비롯되게 되었다. 이 과정에서 가정생활을 지배하는 것으로 가정되는 규범들은 덜 분명해지고 불확실해져서, 점점 더 논쟁과 협상의 대상이 되었다. 가족은 섹슈얼리티, 재생산, 경제적 생존, 자녀 양육에서 중심적인 위치를 차지하기 때문에, 가족과 관련된 규범적 불확실성은 사회적 불안을 야기했다. 클리퍼드 기어츠가 지적하듯이, 이는 "자연, 자아, 사회의 특정 측면을 파악하고자 할 때, 다시 말해 이해하기 어려운 어떤 현상을 문화적으로 정식화할 수 있는 사실의 영역 내로 끌어들이고자 할 때 우리가 지속적으로 그리고 끊임없이 재차 겪는 어려움이다. 이러한 어려움은 사람들을 항상 불안하게 만들고, 그 결과 진단 상징들은 더욱 한결같이 그 어려움을 향하게 된다."[10] 20세기에는 결혼생활과 친밀성이 그러한 사회생활의 영역이 되었는데, 이는 결혼생활과 친밀성이 자아와 정체성의 가장 깊은 측면들을 이루면서도 동시에 그 영역을 규제하는 기대, 가치, 모델에 반복적으로 대항함으로써 그러한 핵심 측면에 도전했기 때문이다. 이러한 맥락은 가족 관계 속에서 그리고 가족 관계에 의해 발생하는 다양한 형태의 고통을 설명하고 치유한다고 주장하는 새로운 전문가계급들이 미국 문화에서 왜 중심을 차지하게 되었는지를 분명하게 보여준다.

친밀성에 대한 기대가 상승함에 따라 남성과 여성이 새로운 긴장을 경험하고 있는 상황에서 심리학자들이 등장했다.[11] 시장의 확대로 인해 사회적 지원 네트워크가 붕괴하자, 중간계급 여성은 여성 문화를 특징짓던 강렬한 감정적 유대를 자신들의 결혼생활로 돌렸다. 지금까지 중간계급 여성 문화에서 그 배출구를 발견해 온 것들—강렬한 감정적 유대, 상호 배려, 감정 공유—이 이제는 여성이 남성에게 감정 표현과 배려를 요구하기 시작하면서 남성에게 재할당되었다.[12] 20세기에 여성은 남성에게 과거보다 재정적 지원을 제공하지 않는 것에 대해서뿐만 아니라 감정적 지원, 즉 동조적으로 경청하고 애정을 제공하지 않는 것에 대해서까지 책임을 물을 가능성이 더 커졌다. 남성에 대한 이러한 새로운 기대는 초기의 소비문화가 좋은 결혼을 취향—그것이 물질적이든 태도에 바탕하든 또는 성적이든 간에—의 공유로 재정의함에 따라 부각되었다. 아이러니하게도 감정적·성적 조화 가능성에 대한 관념과 이상만큼 결혼을 복잡하게 만드는 것은 아마도 아무것도 없을 것이다.

프로이트가 미국의 문화 풍경에 등장하기 이전에 성적 쾌락의 규범, 출산통제 관행, 성적 쾌락과 재생산의 분리는, 엄격한 결혼생활의 한계 내에서이기는 하지만, 이성 간의 관계에서 널리 퍼져 있었다.[13] 이러한 조용한 변화는 특히 여성의 섹슈얼리티와 관련한 새로운 기준을 찾는 것과 함께 수반되었다. 공적 담론의 영역에서 섹슈얼리티가 점점 더 가시화되고 건강한 정신의 중심에 정면으로 배치되면서, 심리학자들은 섹슈얼리티가 금기로 여겨지던 행동의 영역이었기 때문에 섹슈얼리티에 대한 지침이 더더욱 요구된다고 주장하고 나섰다.

심리학과 여성임의 정치

프로이트는 처음에는 섹슈얼리티를 해방정치의 전쟁터로 바라본 미국 여성 개혁가들로부터 열광적인 지지를 받았다. 페미니스트들이 "프로이트의 이론에서 매우 매력적인 것으로 발견한 [것은] 프로이트가 여성의 열정을 인정했다는 것[이었다]."[14] 이는 다시 출산 통제, 더 작은 가족, 성적 쾌락 그 자체의 권리를 위한 캠페인을 시작하거나 강화하는 데 일조했다. 이러한 여성 섹슈얼리티의 정당화는 다시 전통적인 결혼생활과 가족에 대해 디거리를 두는 태도, 그리고 심지어는 비판적인 태도를 낳았고, 이제는 결혼생활과 가족이 여성에게 부당한 희생을 강요하는 것으로 점점 더 간주되었다. 프로이트의 사상에 내재한 여성 혐오적 요소들에도 불구하고, 정신분석학은 처음에는 여성에게 여성 자신의 행위 영역—즉, 친밀한 관계와 섹슈얼리티—내에서 혁명을 일으킬 수 있는 도구를 제공했다.[15] 하지만 심리학자들이 문화시장을 이용하여 자신들의 영향력의 범위를 확장하고 광범위한 소비자-환자들을 다루는 법을 빠르게 학습했기 때문에, 심리학자들의 지위가 크게 바뀌었다. 심리학자들은 자신들의 과학을 대중화하는 과정에서 보수주의와 급진주의의 혼합으로 특징지어지던 초기 정신분석학을 급진적으로 바꾸어놓았다.

중간계급을 대상으로 하는 다소 보수적인 잡지 ≪레이디스 홈 저널≫은 대중심리학이 초기에 가부장제를 수용했던 방식을 잘 예증한다. 그 잡지는 결혼, 데이트, 부부 문제에 관한 칼럼을 정기적으로 특집으로 다루었다. 펜실베이니아 주립대학교 심리학과 부교수이자 같은 기관의 결혼상담소Marriage Counseling Service 소장으로 ≪레이디스 홈 저널≫의 정기 기고자였던 클리퍼드 애덤스Clifford Adams는 1950년에 다음과 같이 썼다. "100년 전처럼 오늘날에도 (비록 한때 주부에게 요구되었던 많은 스킬이 지금은 쓸모없게 되었지만) 좋은 아내는 유능한 주부임에 틀림없다. …… 생활비를 버는 것이 기본적으로 남편의 책임으로 남아 있듯이, 가정을 운영하는 것은 기본적으로 아내의 책임으로 남아 있다."[16]

이와 유사한 맥락에서 1930년에 미국가족관계연구소American Institute of Family Relations를 설립하고 이끌어온 폴 포페노Paul Popenoe 박사가 쓴 또 다른 유명한 칼럼은 별거 중인 아내와 남편에 대한 수많은 이야기를 자세하게 다루고 있다. 그 칼럼은 아내의 적절한 역할은 적절한 가정주부라는 것을 당연하게 여겼다. 그 칼럼은 도러시 카메론 디즈니Dorothy Cameron Disney가 수집한 실생활 사례들에 기초했다. 각 사례는 심리학적 에토스가 주창한 다중관점주의에 의거하여 다양한 관점—즉, 남편의 관점, 아내의 관점, 심리학자의 관점—을 덧붙여 놓는 방식으로 정리되어 있었다. 그들이 전하는 메시지는 심리학의 기법과 지식을 이용하여 결혼생활을 가부장제적으로 정의하는 데 기여하고 있었다. 왜냐하면 그들은 남성의 폭력과 방임에 대해 여성에게 체계적으로 책임을 물음으로써, 그리고 여성에게 남성의 관점을 이해하도록 가르치고 보다 일반적으로는 여성이 결혼생활 복지에 대해 책임지게 함으로써 가정 내에서의 남성과 여성 간의 권력관계를 정당화했기 때문이다. 하나의 예를 들면, 한 여성은 1960년에 자신의 남편이 자신을 몇 차례 때렸다고 하소연하고 그리하여 자신의 어머니에게로 도망쳤다고 말했는데, 그 여성은 몇 번의 상담을 하고 나서 마침내 "자신과 랜스Lance의 관계를 재평가한 다음 자신의 실수를 인식할 수 있었다. 그녀는 자신의 행동과 태도가 그의 불안감을 증가시키고 그가 멀어지게 하고 그가 토라져서 청소년 불량배처럼 행동하게 한다는 것을 알았다. 그녀는 자신이 랜스에게서 아버지로서의 자부심을 빼앗았고 수지Susie[그들의 어린아이]를 그의 경쟁자로 만들었다는 것을 알았다."[17] 새로운 심리학적 용어와 전망이 결혼의 성패, 그리고 심지어는 남편의 폭력에 대한 책임을 여성에게 묻기 위해 분명하게 동원되었다. 많은 대중심리학이 가족 내부의 가부장제적 권력 구조를 개혁한다고 주장하기까지 했지만, 실제로는 이처럼 적어도 처음에는 가부장제적 권력 구조를 반영하고 강화했다. 한 저자가 지적하듯이, 그 시기 동안에는 심리학적 어휘가 젠더 불평등을 정당화하고 심지어 여성을 비방하기 위해 널리 사용되면서 "정신분석학적 여성혐오가 당당하게 세력을 떨치고 있었다."[18]

1930년대와 1940년대의 대중문화는 정신분석학에서 작동하는 여성혐오적 요소에 대해 특히 수용적인 태도를 보였다.[19] 정신분석학자들은 여성에게 "집으로 돌아가서 가부장제적 가정에서 자신들의 중요하지만 예속적인 위치를 차지하라"라고 조언했다.[20] 대중심리학은 심리학의 용어를 이용하여 여성혐오적이고 가부장제적인 견해를 조장했을 뿐만 아니라 페미니즘의 견해도 일축했다. 이를테면 1947년에 출간된 영향력 있는 책 『현대 여성: 잃어버린 성Modern Woman: The Lost Sex』에서 페르디난드 런드버그Ferdinand

Lundberg와 매리니아 파넘Marynia Farnham — 각각 저널리스트와 정신과 의사이다 — 은 페미니즘이 "매우 불안한 정신생물학적 유기체인 어머니"를 감염시키고 있는 "심각한 질병"의 하나라고 주장했다.[21]

요컨대, 냉전 기간과 냉전 이후 얼마 동안 정신분석학의 대중 버전은 페미니즘을 특히 싫어했고, 심리학의 분석적 용어들을 이용하여 전통적인 여성관을 강화했다. 대중문화에서 심리학이 누리던 명성을 감안할 때, 1920년대 — 이 시기에는 보헤미안들과 페미니스트 활동가들이 정신분석학이 약속한 성 개방을 환영해 맞이했다 — 의 상서로운 출발이 페미니스트들이 정신분석학에 대해 점점 더 많은 의구심을 가지는, 그리고 심지어는 정신분석학을 거부하는 시대로 이어졌다는 것은 놀랄 일이 아니다.

1946년에 '국민정신건강법National Mental Health Act'이 통과되었다.[22] 그때까지 심리학자들의 일은 군대, 기업, 그리고 정신병 치료로 제한되어 있었지만, 1946년의 국민정신건강법과 함께 심리학자들은 자신들의 행위의 범위를 확대하여 자신들의 일에 일반 시민들을 포함시킬 수 있게 되었다. 엘턴 메이요가 기업에서 행복을 증진시키기를 원했던 것과 동일한 방식으로, 자칭 새로운 정신 치유자들은 가족 내부에 더 큰 화합을 이루어내겠다고 주장했다. 좋은 삶 살아가기라는 평범한 문제와 싸우고 있던 보통의 중간계급 사람들이 점차 심리학자들의 전문지식 영역 안으로 빨려들어 갔다. 그리고 실제로 엘런 허먼Ellen Herman이 입증했듯이, 지역사회의 정신보건 당국은 더 많은 교육을 받고 더 중간계급적인 삶을 사는 더 많은 새로운 고객들에게 심리치료요법을 중시하는 새로운 서비스를 제공하는 데 성공했다.[23] 연방정부의 입법은 다시 1950년대와 1960년대에 지역사회를 지향하는 심리학과 정신의학을 뒷받침하는 데 필요한 하부구조를 제공했고, 그 결과 심리학은 '보통' 사람들, 즉 대도시 지역에 사는 중중계급과 중상계급의 성원들에게까지 자신의 영향력 범위를 넓혔다.[24] 1960년대에 심리학자들의 전문적인 관심 및 그들의 고객이 '보통 사람들'로 바뀐 것은 치료요법 서비스 시장을 확대했을 뿐만 아니라 치료요법 서비스를 소비하는 집단의 사회적 정체성에서도 극적인 변화를 가져왔다. 1960년대경에 심리학은 완전히 제도화되었고, 미국 대중문화에서 본질적인 측면의 하나가 되었다.

미국 문화에 심리학이 완전히 제도화된 것은 1970년대에 페미니즘이 똑같이 완전히 제도화된 것에서 하나의 거울 이미지를 발견한다. 실제로 1970년대 중반경에 "여성 클리닉, 신용조합, 성폭력 위기 센터, 서점, 신문사, 출판사, 선수 연맹" 등이 참여하는 광범한 페미니스트 조직 네트워크가 구축되었다.[25] 페미니즘은 하나의 제도화된 관행이 되었고, 페미니즘의 힘은 대학에 여성학과가 설립되는 것과 함께 더욱 커졌고, 여성학과가 다시 대학 안팎의 다른 많은 일련의 제도적 관행을 통솔했다.[26]

페미니즘과 심리학은 제도화와 함께 점점 더 서로 적대적이 되었다. 1960년대에는 정신분석학을 비판하는 목소리가 페미니즘의 대의에 헌신하는 평범한 일반 여성들—그 당시에 정신분석학의 전제와 존재 이유에 의문을 제기했던—로부터도 나오고 있었다. 페미니스트들은 당시에 심리학이 전통적인 젠더 역할과 불평등을 강화한다는 데 점점 더 일치된 견해를 보이고 있었다.[27] 베티 프리던Betty Friedan이 『여성의 신비Feminine Mystique』에서 제기한 것보다 더 공격적인 목소리는 없었다.[28] 심리치료 시설들이 여성에게서 자유를 부정한다고 비난해 온 수많은 다른 페미니즘적 비판에 동조하여, 프리던은 여성성을 본질화한다는 이유에서 '프로이트주의'를 공격했다.[29] 1960년대의 제2의 물결 페미니스트 세대는 프로이트를 자신들의 최대의 적으로 만들었는데, 대체로 그 이유는 많은 사람이 프로이트의 생물학적 결정론으로 인식한 것—그리고 그들은 그러한 생물학적 결정론이 다시 성 차이와 성 불평등을 정당화한다고 바라보았다—때문이었다. 페미니스트들은 또한 정신분석학이 여성의 남성 의존성을 강화하고 심지어 악화시킨다고 비난했다. 많은 페미니스트가 미국 대중문화에서 심리학자들이 수행한 역할을 증거로 들면서, 여성에게 가부장제적인 가족 정의를 받아들이게 만들고 과학의 권위를 이용하여 여성적 본질의 존재를 정당화했다는 이유로 심리학을 고발했다. 케이트 밀렛Kate Millett은 프로이트를 "성 정치 이데올로기에서 가장 강력한 개인 반혁명 세력"이라고 부른 것으로 유명하다.[30] 다른 페미니스트 비판가들은 여성이 여성의 역할에 순응하지 않거나 비전형적인 행동—이는 본질적으로 사회적인 고통을 표현하는 것이었다—을 했을 때 여성을 미친 것으로 분류하는 하나의 방법으로 심리치료요법이 이용되었다고 주장했다.[31] "여성이 과거에 마녀사냥, 순장, 전족, 또는 성노예를 통해 통제되었듯이, 이제 여성은 광기라는 꼬리표를 통해, 그리고 그것의 후속 조치인 치료요법—일부 페미니스트들은 치료요법을 '정신 강간mind rape'으로 바라본다 —을 통해 통제되고 있다."[32] 페미니스트들이 볼 때, 이러한 '광기'나 '병리'의 현시는 가부장제적 구조 내에서 여성의 행동을 통제하기 위해 만들어진 하나의 사회적 구성물이었거나, 아니면 억압에 의해 발생되는 형태의 실제적 고통에 대한 하나의 정당한 반응이었다.

하지만 페미니스트들이 정신분석학과 그것의 부수물에 대해 자주 노골적인 적대감을 드러냈음에도, 심리학과 페미니즘의 (문화적) 동맹은 20세기에서 가장 강력한 동맹 중 하나임이 입증되었다. 대체 우리는 이것을 어떻게 설명해야 하는가?

담론 동맹

엘런 허먼은 치료요법의 신념과 페미니즘의 신념 간의 차이에도 불구하고, 그 둘은 '히스테리'와 '우울증' 같은 진단이 실제로 자신의 사회적 조건에 저항하고 있던 여성을 탈정당화하고 배제하고 무력화시키기 위해 남성에 의해 안출된 범주였다는 것을 보여준 성실한 페미니스트들의 연구를 통해 서로 만날 수 있다고 주장해 왔다.[33] 허먼은 그러한 일이 일어난 까닭은 심리치료사들이 다른 방식으로 "사회적·정치적 불화들을 진정시키고 악화시킬 수 있었"기 때문이라고 생각한다.[34] 그녀의 말대로, 심리학은 "여성이라는 범주를 구성"할 수 있었고, 그와 동시에 '페미니스트'를 만들어내는 데에도 일조했다.[35] 하지만 동일한 담론이 어떻게 두 가지를 만들어낼 수 있었는지는 여전히 불분명하다.

이를 해명하는 하나의 가능한 견해는, 텍스트는 불안정해서 행위자들이 자신들의 필요와 전략에 따라 텍스트를 전유할 수 있다고 주장하는 것이다. 이러한 견해는 의미가 본질적인 중요성을 갖지 않는다고 가정한다. 대부분의 문화사회학자는 "텍스트나 담론에서 확실한 것 또는 진실로 받아들여지는 것이 실제로는 논란의 여지가 있고 불안정하다"라는 윌리엄 슈얼의 견해에 동의하지만, 여전히 텍스트의 가소성plasticity에는 일정한 한계가 있다.[36] 텍스트의 사회적 용도는 어쨌든 그 텍스트가 갖는 의미 중 일부와 공명해야 하며, 그러한 공명은 그러한 의미들이 자주 양면적이거나 모순적이라는 사실에도 불구하고가 아니라 그러한 사실 **때문에** 일어난다.[37] 심리학자들이 실제로 가부장제적이고 여성혐오적인 견해를 지니고 있음에도 불구하고, 나는 이제 심리학적 담론의 범주가 처음부터 페미니즘 사상과 친화성을 지니고 있다고 주장할 것이다. 그 이유는 심리학자들이 조언을 하면서 과학자적인 태도를 취했고 그러한 과학적 시선은 다시 결혼생활의 규범에 의문을 제기함으로써 결혼생활의 전통적인 구조를 부식시키는 경향이 있었기 때문이다. 또한 심리학자들은 심리학 특유의 개인주의적인 범주를 이용하여 전통적인 규범적 결혼생활에 의문을 제기했고, 그렇게 함으로써 페미니즘 정치의 중핵에서 파생된 것이 아니라 20세기의 문화적 분위기—비록 20세기 내내 그 강도가 서로 달랐지만—를 지배했던 초기 페미니즘적 감성에서 파생된 가치와 개념에 의지했다. 심리학과 페미니즘—대중화된 형태의 심리학과 페미니즘—은 궁극적으로 하나로 병합되어 단일한 강력한 문화적·인지적 매트릭스를 형성할 것이다.

자신들의 의지를 넘어서? 심리학자와 결혼생활

1930년대 후반경에는 부부간의 불화 치료를 전문으로 하는 클리닉이 등장하기 시작했고, 1950년대 초반경에는 국가 전문 기관(미국결혼상담사협회 American Association of Marriage Counselors)이 설립되고 상담사를 양성하기 위한 표준화된 커리큘럼이 마련되면서 부부 상담 분야가 잘 구축되었다. 결혼상담사협회는 상담사들에게 제공할 공인된 교육에 "퍼스낼리티 발달 및 대인관계 심리학, 정신의학 원리, 인간생물학, …… 결혼과 가족의 사회학, 상담 기법"이 포함되었다는 취지의 지침을 발표했다.[38] 이 인용구가 시사하듯이, 그 직업이 정당성을 부여받기 위해서는 결혼에 대한 새로운 태도가 요구되었는데, 그러한 태도는 대부분 과학—비인격적이고 진리를 추구하는 노력으로 정의되는—이라는 이데올로기의 이름으로 제공되었다. 따라서 상담사들에게는 "특히 인간의 성 행동 분야에서 …… 과학적 태도와 성 문제를 객관적으로 논의할 수 있는 능력"이 요구되었다.[39] 새로운 과학은 어떤 관계든 중립적인 관점에서 조사할 수 있다고 주장했다. 이는 다시 과학 역시 비판받을 수 있음을 암시했다. 결혼생활의 불행이 과학적으로 치료될 수 있다면, 더 나은 삶의 방식을 찾기 위해 남성, 그리고 특히 여성이 열심히 자신들의 관계를 면밀하게 검토하게 될 것이었다. 그리하여 심리학 종사자들은 처음부터 좋은 결혼생활은 단지 적절한 행동의 규범을 따르는 능력에만 있는 것이 아니며, 오히려 좋은 결혼생활을 위해서는 (불가피하게 서로 다를 수밖에 없는) 개인들을 만족시켜야 한다고 가정했다. 그러기 위해서는 부부관계의 규칙을 재고할 필요가 있었다. 심리학자들은 자신들을 없어서는 안 되는 존재로 만들기 위해 미셸 칼롱이 '문제제기하기problematization'라고 부르는 일—다시 말해 문제를 해결하기 위해서는 과학자들이 필요하게 만드는 방식으로 문제를 제기하는 것—에 종사했다. 과학자들은 "관계 네트워크상에서 필수적으로 통과해야 하는 지점에 자신들을 위치시키는 방식으로" 문제와 정체성을 규정한다.[40] 심리학자들은 이제 전통적인 결혼생활의 규칙은 무익하고 결혼생활은 본질적으로 복잡하며 좋은 결혼생활은 여성과 남성의 감정적인 욕구를 만족시켜야 한다고 주장함으로써, 결혼생활을 자신들의 전문지식에 적합한 용어들로 재정의할 수 있었다. 다시 말해 심리학자들은 매우 다양한 전략을 이용하여 결혼생활을 하나의 불확실한 사업으로 구성하고 객관화했다.

심리학자들은 기업의 경우에서처럼 결혼생활 문제에 대한 자신들의 기여를 독특하게 만들기 위해 노력하면서, 특정한 유형의 퍼스낼리티가 다른 유형의 퍼스낼리티보다 좋은 결혼생활에 더 도움이 된다는 관념을 진전시켰다. 19세기에 덕행으로 여겨졌을 여성적 속성들은 이제 진정한 친밀성을 가로막는 것으로 인식되었다. 포페노 박사(아내 구타를 설명하고 구타 혐의를 벗겨준 바로 그 상담사)에게 조언을 구한 여성인 린Lynn은 포페노가 쓴 칼럼 중 하나에서 네 아이를 키우며 항상 남편의 경력을 격려하기 위해 최선을 다하고 남편의 나쁜 기분이나 실패에 대해 아주 좋은 기분으로 대하는 이상적인 아내로 묘사된다. 하지만 그러한 퍼스낼리티에는 한 가지 주요한 문제가 있었다. 즉, 그녀는 내성적이었다('내성적inhibited'이라는 단어는 심리학자들이 즐겨 사용하던 단어로, 대중문화에 빠르게 스며들었다). 린은 스스로 다음과 같이 인정했다. "나는 낯선 사람에게 자유롭게 그리고 쉽게 말하지 못해요. 내 기억으로는 나는 수줍었고 자기의식적이었어요."[41] 상담사도

이에 동의했다. 그에 따르면, "표면적으로는 린과 그녀의 남편은 좋은 결혼생활을 위한 거의 모든 요소—건강한 아이들, 아름다운 집, 안정된 재정, 만족스러운 직업—를 가지고 있는 것처럼 보였다. 하지만 그들은 학문적인 훈련을 덜 받은 사람들이 자주 결혼생활에 가져오는 관계 특성, 즉 친밀감과 진정한 동료애를 결혼생활에 가져오지 못했다. 그들은 남편과 아내로서 강한 공통의 목적을 공유하지 않았다. 그들에게는 그들로 하여금 힘을 합치게 해주는 목표가 없었다."[42] 앞에서 그의 보수적 견해 때문에 언급한 클리퍼드 애덤스도 포페노와 의견을 같이했다. 애덤스는 결혼생활과 그 속에서의 여성의 역할에 대한 자신의 보수적인 견해에도 불구하고, 1950년 3월에 한 퀴즈 프로그램에서 "당신은 너무나도 내성적입니까?"라고 물었다. 그의 질문이 뜻하는 것은 "매우 조심성 있고 겸손하고 엄숙한" 것, 또는 "예절에 맞는 또는 거의 완벽한 매너"를 가지는 것이 진정한 친밀성을 저해할 수 있다는 것이었다.[43] 이전에는 헌신, 몸단장, 자기 통제의 결합이 칭찬할 만한 조합으로 여겨졌다면, 이제 그것들은 자신의 의견과 사교적인 퍼스낼리티를 발전시킬 능력이 없다는 것으로 간주되었다. 심리학자들은 이러한 무능력이 다시 진정한 친밀성에 도달하는 데 하나의 장애물이라고 주장했다. 실제로 심리학의 사명은 어떤 퍼스낼리티가 '건강'하고 어떤 퍼스낼리티가 그렇지 않은지를 정의하는 것이었기 때문에, 그리고 건강함에 대한 그러한 논의가 도덕적 규범에 대한 논의를 약화시켰기 때문에, 결혼생활의 성공은 이제 도덕적 속성보다 개인적 속성에 달려 있게 되었다. 보다 구체적으로 말하면, 그러한 방식으로 규정된 속성은 여성으로 하여금 빅토리아 시대 동안 여성에게 할당되었던 역할과 덕목으로부터 아주 멀리 벗어나게 만들었다. 다시 미셸 칼롱의 용어를 따라, 우리는 과학적 작업의 이러한 측면을 '관심 끌기interessement'—즉, "그들[과학자들에 의해 조사된 행위자들]과 (자신의 정체성을 다른 방식으로 규정하기를 원하는) 다른 모든 실체 사이에 위치할 수 있는 장치"를 구축하는 것 – 라고 부를 수 있다. 칼롱에 따르면, "A는 B와 비가시적인 (또는 때로는 가시적인) 다른 일단의 실체들 – 즉, B와 유대 맺기를 원할 수 있는 C, D, E 등등 – 간의 모든 연결고리를 끊거나 약화시킴으로써 B의 관심을 끈다."[44] 심리학자들은 여성 – 결혼한 또는 결혼하기를 열망하는 – 의 새로운 정체성을 안착시키기 위해 결혼생활을 관장하는 전통적인 규범적 질서와 결연했다.

결혼생활이 더 이상 도덕적 덕성 담론에 의해 정의되지 않게 되자, 결혼생활의 정의는 더욱 개방되었고, 따라서 더 불확실해졌다. 좋은 결혼생활을 만드는 것은 남자와 여자가 서로를 이해하고 서로의 존재 속에서 서로 기쁨을 느끼는 능력이었다. 따라서 심리학자들은 좋은 결혼생활을 만드는 것은 개인에게 달려 있고 개인이 결혼생활의 성공과 실패에 대한 책임을 져야 한다고 주장했다. 이 정의는 결혼생활에서 남자와 여자의 행동을 지배하는 규칙에 더 큰 불확실성을 가져다주었다. 결혼생활의 성공과 실패가 적절한 감정적 기질emotional makeup에 달려 있게 만드는 과정에서, 심리학자들은 전통적인 젠더 역할에 의문을 제기했을 뿐만 아니라 사람들에게 개인으로서의 자신에게 집중하고 감정적 개성을 창출하는 기술을 연마할 것을 요구했다. 과학자로서의 심리학자들은 여성에게 완전한 자격을 갖춘 개인이 될 것을 요구함으로써 결혼생활의 과학적-치료요법적 전유의 중요한 셋째 측면, 다시 말해 '등록하기enrolment' – 이는 "상호 관련된 일단의 역할을 정의하고 그 역할들을 행위자에게 부여하는 장치"를 가리킨다 – 에 종사할 수 있었다.[45] 여성이 완전한 개인이 될 것을 요구받았을 때, 여성은 심리학에 의해 등록되었다.

치료요법 담론은 당연히 개인에 중심을 두고 있기 때문에, 치료요법 담론은 또한 개인주의적이었고, 남성과 여성에게 자신을 인생 계획의 중심에 두도록 명령했고, 그 결과 자기희생에 기초하는 가족에 대한 전통적인 헌신을 약화시켰다(하지만 치료요법이 이를 명시적으로 의도한 것은 아니었다). 이를테면 결혼과 젠더에 대해 보수적이고 가부장제적인 견해를 가졌던 앞서 언급한 바 있는 클리퍼드 애덤스는 1946년에 출간된 (여성을 다룬) 책에서 바로 연이어 다음과 같이 기술했다. "[배우자를 선택할 때] 한 가지가 아니라 세 가지를 고려해야 한다. 첫째는 당신이 원하는 것이고, 둘째는 당신이 필요로 하는 것이고, 셋째는 당신이 얻을 수 있는 것이다."[46] 결혼생활을 회복하는 방법에 대해 세 가지 조언을 하는 또 다른 기사에서 조이스 브라더스Joyce Brothers 박사는 다음과 같이 조언했다.

> 당신 자신을 먼저 생각하라—적어도 가끔은. 사회는 남편과 아이들의 욕구를 항상 자신의 욕구보다 우선시해야 한다고 믿도록 여성을 세뇌해 왔다. 사회는 남성에게 그래온 것처럼 여성에게 인간으로서의 자신을 먼저 생각할 필요가 있음을 강하게 각인시킨 적이 결코 없다.
>
> 내가 이기심을 옹호하고 있는 것이 아니다. 나는 삶의 기본에 대해 말하고 있다. 얼마나 많은 아이를 원하는지, 어떤 종류의 친구를 원하는지, 그리고 가족과 어떤 종류의 관계를 원하는지는 당신이 결정해야 한다.[47]

결국 타협할 수 없을 정도로 거친 형태의 개인주의가 '삶의 기본'으로 제시되었는데, 이는 바로 그러한 개인주의가 심리학자의 전문지식 체계에서 기본적인 작업 가정이었기 때문이다. 페미니즘이 일반 문화 속으로 깊숙이 들어오기 훨씬 전에 다소 보수적인 심리학자 조이스 브라더스는 여성들에게 자신의 개성을 발전시키도록 격려했고, 그렇게 하는 과정에서 여성의 자아의식과 여성의 가정적인 역할 사이를 갈라놓았다. 결혼생활의 개선을 다룬 수많은 기사 중 하나가 간결하게 제시했듯이, 좋은 결혼의 열쇠는 "당신이 원하는 것을 알고, 당신이 원하는 것을 말하고, 당신이 원하는 것을 얻는 것"이다.[48] 원망과 욕구에 대한 이러한 강조—이는 치료요법 담론에 내재되어 있었다—는 왜 치료요법의 언어가 치료요법을 비난하는 많은 사람이 주장해 온 것보다 페미니즘의 목표와 더 양립할 수 있는 것으로 입증되었는지를 설명해 준다. 한마디로 말하면, 심리학은 행위자들이 자신들의 사회적 역할을 비판적으로 검토하도록 고무했다.

치료요법 담론은 전통적인 헌신적 주부 모델을 탈정당화하는 동시에 이전에는 결혼생활에서 금지되었던 것, 즉 부부간의 갈등을 서서히 정당화했다. 결혼생활에 대한 전통적인 개념에 따르면, 불화는 보통 여성의 미성숙 또는 이기심의 결과이며 부부간의 가정생활에서 금지되는 것이었다.[49] 좋은 결혼생활은 평온한 결혼생활이었다.[50] 이와 대조적으로 새로운 치료요법적 개념은 그러한 견해로부터 크게 이탈했다. 심리학자들은 주로 인간의 갈등을 다루었기 때문에, 비록 갈등의 존재를 정당화하지는 않았지만 적어도 갈등이 결혼생활의 피할 수 없는 요소라고 주장함으로써 갈등을 당연한 것으로 보이게 만들었다. "어떤 두 개인 간의 차이가 삶의 불가피한 부분인 것처럼, 남편과 아내 간의 차이는 결혼생활에서 피할 수 없는 부분이다."[51] 이처럼 심리학자들이 인간 상호작용에서 갈등을 자연화한 이유는 심리학자들이 사신늘의 전문성을 주장하기 위해 갈등을 불가피하지만 극복할 수 있는 것으로 제시했다는 사실과 부부 갈등은 적절하게 다루어지면 억제되거나 심지어 해소될 수 있다고 제안했다는 사실에 의해 쉽게 설명될 수 있다. 심리학자들은 이를테면 이렇게 말한다. "결혼생활을 깨는 것은 남편과 아내 사이의 싸움이 아니다. 결혼생활을 파탄 내는 것은 싸우는 법을 알지 못하는 것, 또는 싸우는 것을 두려워하는 것, 또는 싸울 것이 전혀 없는 것이다."[52] 과거에는 부부간의 화합이 도덕적 덕목과 좋은 성격에 달려 있었다면, 좋은 결혼생활은 점점 더 갈등을 관리하는 적절한 기술적 스킬에 의존하게 되었다. 결혼생활은 '객관적으로' 검토되어야 했고, 관계는 결혼생활의 구성 요소를 분석함으로써 냉철하게 검토되어야 했다. 이러한 견해로부터 나온 파생물이 바로 갈등은 잘못된 도덕적 행동의 결과가 아니라 잘못된 또는 부적절한 상호작용의 결과이며, 이는 기술적 전문지식에 의해 해결될 수 있다는 것이었다. 이를테면 ≪레드북≫의 한 기사는 포페노 박사의 다음과 같은 말을 인용한다. "내가 볼 때, 부부가 자신들의 입장에 빠져 있다면, 그것은 …… 서로를 탓하기 때문이죠. 누군가 당신을 탓한다면, 당신은 방어할 수밖에 없어요. 따라서 당신은 다른 무엇보다도 …… 탓하기를 줄이거나 상대를 탓하지 말아야 해요. 일단 문제가 상호작용적이라는 것을 알게 되면, **당신은 당신 몫에 대해 책임을 져야 해요**. 누가 그걸 시작했는지는 중요하지 않아요"(강조 추가).[53] 이 새로운 인과론적인 틀은 부부 갈등에서 도덕적 판단을 분리시키고 문제를 탈개인화하며 남성에게 부부간의 기능장애에 대해 더 큰 책임을 지게 하는 데 일조했다. 부부를 괴롭히는 문제가 한 사람의 '나쁜' 성격의 결과라기보다는 상호작용의 결과라는 명제는 책임을 재할당하는 동시에 도덕적 판단을 제거했다. 심리학자들은 남성과 여성 모두가 나쁜 결혼생활에 대해 공동으로 책임이 있다고 주장하는 과정에서 자신들의 고객의 범위를 넓힐 수 있었고, 또한 문제의 원인을 '상호작용'이라는 무형의 그러나 객관적인 개념에서 찾을 수 있었다.

포페노나 애덤스의 견해—여기서 내가 이 두 심리학자를 선택한 것은 그들의 보수적인 견해 때문이다—에서 새로운 것은 남자와 여자가 서로에 대해 보이는 반응을 어린 시절에 겪은 경험의 결과로 이해하려는 시도였다. 기능장애와 부적응을 어린 시절의 결함 있는 경험으로 돌리는 심리학의 어휘를 사용하는 이 심리학자들도 다른 많은 심리학자와 마찬가지로 가정의 불화를 '유아기적 퍼스낼리티' 또는 '미성숙'—전자가 남편의 요구를 이해하지 못하고 그리하여 그의 요구에 부응하지 못하는 어린아이 같은 여성의 특성을 지칭한다면, 후자는 더 철들어서 자신의 새로운 의무와 책임을 받아들일 필요가 있는 미성숙한 남성의 특성을 지칭한다—의 결과라고 생각했다. 이는 남성의 자아 인식에 직접적이고 즉각적인 영향을 미치지 않았을 수도 있지만, 여성이 자신과 남성의 관계 및 결혼생활에 대해 생각하는 방식을 변화시켰다. 관리의 규칙과 기법이 기업 내부의 경우에서 그랬던 것처럼 이제는 결혼생활에도 적용될 수 있다고 언급된다는 사실 자체가 전통적인 결혼생활의 방벽을 형성했던 도덕과 규범의 확실성을 약화시키는 데 일조했다. 심리학은 사회적 관행에서 도덕을 분리해 냄으로써 실제로 그러한 관행을 평가, 질문, 비판의 대상으로 만들었다. 그리고 이는 다시 결혼생활 관행을 좋은 결혼생활에 적합한 퍼스낼리티가 무엇인지를 정밀하게 탐구하는 대상이 되게 하는 데 일조했다.

이처럼 새로운 담론이 특별히 효력을 발휘하기 위해 사람들이 가진 신념의 내용까지 직접 바꿀 필요는 없다. 하나의 담론이 효력을 발휘하기 위해서는 우선 사람들에게 확립되어 있는 신념과 그들이 일하는 방식에 불확실성을 만들어내고 그들에게 **비판적인 태도**를 심어주어야 한다. 이것이 바로 심리학자들이 결혼생활에 대해 매우 솜씨 있게 해낸 일이다. 바로 이러한 상황 속에서 페미니즘과 심리학은 하나의 공통의 문화적 매트릭스에서 만나 합체될 수 있었다.

페미니즘과 심리학의 공통점

처음부터, 그리고 보다 결정적으로는 1960년대 이후부터 페미니스트들은 여성의 곤경을 이해하고 그 곤경을 극복하기 위한 전략을 고안하기 위해 치료요법 담론에 의지했다. 제2의 물결 페미니즘은 정신분석학과 심리학을 거부하면서도 동시에 여성의 투쟁 전략을 고안하는 데서 도움을 받기 위해 심리학의 일부 기본적인 문화 도식에 크게 의존했다. 그러나 페미니즘과 심리학은 궁극적으로는 여성의 사회적 경험에서 파생된 공통의 도식 또는 기본적인 인지 범주를 공유했기 때문에 종국적으로는 문화적 동맹자임이 입증되었다. 페미니즘 담론과 심리학적 담론 모두 주로 '여성 문제'에 몰두했고, 전체적으로 볼 때 가족의 생존 가능성과 그 속에서의 여성의 역할과 관련한 유사한 문제에 직시했으며, 그러한 문제들을 제기했다. 게다가 심리학과 심리학자들은 대중문화를 자신들의 영향력을 확장하기 위한 현장으로 이용했기 때문에, 그리고 초기에 대량으로 발행하는 잡지 중 많은 것이 여성을 대상으로 했기 때문에, 심리학은 사실상 여성의 하나의 문화적 신념이 되었다. 페미니스트들이 행동주의에 대해, 남성과 여성에 대한 프로이트식 본질화에 대해, 그리고 관계에 대한 젠더 중립적인 분석에 대해 퍼부은 비판에 심리학자들이 공감적으로 귀를 기울이게 된 것은 아마도 심리학자들의 직업과 그들의 고객이 여성화되고 있었기 때문이었을 것이다.[54] 도식들이 하나의 경험 영역에서 다른 경험 영역으로, 또는 하나의 제도적 영역에서 다른 제도적 영역으로 이전되고 전치될 수 있는 까닭에 페미니즘과 심리학은 서로로부터 차용할 수 있었다.[55] 사고의 범주와 말은 하나의 신념에서 다른 신념으로 자유롭게 순환했다.

이를테면 엘런 허먼은 '의식화consciousness raising' 관행—페미니즘 운동에서 중심을 차지하고 있던—이 치료요법 세계관으로부터 통 크게 빌려온 것이라고 지적했다.[56] 의식화 집단들이 자신의 가장 어두운 (가족) 비밀을 폭로하고 가족을 확대경을 놓고 보라고 요구하는 것을 고려할 때, 여성해방 프로젝트는 치료요법의 언어 및 어휘와 매우 양립할 수 있었다. 가장 주목할 만한 것은 페미니즘과 치료요법이 다음 관념들, 즉 자기진단이 해방을 가져다줄 수 있다는 관념, 사적 영역이 객관적인 평가와 변화의 대상이 될 수 있고 또 되어야 한다는 관념, 그리고 사적 영역에 속하는 감정을 공적 수행으로 만들 필요가 있다는 관념을 공유한다는 것이었다. 게다가 만약 페미니스트들이 가족 안에서 여성 투쟁의 원천을 찾아냈다면, 그것은 정신분석학과 심리학이 이미 가족을 정체성이 형성되거나 변형되는 과정의 중심지로 만들었기 때문이다. 페미니스트들이 가족을 사유에 적합한 하나의 범주로 만들기에 앞서, 정신분석학은 가족 동학이 우리의 정신 속에 각인되어 있고 우리가 누구인지를 규정하는 데서 핵심적이며 우리의 전반적인 복리에 책임이 있다고 주장함으로써 가족을 이미 그러한 범주로 만들어놓았었다. 요컨대 페미니즘이 가족을 감정적·정치적 해방의 대상으로 만들 수 있었던 것은 정신분석학이 가족을 이미 지식의 대상으로, 그리고 자아해방의 주요 현장으로 만들어놓았기 때문이었다.

심리학과 페미니즘의 또 다른 공통 도식은 둘 다 강력한 형태의 성찰성을 요구하고 주입한다는 것이었다. 역사학자 존 버거John Berger는 서양 미술에서 여성이 묘사되어 온 방식을 분석하면서, 다음과 같이 주장한다. "여성은 계속해서 자신을 주시해야 한다. 그녀가 자기 자신에 대해 가지고 있는 이미지가 거의 항상 그녀를 따라다닌다. 그녀가 방을 가로질러 걸어가고 있는 동안에도, 또는 아버지의 죽음에 눈물을 흘리고 있는 동안에도, 그녀는 자신이 걷거나 우는 모습을 상상하는 것을 거의 피할 수 없다. …… 그래서 그녀는 자기 안에 존재하는 **감시자**와 **감시 대상**을 여성으로서의 자신의 정체성을 구성하는 항상 구별되는 두 가지 요소라고 생각하게 된다."[57] 치료요법 담론은 이러한 특정한 형태의 여성 주체성을 스스로에게 접목시켰는데, 이 주체성 속에서 여성은 자신에게 하나의 대상이기 때문에, 그리하여 자신과 자신의 내적 삶을 연구 대상으로 삼기 때문에 결코 하나의 완전한 주체가 될 수 없다. 페미니즘 담론도 이와 유사하게 여성에게 자신의 의식의 토대를 숙고하고 그 의식을 변화시키도록 권고했다. 이러한 방식으로 페미니즘 담론은 바로 여성이 지닌 의식의 한 속성이었던 종류의 성찰성을 요구했다.

치료요법 담론과 페미니즘 담론의 또 다른 공통점은 그 둘이 공히 20세기 내내 두 가지 강력한 가치 세트—그 하나는 돌봄과 양육의 가치이고 다른 하나는 자율과 자립의 가치이다—의 접합지점에서 여성이 차지하고 있던 모순적인 위치에 초점을 맞추어왔다는 것이었다. "여성은 다른 사람들에 대한 책임과 의무—자신에 대한 책임과 의무보다 자주 더 우위에 있는, 또는 적어도 자신의 책임과 의무에 추가되는—를 지고 있는 것으로 간주된다. 여성의 정체성은 다른 사람들에 대한 책임과 의무와 자신에 대한 책임과 의무의 '사이에' 위치지어진다. 여성에게 설정된 이상은 사람 일반에 설정된 이상과 다르며, 이 두 가지 이상은 어느 한 여성에 의해 동시에 성취될 수 없다. 모든 여성은 성공할 때조차 실패할 수밖에 없다."[58] 심리학 담론은 여성이라는 사회적 존재가 갖는 근본적으로 상충되는 그러한 특징들에 부응하며, 돌봄과 보살핌과 자립을 동시에 장려했다. 여기서 또한 페미니즘과의 유사성이 현저하게 드러나는데, 왜냐하면 자립과 양육은 페미니즘의 두 가지 핵심 테마였고, 또한 신여성을 창출하기 위해 맞서 싸워야만 했던 긴장 상태의 양극을 이루는 것이었기 때문이다. 심지어 심리학이 전통적인 결혼생활과 젠더 역할을 지지했을 때조차도, 심리학은 결혼생활이 구축한 문화적 구성물을 부식시켰다. 페미니즘과 치료요법 모두는 가족을 자신이 해방되어야 하는 제도로 간주하면서도 또한 개인의 원망과 욕구에 따라 재건되어야 할 제도로 보았다.

우리는 페미니즘 담론과 치료요법 담론 간에 숨어 있는 친화성과 양립 가능성의 또 다른 중요한 측면을 두 문화적 신념이 섹스와 섹슈얼리티에 부여한 중요성에서 찾아볼 수 있다. 제2차 세계대전 이후 심리학자들이 고통 받는 가정에 대한 주요 조언자로 등장했을 때, 그것은 성적 쾌락이라는 이미 확고하게 확립된 이상을 배경으로 했다. 여러 번 지적했듯이, 심리학자 또는 성 과학자들이 문화에 미친 영향은 그들이 그때까지 지배적이었던 절제, 자기 통제 및 도덕적 순결의 윤리를 훼손하고 과학의 권위를 가지고 섹슈얼리티에 대한 새로운 지침을 제공했다는 것이었다.[59] 이를테면 인간의 섹슈얼리티에 관한 건조한 전문 논문이었던 킨제이Kinsey 보고서가 누린 엄청난 인기는 1950년대에 공중이 그간 공개적으로 거의 논의되지 않았던 주제, 그리고 많은 불확실성이 존재하는 주제에 대한 과학적 지침에 크게 목말라했다는 것을 시사한다.[60] 1940년대와 1950년대 동안에는 '여성 문제'가 전국적으로 논란이 되는 주제 중 하나가 되었다.[61] 공적 담론은 여성의 욕망, 문제, 실패에 대한 분석으로 (비록 사로잡혀 있지는 않았지만) 가득 차 있었다. 심리학은 페미니즘보다 앞서서, 또는 적어도 페미니즘과 나란히 '여성 문제'를 성적 문제로 구성했다.

이것이 심리학이 페미니즘과 결합하는 중요한 전기轉機 중 하나였는데, 그 이유는 바로 페미니즘이 성 해방을 강조했기 때문이었다. 성 해방이 제2의 물결 페미니즘의 주요 테마 중 하나라는 것—하지만 이에 대해 동의하는 정도나 우려하는 정도는 논자마다 서로 다르다—은 자주 논급되어 왔다. 1973년에 출판되어 대단한 성공을 거둔 에리카 종Erica Jong의 책『비행의 두려움Fear of Flying』은 자유를 찾는 많은 여성이 결혼의 테두리 밖에서 성적 쾌감을 확인하는 과정에서 자유를 찾는 방식을 설득력 있게 보여주는 사례의 하나였다. 실제로 페미니즘은 "새롭고 더 자유로운 형태의 섹슈얼리티에 커다란 영향을 미쳤다."[62] 여기서 다시 심리학과 페미니즘을 갈라놓는 차이는 둘 간에 숨어 있는 연속성만큼이나 심대하다.[63] 프로이트 혁명이 없었다면, 가족과 섹슈얼리티가 페미니즘 이론과 정치 전술에서 그렇게 중심적인 위치를 차지했을 것이라고 상상하기란 어렵다. 정신분석학에서 섹슈얼리티는 지식의 새로운 대상일 뿐만 아니라 남성과 여성이 스스로를 찾고 자신들의 진정한 자아를 틀 짓고 스스로를 해방시킬 수 있는 긍정적인 현장이기도 했다. 페미니즘보다 더 적극적이고 열렬하게 이 명제를 포착하고 실행한 문화적 형성물은 전혀 없었다. 페미니즘이 그렇게 한 까닭은 페미니즘 역시 섹슈얼리티를 (여성)해방의 주요 현장으로 보았기 때문이었다.

마지막으로, 여성의 사회적 존재는 남성의 사회적 존재보다 언어에 의해 더 매개된다는 점과 감정에 대해 더 지속적으로 관심을 가진다는 점에 의해 특징지어진다. 이를테면 여러 연구가 보여주었듯이, 여성의 우정은 감정의 언어적 공유를 지향한다.[64] 심리학—대화와 감정을 강조하는—은 감정적 자성, 말로 표현하는 능력, 친밀한 관계에서 말 중시하기와 같은 여성의 스킬로 정의되는 스킬에 자연스럽게 특권을 부여한다. 실제로 우리는 심리학이 여성**과** 남성 모두에게 자아에 대해 전형적인 여성의 태도를 취하라고 (즉, 자신의 감정을 성찰하고 표현하고 이해하라고) 요구했기 때문에 남성에게 언어적·성철적·감정적이 되라고 요구함으로써 심리학이 감정 문화 전반의 여성화에 기여했다고 말할 수도 있다(제3장을 보라). 이처럼 심리학은 자아에 대한 전형적으로 여성적인 태도를 감정의 저장소로 정당화하는 데, 그리고 친밀한 관계에 대한 전형적으로 여성적인 인식의 태도를 언어적 공유의 산물로 정당화하는 데 기여했다. 이런 점에서 심리학은 남성과 여성을 구분하는 문화적·감정적 경계선을 부식시키는 데 일조한 것으로 보였다.

심리학자들이 여성의 대의에 대해 보인 이러한 보다 개방적인 태도는 매카시즘McCarthyism에 대한 반발, 피임약의 발명, 여성의 노동시장 참여 증가, 그리고 소비문화가 부모의 금지에 대한 청소년들의 도전에 영합하는 정교하고 강력한 전략을 개발한 것 등을 포함한 다양한 변화에 의해 촉진되었다. 이러한 변화들은 1960년대의 성 혁명으로 알려진 것으로 합체되었는데, 그 과정에서 여러 책이 섹슈얼리티에 관한 새로운 사회적·문화적 조류를 정당화하는 데서 중요한 영향을 미쳤다. 섹슈얼리티에 대한 킨제이 보고서, 〈페이튼 플레이스Peyton Place〉[가상의 마을 페이튼 플레이스를 무대로 다양한 인간 군상이 맺는 통속적인 관계를 다룬 TV 드라마_옮긴이], 헬렌 걸리 브라운Helen Gurley Brown의 『섹스와 싱글 걸Sex and the Single Girl』, 그리고 로버트 리머Robert Rimmer의 『해러드 실험The Harrad Experiment』은 새로운 성적 상상력을 창조하는 데서 중요한 역할을 했다.[65]

친밀성: 새로운 감정적 상상력

심리학과 페미니즘은 동시에 여성의 경험을 다루었고, 가족 내부에서 일어나는 새로운 사회적 유대에 관한 모델을 정식화했다. 실제로 건강한 결혼생활은 점점 더 친밀성 관념과 등치될 것이었다. 친밀성은 새로운 규범, 새로운 사회적 형식, 그리고 낭만적인 상상의 대상이 되었다. 데이비드 슘웨이David Shumway는 1970년대쯤에 로맨스에 대한 담론과 함께 친밀성 담론이 점차 출현했다고 주장해 왔다. 친밀성 담론은 '내용'뿐만 아니라 관계가 묘사되는 '양식과 형식'에서도 로맨스 담론과 다르다.[66] 친밀성 담론의 주요한 (그러나 전적으로는 아니다) 소재지는 과학과 도덕의 불확실한 경계선에 위치한 조언 문헌이지, 로맨스의 경우처럼 소설 속이 아니다. '친밀성' 담론은 의사나 치료요법사의 도움이 요구되는 문제 있는 부부에 대해 진술하는 사례사case history의 형식을 취한다. 친밀성 담론은 사랑을 행복의 약속으로 제시하는 것이 아니라, 오히려 관계에 도사리고 있는 위험과 문제를 보여주는 것으로 이루어진다. 이러한 친밀성 담론은 우디 앨런Woody Allen의 영화나 존 업다이크John Updike의 결혼생활에 관한 소설과 같은 새로 출현한 장르에서 분명하게 나타난다.

친밀성이라는 문화적 모델은 심리학과 페미니즘의 교차점에 위치하는 것으로 보아야 가장 잘 이해된다. 심리학과 페미니즘은 서로 다른 이유에서 결혼생활에 대한 비판과 결혼생활의 파탄에 대한 설명으로 사람들을 사로잡았고, 각각은 친밀성이라는 새로운 모델의 후원하에 결혼생활을 재구성하는 방법에 대한 자기 나름의 버전을 제시한다. 이 새로운 문화 모델의 내용을 이해하기 위해 부인과 의사인 윌리엄 하웰 매스터스William Howell Masters와 심리학 연구자인 버지니아 존슨Virginia Johnson의 유명한 사례를 예로 들어보자. 이 두 사람은 1957년에 인간의 섹슈얼리티를 연구하기 위해 한 팀이 되었다.[67]

매스터스와 존슨은 성적 활동을 자연스럽고 건강한 인간의 특성으로 제시한 해브록 엘리스에게서 시작된, 섹슈얼리티에 관한 글쓰기 전통을 이어갔다.[68] 매스터스와 존슨의 저작 중 하나로 1974년에 출판된 『쾌락 유대The Pleasure Bond』는 성적 친밀성에 대한 하나의 명시적 지침서로, 과학계보다는 일반 공중을 대상으로 집필된 책이었다.[69] 그 책은 말하자면 성 혁명이 정점에 달한 후에 쓰였기 때문에 면밀히 검토해 볼 만한 가치가 있다. 왜냐하면 그 책이 페미니즘과 심리학의 문화적 만남이 어떻게 새로운 친밀성 모델을 만들어냈는지를 보여주기 때문이다. 무엇보다도 매스터스와 존슨이 프로이트의 이론과 페미니즘 모두를 명시적으로 거부했기 때문에,[70] 그들의 책 『쾌락 유대』는 어떻게 페미니즘과 심리학이 자아, 성적 관계, 그리고 부부임에 대해 사고하는 은유를 틀 짓는 개념적 지평이 되었는지를 예증하는 좋은 사례가 될 수 있다. 친밀성에 대한 문화 모델과 이상을 창조하는 데서 가장 눈에 띄는 것이 바로 심리학과 페미니즘이 서로 (그리고 종종 무의식적으로) 문화적 은유를 빌리고 미러링한 것이었다.

수잔 키르슈너Suzanne Kirschner는 정신분석학 담론의 지적 역사를 다루면서 친밀성을 자아 개발self-development 서사의 두 가지 주요 목적 중 하나로 정의했다.[71] 친밀성은 "유토피아, 또는 적어도 일상생활의 잠깐 동안의 파라다이스"이다.[72] 이러한 형태의 유토피아는 이미 19세기 동안 유행했었지만, 나는 그것이 1950년대에 심리학 이론이 '욕구' 이론에서 대인관계 이론으로 이동하면서 새로운 활력을 얻었다고 주장할 것이다.[73] 이러한 변화와 함께 대인관계망 내에서 자아가 형성되는 방식에 훨씬 더 많은 강조점이 두어졌다. 대상-관계 이론object-relations theory을 대표하는 많은 학자—멜라니 클라인Melanie Klein, 하인츠 코헛Heinz Kohut, D. W. 위니콧D. W. Winnicott—는 자아를 관계망 내에서 발전하는 것으로 보았다. 스티븐 미첼Stephen Mitchell의 요약에 따르면, 이 견해는 "인간들이 삶 내내 벌이는 중심적인 역동적 투쟁은 다른 사람들과 친밀한 유대를 확립하고 유지하고 보호하고자 하는 강력한 욕구라는 한편과 그러한 유대가 초래하는 고통과 위험, 취약하다는 느낌, 실망·휘말려듦engulfment·착취·상실의 위험에서 벗어나기 위한 다양한 노력이라는 다른 한편 간의 투쟁"이라고 바라본다는 데 그 특징이 있다.[74] 따라서 우리는 진짜 자아true self와 거짓 자아false self 간의 19세기적 대비가 위니콧의 진짜 자아와 거짓 자아 간의 구분 속에 그대로 반영되어 있음을 발견한다.[75] 위니콧의 이 구분은 다시 친밀성을 진정한 자아authentic self를 표현하고 또 실제로 발견할 수 있는 특정한 관계로 (얼마간 동어반복적으로) 정의하는 데서 중요한 역할을 했다.

친밀성 관념은 심리학적 담론의 속성과 페미니즘 담론의 속성을 결합한 것이었다. 왜냐하면 친밀성이라는 문화 모델은 진짜 자아를 찾게 해줄 뿐만 아니라 건강한 섹슈얼리티를 드러내는 것으로 여겨졌기 때문이다. 섹슈얼리티는 건강하고 친밀한 유대, 어쩌면 무엇보다도 해방된 자아를 상징하게 되었다. 그리고 해방은 섬세한 감정 공유 작업의 형태를 취했다. ≪레드북≫의 한 기사를 인용하면, "섹스는 매우 친밀한 만남, 즉 감정을 공유하는 만남이다."[76] 그리하여 감정 인식과 감정 표현은 개방적이고 건강한 섹슈얼리티와 직접 연결되었다. ≪레드북≫의 또 다른 기사에 따르면, "상대를 이해하는 한 가지 길은 감정에 대해 솔직해지고 개방적이 되는 것에 있다."[77]

또는 매스터스와 존슨이 『쾌락 유대』에서 지적하듯이,

> 우아하고 좋은 취향을 연기하는 것을 목표로 삼는 대신 당신 자신이 되는 것을 목적으로 하라. "나는 나이다. 약간 두렵고 어리석다는 생각이 들지만, 나는 다른 경험들이 어떤지를 알고 싶다." 이것이 소통에서 가장 중요하다—당신이 자신에 대해 알지 못하면, 당신은 다른 어떤 사람도 알 수 없다.
>
> 그러나 일단 당신이 당신의 생각과 감정을 알게 되면, 당신의 파트너에게 그 생각과 감정을 알게 하라. 만약 당신이 두렵다면, 두렵다고 말하라. 어쩌면 함께하면 당신이 무엇을 왜 두려워하는지를 발견할 수 있을 것이고, 어쩌면 당신의 파트너가 당신이 당신의 두려움을 점차 극복할 수 있는 방법을 찾도록 도와줄 수 있을 것이다. 그렇게 하다 보면, 당신은 당신의 감정에 아랑곳하지 않고 행동하는 것이 아니라 당신의 감정에 따라 행동하게 될 것이다.[78]

19세기의 '진짜 자아' 개념과 현대의 '진짜 자아' 개념 간에는 몇 가지 중요한 차이가 있었다. 빅토리아 시대 사람들에게 친밀성은 진짜 자아를 표현하는 하나의 기회였고, 진짜 자아를 표현하는 것은 특별한 문제를 일으키지 않았다. 자기 자신을 드러내는 것은 당사자의 소관 사항일 뿐이었다. 그러나 이제 진짜 자아를 드러내는 것은 특별한 문제를 야기하고 특별한 주의를 요구하는 것처럼 보였다. "누군가와 가까워지고 있을 때 가장 어려운 부분은 자신을 드러내는 조치를 취하는 일이다."[79] 친밀성은 소중하지만 얻기 어려운 재화로, 즉 자아가 공들여야만 성취할 수 있는 목표로 상정되었다. 매스터스와 존슨에 의해 기꺼이 받아들여졌을 1980년대의 결혼생활 매뉴얼의 저자의 말을 인용하면, "결혼생활의 모든 요소 중에서 친밀성은 아마도 가장 갈망하는, 그리고 자주 가장 이해하기 어려운 자질일 것이다."[80]

감정과 자아를 드러내는 것은 19세기 때보다 더 성찰적 언어의 의식적 사용을 요구하는 섬세한, 그리고 심지어는 위험한 노력으로 여겨졌다. 심리학자들은 자신들이 '갈등'은 인간관계에 내재하는 것이라는 관념을 퍼뜨렸던 것과 동일한 방식으로, 진짜 자아를 드러내기 위해서는 엄청난 스킬과 주의가 필요하다는 관념을 열심히 이용했다. 이것은 심리학자들에게 결정적인 가설이었다. 왜냐하면 만약 진짜 자아를 드러내는 것이 어려운 작업이라면, 그러기 위해서는 도움과 전문적인 기법이 필요했기 때문이다. 그러한 전문지식이 필요한 이유 중 하나는 매스터스와 존슨이 시사하듯이 섹슈얼리티는 해방될 필요가 있지만 평등—페미니즘 운동을 특징지어 온—을 달성할 때에만 온전히 해방될 수 있기 때문이었다. 매스터스와 존슨에 따르면, "만약 서비스로서의 섹스sex-as-service가 여성에게 훨씬 더 자멸적인 원칙이라면, 성 해방된 여성은 어떻게 자아실현이라는 자신의 생득적 권리를 성공적으로 확보할 수 있는가? 동일한 방법으로 (그리고 그 방법을 통해서만) 남성도 자신의 생득적 권리를 확보할 수 있다. 그 방법이 바로 상호 쾌락의 원칙에 헌신하는 파트너와 함께하는 것이다."[81] 그리고 그들은 자신들의 책에서 계속해서 이렇게 말한다. "아주 많은 남성과 여성이 배워야 하는 것은, 가장 바람직한 결과를 낳는 섹스는 남자가 여자에게 또는 여자가 남자에게 하는 것이 아니라 남자와 여자가 **똑같이** 함께하는 것이라는 것을 깨닫기 전에는 그들 모두가 원하는 쾌락을 얻을 수 없다는 것이다."[82] 섹슈얼리티는 서서히 (여성의) 자아와 자아 정치에 대한 이중의 확대된 은유가 되었다. 성적 쾌락을 얻기 위해 여성들은 스스로를 남성과 동등하다고 생각하도록 명령받았다. 그리고 매스터스와 존슨에 따르면, 성적 쾌락과 친밀성은 진정한 평등이 관계를 뒷받침할 때에만 얻을 수 있었다. 하지만 그 목표는 쾌락에 대한 향락주의적 탐색을 통해 달성되는 것이 아니라 오히려 자신의 욕구에 대한 지속적이고 감시적인 관심을 통해 달성되는 것이었다.

매스터스와 존슨으로 다시 돌아가면, “여성은 수동적이 되도록 양육된다. 여성은 남성을 섬길 것으로 기대받는다. 당신도 알다시피, 여성에게는 다음과 같이 처신할 것이 기대된다. ‘난 나 자신을 위해 아무것도 바라지 않아 —그저 당신이 즐겁기만 하면 돼.’ 이 철학의 그 어떤 흔적에도 저항해야 한다. 왜냐하면 그런 철학이 여성으로 하여금 쾌락에 대한 자신의 잠재력을 경험하지 못하게 하고 그녀 자신의 원망과 욕구를 발견하지 못하게 하기 때문이다.”[83] 매스터스는 여기에 이렇게 덧붙였다. “신체적으로뿐만 아니라 감정적으로도—그리고 지금 우리는 구체적으로 성 기능에 대해 이야기하고 있는 중이다—남성과 여성은 믿을 수 없을 정도로 그리고 항상 유사하다.”[84] 궁극적으로는 그러한 성적 쾌락의 이상은 젠더 차이를 모호하게 만들었다. 존슨이 지적했듯이, “남성과 여성 사이의 차이를 지적하는 것이 일반적이라는 것을 나도 알고 있지만, 우리의 연구를 시작할 때부터 우리가 가장 통감한 것은 양성 간의 유사성이지 차이가 아니었다는 것을 나는 당신에게 말해야 한다.”[85]

‘욕구’라는 문화적 범주는 정신에 대한 심리학적 정의와 페미니즘을 연결하고 합체하는 중요한 개념적 범주였다. 여성은 욕구를 계발함으로써 자신을 알게 됨과 동시에 주장하게 되고 성적 만족에 도달하게 되고 파트너와 동등한 관계를 맺게 된다.

“우리의 근본적인 욕구와 욕망을 이해하는 것이 중요해질 때가 바로 우리가 쾌락을 얻지 못할 때이다. …… 우리 각각은 매우 중요한 것과 전혀 중요하지 않은 것을 구분할 수 있도록 도와주는 독특한 성적 가치체계를 가지고 있다. 그리고 **정말로** 중요한 것은 섹스를 개인으로서의 우리에게 유효한 것으로 만들어주는 모든 관념과 인식이다.”[86] 친밀성이 매우 복잡한 사회적 관계인 이유 중 하나는 친밀성이 두 가지 레퍼토리를 혼합한 것이기 때문이다. 하나는 사적이고 자발적인 감정성이고, 다른 하나는 공적이고 정치적인 평등이다. 좋은 섹스는 파트너들이 평등주의적인 방식으로 (즉, 평등과 공정이라는 추상적 규범을 따라) 서로 관계를 맺지만 자신들의 가장 주관적인 감정과 욕구를 자유롭게 통제하고 표현할 수 있는 섹스이다.

건강한 섹슈얼리티는 각 파트너의 개인화를 요구한다. 진정한 친밀성에 도달한다는 것은 동등한 지위를 갖는 것을 의미하고, 평등하다는 것은 한 사람의 욕구를 인식하고 그러한 욕구에 부합하는 관계를 만드는 것을 의미한다. 이러한 개념은 본질적으로 개인화되고 있었기 때문에, 거기에는 더 큰 분열 가능성이 존재했다. 일단 치료요법 문화가 한 사람의 욕구를 친밀성을 위한 정당한 그리고 거의 배타적인 토대로 상정하자, 치료요법은 상충하는 욕구들을 조정하고 조화시키는 방법을 알아내야 하는 문제에 직면했다. 따라서 개인화하고 있는 섹슈얼리티에 내재된 잠재적 분열성을 극복하기 위해, '협상'이라는 아주 중요한 은유가 제시되었다. 이를테면 매스터스와 존슨은 성적 관계에 대해 논하면서 이렇게 주장했다. "부부가 자신들이 얼마나 자주 사랑을 나누는지에 대해 이야기하는 방식이 중요한 문제인 것 같다. 우리는 이를 협상이라고 말한다."[87]

1960년대 후반부터 치료요법 담론은 여성을 다루는 주요 수사 양식을 바꾸어 여성의 욕구와 권리를 강조하기 시작했다. 점점 더 남성과 여성은 다른 욕구 관련 범주들과 유사하게 기본적인 감정적 '욕구'를 가지는 것으로 여겨졌다. 이것이 사실이라면, 치료요법 담론은 페미니스트들이 빠르게 확산시킨 관념, 즉 감정적·성적 성취가 하나의 권리라는 관념과 쉽게 이어질 수 있었다. 그리하여 1970년대 이후 치료요법 담론은 19세기의 '감상적' 여성 문화에서 극적으로 이탈한 자유주의적 페미니즘의 '권리'라는 어휘와 점차 결합되었고, 이는 감정의 언어와 권리의 언어를 혼합함으로써 친밀성을 논쟁과 협상의 영역으로 만들었다. 법률학자 메리 앤 글렌던Mary Ann Glendon은 치료요법 언어가 실제로 '권리' 관념으로 포화된 방식을 다음과 같이 포착한다. "권리 담화는 심리치료요법 언어와 합쳐지면서 우리의 너무나도 인간적인 경향, 즉 자아를 우리의 도덕 세계의 중심에 놓고자 하는 경향을 부추긴다. …… 권리로 포화된 정치 언어는 우리의 삶을 동시에 규정하는 권리를 놓고 벌이는 공적 토론을 촉진하는 데서 더 이상 중요한 기능을 수행할 수 없다."[88]

이처럼 문화 모델은 레퍼토리 간에 새로운 의미론적·논리적 관계를 결합하고 만들어낸다. '친밀성' 관념은 두 가지 서로 다른 레퍼토리와 핵심적 자아 모델을 결합했다. 그것은 한편에서는 진짜 자아, 진정성, 쾌락, 자기 드러내기를 들먹였고, 다른 한편에서는 인간의 심리에 대한 공리주의적 이해에서 파생된 어휘를 이용하여 '권리', '욕구', '원망'에 대해 말했다. 이 새로운 친밀성 모델은 권리와 협상이라는 중간계급의 자유주의적이고 공리주의적인 언어를 침실과 주방으로 몰래 들여왔고, 공적 형태의 담론과 담론 규범—당시까지 호혜성, 희생, 베풀기가 지배했던—으로 끌어들였다. 치료요법 에토스는 자신이 기업 내부에 감정 어휘와 소통 규범을 도입했던 것과 같은 방식으로, 가정 영역에 감정에 대한 합리적·유사경제적 접근방식을 끌어들였다.

따라서 '개인적인 것이 정치적인 것이다'라는 주장을 고려할 때, 그러한 주장이 등장할 수 있었던 것은 개인적인 것이 (주로 심리학이라는 적극적인 존재에 의해) 미국 문화에 이미 하나의 문화적 범주로 구성되어 있었기 때문이라는 것을 잊어서는 안 된다. 마찬가지로 심리학 언어 역시 원래 개인화되어 있었기 때문에, 심리학은 주변의 페미니즘적 권리의 언어를 재사용하고 이식할 수 있었다. 다시 말해 심리학자들은 갈등 상황에서 중재자 역할을 했고 또 협상 스킬을 가르친다고 주장했기 때문에, 심리학 언어는 평등에 대한 페미니스트들의 주장을 쉽게 통합할 수 있었다. 치료요법 담론은 그 담론의 해방 구조 때문에, 페미니스트의 해방에 대한 정치적 주장과 공명하는 강력한 성장 서사와 해방 서사를 제시할 수 있었다. 따라서 페미니즘과 심리학의 결합은 실제로 사적 자아를 공적 구성물로, 그리고 심지어는 공적 수행으로 바꾸어놓는 데에도 기여했다(이 후자의 과정에 대해서는 다음 장에서 탐구한다). 치료요법 에토스는 가정을 공정과 평등의 규범에 의거하여 감정과 사적 욕구를 논의할 수 있는 미시적인 공적 영역으로 변화시켰다.

페미니즘과 치료요법 간의 이러한 수렴은 이제 공동 화폐가 되었다. 이를테면 유명한 페미니즘 학자인 앤절라 맥로비Angela McRobbie의 다음과 같은 주장을 검토해 보자. "페미니즘은 당신이 되고 싶은 사람이 되는 것에 관한 것—그리고 당신이 누구인지를 먼저 알아내는 것—에 관한 것이다."[89] 이 정의에서 정치적 범주와 심리적 범주는 완전하게 맞물려 있다. 치료요법 은유와 페미니즘 은유의 수렴을 보여주는 또 다른 사례는 베테랑 페미니스트 활동가이자 잡지 ≪미즈Ms≫의 편집자인 글로리아 스타이넘Gloria Steinem의 글에서 찾아볼 수 있다. 그녀는 1992년에 출간된 자신의 책 『내부로부터의 혁명Revolution from Within』에서 심리적 장벽은 상층계급 여성과 하층계급 여성에게 똑같이 영향을 미치며 낮은 자존감은 여성을 괴롭히는 주요한 문제라고 주장했다.[90] 이것은 페미니스트들이 어떻게 치료요법 담론에 '끌려들어 가게 되었는지'를 보여주는 사례가 아니다. 오히려 이는 특정한 범주들('진짜 자아' 또는 '자존감')이 두 가지 담론 형성물—개인적인 것과 정치적인 것, 심리학적인 것과 페미니즘적인 것—사이에서 어떻게 가교역할을 하는지, 그리고 이 두 가지 문화 형성물이 얼마나 단단하게 얽혀 있는지를 보여주는 실례이다.

침실에서의 소통 합리성

심리학자들은 기업에서처럼 '욕구' 또는 '이해관계'와 같은 범주를 자연화하고 갈등을 불가피한 것으로 간주함으로써 친밀한 관계의 개인화—심리학자들 자신이 크게 기여한 과정—가 수반하는 문제들을 극복하는 기법을 제시할 수 있었다. 심리학자들은 그러한 기법들을 소통 모델 속에서 발견했다. 문화적 소통 모델이 매우 강력해진 이유는 그 모델이 설명과 처방, 진단과 치유를 결합했기 때문이다. ≪레드북≫의 한 기사가 지적했듯이, "소통은 모든 관계의 혈액이며, 모든 사랑 관계가 꽃피기 위해서는 특히 소통이 요구된다."[91] 여기서 소통은 관계에 '대한 모델'이자 관계를 '위한 모델'로, 즉 관계를 설명하는 동시에 그 관계에 대해 처방하는 것으로 이해되어야 한다. 결혼생활에 관한 한 인기 있는 가이드북이 지적하듯이, "당신은 소통 스킬을 통해 궁극적인 화합에 도달할 수 있다."[92] 성적 불화, 화, 금전 다툼, 집안의 허드렛일의 불평등한 배분, 퍼스낼리티 불화, 은밀한 감정, 어린 시절의 사건들—이 모든 것이 하나의 단일한 포괄적 모델하에 포섭되고 이해될 수 있었다. 이를테면 돈 문제로 파탄 난 결혼에 관한 한 기사에서 서로 다른 두 명의 결혼생활 치료요법사는 다음과 같이 조언했다. "그러한 문제 중 일부를 해결하는 가장 좋은 방법은 비록 진부하게 들릴지 모르지만, 앉아서 그 문제에 대해 이야기를 나누는 것이다."[93] 이런 식으로 친밀성은 이야기 나누기 및 언어적 소통과 동일시된다. 1978년에 출간되었을 당시 꽤 인기 있었던 린 샤론 슈워츠Lynne Sharon Schwartz의 소설 『거친 싸움Rough Strife』을 예로 들어보자. 그 소설의 주제는 결혼생활이다. 나는 그 이야기의 절정의 순간은 소설사상 유례가 없다고 생각한다. 그 부부는 독자들이 이해하지 못하는 종류의 어려움을 겪고 있다. 그러다가 소설의 중심 에피소드에서 남편이 "왜 그런 식으로 말하는 거야?"라고 묻자, 아내는 이렇게 답한다. "왜냐면 더 이상 당신과 어떻게 이야기해야 할지 모르겠으니까. …… 난 당신이 어디에 있고 당신이 어떻게 되어가고 있는지 몰라. 당신은 내게 아무것도 말해주지 않잖아. 우리가 접촉하는 시간은 침대에서뿐이야. 도대체 이게 다 뭐야?"[94] 1970년대에 대중문화에 새로운 유령이 출몰했다. 그것이 바로 언어적 소통의 부재와 동등한 것으로 간주되는 친밀성 결여라는 유령이었다.

두 명의 페미니스트 캐럴 태브리스Carol Tavris(심리학자)와 토비 엡스타인 자야라트네Toby Epstein Jayaratne는 1976년에 쓴 한 기사에서 행복한 결혼의 본질을 다음과 같이 정의했다. "가장 행복한 결혼생활을 하는 아내는 자신과 남편 모두가 불쾌해할 때면 서로에게 말하는, 그러니까 차분하고 합리적인 방식으로 소통함으로써 자신들의 불쾌함을 함께 해결하려고 노력하는 사람이다."[95] 이 소통 모델은 좋은 결혼생활은 남자와 여자가 각자의 욕구와 의견 차이를 말로 표현하고 서로 이야기할 수 있는 결혼이라고 규정했다. 이 소통 모델이 친밀한 관계에서 파트너의 행동을 조절하는 암묵적인 모델이 되어왔다.

기업에서와 마찬가지로 첫째 소통 훈련은 체계적인 자기반성self-scrutiny이다. 이를테면 ≪레드북≫의 한 기사는 다음과 같이 보고한다. "곤경을 타개하기 위해 월시Walsh 박사는 효과적인 기법을 사용했다. 즉, 그녀는 각 파트너에게 상대방의 관점에 설 것을 요구했다. …… 결혼생활 상담사들은 권력투쟁을 상호 협상과 조정이라는 더 건강한 패턴으로 바꾸려고 노력한다."[96]

치료요법적 신념은 자아를 개인화하고 퍼스낼리티 차이와 전기적 차이를 정당화하고 고착화하여 더 다루기 어렵게 만드는 데 한몫하는 동시에, 그 차이들이 객관적 의미라는 중립적 근거를 통해 극복될 수 있다고 시사했다. 이 중립적인 근거는 감정적이면서도 언어적이었다. 이를테면 부부를 위한 한 매뉴얼은 그 매뉴얼이 '베수비오 기법Vesuvius technique'이라고 부르는 것을 설명한다.

> 이 기법은 당신의 화가 화산처럼 폭발할 규모에 가까워질 때를 식별하고 화를 의례화하여 당신의 화가 당신의 몸에서 빠져나가는 데 집중하도록 돕는다. 당신 파트너의 역할은 당신이 화를 표출하는 것을 마치 그 또는 그녀가 참여하지 않는 압도적인 자연 현상이기나 한 것처럼 그저 정중하게 바라보는 것이다. …… 만약 당신이 화를 풀고 싶다면, 이렇게 말하라. "나 정말 폭발할 것 같아. 2분만 내 말 좀 들어줄래?" 당신의 파트너가 동의한다면 그 시간은 얼마라도 상관없지만, 2분은 주는 사람과 받는 사람 모두에게 놀랄 만큼 긴 시간처럼 느껴질 수 있다. 만약 당신의 파트너가 "그래"라고 말한다면, 그 또는 그녀는 마치 화산이 폭발하는 것을 지켜보는 것처럼 경외하는 마음으로 듣기만 하면 된다—그리고 시간이 다 되면 시간이 다 되었다고 알려주라.[97]

이 기법은 사람들에게 감정을 대상으로 변형시키라고, 다시 말해 감정의 주체와 객체에게 감정을 외부로부터 바라보라고 가르친다. 감정에 거리를 두라는 이 훈련은 소통과 치료요법의 에토스에서 중핵을 이룬다. 베스트셀러 『더 이상 동반 의존하지 말라Co-dependent No More』의 저자 멜로디 비티Melody Beattie는 이 훈련을 다음과 같이 표현한다. "사랑에서 분리되라. 화에서 분리되라. 아니 분리되려고 노력하라. 어려운 건 알지만, 연습하면 더 쉬워질 것이다. 만약 완전히 벗어날 수 없다면, '속박되지 않으려고' 노력하라. 진정하라. 가만히 앉아 있으라. 그리고 이제 심호흡하라."[98]

기업의 경우에서와 마찬가지로 가정의 소통 에토스 역시 어떠한 감정도 억제되지 않은 채로 그대로 표현되는 것을 금하고 중립적인 언어 패턴을 심어주려고 시도한다. 이것이 바로 소통에 도달하기 위한 연습이 전적으로 언어적인 이유이다. "[친밀한 관계를 향상시키기 위한] 의미 공유 기법Shared Meaning technique은 당신이 들은 것의 의미를 공유하게 해주고 당신이 들은 것이 당신의 파트너가 말하고자 한 것이었는지를 확인할 수 있게 해준다. 당신이 들은 것이 당신의 파트너가 말하고자 한 것이 아닌 경우도 자주 있다."[99] 후기구조주의 이래로 우리가 의미는 의도되지 않으며 결정 불가능하고 다의적이라는 말을 들어왔다면, 이와 대조적으로 치료요법 문헌은 모호함은 친밀성의 최대 적이며 우리는 일상 언어에서 불분명하고 양가적인 진술들을 제거해야만 한다고 주장한다. 자기계발 문헌은 기혼자들에게 숨어 있는 가정과 기대를 명시적으로 드러내는 것, 즉 자신들의 언어 패턴을 인식하여 자신들이 어떻게 오해와 소외를 야기하는지를 이해하는 것을 목표로 하는 수많은 '훈련'을 제시한다. 요컨대 그러한 기법들은 교환된 언어를 공식화하고 중립화하는 것을 목표로 한다. 모호성을 없애려는 이러한 시도는 또 다른 더 높은 목적, 즉 상대방의 관점을 이해하고 언젠가는 그 관점을 받아들이는 것에 기여해야 한다. 동일한 조언 서적은 "결혼에서의 소외는 자주 오해와 잘못된 가정으로 인해 발생한다"라고 말한다.[100] 그리고 그 저자는 계속해서 이렇게 말한다. "정당한 싸움Fair Fight …… 은 애원, 무시, 비난, 협박을 대체하기 위해 고안되었다. [그것]은 문제를 따로 떼어내어 해결하기 위한 하나의 구조물이다. …… 정당한 싸움의 가치는 하나의 관계 속에 있는 두 파트너에게 주어진 사안의 세부 사항에 대해 이해할 때까지 끝까지 대화하게 하고 자신들이 원하는 것이 무엇인지 명확히 결정하게 하고 원하는 바를 다른 파트너에게 분명하게 말하게 한다는 것이다. 그런 다음에 그들은 서로 동의할 수 있는 해결책을 찾는다."[101] 아마도 소통 에토스의 가장 두드러진 문화적 특징은 적절한 말하기 패턴을 사용함으로써 한 사람의 이익과 다른 사람의 이익에 동시에 기여할 수 있다는 기본적인 도덕적(또는 사회학적) 명제일 것이다. 만약 치료요법적 소통의 세계관이 끊임없이

전하는 메시지가 하나 있다면, 그것은 파트너의 욕구, 감정, 목표를 말로 표현하고 그러한 욕구들을 말로 협상하는 능력을 통해 모든 유대감이 형성되고 유지될 수 있다는 것이다. 이를테면 '나'라는 언어를 사용하라는 끊임없이 반복되는 훈령—이를테면 "당신은 나와 가사노동을 분담해야 해"라고 말하기보다는 "나는 당신이 나와 가사노동을 분담해 주면 좋겠어"와 같이 말하라는 훈령—은 치료요법적 세계관에서는 갈등이 공유된 규범이나 공유된 가치에 호소함으로써 해결되는 것이 아니라 적절한 언어 기법을 사용함으로써 해결될 수 있다는 것을 의미한다.

나의 인터뷰 응답자 중 한 사람의 사례는 이러한 중립성의 개념을 예증해 준다. 42세의 기혼 치료요법사인 수잔Susan은 "그[남편]가 감정적이 될" 때를 얼마나 싫어하는지에 대해 자세하게 말한다. "그는 항상 일을 개인적인 문제로 만들어요. 반면에 나는 그에게 '당신은 항상 이런 식이야 …… 아니면 당신은 항상 그러잖아'라고 말하지 않으려고 무척 노력해요."

> 면접자: 그러면 당신은 그에게 어떻게 말해요?
>
> 수잔: 나는 인신공격적이거나 감정적이 되지 않고 내 주장을 펴려고 노력해요. 그의 행동이 나나 다른 사람들을 어떻게 짜증나게 하는지에 대해서만 말해요. 그에 대해서가 아니라 그의 행동에 대해서만 말해요.

이 치료요법사는 갈등을 완화하기 위해 고안된 말하기 기법을 사용하고, 그 과정에서 자신이 말하는 것처럼 '인신공격적' 또는 '감정적'이 되지 않으려고 노력한다.

결혼생활의 성공에 관한 수많은 가이드북이 지적하듯이, '사태를 해결한다는 것'은 감정에 대해 이야기하고 설명하고 말로 표현하고 자신의 욕구에 대해 협상하거나 타협하는 방법을 쓴다는 것을 의미한다. 그 방법론은 감정을 그 감정이 발생한 직접적인 맥락에서 분리시키는 감정 이데올로기에 기초하고 있다. 이는 다시 역설적인 결과를 시사한다. 다시 말해 감정은 상호작용에서 교환되는 대상이 되지만, 중립적인 동시에 매우 주관주의적인 언어로 교환된다. 언어가 중립적인 까닭은 사람들이 어떤 문장의 객관적이고 명시적인 내용에 주의를 기울이고 그 과정에서 일어날 수 있는 주관적인 오해와 감정을 중립화하고자 한다고 가정되기 때문이다. 언어가 주관주의적인 까닭은, 어떤 사람이 특정한 요구를 하거나 욕구를 경험하는 것은 궁극적으로는 그 사람의 주관적인 욕구와 감정—주체가 그 욕구와 감정을 느낀다는 사실 그 이상의 어떤 정당화도 결코 요구되는 않는—에 기초하여 정당화되기 때문이다.

순수 감정이라는 이데올로기를 향하여

많은 사람이 1960년대의 반문화 운동이 '개방성', '진정성', '비격식'을 장려하고 찬양하는 새로운 자아의 시대를 열었다고 주장해 왔다. 실제로 심리치료요법과 페미니즘은 공히 "사람들이 모든 지위나 관습을 넘어서 전적으로 그리고 직접적으로 얼굴을 맞대고 만날 수 있는 삶의 공간에 관한 [새로운] 유토피아적 비전"을 창출하는 데 전념하는 것처럼 보였다.[102] 심리학과 페미니즘의 동맹은 의도된 것은 아니었지만, 그 결과는 1960년대와 1970년대를 지배했던 진정성과 사발성의 숭배와 크게 충돌했다. 심리치료요법와 페미니즘의 만남은 궁극적으로 친밀한 유대에 관한 새로운 규율을 만들어냈고, 이 규율은 침실 내에서의 권리에 관한 언어, 내적 성찰과 자기 인식의 관행, 관계에 공을 들이고 변화시키라는 훈련을 점점 더 발전시켰다. 페미니즘적 신념과 치료요법적 신념은 감정에 주목하는 새로운 방법을 제시하는 것은 물론, 문화적 범주와 담론을 이용하여 감정을 분류하고 감정에 이름을 붙이고 감정을 설명하고 변형시키는 새로운 방법 역시 낳는 새로운 감정 관행을 만들어냈다. 달리 말하면, 페미니즘과 치료요법의 결합은 사적 영역 내부의 감정을 규율하는 광범위한 과정에서 핵심적인 부분을 차지하고 있었다.

> 규율은 규율 윤리와 규율 기법으로 이루어지는 개별 관행들에 담겨 있다. 규율 윤리는 충동과 감정을 통제하는 방식과 이상적인 이익을 실현하기 위해 정신적 에너지를 체계적으로 유도하는 방식을 규정한다. 규율 기법은 규율을 유지하는 심리적 전략과 물리적 작업으로 구성된다. 이러한 관행들은 규율 규칙과 규율 전략으로 이루어지는 명확한 제도적 영역 내로 주입되어 재생산된다. 규율 규칙은 일반적으로 문서화된 형태로 일단의 일반적인 행동 규범과 기준을 구체화한 것이고, 규율 전략은 모니터링과 감시를 용이하게 하기 위해 물리적 공간과 사회적 지위를 조직화하는 방법을 말한다.[103]

페미니즘과 심리치료요법 양자 모두가 수많은 텍스트를 생산했고, 명확한 제도적 영역(학계, 대중매체, 기업)에서 활용되었고, 자아를 변화시키고 해방시키기 위한 광범위한 일련의 심리적·육체적·감정적 전략을 가르쳤던 만큼, 그 둘은 정신을 재부호화하고 규율하는 방대한 전략을 제시했다. 그러한 전략들에는 어떤 것이 있었는가? 이 질문에 답하기 위해 나는 푸코보다 오히려 베버에 의지한다. 왜냐하면 베버가 규율을 사회적 관계를 재부호화하는 일단의 인지적 관행으로 더 잘 인식했고, 그리하여 문화에 대한 인지적 접근에 더 적합하기 때문이다.

막스 베버는 규율—그가 삶-행동life-conduct의 합리화라고 부르기도 했던—이 사고방식, 즉 특정한 형태의 정신 과정과 관련되어 있다고 시사했다. 좀 더 정확히 말하면, 규율은 주어진 목적에 도달하는 대안적 수단들을 의식적으로 규칙에 의거하여 비교하고 선택하는 것을 포함한다.[104] 다시 말해 합리적 행위는 무작위적이거나 습관적이거나 충동적인 것이 아니라 의식적으로 규제되는 것이다. 어떤 행동 노선이 합리적이라는 것은 그 행동 노선이 '체계적'이고 일반적인 성격을 지니고 있고 일정한 규칙을 가지고 있으며, 베버의 표현으로는 "지성에 의해 통제되고 있다"는 것을 의미한다. 합리적이라는 것은 가능한 행위 범위를 정신적으로 점검하고 그 가운데서 하나의 행위 방침을 선택하고 그 방침을 자신에게 철저하게 적용하는 능력을 포함한다.

합리적 행동에 대한 이러한 정의를 염두에 둘 때, 우리는 이제 페미니즘과 치료요법의 결합이 어떻게 감정적 삶을 합리화했는지 살펴볼 수 있다. 이 합리화는 여러 가지 수준에서 발생한다.

가치 합리화

"행위가 합리적이기 위해서는 행위는 가치에 의해, 즉 명확하게 인식된 지식지향적 목적에 의해 규제되어야 한다."[105] **가치 합리화**는 자신의 가치와 신념—베버가 가치합리성Wertrationalitat, 즉 목적이 미리 확립된 가치에 부합해야만 하는 합리성이라고 칭한 것—을 명확히 하는 과정이다. 이를테면 한 자기계발서가 지적하듯이, "다툼 그 자체는 문제가 아니다. 중요한 것은 우리가 어떤 관계에서 분명한 입장을 취하고 자신이 공언한 신념과 일치하는 방식으로 행동할 수 있는 정도이다."[106]

실제로 조언 문헌이 끝없이 제공하는 간단한 필기 테스트는 대인관계 영역에 적용되는 가치 합리화의 한 형태이다. 당신은 무엇을 원하는가? 당신의 퍼스낼리티는 어떠한가? 당신은 질투하는가? 당신은 성실한가? 이 테스트가 중요한 것은 그러한 질문에 대한 답을 제공하기 때문이 아니라 가치 합리화를 감정 영역에 적용하는 것을 문서화하고 장려하기 때문이다. 이를테면 ≪레드북≫의 한 기사는 "사람들이 얼마나 잘 조화를 이루는지, 그들의 결혼생활이 얼마나 낭만적인지를 평가하기 위한" 설문지를 제시한다. 이 낭만적 매력 설문지Romantic Attraction Questionnaire; RAQ는 커플이 얼마나 잘 어울리는지를 예측하기 위해 고안되었다. RAQ는 60개의 진술로 구성되어 있으며, 이상적인 RAQ 점수는 220~300점 사이인데, 이는 관계를 지속하는 데 요구되는 충분한 수준의 낭만적 매력을 나타낸다.[107]

페미니즘과 치료요법 둘 다 여성에게 자율적이고 독자적인 자아를 주장하기 위해 자신의 가치와 선호를 명확히 하고 그러한 가치에 부합하는 그리고 적합한 관계를 구축하도록 요구해 왔다. 이 과정은 여성이 자신을 신중하게 정밀 조사의 대상으로 삼고 자신의 감정을 통제하고 자신의 선택을 평가하고 자신이 선호하는 행동 노선을 선택할 때에만 일어날 수 있다.

인지적 합리화

가치 합리화와 밀접하게 연관되어 있는 것이 인지적 합리화이다. 베버에 따르면, 인지적 합리화는 "점점 더 정확하고 추상적인 개념"을 통해 현실을 이해하고자 하는 시도에 의해 특징지어진다.[108] 하나의 예를 들어보자. "이러한 상황[싸움이 시작될 때와 같은]에서 당신은 당신의 머리를 스쳐 지나가는, 당신의 마음속에서 반쯤 형성된 여러 생각을 인지한다. 그러나 우리 대부분은 모든 것을 저울질해 보고 결과를 합리적으로 통제할 수 있는 방식으로 그러한 생각들을 신중하게 따져보도록 훈련받지 않았다." 그러한 훈련 속에서 증진되는 것이 베버가 인지적 합리화라고 부른 것이다. 페미니즘과 치료요법에서는 이러한 인지적 합리화가 감정에 적용된다. 페미니즘과 치료요법은 여성에게 자신의 감정을 관찰하고 행동 패턴을 확인하고 자신의 행동에 숨어 있는 원인 — 보통은 초기 어린 시절의 관계 속에 자리하고 있는 — 을 밝히고 그러한 지식으로 자신의 관계를 통제할 것을 요구한다.

감정의 양화

감정의 객관화는 감정은 고정된 실체이며 따라서 양화되고 평균을 낼 수 있고 균형을 이룰 수 있다는 관점으로 이어진다. 대중문화에서 가장 흔하게 언급되는 진부한 말 중 하나가 관계는 균형을 이루어야 한다는 것이다. 이를테면 포페노 박사는 0점에서 10점까지의 척도 위에 친밀성 수준을 표시함으로써 한 부부가 이 척도상에서 양극화되는 과정을 개략적으로 설명한다. "척도의 한쪽 끝, 말하자면 10점은 상호의존 지향성, 관계 지향성, 일체화 지향성을 나타내고, 다른 쪽 끝은 분리 지향성, 개성 지향성, 차별화 지향성을 나타낸다. 좋은 균형은 대략 5점 주변 어디에 자리한다. 가령 한 커플이 결혼할 때, 여자는 6점으로 가까이 다가가기 쪽으로 약간 기울어져 있고, 남자는 4점으로 거리두기 쪽으로 기울어져 있다고 해보자. 그건 관리 가능한 차이이다. …… 하지만 [여자가] 점점 더 매달리고 요구하는 것이 많아져서 9점 [쪽으로 이동할 수도 있다]. …… 만약 그러한 상황이 오랜 시간 동안 지속된다면, 그녀는 10점에 이르고 그는 0점에 이르게 될 것이다."[109]

일단 수치 은유가 퍼스낼리티와 관계를 특징짓기 위해 사용되면, '서로 균형을 이루고 있는' 감정은 수치 척도에서 '중간' 또는 평균치에 가까워진다. 숫자는 감정과 퍼스낼리티 특성을 평균 낼 수 있다는 관념을 나타내는 은유이다. "감정 없는 이성은 이성 없는 감정과 마찬가지로 매력적이지 않고 건강하지도 않다. 어떤 식으로든 거기에는 균형이 필요하다."[110] '균형' 관념은 심리학자들의 인식론 및 직업적 관심과 밀접하게 관련되어 있는데,

이는 심리학자들이 매우 광범위한 형태의 친밀성과 퍼스낼리티를 문제 있는 것으로 개념화할 수 있게 해주기 때문이다. 균형을 이상적인 것으로 상정하면 온정적임과 냉정함, 소극적임과 적극적임, 대담함과 소심함, 표면에 나섬과 나서지 않음 모두가 똑같이 문제 있는 것이 될 수 있으며, 따라서 치료요법의 잠재적 고객의 범위를 확대하고 '건강한' 감정적 기질의 본질과 관련하여 커다란 불확실성을 도입할 수 있다. 이를테면

> 25년 이상을 부부나 젊은 가족을 대상으로 연구해 온 정신과 의사인 나는 한쪽 파트너 또는 양쪽 파트너에게 이런 종류의 불균형이 결혼생활에서 두 가지 종류의 문제를 낳을 수 있다는 것을 발견했다. 다시 말해 부부 간에 너무 많은 것을 공유하고 공감하는 경우가 있고(그렇다. 실제로 그러한 경우가 너무 많았다!), 반대로 너무 적은 것을 공유하고 충분히 공감하지 않는 경우가 있다. 나는 전자 스타일의 결혼생활을 '뜨겁다hot'고 부르고 후자 스타일의 결혼생활을 '서늘하다cool'고 부른다. 둘 다 문제가 있다. 다행히도 만약 당신이 당신의 결혼생활이 '뜨거운' 경향이 있는지 아니면 '서늘한' 경향이 있는지를 확인할 수 있다면, 당신은 당신의 관계가 우리가 '따뜻한warm' 결혼생활이라고 부르는 안정적인 균형을 이루는 친밀성으로 나아가게 하는 노력을 의식적으로 시작할 수 있다.[111]

'균형'을 이루기 위해 노력하라는 요구는 심리학자들의 직업적 관심에 분명히 봉사하며, 친밀한 관계를 수치적으로 평가하고 평균 낼 수 있는 인지적 대상으로 만든다. 이는 친밀한 유대에 계산 기법들을 이용할 수 있게 해준다.

계산 기법

베버는 합리화를 계산 기법을 한층 더 심층적으로 정교화하는 것으로 특징지을 수 있다고 보았다. 실제로 앞의 사례들이 시사하듯이, 친밀한 삶과 감정은 양적 진술 속에서 포착되기 위해 측정 가능하고 계산 가능한 대상으로 만들어지고 있다. "나는 당신이 다른 여자에게 관심이 있는 것 같으면 불안해진다"라는 진술과 관련하여 내가 10점을 받는다는 것을 아는 것은 아마도 내가 '2점'을 받은 경우와는 다른 자기 인식과 교정 전략을 낳을 것이다. 이러한 종류의 심리 테스트는 사회학자 웬디 에스펠랜드Wendy Espeland와 미첼 스티븐스Mitchell Stevens이 '통약commensuration'이라고 부른 특히 현대적인 문화적 인지 도식을 이용한다.[112] 에스펠랜드가 정의했듯이, "통약은 숫자를 이용하여 사물 간의 관계를 만들어내는 것을 포함한다. 통약은 질적 차이를 양적 차이로 변환하는데, 이때 차이는 몇 가지 공유된 측정 기준에 따라 정밀하게 양으로 표현된다."[113] 심리학과 페미니즘의 후원하에 친밀한 관계는 점점 더 일정한 측정 기준에 따라 평가되고 양화되는 사물이 되어왔다(그런데 이 측정 기준은 심리학자와 심리학 학파에 따라 다르다).

읽고 쓰는 능력을 통한 객관화

역사적으로 읽고 쓰는 능력literacy은 행동을 합리화하기 위한 방침을 정하는 데서 중대한 역할을 했다. 심리학과 페미니즘 역시 읽기와 쓰기를 이용하여 친밀성을 합리화한다.

한 심리학자는 ≪레드북≫에 기고한 글에서 다음과 같이 지시한다. "당신의 파트너로부터 분리감이나 거리감을 느낄 때마다 다른 방으로 가서 당신의 화에서 비롯되는 당신의 감정을 적어 내려가라. 당신의 파트너가 저질렀다고 생각하는 모든 죄에 대해 비난하라—절대로 교정을 보지 마라. 당신은 곧 상처와 슬픔의 조짐이 다가오는 것을 알아차릴 것이다. 계속해서 써 내려가라. 이번에는 당신이 두려워하거나 미안해하는 것들에 대해 써라. 마지막으로, 당신의 파트너에 대한 당신의 사랑과 이해와 용서를 표현하라. 당신은 수많은 긍정적인 감정이 솟아남에 놀랄 것이다—왜냐하면 당신이 부정적인 부분을 이미 쏟아냈기 때문이다. 그런 다음에 당신의 파트너에게 전체 편지를 보여주라."[114]

읽고 쓰는 능력이라는 도구—대중 치료요법 담론은 이 도구를 적극적으로 이용한다—는 감정을 객관화하는 과정을 불러일으킨다. 그 과정에서 감정을 통제하고 전환시키기 위해 감정이 화자의 주관성에서 분리되기 때문에 감정이 외부화된다. 이처럼 읽고 쓰는 능력은 감정을 하나의 대상으로 만들어서 대인 간의 화해를 돕는다. 이를테면 ≪레드북≫은 여성에게 자신의 성적·감정적 삶에 대해 평가할 것을 요구하는 설문지를 출간했는데, 나중에 두 명의 기성 치료요법사가 그 설문지를 자신들의 치료에 활용했다. "우리는 현재 부부가 서로 소통을 더 잘할 수 있게 돕는 치료요법 면담에 레드북 설문지를 이용하고 있다. 부부는 따로따로 답한 후에 반응을 서로 비교하고 자신들의 감정에 대해 토론한다. 한 커플은 우리에게 설문지가 자신들이 어색함에서 벗어날 수 있게 도와주었기 때문에 몇몇 감정적인, 그리고 심지어는 고통스러운 주제들을 다루기 시작할 수 있었다고 말했다. 그들은 일단 긴장을 풀자 답을 작성하는 것이 (심지어는 곤란한 문제를 다루는 경우에조차) 재미있어지기 시작했다고 말했다."[115] 대중문화 속에 등장하는 심리적 조언의 주요한 특징의 하나가 바로 텍스트성을 감정 경험과 밀접하게 관련시키는 것이다. 중세시대를 연구하는 학자인 브라이언 스톡Brian Stock에 의존하여 우리는 텍스트성이 감정 경험의 중요한 부속물이 되어왔다고 말할 수 있다.[116] 위와 같은 '훈련'은 쓰기라는 도구 속에 감정을 '가둠'—감정 경험과 그 감정에 대한 그 사람의 인식 사이에 거리를 만든다는 의미에서 – 으로써 감정적 삶을 조직화하고 변화시킨다. 만약 읽고 쓰는 능력이 말을 ('듣는 것'이 아니라) '보는 것'으로 만들어서 말하는 행위로부터 말을 탈맥락화하는 도구를 통해 구어를 문어로 바꾸는 것이라면, 읽고 쓰는 훈련은 감정이 원래의 맥락에서 분리된 후에도 남자와 여자가 자신들의 감정을 성찰하고 토론할 수 있게 해준다는 점에서 마찬가지로 감정의 탈맥락화를 가져온다. 감정을 관리하기 위해 감정에 이름을 부여하는 성찰적 행위는 감정의 휘발성, 일시성, 상황성을 고정시키는 존재론을 감정에 제공한다.

화 관리와 '갈등 해결'에 관한 워크숍을 진행하는 35세 여성 일레인Elaine은 친밀한 관계에서 읽고 쓰는 능력을 이용하는 하나의 사례를 제공한다. 그녀는 자신이 남편과 의견 차이를 보이는 불쾌한 부분에 대해 어떻게 소통하는지를 설명한다. "나는 남편에게 특정한 일을 하지 말아 달라는 말을 전하는 메모를 써요. 이를테면 그가 설거지를 하고 나서 싱크대는 치우지 않았다든지 할 때 그렇게 해요."

> 면접자: 정확히 뭐라고 쓰는지 말해줄 수 있나요?
>
> 일레인: 그런 거 있잖아요. 나는 뭐 이런 식으로 써요. "밥Bob, 내가 싱크대까지 말끔하게 치우라고 여러 번 부탁했는데, 이 간단한 부탁도 안 들어주는 것 같아. 깨끗하게 해놓지 않으면 화낼 거야."
>
> 면접자: 당신은 쓰는 것과 말하는 것 간에 차이가 있다는 것을 발견하나요?
>
> 일레인: 그럼요. 난 글로 쓸 때 메시지를 더 잘 전달할 수 있다고 생각해요. 말로 할 때에는 왠지 모르지만 일이 더 복잡해지잖아요. 이러저러한 감정에 휩싸여서 때로는 하려고 했던 말도 하지 못하고요.

잭 구디Jack Goody와 이안 와트Ian Watt에 따르면, 읽고 쓰는 능력은 말과 생각을 탈맥락화하고 말하는 행위로부터 말의 규칙을 분리시킨다.[117] 나는 비슷한 일이 여기서도 일어나고 있다고 주장한다. 읽고 쓰는 능력에 가두어져 있을 때, 감정은 관찰되고 조작되는 대상이 된다. 감정에 대해 읽고 쓰는 능력은 사람들로 하여금 경험의 흐름과 비성찰성으로부터 빠져나와 감정 경험을 단어로 변화시키게 한다. 그 과정에서 사람들은 감정을 그 감정의 외양을 유발한 구체적인 상황과 분리된 냉정한 인식으로 변형시킬 것을 요구받는다. 월터 옹Walter Ong은 인쇄가 서양 사상에 미친 영향에 대해 논하면서 다음과 같이 쓰고 있다. "인쇄는 종결 의식—텍스트에서 발견된 것은 마무리 지어진 것, 즉 완결 상태에 도달한 것이라는 느낌—을 조장한다. …… 글쓰기는 생각을 서면 상태로 고립시켜 어떤 대화자와도 분리시킴으로써, 즉 그러한 의미에서 발언을 자율적이게 그리고 공격에 무관심하게 만듦으로써, 발언과 생각을 그 밖의 다른 어떤 것과는 관련되어 있지 않은, 여하튼 독립적이고 완결된 것으로 제시한다."[118] 옹은 더 나아가 읽고 쓰는 능력이라는 이데올로기가 '순수 텍스트pure text'라는 관념, 즉 텍스트가 하나의 존재론을 가진다는 관념, 다시 말해 텍스트의 의미는 저자의 의미와 맥락으로부터 분리될 수 있다는 생각을 낳았다고 주장한다. 이와 유사하게 감정을 언어 속에 가두어놓는 것은 '순수 감정pure emotion'이라는 관념, 즉 감정은 여하튼 자아 안에 갇혀 있는 분명한 별개의 실체라는 관념, 다시 말해 감정은 전유 작업에 의해 조종되고 변경될 수 있다는 관념을 낳는다.

치료요법 에토스가 주입한 새로운 감정 규율에 의해 감정은 인지적으로 이해할 수 있는 대상으로 만들어져서 하나의 포괄적인 형태의 합리성—내가 소통 합리성이라고 부르는 것—에 도달하기 위해 조작된다. 감정통제, 자신의 가치와 목표의 명료화, 감정의 객관화 모두는 친밀한 관계의 합리화라는 보다 광범한 과정을 나타낸다.

열정 냉각시키기

앤서니 기든스Anthony Giddens는 친밀성이 현대의 모습으로 변화해 온 것을 평등과 해방을 향한 하나의 움직임을 표현하는 것으로 해석해 왔다.[119] 그러나 기든스의 분석은 불행하게도 너무나도 자주 (친밀성은 평등에서 비롯된다는) 심리학적 신념을 반복할 뿐이며, 자신이 묘사하고자 하는 그러한 변화가 초래하는 사회적 결과를 심문하는 데 실패했다. 치료요법 언어는 그간 친밀성의 언어를 어떻게 변화시켜 왔는가? 나는 여러 해 동안 치료요법사들과 치료요법 처치를 받은 사람들을 인터뷰했다. 왜냐하면 치료요법 언어가 친밀성 개념과 관행을 틀 짓는다면, 그들이 그 변화과정을 가장 잘 예증해 줄 것이라고 가정했기 때문이다.

매슈Matthew는 54세의 학자로, 이혼 후에 5년간 치료요법 처치를 받았다. 그는 7년 전에 여성 치료요법사와 재혼했다.

면접자: 앞서 [당신의] 두 번째 부인이 소통에 대해 그러한 이상적인 관념을 가지고 있다고 언급했는데, 그게 무슨 뜻이었나요?

매슈: 그런데 나는 그녀가 그런 이상을 가지고 있다고 생각하지 않아요. 그녀는 소통이 부정적일 수 있다는 것을 알고 있거든요. 나는 그녀가 추상적으로 그러한 이상을 받아들이는 것이지, 실제로는 그렇지 않다고 생각해요. 내 생각에, 그녀는 부정적인 소통을 다루는 데 얼마간 문제가 있어요. 그것 말고는, 전체적으로는 예, 그래요…….

면접자: 만약 당신이 소통한다는 것이 무엇인지, 사람들이 소통할 때 무엇을 하는지, 그 사람들 안에서 무슨 일이 일어나는지, 그들이 어떤 것에 대해 이야기하는지, 그리고 그러한 소통이 그들에게 그 후에 어떤 영향을 미치는지를 누군가에게 설명해야 한다면, 어떻게 설명할 건가요?

매슈: 이론적으로 말하면, …… 내가 원하는 것과 원하지 않는 것, 내가 필요로 하는 것과 필요로 하지 않은 것을 마음속으로 분명하게 알고 있고 내가 상대에게 그것을 전달할 수 있다면, 우리는 얼마간의 갈등과 그 후의 협상을 통해 우리 둘 다 자신의 욕구를 더 많이 충족시킬 수 있는 상황에 도달하는 더 좋은 기회를 가질 수 있을 겁니다. 갈등은 "나 그거 하고 싶지 않아, 나는 저거 하고 싶어" 또는 "나는 그거 필요 없어, 나는 저게 필요해"라고 말할 때 일어나죠. 그렇지만 각 파트너가 그 과정에서 동등한 권한을 가지고 있다면, 두 가지 일이 일어날 것으로 예상됩니다. 하나는 일종의 최적 상태입니다. 그러니까 모두가 더 좋은 결과에 도달하게 되는 경우이죠. 이 경우에는 문제가 해결되지 않더라도, 그들이 얼마간 부분적으로 성취한 것에 근거하여 행동하고, 그리고 성취하지 못한 것은 우리가 도달하기에는 너무 먼 곳에 있다고 인식하기 때문에 더 참을 수 있게 되죠. 다시 말하지만, 일종의 최적 상태입니다. 완벽하지는 않을 수 있지만, 20%가 해소되지 않았다고 하더라도, 그것은 우리가 서로에게 소리를 지르고 90%가 해소되지 않은 채 서로 싸우는 다양한 '디스토피아적' 모델과는 대비되죠.

면접자: [디스토피아적 모델의_옮긴이 추가] 예를 하나 들어주실래요?

매슈: 그건 긍정과 부정을 함축하는 말로 상대방에게 자신의 반응을 자주 표현하는 거죠. 이를테면 "나는 당신이 그렇게 하는 것이 좋아", "나는 당신이 그렇게 하는 게 고마워", "그건 나를 불편하게 해", "그렇게 하면 나는 즐겁지 않아", "당신이 나의 조건을 더 충족시켜 주고 내가 당신의 조건을 더 충족시키려고 노력할 수 있는 방법을 찾을 수 있을까", "나는 이런 식의 말들이 갈등을 100%를 해결할 것이라거나 그러한 말들 자체가 다른 종류의 문제를 일으키지 않을 것이라고 보는 것은 환상이라고 생각해" 등등. 갈등에 대한 실례를 하나 들어줄게요. 내 아

내가 "당신 싱크대 치우지 않았네!"라고 말할 때 집에는 얼마간의 긴장감이 감돌아요. 나는 내가 80%나 90%는 치운다고 생각하거든요. 그 말을 들을 때면 나는 점점 더 엄마의 잔소리를 듣는다고 느껴요. 아내는 "당신은 내가 무슨 말을 못하게 해"라고 말하고, 나는 거기에 대고 "무슨 소리야, 당신이 말해서 내가 속상해하고 있잖아"라고 말해서 아내를 좌절시키죠. 그녀는 "그럼 내가 당신을 속상하게 만들지 않고 당신에게 이 말을 할 수 있는 방법이 있을까?"라고 말해요. 나는 1년 전인가 2년 전쯤에 그것에 대해 생각해 보고 이렇게 말한 적이 있어요. "아마 없을걸. 그러니까 당신이 선택할 수 있는 건 말을 하지 않거나 내가 화낼 걸 뻔히 알면서 말하는 거야. 그런데 그게 당신이 지불해야 할 대가야. 아마도 나는 화를 낸 다음에야 내 행동을 고치려고 할 거니까 말이야." 최근에 우리는 또 한바탕 싸웠고, 그것은 그녀를 우울한 상태에 빠지게 만들었어요. 그런데 이번에는 내가 관계를 바라볼 수 있었어요. 우리 관계는 매우 견고했지만, 관계를 둘러싼 갈등도 많았어요. 그래서 나는 애써 생각했죠. 소통에 대한 그간 나의 반응이 더 이상 생산적이지 않아 보였기 때문에, 나는 그 모델을 한 단계 더 진전시킴으로써 어떤 순간에도 대처할 수 있는 하나의 방법을 찾을 수 있었어요. 나는 마침내 클립보드를 두자고 제안했어요. 말로 하는 대신에 우리는 서로에게 메시지를 쓸 작정이었거든요. 진심으로 쓸 수도 있고 풍자적으로 쓸 수도 있지만, 이메일처럼, 우리는 즉각은 아니지만 준비가 되면 파일을 열어보고 그 메시지에 대해 생각해 보고 그 생각을 반영할 수 있으니까요. 수업 시간에 생각해 봤더니 …… 내가 상대의 지랄을 받아주려 하지 않고 상대가 나의 지랄을 받아주려 하지 않는 바로 그 지점에서 우리가 싸웠더군요. …… 그건 말 그대로 내가 사회학 사례에서 오래된 아이디어를 끌어내서 일종의 완충장치로 사용하려고 생각해 낸 방법이죠. 우리는 한동안 그렇게 해왔어요. 나는 그 방법이 모든 문제를 해결한다고 생각하지는 않지만 적어도 우리의 레퍼토리를 확장시켰다고 생각해요.

면접자: 클립보드의 메모는 어떤 역할을 하나요?

매슈: 메모는 상대가 내 앞에 있지 않더라도 소통할 수 있게 해주죠. 그러니까 메모는 상대가 내 얼굴 앞에서 말하지 않더라도 들을 수 있는 자유를 줍니다. 그것이 바로 글로 쓴다는 것이 갖는 일종의 상징적 가치입니다. 왜냐면 우리 둘 다 글을 쓰기 때문이죠. 그리고 그것은 어른의 행동이지 어린아이 같은 행동이 아니기 때문입니다. 그것은 '교육적인' 행동입니다. 이 방법은 집단 문화의 일부를 포착해 주고 어린아이 같은 충동적인 반응이 갖는 속성을 다소 약화시켜 주는 구석이 있습니다. 우리는 당분간은 이 방법을 사용할 겁니다. 그러나 나는 이것이 흥미로운 경험이라고 생각해요. 왜냐면 우리 둘 중 어느 한 사람이 자신의 목소리를 내지 않는다면, 그건 이 다른 채널[메모_옮긴이]이 있기 때문이죠.

면접자: 상대방의 말을 듣는 것이 어째서 하나의 장애물이 되나요?

매슈: 왜냐면 내 생각엔, 상대방의 말을 듣고 있자면, 우리가 예전에 쓰던 유치한 모델들이 생각나기 때문이죠. 그 모델들은 탐탁찮기도 했고 효과도 전혀 없고 뭐 그랬어요. 내가 그녀를 대변할 수는 없지만, 나는 확실히 그랬어요. 나는 특히 내가 나의 어머니에 의해 통제받았다고 생각해요. 그리고 나는 아내가 내게 하는 말을 들을 때면, 꼭 나의 어머니가 말하는 것 같아요. 나는 우리가 함께 살았던 세월 내내 아내가 자기 아들에게 그런 식으로 말하는 것을 본 적이 없어요. 나는 가끔 그녀에게 가능한 한 조용히 그 얘기를 했고, 그러면 그녀는 부정하거나 "그렇지만 내 아이들은 당신이 하는 것과 같은 행동을 내게 한 적이 없

잖아"라고 말해요. 그러면 나는 "그럴지도 모르지"라고 말하고 나서 진정하려고 하거나, 만약 화가 났을 경우에는 "그건 사실이 아니지"라고 말하고 그녀에게 지지 않으려고 해요. …… 나는 남자아이들이 훨씬 더 수동적인 방식으로 소통하는 것을 봐요. 그리고 최근에 우리는 나의 딸이 그런 말하기 방식에 대해 자신이 느끼는 양가감정을 어떻게 말로 표현할 필요가 있는지와 관련해 얘기하기 시작했는데, 내 아내는 "나는 그런 말에 진절머리가 나. 만약 당신이 그렇게 하고 싶다면 당신은 그렇게 해. 하지만 나는 그냥 하던 대로 말할 거야"라고 말해요. 나는 그 말에 대해 생각해 보았고, 아내는 "글쎄, 그건 당신 가족 문화이고 내 가족 문화는 달라……"라고 말했어요. 나는 "좋아, 적어도 그건 표면적으로는 얼마간 중립적이지만 우리는 각자 우리의 문화가 더 낫다고 말하고 있는 거야"라고 말했죠. 그러나 나는 그게 뭘 말하는 건지 생각하기 시작했어요. 그리고 내 생각에, 내가 아내의 말로부터 느낀 것은 우리가 가지고 있는 친밀성 모델이 다르다는 거였어요. 아내의 친밀성 모델은 "나는 나를 괴롭히는 것을 당신에게 말할 거야. 그런 다음 나는 갈 거니까 알아서 해결해"라면, 나의 모델은 "나는 나를 괴롭히는 것에 대해 당신과 이야기하고 싶어. 나는 당신과 그걸 공유하고 싶어. 둘이 얼마간 문제를 확인하고 그 문제를 해결할 새로운 방법을 찾을 수 있지 않을까 해서 말야"라는 거죠. 그럼 그녀는 충동적으로 이렇게 말하죠. "우리 전에도 그런 얘기를 했는데, 왜 우리가 다시 그것에 대해 얘기해야 해?" 그녀는 이런 식으로 말해요. "당신은 당신이 느끼는 것은 무엇이든 말해야 해. 왜 화가 났는지, 그래서 당신이 무엇을 할 수 있는지에 대해서도." 우리가 일반적으로 싸우는 패턴 중 하나는 아내는 내가 자신의 말을 듣지 않는다고 말하고, 나는 아내가 화가 났을 때 아내가 "이제는 다 괜찮아"라고 말하게 만들려고 노력하는 것이죠. 내가 예전에도 그런 식으로 해왔기 때문에, 나는 사태가 어떻게 전개될지를 알고 있어요. 내가 아내의 화를 참지 못하고, 그래서 아내가 폭발하면, 나는 결국 그녀를 공격하고 그녀에게 그녀가 틀렸고 내가 옳다고 말하게 하려고 해요. 그중 일부는 분명히 좀 더 건설적인 방법을 찾기 위한 나의 투쟁의 일부입니다. 나는 그녀가 내버려두고 있는 그녀만의 문제를 가지고 있다고 생각해요. 우리는 사실 아주 다른 친밀성 모델을 가지고 있을 수도 있어요. 나는 친밀성에는 화를 표현하는 다양한 방식이 포함되어 있을 수도 있다고 생각해요. 아내는 내가 목소리를 높이면 매우 화를 내요. 그러나 최근 몇 년 동안 내가 불만을 말로 표현하려고 할 때면 그녀가 자주 "나 그 말 들었어. 당신 전에도 그렇게 말했잖아"라고 말한다는 것을 나는 알아챘어요. 그러면 나는 계속해서 말해요. "그런데 그건 아니지. …… 옛날 영화를 틀어놓는 건 공정하게 싸우는 게 아니지. 당신은 내가 매번 똑같은 얘기를 하고 있다고 말해. 그건 모독이고, 당신은 나를 화나게 만들고 있어." 그럼 아내는 "당신이야말로 그 얘기를 계속해서 나를 화나게 하고 있어"라고 말해요. 내가 생각하기에, 아내는 스스로 결점이라고 규정하지 않는 한 자신의 결점을 받아들이지 않는 문제를 가지고 있어요. 내가 그 문제를 비판하기는 하지만, 아내로서는 그 사실을 얼마간 받아들인다는 건 매우 어려운 일이죠. 내가 아내에게 그녀가 틀렸다고 말하게 만들려는 것과 동일한 방식으로, 아내는 또한 내가 틀렸고 자신이 옳다고 말하도록 만들려고 하죠. 단지 메커니즘이 다를 뿐이죠. 그녀와 싸울 때 일부 불공정한 점은 그녀는 집에서도 마치 자신이 치료요법사이기나 한 것처럼 치료요법사의 망토를 사용한다는 겁니다. 그러니까 우리가 싸우는 도중에 그녀는 치료요법 담론을 끌어들여요.

이 인터뷰 인용문에는 주목할 가치가 있는 것이 많이 포함되어 있다. 첫째, 이 남자는 다른 모든 인터뷰 응답자들과 마찬가지로 명확하고 적절한 말하기 패턴, 자기 인식, 다른 사람의 관점에서 자신을 바라볼 수 있는 능력, 다른 사람과 타협할 수 있는 능력을 포함하고 있는 하나의 분명한 소통 모델을 가지고 있다. 둘째, 치료요법 용어와 서사가 넘쳐난다(이를테면 그는 아내와의 갈등을 어린 시절 갈등의 재현으로 본다—"그녀는 그녀만의 문제를 가지고 있다"). 그의 설명에서는 감정과 감정 관리가 아내와의 관계에서 최전선에 위치한다. 이것은 치료요법이 내적 성찰, 감정 표현, 그리고 감정에 대한 자기 모니터링이 중요한 역할을 하는 새로운 남성성 모델을 만들어낸다는 것을 예증한다. 하지만 이러한 새로운 형태의 남성성은 높은 언어 구사 능력과 자기관리가 중요한 역량으로 요구되는 직업을 가진 사람들 사이에서 발견될 가능성이 크다(제6장을 보라). 셋째, 이 남성은 자신의 감정과 자신이 감정을 전달하는 방식에 대해 지속적으로 모니터링하고 있다는 점에서 성찰성을 분명하게 보여준다. 게다가 이 인터뷰는 언어—더 정확히 말하면, 메타언어적 소통 모델(소통에 관한 하나의 모델)—가 어떻게 관계에서 중심을 이루고 또 관계에서 문제가 되는지를 보여준다. 이를테면 매슈가 자신의 아내와 말다툼을 하는 원인 중 하나는 그들 각자가 싸우고 화를 표현하는 방식과 관련되어 있다. 그들의 말다툼에서 문제가 되는 것은 서로가 의식적으로 가지고 있는 서로 대비되는 각각의 감정 양식이다. 이는 소통 모델이 적어도 중간계급 성원들 사이에서는 매우 독특하고 잘 확립되어 있는 문화적 인지 도식임을 시사한다. 넷째, 이 인터뷰 응답자와 그의 아내는 모두 치료요법 용어와 기법에 매우 정통하다. 하지만 그러한 친숙함은 갈등을 피하는 데 도움이 되기는커녕 오히려 갈등 가능성을 증가시킬 뿐인 것으로 보인다. 왜냐하면 성찰성은 만족시켜야 할 끝없는 욕구의 고리—**소통이 어떻게 이루어져야 하는지**에 관한 모델—를 창조해 내고, 관계를 평가하고 측정하고 비판하는 평가 표준을 예리하게 만들기 때문이다. 자신들의 갈등이 어린 시절의 경험에서 나온다는 이 부부의 견해는 그들의 갈등을 설명하고 물화하는 데 도움을 준다. 게다가 매슈의 아내가 매슈가 동의하지 않는 잘 짜인 갈등 해결 모델을 가지고 있다는 바로 그 사실은 또 다른 의견 불일치 영역을 만들어낸다. 마지막으로, 이 남자의 친밀한 삶이 어째서 감정과 자기 통제로 가득 차 있는지에 주목하라. 실제로 매슈가 말하듯이, 매슈 자신은 자신의 생각, 감정, 행동을 통제하기 위해 대단한 시도들을 한다. 그는 자신의 감정 양식을 통제하는 능력을 향상시키기 위해 (클립보드에) 글로 쓰는 데 의지하고 있는데, 이 기법은 대면적 상호작용에 존재하는 반발성과 즉흥성을 줄이고 그의 즉각적인 감정적 반응과 그의 목적 간에 거리를 만들어내는 것을 분명한 목적으로 하고 있다. 이처럼 이 인터뷰가 드러내고 보여주는 것은 밀도 높은 감정성과 감상의 합리화 과정 사이에서 갈피를 잡지 못하는, 현대 친밀성에서 나타나는 상충하는 문화적 구조이다. 제6장에서 보다 분명하게 제시하는 것처럼, 이러한 문화적 구조는 노동계급보다 중간계급을 특징지을 가능성이 크다.

42세의 소통 상담사인 마거릿Margaret과의 인터뷰는 이러한 역학관계를 보여주는 또 다른 사례이다.

> 마거릿: 예, 우리는 기준 같은 걸 가지고 있고, 평소에도 말다툼을 해요. …… 실제로 우리는 늘 한 가지만 가지고 싸워요. 그게 좀 재미있기는 해요. 그리고 나는 그게 내가 남편을 당황하게 하거나 기분 나쁘게 하는 말이나 어떤 것을 하는 것과 관련되어 있다는 것을 알았어요. 나는 대체로 다른 사람들 앞에서 그렇게 해요. 그러면 그는 우리가 어디에 있든 간에 매우 유치해지고 공격적이 되고, 저녁 시간이 끝날 때까지 호스트나 손님과 말을 하지 않아요. 그럼 나는 그와 함께 차에 타서 그

에게 무슨 문제가 있는지 물어봐요. 왜냐면 그는 그걸 표현하지 않기 때문이죠. 그리고 그는 마침내 나한테 소리치고 내가 바로 그를 불쾌하게 만든 사람이라고 말하죠. …… 그러면 보통 나는 기본적으로 상황을 더 합리화하기 위해 "내가 3일 전에도 X라고 말했는데 당신 기분 나빠하지 않았잖아. 오늘 밤에는 대체 왜 그러는 거야?"와 같이 말해요. 그리고 결국 상황은 내가 그에게 입을 꼭 다무는 것으로 끝나요. 왜냐면 그는 나를 개인적으로 공격하지만 왜 그러는지는 말하지 않기 때문이죠. 그가 원하는 것이라고는 내가 사과하고 똑같이 유치해지는 것뿐이니까요. 나는 당시에 그에게 상처를 줄 어떤 일도 하지 않았고, 그를 상처받게 하려는 의도도 전혀 없었으니까요. 전혀 그런 생각을 한 적이 없었어요. …… 나는 결과에 대해서는 사과해요 — "당신이 그렇게 기분 나쁘다니 미안해. 이런 일이 벌어질 줄은 정말 몰랐어." 하지만 그는 내가 "내가 X라고 말해서 미안해"라고 말하기를 원해요. 나는 내가 한 일에 대해서는 사과하지 않아요. 나는 종종 결과에 대해 매우 미안해할 수는 있지만, 내가 한 일에 대해서 미안해할 순 없어요. 그 일들은 작은 어리석은 말다툼이지만, 그 말다툼이 점점 더 커져서 우리는 그것 때문에 2~3일 동안 말을 하지 않기도 해요. 그런 일이 자주 일어나는 건 아니에요. 지금은 6개월에서 1년마다 한 번 정도 일어나죠. 부분적으로는 그가 많이 변했기 때문이에요. 나는 내가 많이 달라졌다고 생각하지는 않아요. 그러나 그는 부당하다고 생각할 때 훨씬 더 목소리를 내는 쪽으로 바뀌었어요. 나는 그가 자존감이 아주 높지는 않지만 점점 높아지고 있다고 생각해요. 그는 이제 그럴 때면 "당신 왜 그렇게 말했어?"라고 말하곤 해요. 나는 그게 아주 좋아요. 우리가 그러한 일에 대해 서로 이야기할 수 있으니까요. 이게 우리가 말싸움하는 방식인데, 우리는 얼마 전에도 한번 싸웠어요. 내가 그 일을 기억하는 이유는 크게 다투었기 때문이죠. 나는 그가 나를 비이성적으로 대할 때, 도저히 그와 대화할 수가 없어요. 그는 내가 사과하기를 원하는데, 나는 도저히 그에게 사과할 수 없어요. 나는 그 뒤에 뭔가가 있다고 확신해요. 하지만 우리는 그것 때문에 싸워요. 아니 오직 그것 때문에만 싸워요. 다른 모든 것은 우리가 말로 해결할 수 있어요. 심지어 청소에 관한 것까지도요. 나는 언젠가는 그와 함께 앉아서 "저기에 널브러져 있는 당신의 온갖 쓰레기가 나에게 X를 느끼게 해"라고 말하게 될 겁니다. 우리는 실제로 거기까지 도달하겠지만, 아마도 결코 싸움이 해소되진 않을 겁니다.

여기서도 다시 치료요법적 문화적 틀이 이 여성의 갈등에 대한 인식을 구조화하고 있다. 이 여성은 남편의 문제를 '자존감'의 문제로 이해한다. 이전의 인터뷰와 마찬가지로 이 여성의 경우에도 싸움은 공정한 말하기 절차에 의해 억제되고 규제되어야 한다. 여기서도 역시 싸움은 싸움의 올바른 절차와 관련되어 있다. 마지막으로, 이 인터뷰 역시 친밀한 사회적 유대 내에 합리적 행동 모델이 어떻게 깊이 각인되어 있는지를 잘 보여준다.

우리는 그러한 합리화의 결과를 어떻게 해석해야 하는가? 나는 호르헤 아르디티Jorge Arditi와 앤 스위들러Ann Swidler가 요약한 짐멜Simmel의 소외 이론에 준거하여 이 질문에 대해 논의할 것이다.[120] 아르디티가 설명하듯이, 짐멜은 소외 이론을 정식화했다. 그 이론에 따르면, 개인적인 삶의 피폐화는 세계에 대한 우리의 직접적인 무매개적 경험과 그 세계를 이해하기 위해 (말하자면 우리의 경험 밖에서) 생산되는 점점 더 이해하기 어려워지는 대상과 관념의 세계가 점점 더 분리된 결과이다. 짐멜이 볼 때, 우리가 방대하고 복잡한 객관적 문화를 창조할 때, 우리의 문화가 분명 그러하듯이, 우리는 그러한 대상들이 의미 있게 남아 있는 데 필요한 통일성을 상실한다. 아르디티는 짐멜에 따르면 우리의 경험이 실존적으로 의미 있게 남아 있기 위해서는 경험의 대상과 주체가 고도로 합체되어야 한다고 주장한다. 따라서 짐멜이 볼 때, 사랑한다는 것은 상대방을 직접적이고 완전하게 이해하는 것을 의미한다. 이는 사랑하는 사람과 사랑받는 사람 간에는 어떤 사회적·문화적 대상도 놓여 있지 않으며, 사랑의 경험에서는 지적 대상이나 외적인 문화적 대상이라는 요인이 어떠한 역할도 하지 않는다는 것을 의미한다. 무합리적인 것the nonrational은 지적 구성물에 의해 매개되지 않은 채로 대상에 의미를 직접 귀속시키는 것을 가능하게 하는 것이다. 우리가 누군가를 사랑할 때, 우리는 그 또는 그녀를 하나의 전체로서 경험하는 것으로부터 파생되는 의미를 그 사람에게 부착한다. 그런 다음에야 비로소 우리는 그 타자의 실존적 특수성을 포착하고, 그 또는 그녀와 합체될 수 있다. 아르디티가 적절하게 표현했듯이, 지적 경험 — 베버가 합리성의 본질로 보았던 — 은 필연적으로 나와 대상 간에 거리를 만들어낸다. 짐멜이 볼 때, 현대 사회가 점점 더 합리화됨에 따라 주체와 대상 간의 거리가 크게 증가한다. 여기서 아르디티는 짐멜을 해석하면서 사회적 거리는 공통적인 특성의 부재에서 비롯되는 것이 아니라 그러한 공통적인 특성이 지닌 추상성에서 비롯된다는 매우 흥미로운 관념을 제시한다. 이를 약간 다르게 표현하면, 거리감remoteness은 사람들이 표준화된 언어, 즉 관계를 포착하고 이해하는 추상적인 방법을 공유한다는 사실에서 파생한다. 다시 말해 우리가 친밀한 관계를 표준화하고 그 관계에 대해 이야기하고 일반적인 방식으로 그 관계를 관리하는 문화적 기법을 점점 더 많이 가진다는 사실은 친밀한 관계를 만들어내는 능력 — 즉, 주체와 대상 간의 합체, 다시 말해 양자의 융합 가능성 — 을 약화시킨다. 관계가 점점 더 일반화되고 지성화되면, 사랑은 무매개적 특성을 잃게 되고, 감정과 사랑의 대상 모두는 자아의 내적 경험과는 맞지 않는 용어들로 해석되게 된다. 이러한 분석이 다시 시사하는 것은, 사적인 것은 정치적일 뿐만 아니라 현대의 감정 정치에 의해 크게 바뀌기도 한다는 것이다.

결론

치료요법 문화는 표면상으로는 우리를 무력하게 만드는 기술적·관료제적 탈주술화에 대한 하나의 반발이다. 치료요법 문화는 개인의 독특성, 쾌락, 내적 성찰을 강조하기 때문에 겉으로 보기에는 메마른 기술 세계에서 의미와 감정을 되찾기 위한 방대한 문화적 노력의 일환이다. 하지만 내가 여기서 밝혀온 과정은 아주 다르다. 치료요법은 내면적인 것과 감정에 관한 풍부하고 정교한 어휘를 이용할 수 있게 하는 동시에, 감정생활의 표준화와 합리화도 예고해 왔다. 치료요법 담론의 문화적 독창성은 그 담론이 낭만적 유대의 강렬한 감정화를 통해 감정을 합리화했다는 데 있다. 기업의 경우에서와 마찬가지로, 관계를 더 '감정적'으로 만드는 작업은 관계를 더 합리적으로 만드는 작업과 동시에 진행되었다. 따라서 친밀성의 영역에 관한 연구는 내가 앞 장에서 해명하기 시작한 '감정 자본주의'의 이면에서 작동하는 과정, 즉 사회적 관계를 다루기 위해 감정적인 문화 모델과 경제적인 문화 모델이 서로 뒤얽히고 서로를 강화하는 과정을 폭로한다.[121]

치료요법 문화는 자아에 필수적인 감정에 대해 성찰적인 자세를 취하고 자신의 감정을 자유롭게 통제할 수 있는 모델을 상정함에도 불구하고, 역설적이게도 감정과 행위를 분리시키는 데 한몫해 왔다. 치료요법 담론은 감정 표현을 지배하는 규칙들을 성찰적으로 학습해야 한다고 주장함으로써, 감정적 삶을 (특히 중간계급의 성원에게서 그리고 어쩌면 여성에게서 특히 훨씬 더) 자아를 절차적·성찰적으로 모니터링하는 문제로 만들었다. 나는 바로 이 지점에서 서로 다른 감정 문화 범주 간에 주요한 차이가 만들어질 수 있다고, 즉 중간계급 남성과 여성의 감정 문화와 노동계급 남성과 여성의 감정 문화 간에 차이가 발생할 수 있다고 주장한다(제6장을 보라). 실제로 제6장에서 분명하게 밝혀지듯이, 우리 사회의 감정 단층선은 남성의 감정성과 여성의 감정성의 차이보다는 노동계급 성원과 중간계급 성원 간의 차이와 더 관련되어 있을 수도 있다. 감정 차이는 감정 내용—느끼는 감정이 무엇인지—보다는 감정 규칙과 감정 양식—서로 다른 사회집단의 성원이 감정 영역에 관여하거나 관여하지 않는 방식—과 더 관련되어 있을 수 있다. 중간계급의 감정 문화는 강렬한 자기반성과 성찰성에 의해 특징지어져 왔으며, 그러한 성찰성이 여성 사이에서 더 두드러지기는 하지만, 남성도 이 장에서 기술한 친밀성의 합리화에 동참하고 있다. 이는 다시 우리에게 이성理性의 문제를 축으로 하여 젠더 분할을 생각하는 방식을 수정할 것을 요구한다. 제네비브 로이드Genevieve Lloyd—그리고 다른 페미니스트 학자들—는 오랫동안 남성의 관점과 이성이 동일시되어 왔다고 주장해 왔다.[122] 남성이 이성을 행사하는 방식은 이성과 감정의 분리 및 도구적 이성의 지배로 특징지어진다. 그러나 이 장에서 제시한 바와 같이, 사적 영역의 강도 높은 합리화는 중간계급 여성의 감정 문화가 고도로 합리화되었을 뿐만 아니라 중간계급 남성의 합리성도 감정과 깊숙이 얽혀 있음을 보여준다. 내가 다음의 두 장에서 보여주듯이, 치료요법이 제공한 문화 모델은 점점 더 젠더 중립적인 서사를 향해 나아가고 있고(제5장), 행위자들이 사회적 투쟁에서 이용하는 자원의 성격 자체를 변화시킨다.

제5장

고통의 승리

그[후원단체 지도자]는 항상 두 번째 세션을 기다렸다. 본론으로 들어가서 모든 것을 가치 있게 만든 비밀을 폭로하기 시작하는 시간 말이다. 물론 상처 입은 사람들이 치유되고 새로운 삶을 향해 첫걸음을 내딛는 것을 보는 과정 자체도 가치 있었지만, 그가 진정으로 사랑한 것은 스토리들이었다. 그 앞에서 삶의 의미심장한 패턴이 마치 태피스트리처럼 풀린다. …… 아마도 그 수업은 사람들이 다시 마음을 다잡는 것을 돕기 위한 뜨개바늘이었을 것이다. 조금은 더 산만했지만, 이번이 더 흥미로웠다.

_케이트 해리슨Kate Harrison*

계속해서 고통을 주는 것만이 기억에 남는다.

_니체**

내게는 진실의 내부에서 허구가 작동하게 하는 것이 가능해 보인다.

_미셸 푸코Michel Foucault***

1859년에 사무엘 스마일스Samuel Smiles는 널리 알려진 『자조(자기계발)Self-Help』라는 책에서 낮은 신분 출신이면서도 부와 명성을 얻은 남성들에 대한 일련의 전기를 제공했다(자기계발은 남성적이었고, 여성은 성공과 자립에 대한 서사에서 거의 또는 전혀 어떠한 자리도 차지하지 못했다). 엄청난 인기를 얻은 그 책에서 스마일스는 빅토리아 시대의 개인적 책임 관념에 관한 하나의 강력한 주장을 펼쳤다. 진보에 대한 19세기적 믿음을 특징짓던 낙관주의와 도덕적 주의주의moral voluntarism 속에서, 스마일스는 "대중의 머리 위에 우뚝 서서 자신과 다른 사람들을 구별할 줄 아는 개인들의 정력적인 행위에서 자기계발의 정신"을 떠올렸다. 그는 그러한 사람들의 삶은 높은 수준의 사고를 하게 하고, 의연한 활동, 성실함, 그리고 "진정으로 고귀하고 남자다운 성격"의 전형이라고 썼다. 스마일스는 계속해서 "자기계발의 능력은 각자가 혼자 힘으로 성취할 수 있는 능력"이라고 말했다. 따라서 자기계발은 "가장 비천한 남자들조차도 스스로 훌륭한 역량과 확고한 평판을 만들어낼 수 있게 해주기" 때문에 확실하게 민주적인 함의를 지니고 있었다.[1]

약 60년 후에 프로이트는 제1차 세계대전으로 인한 트라우마의 한가운데서 동료 정신분석학자들에게 연설하면서, 정신분석학에 다가올 과업에 대해 거창하지만 비관적인 비전을 이렇게 제시했다. "세상에 존재하는, 그리고 어쩌면 존재할 필요가 없을 수도 있는 엄청난 양의 신경증적 고통과 비교해 볼 때, 우리가 없앨 수 있는 고통의 양은 거의 무시할 수 있을 만큼 적다. 그 밖에도 우리의 존재를 필요로 하는 사람들이라는 측면에서 보면 우리의 일은 부유한 계급에만 한정된다." 프로이트는 "현재 우리는 신경증으로부터 극도로 심각한 고통을 받고 있는 더 광범한 사회계층에 대해서는 아무것도 할 수 없다"라고 덧붙였다. 프로이트는 정신분석학을 민주화해야 한다고 주장했음에도 불구하고, 가난한 사람들이 자신들의 신경증에서 벗어나려는 의지를 가졌는지에 대해서는 회의적이었다. "왜냐하면 그들이 회복될 경우 그들을 기다리는 힘든 삶은 그들에게 아무런 매력도 주지 못하는 반면, 질병은 그들에게 한번 더 사회적 도움을 요청할 수 있게 해주기 때문이다." 스마일스가 무지하거나 가난한 사람도 절주, 인내, 활력을 통해 일상생활의 평범한 시련을 극복할 수 있다고 믿었다면, 프로이트는 정신분석학자도 그리고 가난한 사람도 '그 막대한 양의 신경증적 고통'을 치료할 수 없을 것이라는 불안한 전망을 내놓았다. 왜냐하면, 프로이트가 아주 잘 설명했듯이, 노동자들은 회복보다 자신의 도덕적·정신적 고통을 더 선호할 것이기 때문이다.[2] 도덕적 힘이 자신의 사회적 지위와 사회적 운명을 결정할 수 있다고 규정한 스마일스의 자기계발 에토스와는 대조적으로, 프로이트는 정신과 사회에 대해 비관적인 견해, 즉 스스로 도울 수 있는 능력은 자신의 사회계급에 의해 조건 지어지고 정신 발달의 여타 측면과 마찬가지로 그러한 능력은 손상될 수 있다는 견해를 견지했다. 만약 정신 발달이 손상되면, 그것은 순전한 의지력으로는 회복될 수 없었다. 오직 정신분석가의 과학적이고 수고를 아끼지 않는 (그리고 비용이 많이 드는) 작업만이 자아 향상에 기여할 수 있었다. 프로이트는 정신분석학을 정신적 구원에 이르는 유일한 길로 만듦으로써, 자기계발은 한 사람의 도덕적 인내력, 덕행, 의지력에 의존하지 않는다고 주장했다. 왜냐하면 무의식은 많은 교활한 수단을 가지고 의식의 결정을 무력화할 수 있기 때문이다. 만약 무의식이 스스로를 돕겠다는 사람의 결단을 무너뜨릴 수 있다면, 이는 다시 프로이트적 관점이 적어도 처음에는 후일 자기계발 산업이 될 것과 양립할 수 없었다는 것을 의미했다. 게다가 '도덕적 용기'와 '강한 의지'는 프로이트주의가 해결하려고 했던 바로 그 문제(신경증)의 증상이었다.

이처럼 19세기 말과 20세기 초에 스마일스와 프로이트는 자아에 대한 도덕 담론에서 서로 반대 입장에 서 있었다. 스마일스의 자기계발 에토스에 따르면, 사회이동 가능성과 시장에의 접근은 의지력과 도덕적 용기를 결합하여 덕행을 실행하는 것에 달려 있었다. 이와 대조적으로 프로이트의 전체 이론적 틀에는 자기계발과 덕행이 자리할 여지가 전혀 없었다. 그 이유는, 에리히 아우어바흐Erich Auerbach의 말을 빌리면, 프로이트적 관점의 중심에 자리하고 있는 가족 서사가 선형적linear이 아니라 형상적figurative이었기 때문이다. 형상적 형태의 서사는 그것이 "인과적으로 그리고 연대기적으로 서로 멀리 떨어져 있는 두 사건에 공통적인 의미를 부여함으로써 결합한다"는 점에서 선형적 또는 수평적 서사와 반대된다.[3] 자기계발이 삶은 일련의 축적된 성과물이며 수평적인 시간표를 따라 점증적으로 전개되는 것으로 이해될 수 있다고 가정한 반면, 프로이트의 자아관은 사람들은 어린 시절의 주요 사건과 그 후의 정신 발달 간에 보이지 않는 많은 수직선을 그려야만 하고 사람들의 삶은 선형적 방식이 아니라 순환적 방식으로 전개되는 것으로 이해될 수 있다고 가정했다. 더욱이 프로이트에서는 성공보다 건강이 정신의 새로운 목표였고, 이 건강은 자신의 순전한 의지에 달려 있지 않았다. 왜냐하면 치유는 환자의 코기토cogito와 의지 뒤에서 일어나기 때문이었다. '의지력'이나 '자기 통제'가 아니라 오직 전이, 저항, 꿈의 작동, 자유 연상만이 정신적 변화, 그리고 궁극적으로는 사회 변화를 일으킬 수 있었다. 마지막으로, 정신 회복은 민주적일 수 없고 사회 전체에 공평하게 분배될 수도 없었다. 실제로 프로이트는 치료요법이 사회적 특권과 숨어 있는 친화성을 지니고 있다고 주장했다.

그러나 만약 우리가 현대 미국 문화를 카메라에 담아보면, 스마일스의 자기 향상 에토스와 프로이트적 영감을 담고 있는 관념들 — 이를테면 어린 시절의 트라우마, 자기 패배적 행동의 패턴, 그리고 무의식적인 갈등 — 간의 강력한 문화적 동맹을 어디서나 쉽게 관찰할 수 있을 것이다. 프로이트가 자기 스스로의 회복 가능성에 대해 의심스러워했다면, 이제는 방대한 자기계발 산업 — 친밀성, 자녀 양육, 리더십, 이혼, 자기주장, 화 관리, 식이요법 실천하기, 웰빙과 같은 문제를 다루는 — 이 자기계발은 모든 사람의 손이 닿는 곳에 있다는 스마일스의 메시지를 설파하고 있다. 아이러니한 역사적 비틀기에 의해 이 자기계발 에토스는 놀랄 만큼 프로이트주의적이 되었다. 왜냐하면 자기계발 에토스가 몇 가지 기본적인 프로이트적 교의—이를테면 우리의 정체성의 많은 부분이 무의식적이라는 주장, 우리의 정체성의 감정적 기질이 갈등으로 가득 차 있다는 주장, 우리의 갈등 대부분은 외부가 아니라 내부에 원인을 가지고 있다는 주장, 그리고 갈등은 자신의 자아와 정신을 언어 표현을 통해 적절히 관리함으로써 극복할 수 있다는 주장—를 포함하고 있기 때문이다.

처음에는 문화의 양극에 서 있던 심리학과 자기계발이 이처럼 병립하고 있는 것은 외견상 양립할 수 없어 보이는 문화적 틀이 혼합되어 원래의 체계들과는 다른 혼종적 문화체계가 만들어지는 다양한 방법 중 하나를 예증한다. 이러한 동맹이 일어난 까닭은 심리치료요법의 언어가 전문가의 영역을 벗어나 대중문화의 영역으로 이동하여, 거기서 행복 추구, 자립, 그리고 자아의 완전 가능성에 대한 믿음과 같은 미국 문화의 다양한 여타 핵심 범주와 맞물리고 결합되었기 때문이다. 실제로 자아에 대한 프로이트적 전제가 미국 문화의 핵심으로 이동할 수 있었던 것은 프로이트적 전망이 후속 이론가들에 의해 자아의 완전 가능성의 관념을 받아들일 수 있을 만큼 충분히 수정되었기 때문이다.

이 장의 목적은 치료요법 담론과 자기계발 에토스의 연합이 자전적 담론을 크게 변화시켜 온 자아 서사를 어떻게 생산해 왔는지—즉, 삶의 일대기가 대인관계 속에서 어떻게 상상되고 말해지고 협상되어 정체성 역시 변화시키는지—를 성찰하는 것이다. 심리학 담론은 서로 다른 문화적 신념에 적응하고 그 신념들을 흡수할 수 있었기 때문에, 20세기 내내 영향력의 범위를 증가시켜 왔고, 현대 자아와 정체성에 대한 서사를 조직화할 수 있었다. 하나의 문화구조의 내구성은 변화에 대항하는 것이 아니라 그와는 반대로 변화에 의해 설명되는 경우가 많다. 그렇다면 우리가 설명해야 할 것은 올랜도 패터슨의 말대로 어떻게 "정체성이 많은 변화의 원천을 통해 지속되는"가 하

는 것이다.[4]

치료요법 서사는 후원단체와 텔레비전 고백 토크쇼와 같은 다양한 사회적 현장에서 수행되어 왔으며, 다양한 문화적 의미—가장 현저하게는 페미니즘과 뉴에이지 운동—를 흡수해 왔다. 치료요법 에토스는 광범위하게 확산되면서 하나의 지식체계를 넘어 레이먼드 윌리엄스Raymond Williams가 '느낌의 구조structure of feeling'라고 부르는 것이 되었다.[5] '느낌의 구조'라는 관념은 두 가지 상반된 현상을 가리킨다. '느낌'은 일종의 초기 상태에 있는 경험, 즉 '우리가 누구인지'를 분명하게 표현할 수 없으면서도 우리가 누구인지를 정의하는 경험을 가리킨다. 하지만 '구조' 관념은 또한 이 수준의 경험이 하나의 근원적인 패턴—즉, 우연적이기보다는 체계적인 패턴—을 가지고 있다는 것을 시사한다. 실제로 자기계발적인 치료요법 문화는 우리의 사회적 경험의 비공식적이고 거의 초기 상태의 측면이지만, 그것은 또한 자신과 타인에 대한 인식, 자전적 서술, 대인관계적 상호작용을 조직화하는 깊이 내면화된 문화 도식이기도 하다.[6] 만약 우리가 심리학이 어떻게 심층적인 문화구조, 즉 널리 퍼져 있는 무의식적 구조가 되었는지를 이해하고 싶다면,[7] 우리는 심리학이 어떻게 그리고 왜 여러 문화 영역으로 퍼져나갔고 어떻게 행위자들의 정신적·감정적 장치의 일부가 되었는지를 이해해야 한다. 따라서 문화구조의 내구성에 대한 질문은 우리로 하여금 불가피하게 다시 문화구조의 심층에 관한 질문으로 다시 돌아가게 하는데, 이는 다시 다음과 같은 문화사회학의 핵심적인 이론적 질문 중 하나로 재정식화될 수 있다. (치료요법적) 문화구조가 어떻게 자신의 삶에 대해 이야기하는 동시에 다른 사람의 행동을 설명하는 '미시 관행micropractice'으로 전화되는가? 이 장에서 나는 이러한 이중적 측면을 고찰함으로써 (치료요법적) 문화구조의 심층을 포착해 내고자 한다.

치료요법이 승리한 이유

치료요법적 전망은 많은 요인 — 심리학 이론에서의 내부 변화, 국가에서의 치료요법 담론의 제도화, 심리학자들의 사회적 권위 증가, 병리학과 치료요법을 규제하는 데서 보험회사와 제약산업이 수행한 역할, 그리고 시민사회의 다양한 행위자들에 의한 심리학 활용 등 — 덕분에 행위자들의 미시 관행 속에서 실행되는 하나의 문화구조가 되었다. 이들 요소 모두가 치료요법이 어떻게 강력한 서사의 형태로 자아를 사로잡았는지를 설명해 준다. 이 서사의 기본적인 사명은 (이를테면 이혼, 사별, 실업 등) 생애 동안 겪는 다양한 혼란, (경제와 문화 영역의 복잡성 증대로 인해) 포스트모던한 삶에 내재되어 온 불확실성, 그리고 뤽 볼탄스키Luc Boltanski의 용어를 따라 내가 자아의 '크기'라고 부르는 문제 — 사람들이 자신을 얼마나 크거나 또는 작게 규정하는가의 문제(이는 낮은 자존감, 낮은 자신감, 자기주장의 결여와 같은 '병리 상태'로 표현된다) — 를 관리하는 것이다.

심리학 이론에서의 내부 변화

제2장에서 지적했듯이, 프로이트 심리학은 '마음 치료 운동mind cure movement'으로 알려진 19세기에 매우 인기 있었던 운동과 공명했다. 이 운동에는 크리스천 사이언스 형태와 다양한 비크리스천 사이언스 형태의 '건강 신비주의' 모두가 포함되어 있었다.[8] 윌리엄 제임스가 주장했듯이, 이 운동은 "사변적 측면과 실제적 측면 모두를 갖는, 의도적으로 낙관적인 삶의 도식"이었고, 그 운동의 기본 목적은 "건강한 마음가짐을 체계적으로 배양하는 것"이었다.[9] 프로테스탄티즘은 자원적 행위voluntary action를 크게 강조했고, 미국의 맥락에서는 자기계발적인 삶의 전략이 대중 종교와 악명 높게 결합

하여 영성과 자기계발을 미국 문화의 중심적인 측면으로 만들었다. 미국 문화의 이러한 근원적인 요소는 프로이트적 전망의 매우 비관적이고 결정론적인 틀과 쉽게 양립할 수 없었다.

사실 정신분석학이 미국 대중문화에 널리 확산될 수 있었던 것은 정신분석학에서 프로이트의 암울한 결정론이 대부분 지워졌기 때문이었다. 따라서 대안적인 심리학적 이론들—자아 개발에 대한 보다 낙관적이고 개방적인 견해를 제공하는—이 쉽게 확산될 수 있었다. 하인츠 하르트만Heinz Hartmann은 에른스트 크리스Ernst Kris와 루돌프 뢰벤슈타인Rudolph Loewenstein과 함께 정신분석학을 미국 문화의 핵심 가치들과 훨씬 더 잘 양립할 수 있게 만드는 데서 매우 중요한 역할을 했다. 에고 심리학자들에게서는 이드보다 에고가 인간의 행동과 기능의 토대이며, 에고는 적응적 기능의 측면에서 이해된다. 알프레드 아들러, 에리히 프롬, 캐런 호나이, 앨버트 엘리스와 같은 심리학자들은 비록 전망에서는 서로 다르지만 모두 프로이트적인 정신 결정론을 거부했고, 자아에 대한 더 유연하고 더 개방적인 견해를 더욱 선호했으며, 그리하여 심리학과 미국식의 도덕적 인간관이 서로 더욱 양립할 수 있는 가능성을 새로 열어놓았다. 이를테면 알프레드 아들러가 볼 때, 의식과 무의식은 둘 다 개인에게 봉사하며, 개인은 자신의 목표를 진척시키기 위해 의식과 무의식을 이용한다. 아들러가 보기에, 행동은 상황의 즉각적인 요구와 한 사람의 라이프스타일에 내재된 장기적인 목표 모두에 따라 한 사람의 생애 동안 바뀔 수 있다. 사람들은 자신이 선택한 목표를 향해 나아간다. 그리고 사람들은 그 목표가 자신에게 세상에서 하나의 지위를 마련해 주고 안전을 제공하며 자존감을 유지시켜 줄 것이라고 생각한다. 엘리스도 아들러와 마찬가지로 행위를 강조했고, 삶을 역동적인 투쟁으로 보았다. 1950년에 출판된 에릭 에릭슨Erik Erikson의 『유년기와 사회Childhood and Society』는 정신분석학이 미국 주류 문화에 통합되는 역사에서 또 다른 분수령이었다.[10] 에릭슨은 이전의 정신역학적 사고에서 벗어나서, 사람들을 합리적으로, 그리하여 의식적으로 의사결정을 하고 문제를 해결하는 존재로 묘사했다. 프로이트는 에고가 본능적 충동과 도덕적 제약 간의 갈등을 해결하기 위해 분투한다고 믿었다면, 에릭슨은 에고를 인식, 사고, 주의, 기억을 통해 현실을 다루는 하나의 자율적인 체계라고 보았다. 에고의 적응 기능을 강조한 결과, 에릭슨은 사람은 발달과정에서 다양한 환경에 대처할 수 있다고 보았다.[11] 프로이트가 부모가 아이의 퍼스낼리티 형성에 미치는 영향에 관심을 가졌다면, 에릭슨은 아이의 에고가 형성되는 역사적 환경을 강조했다. 만약 에고의 발달이 사회제도와 가치체계의 성격 변화와 불가분의 관계에 있다면, 이것은 에고의 발달이 프로이트적 에고보다 훨씬 더 많은 가소성을 가지고 있다는 것을 의미했다. 게다가 에릭슨은 에고가 어린 시절의 경험에 한정되지 않고 생애 내내 발달한다고 주장했는데, 이는 에고가 계속해서 변화할 수 있다는 것을 시사한다. 프로이트의 목적이 초기 트라우마가 성인기에 정신병리를 초래하는 방식을 탐구하는 것이었다면, 에릭슨은 삶 속에서 심리적 위험을 이겨내는 인간 능력에 주목했다. 간단히 말하면, 프로이트의 운명론적 결정론은 모든 위기가 자아가 성장하고 세계에 대한 지배력을 발전시키는 기회를 제공한다는 에릭슨의 낙관주의적이고 자원론적인 전제에 의해 반박되었다. 정신분석학의 이 같은 발전은 성장과 성숙이 생애 과정에서 본질적인 요소이며 의지와 의지력에 의한 의식적 행동을 통해 이루어질 수 있음을 시사하기 때문에 심리학이 자기계발 에토스의 가치와 점점 더 양립할 수 있게 만들었다.

이처럼 에고 심리학은 심리학이라는 과학과 미국 문화를 지배하는 자아 개념 사이에서 문화적 가교역할을 했다. 이러한 동맹관계를 공고히 하고 심리학이 대중문화에 가장 깊숙이 침투하는 데 도움을 준 운동이 인본주의 운동이었다는 데에는 의문의 여지가 없다. 그 운동에서 가장 눈에 띄고 영향력을 행사했던 대표적인 학자가 에이브러햄 매슬로와 그의 멘토 칼 로저스였다.

칼 로저스는 프로이트의 이론을 크게 단순화하여 사람을 기본적으로 선하고 건강한 것으로, 그리고 정신건강을 삶의 정상적인 진행으로 보았다. 반면 그는 정신질환, 범죄 및 여타 인간 문제를 건강을 향해 나아가는 선천적인 자연스러운 경향을 왜곡하는 것으로 보았다. 실제로 로저스는 '건강'을 인간의 본질적인 속성으로 만듦으로써 건강 범주를 크게 확장하고 넓혔다. 로저스는 자신의 이론 전체를 자아실현 경향tendency toward self-actualization이라는 아주 단순한 관념 위에 구축했다. 이 자아실현 경향은 모든 생명체에 내재하는, 가능한 한 자신의 잠재력을 최대한 발전시키고자 하는 욕구로 정의되었다. 로저스는 1954년 오벌린 칼리지Oberlin College에서 행한 한 강연에서 다음과 같이 주장했다. "그것을 성장 경향이라고 부르든, 자아실현 욕구라고 부르든, 아니면 앞으로 나아가는 방향성을 가지는 경향이라고 부르든 간에, 그것은 삶의 주요 원천이며, 결국에는 모든 심리치료요법이 의존하는 경향이다. 그것은 모든 유기체와 인간의 삶에서 분명하게 드러나는 강한 욕구 — 확대되고 확장되고 자율적이 되고 발전하고 성숙해지고자 하는 욕구 — 로, 자아의 모든 역량을 표현하고 활성화하려는 경향이다. …… [이 경향]은 오직 방출되고 표현될 적절한 조건만을 기다리고 있다."[12] 로저스는 식물과 동물의 영역에서 빌려온 은유를 이용하여, 성장이란 실제로는 결코 부재하는 것이 아니라 단지 묻혀 있을 뿐인 보편적인 경향이라고 주장한다. 로저스는 성장을 인간 조건에 내재하는 구성요소로 상정함으로써 성취하지 못한 삶을 아주 간단하게 설명할 수 있었다. 다시 말해 그런 삶은 그저 '자아실현'에 이르지 못한 것이었다. 따라서 치료요법의 목표는 점점 더 많은 사람이 자신의 진정한 자아 — 그 자아가 발굴해야 하는 것이든 아니면 처음부터 만들어야 하는 것이든 간에 — 를 실현하도록 돕는 것이 되었다. 로저스에 따르면, 그러한 성장의 욕구를 유지하는 토대는 "자신에 대해 기본적으로 무조건적으로 긍정적인 관심을 가지는 것이다. 가치에 그 어떤 조건을 다는 것—아버지를 기쁘게 하면 나는 가치 있는 사람이다, 또는 좋은 성적을 받으면 나는 가치 있는 사람이다 등—은 자아실현에 한계를 설정하는 것이다."[13] 이는 자아가 자아실현이라는 알기 어려운 목표를 달성하기 위해 분투하라고 강요받고 있음을 시사한다.

그러나 자기계발 에토스와 심리학을 가장 성공적으로 통합하는 데 이러한 관념들을 이용하고 융합한 것은 에이브러햄 매슬로였다. 방금 논의한 심리학자들처럼 인본주의 심리학의 옹호자들은 사람은 대체로 무의식적인 욕구와 갈등에 지배되지 않는 의식적이고 이성적인 존재이며 자신의 행위를 경험하고 결정하고 자유롭게 선택한다고 주장한다. 또한 에고 심리학자들은 '형성becoming'이라는 관념에 영감을 주었다. 이 관념에 따르면, 사람은 결코 정적이지 않다. 즉, 한 청소년은 어린 시절의 그 또는 그녀와 다르며, 성인이 될 때의 그 또는 그녀와 다르다. 따라서 한 사람이 자신의 잠재력 가운데서 가능한 한 많은 것을 실현하는 것은 자유로운 행위자인 그 자신의 책임이다. 그 책임을 실현함으로써만 그 사람은 참으로 진정한 삶을 살 수 있다. 어떤 사람이 자신이라는 존재의 모든 순간을 최대한 활용하기를 거부한다면, 그리고 자신이 지닌 능력을 최대한 활용하여 그 존재를 실현하기를 거부한다면, 그것은 잘못이다. 매슬로의 관념은 자아실현의 욕구를 불러냈고, 미국 문화에서 큰 성공을 거둘 수 있는 가설을 제시하게 했다. 그 가설은 바로 성공에 대한 공포가 어떤 사람이 위대함과 자기 성취를 열망하는 것을 막는다는 것이었다.

> 실제로 거의 모든 인간에게, 그리고 확실히 거의 모든 신생아에게 건강을 향한 적극적인 의지, 성장을 향한 충동, 또는 인간 잠재력 실현의 욕구가 존재한

> 다고 가정하는 것은 타당하다. 그러나 동시에 우리는 아주 소수만이 그렇게 한다는 슬픈 깨달음과 마주한다. 오직 적은 비율의 사람들만이 정체성 또는 자아, 완전한 인간임, 자아실현 등의 경지에 도달한다. 이는 지구상에서 상대적으로 가장 운이 좋은 미국 같은 사회에서조차도 그렇다. …… 이것은 인간임의 문제에 접근하는 우리의 새로운 방법 — 즉, 인간임의 실현 가능성을 크게 인정하는 동시에 그 실현 가능성이 매우 낮다는 것에 크게 실망하는 — 이다.[14]

그 결과, 사람들이 하나의 새로운 범주로 규정되었다. 이러한 자아실현이라는 심리학적 이상에 순응하지 않는 사람들은 이제 병에 걸린 사람이 되었다. "우리가 '병자'라고 부르는 사람은 자기 자신이 아닌 사람, 다시 말해 인간이 되는 것에 대해 온갖 종류의 신경학적 방어막을 쌓아온 사람이다."[15] 또는 약간 다르게 표현하면, "창의성이라는 개념과 건강하고 자기실현적인 완전한 인간이라는 개념이 점점 더 가까워지고 있는 것처럼 보이며, 어쩌면 같은 것으로 입증될지도 모른다."[16]

이는 심리학자들에게는 활동 영역이 엄청나게 확장되었다는 것을 의미했다. 심리학자들은 이제 심리적 장애를 넘어 훨씬 더 넓은 신경증적 고통의 영역으로 나아갔을 뿐만 아니라, 신경증적 고통에서 건강과 자아실현이 **동의어**라고 보는 관념으로까지 나아갔다. 자아실현을 자아 모델의 가장 중심에 둔 결과, 대부분의 삶이 "자아실현이 되지 않은" 삶이 되었다. 이 기본적인 관념이 바로 심리학으로 하여금 엄청나게 대중적인 성공을 거둘 수 있게 했던 것의 요체였다.

그러나 관념이 행위를 이끌기 위해서는 제도적 기반이 필요하다. 우리의 연구가 가정하듯이, 만약 자아가 깊숙이 제도화된 하나의 형식이라면, 우리는 주체성이라는 언어의 제도적 기반을 찾아야 한다. 존 메이어가 말했듯이, "행위자가 지닌 주체적 자질은 더 큰 문화적 자원과 처방에 [순응]하고 [적응]하는 것이다."[17] 나는 치료요법 처방이 미국 정체政體에 침투할 수 있었던 것은 치료요법이 당시 증대하고 있던 심리 전문가의 사회적 권위를 배경으로 세 가지 주요 영역(국가, 시장, 시민사회) 내에서 실행되었기 때문이라고 주장한다.

직업적 권위

1960년대 후반에 심리학자의 권위가 널리 뻗칠 수 있었던 것은 그들의 권위가 문화와 정치 영역에서 거의 저항받지 않았기 때문이다. 1960년대에 들어서면서 개인주의적·심리학적 자아 개념에 반대할 가능성이 컸던 정치 이데올로기들이 퇴조했다. 스티븐 브린트Steven Brint가 지적했듯이, "직업적 전문가들이 자신들의 전제에 대해 이의를 제기받지 않는 비정치적인 환경에서 활동할 때 …… 그 직업적 권력은 가장 광범위한 영향을 미친다. …… 전문 직업인들이 강력한 대항이데올로기가 부재하는 상황에서 중심적인 문화적 가치를 주장할 수 있을 때, 전문직의 영향력은 광범위할 수 있다."[18] 1960년대가 문화 영역의 탈정치화를 상징하는 까닭은 섹슈얼리티, 자아 개발, 사생활이 당시에 공적 담론의 중심 무대를 차지하고 있었기 때문이다. 좀 더 정확하게 말하면, 그러한 범주들이 학생들의 저항과 담론 속에서 정치화되면서 정치에 대한 '종래의' 집합주의적 인식과 관행을 밀어냈고, 이는 사람들로 하여금 개인적 웰빙과 섹슈얼리티에 집단적으로 관심을 가지게 하는 데 도움을 주었다. 소비시장의 성숙과 확장이 성 혁명과 결합하여 심리학자들의 가시성과 권위를 증대시키는 데 도움을 줄 수 있었던 것은 소비주의와 성 해방이라는 두 가지 문화적·이데올로기적 신념 모두가 자아, 섹슈얼리티, 사생활을 정체성의 중요한 현장으로 만들었기 때문이다. 거대 정치 이데올로기가 소멸하고 섹슈얼리티와 친밀한 관계 같은 주제가 점점 더 정당성을 확보하고 문화적으로 가시화되는 상황에서, 심리학자들은 자연스럽게 부모나 친구들이 거의 기여하지 못하던 섹슈얼리티나 친밀성과 같은 주제에 대해 꼭 필요한 지침을 제공할 것 같은 사람의 하나로 떠올랐다. 실제로 사회적 네트워크가 지침의 역할을 하지 못할 때(또는 할 수 없을 때) 행동 영역은 불확실성으로 가득 차고 전문가의 권위에 의해 틀 지어질 가능성이 더욱더 커진다.[19] 섹슈얼리티가 정체성의 최고 현장이 되었기 때문에, 심리학자들은 사생활의 중재자로서의 역할을 할 수 있었다. 심리학자들은 심리학적 서사를 이용하여 점점 더 대중을 소비자로 그리고 환자로 다루었다. 특히 1939년에 포켓북스Pocket Books가 일으킨 '보급판 혁명paperback revolution'으로 인해 소비자들이 적당한 가격에 책을 손에 넣을 수 있게 되자, 대중심리학은 점점 더 넓어지는 중중계급과 중하계급 사람들에게까지 자신들의 영역을 확장할 수 있게 되었다. 이 보급판 혁명은 심리학자들에게 이제는 전문가의 조언에 접근할 만한 여유가 있는 광범하고 이질적인 공중을 직접 다룰 수 있게 해주었다. 사람들은 그러한 책을 편의점, 기차역, 약국 어디에서나 발견할 수 있었고, 그리하여 이미 번창하고 있던 자기계발 산업은 더욱 굳건해졌다.

자기계발서 출판 산업은 20세기의 마지막 몇십 년 동안 극적으로 성장했다. "업계 간행물인 ≪아메리칸 북셀러American Bookseller≫는 1991년에서 1996년까지 5년 동안 자기계발서 판매량이 96% 증가했다고 보고한다. 1998년경에 자기계발서 판매액은 총 5억 8100만 달러로, 자기계발서는 출판 산업 내에서 막강한 힘을 가지고 있다. …… 실제로 책, 세미나, 오디오 및 비디오 제품, 개인 지도 등을 포함하는 자기 향상 산업은 연간 24억 8000만 달러의 산업을 구성하고 있다고 한다."[20]

국가

자기계발에 관한 치료요법 담론이 널리 확산된 것은 국가가 치료요법담론을 채택하고 확산시켰을 때, 즉 국가가 스스로를 제임스 놀런James Nolan이 '치료요법 국가therapeutic state'라고 부른 것으로 규정하고 문화적으로 그렇게 활동할 때였다.[21] 엘런 허먼은 국가가 치료요법 담론을 대대적으로 채택한 것은 전후 시대에 사회적 적응과 웰빙에 대한 관심이 커졌기 때문일 수 있다고 주장했다. 그녀에 따르면, "정신건강은 단기적으로는 군대의 능률에, 그리고 장기적으로는 국가 안보, 국내의 평안, 경제의 경쟁력에 필요한 것으로 이해되었다."[22] 이러한 분위기를 반영하여 1946년에 국립정신보건연구소National Institute of Mental Health가 창립되었고, 그 후 기금도 놀라운 속도로 증가했다. 1950년에 그 기관의 예산이 870만 달러였다면, 1967년에는 3억 1500만 달러였는데, 이는 심리적 건강 및 심리 서비스가 보편적 가치를 지니며 따라서 보편적으로 적용되어야 한다고 생각되었음을 시사한다.[23] 1960년대에는 국립정신보건연구소가 정신질환의 생명 작용에 관한 기존의 의학적 연구보다 행동에 관한 심리학적 연구에 더 많은 돈을 썼는데, 이 같은 사실은 정신건강 관련 언어와 심리학 언어가 당시 지배력을 증가시키고 있었다는 것을 보여주는 또 다른 실례였다.[24] 국가 기구에서 치료요법적 전망이 제도화되었다는 사실은 심리학적 양식이 진리를 알아내고 확인하는 방법으로 점점 더 정당성을 확보한 것에서 보다 분명하게 드러났다. 놀런이 보고한 바에 따르면, 1968년부터 1983년까지 임상심리학자 수가 세 배 증가했다. "근대의 삶이 엄청나게 심리학화되었다는 사실은 미국에서 치료요법사가 사서나 소방관, 집배원보다 더 많고 치과의사나 약사보다 두 배나 더 많다는 데서도 분명하게 드러난다." 1986년경에 "미국에서 고용된 심리학자의 수는 25만 3000명이었으며, 그중 5분의 1 이상이 박사 학위를 소지하고 있었다." 같은 기간 동안 매년 평균 1000만 명의 미국인들이 치료요법 조언을 구했다고 추정되었다.[25] 이 놀라운 증가는 심리학이 미국 국가 기구에서 누렸던 정당성과 밀접하게 연관되어 있었다.

놀런은 (미국) 국가가 점점 더 치료요법 에토스의 코드, 상징주의, 도덕 담론에 의지하여 빈민, 교도소 수감자, 비행 청소년, 감정적 상처를 입은 사람들과 같은 집단에 대해 다양한 재활 프로그램을 전개해 왔다고 주장한다. 이를테면 20세기 내내 감정적 상처를 입은 사람들의 수는 일정한 상태를 유지하며 변치 않았지만, 1960년대 이후 "감정적 피해를 주장하는 소송의 건수는 엄청난 속도로 증가했다."[26] 실제로 법원은 감정과 감정적 상처의 독자성을 점점 더 인정했는데, 이는 점점 더 많은 수의 심리 전문가들이 감정적 상처를 입은 피해자들을 위해 증언할 것을 요구받았고 또 범죄자들이 점점 더 치료요법사들의 치료를 받았다는 사실에 의해 입증된다. 놀런은 국가 기구에서 심리학자들의 지배력이 증가하는 것은 국가가 정당화를 필요로 하기 때문이라고 생각한다. 하지만 그는 왜 치료요법 담론이 국가를 정당화해 주는지는 설명하지 않고 있다. 나는 적어도 국가가 심리학에 점점 더 의존하게 된 이유 중 하나는, 조지 토머스George Thomas와 그의 동료들이 설득력 있게 입증한 것처럼, 근대의 "집합행위자들이 개인의 성원권과 활동에 관한 이론에 근거하여 국가에 더 큰 정당성과 권위를 요구"하기 때문이라고 주장할 것이다.[27] 이 견해에 의거할 경우 개인주의는 국가 권력과 상치되는 것이 아니다. 실제로 미셸 푸코와 존 메이어가 서로 스타일은 다르지만 동일하게 주장했듯이, 근대 국가는 개인주의적인 문화적 개념과 도덕적 견해를 중심축으로 하여 자신의 권력을 조직화한다. 미디어 문화의 공적 담론은 물론이고 국가 역시 자아의 언어와 개인주의의 언어를 프레임 짓는 데 이용할 수 있는 레퍼토리를 공적으로 제공해 왔다. 따라서 심리학적 자아를 '몰사회적인' 것 내지 반제도적인 것으로 보는 것은 심각한 잘못이다.[28] 치료요법 담론은 국가 기관에 의해 채택되는 동시에 국가에 정당성을 추가적으로 제공해 주었다. 심리학 담론은 개인주의 모델의 주요 원천 중 하나로, 국가에 의해 채택되어 전파되었다.[29] 메이어와 그의 동료들이 주장하듯이, 그러한 모델들은 교육, 사업, 과학, 정치와 같은 다양한 영역에 대한 국가의 어젠다와 개입 양식 속에 자리하고 있다.

시장: 제약산업과 『진단 및 통계 매뉴얼』

『정신 장애 진단 및 통계 매뉴얼(DSM)』은 심리학적 설명 방식을 크게 확장할 수 있게 해준 주요 도구 중 하나였다. 『DSM』의 제3판(별칭은 『DSM III』)은 심리학자들에게 하나의 완결된 '바이블'이 되어, 정신 문제—그중 일부 문제는 이미 알려진 것이었고 다른 문제들은 최근에야 정신과 의사와 임상 심리학자들로 구성된 위원회에 의해 확인되어 진단된 것이었다—에 관한 포괄적인 목록을 제공했다.[30] 『DSM』은 그 위원회에서 수행한 연구 실험과 수많은 심의의 결과이다. 정신 장애에 관한 최종적 참고서인 이 매뉴얼은 매우 다양한 장애를 알파벳순으로 나열하고 정의한다.[31] 『DSM』은 미국심리학회에 의해 출판되며, 적어도 (1980년에 출판된) 『DSM III』 이후 널리 대중화되어 수익성이 높은 상업적 사업이 되었다. 이를테면 『DSM IV』는 발행 후 10개월 만에 1800만 달러의 판매수익을 올렸다.[32]

『DSM III』는 정신 장애의 표지로 규정된 행동의 범위를 크게 확대했지만, 그 매뉴얼은 실제로 무엇이 그러한 행동을 정신 장애로 간주하게 하는지를 정확하게 정의하지는 않았다. 특정 증상을 정신 장애 또는 감정 장애의 표지로 간주하는 분류체계를 만듦에 따라 이제 광범위한 행동이 병리화되었다. 이를테면 '반항성 장애oppositional disorder'(코드 번호 313.81)는 "권위 있는 인물에게 복종하지 않고 부정적으로 대하고 도발하는 반항적 행동 패턴"으로 정의되며, '연극성 퍼스낼리티 장애histrionic personality disorder'(코드 번호 301.50)는 "활기에 넘치고 연극적이어서 항상 자신에게 주목하게 하는" 사람들에게서 발생하며, '회피성 퍼스낼리티 장애avoidant personality disorder'(코드 번호 301.82)는 "잠재적 거부, 굴욕, 또는 수치심에 대해 과민한 반응을 보이며, 자신을 비판하지 않고 받아들일 것임을 이례적으로 강력하게 보장해 주지 않는 한 관계에 들어가기를 꺼리는 것"에 의해 특징지어진다.[33] 병리 상태를 신중하게 부호화하고 분류하려고 시도하면서 정신 장애의 범주가 매우 느슨하고 매우 넓어졌고, 그리하여 그 범주에는 단지 심리학자들이 '평균'이라고 가정한 것의 범위 밖에 있을 뿐인 행동이나 퍼스낼리티 특성들까지도 포함되었다. 이전에는 '욱하는 기질'로 범주화되었을 수 있는 행동이나 퍼스낼리티 특성이 이제는 관심과 관리를 필요로 하는 것이 되었고, 그리하여 병리화되었다.

허브 커친스Herb Kutchins와 스튜어트 커크Stuart Kirk는 병리 상태의 부호화가 정신건강 치료와 보험 적용 범위 간의 밀접한 관계와 관련되어 있다고 주장한다. 『DSM III』는 보험회사(또는 다른 지불자)가 보험금 청구를 더 효율적으로 처리할 수 있도록 진단과 치료 간의 관계를 더욱 긴밀하게 만들어야 할 필요성에서 생겨났다. 커친스와 커크가 지적하듯이, "『DSM』은 보험 배상을 위한 심리치료사의 패스워드이다."[34] 보험금 배상을 청구할 때 기재할 코드 번호를 제공하는 『DSM』은 정신건강 전문가와 대규모 금전 지급 제도—이를테면 메디케이드, 사회보장 장애 소득, 재향군인 급여 프로그램, 메디케어—를 연결하는 가교이다.[35] 『DSM』은 대다수의 정신건강 임상의가 이용할 뿐만 아니라 "주 입법부, 규제기관, 법원, 면허위원회, 보험회사, 아동복지 당국, 경찰 등"과 같은 제3자에 의해서도 점점 더 많이 이용되고 있다.[36] 게다가 제약산업은 정신의학적 약물로 치료될 수 있는 정신병리 상태를 확대하는 데 관심을 가지고 있다.[37] 커친스와 커크가 웅변적으로 지적하듯이, "제약회사에게 …… 분류되지 않은 대중은 거대한 미개발 시장이고, 정신 장애의 미개척 알래스카 유전이다."[38] 그러므로 『DSM』은 의도적이든 그렇지 않든 간에 새로운 정신건강 소비자 영역에 라벨을 붙이고 차트를 만드는 것을 돕고, 이는 다시 제약회사들의 확장을 돕는다. 이처럼 정신질환, 기능 장애, 또는 감정적 병리 상태 등의 범주를 확장하는 것은 정신건강 전문가 및 제약회사의 전문적·재정적 이해관계와 관련되어 있다. 그것은 또한 법원에서 급부금, 보상, 또는 정상 참작을 요구할 때 심리학적 범주를 사용하는 일이 증가하고 있는 것과도 관련되어 있다. 이 과정에서 『DSM』은 심리학자가 갖는 권한의 범위를 크게 넓혔는데, 심리학자들은 이제 화를 어느 정도까지 표출할 수 있는지, 어느 정도의 성적 욕구를 가져야 하는지, 어느 정도의 불안감을 느껴야 하는지, 그리고 어떤 감정적인 행동에 '정신질환'이라는 꼬리표를 붙여야 하는지와 같은 문제들과 관련된 법을 제정한다. 『DSM』을 제작하는 것의 이면에 자리하는 분류체계 및 관료제적 논리가 정신 장애를 통제하고 예측하고 합리적으로 관리하는 것이기 때문에, 『DSM』은 기능 장애를 정의하는 문턱을 점점 더 낮추어왔다. 이 과정은 치료요법을 급격히 상품화할 수 있는 분류체계 및 문화적 프레임을 제공함으로써 시장이 치료요법을 매우 성공적으로 전유할 수 있게 해주었다.

그러나 존 메이어의 문화이론이 문화의 '공급 측면'—어떤 기관이 문화를 생산하는지—을 이해할 수 있게 해주지만, 그의 이론은 왜 제도화된 일부 규칙들이 다른 규칙들보다 더 잘 지켜지는지를 묻지 않는다. 치료요법 담론이 국가 및 시장에 제도화되는 것만으로는 그 담론이 어떻게 그렇게 쉽게 자아 모델을 장악할 수 있었는지를 설명하지 못한다. 치료요법적 자아 모델이 문화와 그처럼 크게 공명할 수 있었던 것은 시민사회에서 활동하는 정치 행위자들이 국가와 입법부에 새로운 요구를 했고, 자신들의 투쟁을 더욱 진전시키기 위해 치료요법 언어의 기본적인 문화적 도식을 이용하고 그 도식에 의존하여 자신들의 주장을 펼쳐나갔기 때문이다.

시민사회

앞 장에서 개관한 것처럼, 페미니즘은 일찍이 1920년대에 그리고 1970년대에는 가장 강력하게 치료요법 담론을 채택한 주요한 정치적·문화적 형성물 중 하나였다. 페미니즘은 심리학에서 유용한 문화적 동맹자를 발견했는데, 그 이유는 심리학이 섹슈얼리티를 해방의 현장으로 홍보하고 사적 영역이 (정치적·심리적인) 자기결정의 이상에 의해 지배되어야 한다는 역사적으로 유례없는 관점을 제시했기 때문이다. 그러나 1980년대에 페미니즘이 가부장제적 가족의 억압이 아동 학대에 미치는 영향을 고발하면서 이 동맹은 새로운 국면을 맞았다. 이언 해킹Ian Hacking에 따르면, 아동 학대에 반대하는 운동은 1961~1962년경에 덴버의 한 소아과 의사 집단이 X레이를 이용하여 반복된 상처로 고통 받는 것으로 보이는 아이들에 대한 공중의 관심을 촉발하면서 시작되었다.[39] 소아과 의사들이 여론을 그렇게 빨리 흔들어놓을 수 있었던 것은 그 범죄 범주가 어린 시절에 입은 상처가 아이의 정신에 지속적으로 미치는 영향에 관한 이미 잘 구성된 견해와 아주 잘 맞아떨어졌기 때문이었다. 플로렌스 러시Florence Rush는 1971년에 뉴욕 래디컬 페미니스트 컨퍼런스New York Radical Feminist Conference에서 행한 연설에서 아동 학대라는 주제에 대해 청중의 관심을 끌어냈고,[40] 그 조치는 페미니즘에 중요한 결과를 가져왔다. 아동 학대의 원인은 후일 페미니스트 활동가들에 의해 채택되었는데, 그 이유는 아동 학대가 정신적 상처를 가족에 대한 정치적 비판으로 전환시키는 데 도움이 되었기 때문이다.

앨리스 밀러Alice Miller는 아동 학대를 비난하는 글을 쓰는 가장 강력한 페미니스트 가운데 한 사람이었다. 밀러는 자신의 영향력 있는 저작 『영재 아이의 드라마The Drama of the Gifted Child』에서 치료요법 논리를 이용하여 학대받은 아동의 정신은 살아남아 견딜 수 없는 고통을 피하기 위해 의식 바깥에 학대 경험을 저장할 수 있게 해주는 놀라운 메커니즘, 즉 '억압'의 '재능'을 제공받는다고 주장했다.[41] 밀러는 한 사람의 생애 서사의 중심에 트라우마를 위치시켰고, 억압 개념을 통해 학대받거나 방치된 몇몇 어린아이가 성인기에 그 트라우마의 자취를 느끼거나 의식하지 못하는 이유를 설명했다. 성인들이 자신의 아동기에 겪은 고통을 재생산한다는 치료요법의 논리에 따라, 밀러 역시 정신 문제를 한 세대에서 다음 세대로 전해지는 것으로 보았다.

> 자신의 아이를 학대하는 모든 사람은 그 자신이 어린 시절에 어떤 형태로든 심한 트라우마를 겪은 적이 있었다. 이러한 진술은 예외 없이 적용된다. 왜냐하면 정직, 존경, 애정이 넘치는 환경에서 자란 사람은 평생 상처를 주는 방식으로 약한 사람을 괴롭히려는 충동을 느끼는 것이 절대적으로 불가능하기 때문이다. 그러한 사람은 작고 무력한 존재를 보호하고 이끌어주는 것이 옳고 적절하다는 것을 아주 일찍부터 배워왔다. 아주 어린 나이에 그의 마음과 몸에 저장된 그러한 지식은 그의 삶 내내 유효할 것이다.[42]

밀러는 또한 자존감이 성공적인 사회화에서 가장 중심적인 속성이며, 자존감은 자신의 감정의 진정성에 기초하고 있음에 틀림없다는 견해를 가지고 있었다.

대규모 페미니스트 집단들이 밀러의 뒤를 이었다. 페미니즘은 학대받은 아이들을 변호하는 과정에서 가족과 가부장제를 비판하기 위한 새로운 전술을 발견했다. 그 이유는 '아동 학대'라는 꼬리표가 붙은 사회문제가 페미니즘이 아동 범주와 같이 보다 광범위하고 보편적인 호소력을 지닌 문화적 범주를 동원할 수 있게 해주었기 때문이다.

'아동 학대'와 '트라우마'라는 문화적 범주는 페미니스트들의 전술에서 아주 중요했는데, 그 이유는 그 범주들이 아동과 가족의 신성함에 관한 보편적이고 논란의 여지가 없는 도덕적 견해 — 좌파와 우파가 똑같이 공유하는 — 를 이용했기 때문이었다. 페미니스트들은 트라우마의 범주를 이용하여 가족을 비판하고 아동을 보호하고 새로운 법안을 통과시키고 여성과 아동 모두에 대한 남성의 폭력과 싸웠는데, 이는 사적 질병을 정치적 문제로 전환시키고 페미니즘 투쟁을 더욱 보편화하기 위해 심리학적 지식이 시민사회에서 어떻게 이용되는지를 예증하는 것이었다. 이러한 전술의 결과 국가와 법원은 서서히 가해자라는 새로운 범주로 남성을 기소하고 가족 내부에서의 남성의 행동을 규제하기 시작했다.

치료요법 서사를 확산시키는 데서 중요한 역할을 한 또 다른 집단이 사회적·문화적 혜택을 받기 위해 트라우마의 범주를 이용한 베트남 전쟁 참전 재향군인들이었다. 1980년에 미국정신의학회American Psychiatric Association는 트라우마의 범주를 공식적으로 인정했다. 미국정신의학회가 "외상후 스트레스 장애PTSD를 인정한 것은 부분적으로는 베트남 전쟁에 참전한 재향군인들을 대신하여 정신 보건 노동자들과 일반 활동가들이 강력하게 로비를 벌인 결과였다. PTSD 진단은 미국 재향군인들의 심리적 고통 — 이는 분열되고 전쟁에 지쳐 있던 대중에 의해 양면적으로 받아들여지고 있었다 — 을 인정하고 그 고통에 영예를 부여했다. 그 진단은 재향군인들의 영문 모를 증상과 행동을 유형의 외부 사건에 기인하는 것으로 상정함으로써 개별 재향군인들에게 정신질환의 오명에서 해방시켜 주겠다고 약속하고 (적어도 이론적으로는) 동정, 의학적 치료, 보상을 보장하는 것이었다."[43] 여기서 우리는 정치적 범주와 사적 범주 간의 구분이 모호해지고 있다는 것과 '심리적 피해'라는 보편적인 범주를 배상 요구 또는 사법 소송의 근거로 삼으려는 시도를 재차 목도한다. 치료요법 담론의 제도적·인식론적 논리에 따라, PTSD는 강간, 테러 공격, 범죄, 심지어는 사고와 같은 매우 다양한 사건에 점진적으로 적용되었고, 따라서 그 범주를 점점 더 넓은 피해자 풀pool에 적용되는 하나의 질병 구성물로 확대하는 데 기여했다.

론 아이어먼Ron Eyerman이 주장했듯이, 트라우마 효과를 만들어내는 것은 경험이 아니라 오히려 우리가 그 경험을 기억하는 **방법**이다. 문화사회학자들은 익히 알고 있듯이, 경험은 문화에 의해 매개된다.[44] 페미니스트와 베트남 전쟁에 참여한 재향군인 양자 모두가 특정한 경험을 트라우마적인 것으로 구성할 수 있었던 것은 그들이 하나의 트라우마의 기억으로 합체될 수 있는 다음과 같은 몇 가지 문화적 가정을 공통적으로 가지고 있었기 때문이다. 그 가정들이 바로 사람들은 육체적으로뿐만 아니라 정신적으로도 피해를 입을 수 있다는 것, 그러한 피해를 입은 시간과 그 결과가 실제로 나타나는 시간 간에는 상당한 시차가 있을 수 있다는 것, PTSD를 낳은 사건을 반드시 의식적으로 회상하지 않고서도 PTSD 증상이 나타날 수 있다는 것, 트라우마를 겪고 수십 년이 지난 후에도 보상을 요구할 수 (또는 기소를 제기할 수) 있다는 것, 트라우마가 자아 개발 가능성을 심각하게 위협한다는 것, 그리고 모든 시민이 건강한 정신을 가질 권리를 똑같이 가진다는 것 등이다. 이들 행위자—페미니스트와 베트남 전쟁에 참전한 재향군인—는 다양한 정치적 행위자를 위한 길을 닦았을 뿐이었다. 그 후 점점 더 많은 사람이 자신이 정신적인 것과 정치적인 것이 뒤얽힌 사람임을 명분으로 삼아 자신의 피해자성과 정신적 피해를 주장하며 시민사회 안으로 진입해 들어왔다.

심리적 질병의 수가 크게 부풀려지고 있다는 것과 PTSD의 정의가 확대되고 있다는 것을 예증하는 수많은 사례 가운데서, 우리는 형제간 다툼이라고 불리는 것의 대부분이 학대 관계로 적절하게 재명명되어야 한다고 주장하는 두 명의 심리학자 캐럴 윌슨Carol Wilson과 메리 엘런 프로마우스Mary

Ellen Fromouth의 사례를 인용할 수 있다. 프랭크 푸레디Frank Furedi가 지적하듯이, "이 문제에 대한 공중의 인식을 고취시키고자 하는 도덕 기업가들은 모든 형태의 형제 학대에 감정적 학대가 자리하고 있다고 주장한다. 그들은 형제 학대의 생존자가 종종 PTSD, 복합적인 외상 후 장애, 해리성 정체성 장애dissociative identity disorder의 징후를 자주 드러낸다고 주장한다."[45] 일단 PTSD로 인해 초래된 어떤 특정한 장애로 고통 받는 것으로 재정의되면, 형제간 학대의 피해자는 방대한 제약-건강-미디어-법률 산업의 대상이 될 수 있으며, 그 산업들은 다시 이야기를 구성하고 제도와 기관에 대해 권리를 주장하고 배상을 요구하는 데 적합한 어휘와 문화적 프레임을 제공한다.

나는 1970년대 이후 정치적 문제들이 점점 더 개인적·정신적 결함의 문제로 프레임 지어지고 있다는 에바 모스코비츠Eva Moskowitz와 프랭크 푸레디의 견해에 동의하지만,[46] 나는 그들과 달리 그것이 정치적 문제들이 사사화되거나 정치와 분리되었다는 것을 의미한다고 생각하지 않는다. 반대로 일단 사회문제가 심리학화되면, 그것은 공적 영역으로 다시 이동하여 정체政體에 대한 새로운 그리고 확대된 주장을 만들어냈다(하지만 그러한 주장이 조직화된 이데올로기적 명제의 형태를 취하지는 않았다). 이것은 의심할 여지없이 1990년대 공적 영역에서 일어난 매우 명백한 변화 중 하나였는데, 이는 서로 다른 많은 사회 행위자가 질병과 피해자임에 관한 서사를 진척시키는 데 관심을 가졌기 때문이었다.

이 분석은 라투르가 말하는 '번역 과정process of translation'—즉, 개인적 또는 집합적 행위자들이 자신의 언어, 문제, 정체성, 또는 관심사를 다른 사람들의 그것들로 끊임없이 번역하는 과정—을 보여주는 아주 좋은 사례이다.[47] 페미니스트, 심리학자, 국가와 국가에 고용된 사회복지사, 정신건강 분야에서 일하는 학자, 보험회사, 제약회사가 치료요법 서사를 '번역'해 온 까닭은 이들 행위자 모두가 서로 다른 이유에서 병리학에 의해 정의되는 자아 서사를 진척시키고 확장하는 데, 그리하고 실제로는 질병 서사를 진척시키는 데 큰 관심을 가지고 있었기 때문이다. 따라서 치료요법적 신념은 하나의 확대된 문화적 '교역 지대trading zone'로 기능한다. 이는 과학사가인 피터 갤리슨Peter Galison의 표현을 비튼 것으로, 관심사와 사고방식이 서로 다른 다양한 집단이 자신들이 서로 교환하는 것에 의미 차이가 있을 때조차 서로 지식과 상징을 교환하는 것을 가리킨다.[48]

이러한 다양한 행위자가 한데 모여 정신적·감정적 건강이 주요한 상품으로 유통되는 행위 영역을 창출해 왔다. 이 영역은 다시 '감정장emotional field'을 경계 짓는다. 여기서 감정장은 국가, 학계, 문화 산업의 서로 다른 부문, 국가와 대학에 의해 인증된 전문가 집단, 그리고 대규모 의약품 시장과 대중문화가 서로 교차하여 나름의 언어, 규칙, 목적, 경계를 가진 행위 영역을 창출해 온 사회생활의 한 영역을 말한다. 다양한 심리학 학파 간의 경쟁, 또는 심지어 정신의학과 심리학 간의 경쟁이 그들의 궁극적인 합의, 즉 감정적 삶은 관리와 통제를 필요로 하는 어떤 것으로 정의되어야 하며 감정적 삶이 국가와 시장에 의해 전달되는 끊임없이 확대되는 이상적 건강상태에 의해 규제되어야 한다는 합의를 훼손하지는 않았다. 다양한 사회적·제도적 행위자가 서로 경쟁하여 자아실현, 건강 또는 병리 상태를 정의함으로써 감정적 건강을 하나의 장의 형태를 취하는 사회적·경제적 현장에서 생산되고 유통되고 재생되는 새로운 상품으로 만든다. 이러한 '감정장'의 구성이 자아를 질병, 건강, 고통, 자아실현의 측면에서 이해하는 새로운 형태의 자본(다음 장을 보라)과 새로운 도식의 출현을 설명한다. 예술장이 '진정한' 예술을 정의하는 것과 동일한 방식으로, 감정장은 '진정한' (정신적·감정적) 건강을 정의한다. 예술장이 예술을 평가하는 데 필요한 일단의 역량을 정의하는 것과 동일한 방식으로, 감정장은 건강, 성숙, 또는 자아실현이 이루어지는 감정적·개인적 성향을 정의한다. 나는 이 장의 나머지 부분과 다음 장에서 그러한 장들이 어떻게 새로운 형태의 아비투스habitus를 만들어내는지를 검토할 것이다.

치료요법적 자아 서사

치료요법적 서사

앞에서 지적했듯이, 치료요법적 신념은 한때 도덕적 문제로 분류되었던 것을 질병으로 변형시켰고, 따라서 사회생활의 의료화라는 보다 광범한 현상의 중요한 부분으로 이해될 수도 있다. 실제로 치료요법 담론은 이전에는 부도덕한 행동으로 정의되었던 것을 마리아나 발베르데Mariana Valverde가 '의지의 질병disease of the will'이라고 불렀던 것—즉, 자신의 행동을 모니터링하고 변화시키는 자아의 능력이 위험에 처하게 하는 질병—으로 대대적인 문화적 재부호화를 수행해 왔다.[49] 하지만 치료요법 담론은 가장 '완전한' 자아 또는 '자아실현된' 자아가 되라는 훈령을 제시할 뿐, 무엇이 완전한 자아와 불완전한 자아를 구별 짓는지를 판정하는 데 도움이 되는 지침을 제시하지는 않았다. 만약 '진짜 자아'가 계속해서 진화하고 있다면, 그리고 매슬로가 말하듯이 "한 사람의 욕구, 원망, 감정, 가치, 목표, 행동 모두가 나이와 경험에 따라 변한다"면,[50] 자아실현된 자아가 실제로 무엇인지를 확정하는 것은 불가능하다. 반면 어떠한 행동도 '자멸적인 것', '신경증적인 것', '건강하지 않은 것'으로 분류(간주)될 수 있다. 실제로 치료요법 언어를 사용하는 텍스트들 대부분의 근저를 이루는 가정들을 고찰해 볼 때, 하나의 분명한 패턴이 치료요법적 형태의 사고를 구조화하고 있다. 다시 말해 건강 또는 자아실현의 이상理想이 그와 정반대를 이루는 것을 정의한다. 즉, '완전히 자아실현된 삶'이라는 바로 그 범주가 기능 장애를 정의한다. 다시 말해 자아실현되지 않은 삶은 치료요법을 필요로 한다는 주장은 자신의 근육이 가진 잠재력을 충분히 이용하지 않는 사람은 아프다는 주장과 유사하다.[51] 다만 심리학적 담론에서는 무엇이 '튼튼한 근육'인지조차 명확하지 않다는 차이가 있을 뿐이다. 이 기본 논리가 치료요법 서사를 틀 짓는다(제2장을 보라).

치료요법 서사는 자아가 문화를 통해 어떻게 구성되는지, 자아가 다른 사람들과 어떻게 소통하는지, 그리고 사람들이 특정한 사회적 환경에서 자신이 차지하는 위치를 어떻게 이해하는지를 이해하는 데서 핵심 범주가 되었다. 인생 이야기는 생애 과정에서 일어난 사건들을 특정한 방식으로 연결시킴으로써 특정한 대상에 주의를 집중하게 한다. 서사에는 개관(서사 요지의 요약), 공간·시간·상황·참여자들의 지향성, 복잡한 행위(사건의 계기), 평가(행위의 중요성과 의미, 서술자의 태도), 그리고 결의가 포함되어 있다.[52] 전기적 서사는 자신의 삶에서 '중요한 사건'을 선택하고 연결시켜 한 사람의 삶에 의미, 방향, 목적을 부여하는 서사이다. 자전적 담론의 연구자들은 서사가 우리의 자아 인식 및 우리가 다른 사람들과 상호작용하는 방식을 틀 짓는다고 주장해 왔다. 실제로 우리가 우리의 삶을 어떻게 파악하고 그 내용을 다른 사람과 어떻게 소통하는가는 우리가 "우리의 삶을 말하기 위해" 어떤 형태의 서사를 선택하는지에 달려 있다.[53] 인생 이야기에는 형태가 있다. 폴 리쾨르의 표현을 빌리면, 인생 이야기는 일반적인 주제를 담고 있는 하나의 포괄적인 서사 틀이나 이야기 내로 한 사람의 삶에서 일어난 다양한 사건을 특정하게 통합하는 방식으로 "자아의 플롯을 짠다."[54] 자아 서사는 이러한 개인적인 이야기에 사회적으로 중요한 의미들을 물들이는 보다 광범한 집합적인 서사, 가치, 그리고 각본에 의존한다. 개인 서사는 또한 집합적 차원을 끼워 넣을 수도 있는데, 셰리 오트너Sherry Ortner의 아주 적절한 표현을 이용하면, 이는 개인 서사가 지배적인 또는 거대한 '핵심적인

문화적 시나리오cultural key scenario'와 연결될 수 있기 때문이다.[55]

치료요법 서사의 주요한 특징은 이야기의 목적이 이야기를 전개하기 위해 어떤 사건들이 선택되어야 하는지를 규정할 뿐만 아니라 서사의 구성요소들인 그러한 사건들을 연결하는 방식까지도 규정한다는 것이다.[56] '성해방', '자아실현', '직업적 성공', 또는 '친밀성'과 같은 서사의 목표는 내가 목표를 달성하는 데 방해가 될 수 있는 문제들을 알려주고, 그것은 다시 내가 인생의 과거 사건 중 어떤 것에 관심을 둘 것인지, 그리고 어떤 감정 논리로 그 사건들을 하나로 묶을 것인지를 알려준다(이를테면 "나는 친밀한 삶을 살 필요가 있다. 하지만 나는 친밀감을 경험하지 못한다. 왜냐하면 나와 함께 있는 모든 남자가 다정하지 않기 때문이다. 나와 함께 있는 남자들이 다정하지 않은 까닭은 내가 **그러한 방식으로 남자들을 선택하기** 때문이다. 내가 다정하지 않은 남자를 선택하는 까닭은 나의 어머니가 결코 나의 욕구에 관심을 가져본 적이 없기 때문이다. 그렇다면 나의 욕구가 충족되지 않았다는 것을 나는 어떻게 아는가? 그것은 그 욕구들이 지금 성취되지 않았기 때문이다"). 이런 의미에서 치료요법 서사는 거슬러 올라가면서 플롯을 짜거나 "뒤에서부터 글을 쓴다." 이야기의 '끝'(내가 현재 겪는 곤경과 내가 앞으로 개선할 점)이 이야기를 시작한다.

그러나 우리는 여기서 하나의 엄청난 역설에 도달한다. 즉, 치료요법 문화—치료요법의 기본적인 사명은 치유하는 것이다—는 고통과 피해자임이 실제로 자아를 규정하는 서사 구조를 만들어내야 한다. 실제로 치료요법 서사는 생애 사건들을 실패하거나 좌절된 자아 개발 기회를 나타내는 표지로 간주할 때에만 작동한다. 따라서 자기계발 서사는 근본적으로 고통의 서사에 의해 지탱된다. 이는 고통이 그 서사의 중심 '매듭'—즉, 서사를 시작하고 유도하고, 서사가 전개되도록 돕고, 또 서사를 '작동'시키는 것—이기 때문이다. 따라서 치료요법적 이야기하기는 본질적으로 순환적이다. 즉, 이야기를 한다는 것은 '병든 자아'에 대해 이야기를 한다는 것이다. 미셸 푸코가 자신의

『섹슈얼리티의 역사History of Sexuality』에서 간결하게 논급했듯이, 건강에 대한 의학적 은유를 통해 조명된 자기 배려care of the self는 역설적으로 교정과 변화가 요구되는 '병든' 자아라는 견해를 조장했다.[57]

그런 서사 하나를 예로 들어보자. 앞 장에서 시사한 바와 같이, 친밀성은 심리학자들에 의해 성관계와 부부관계에서 도달해야 할 하나의 이상으로 상정되었다. 가까운 관계의 맥락에서 친밀성은 심리학자들이 발명한 자아실현이나 여타 범주들처럼 '건강'의 암호명이 되었다. 건강한 관계는 친밀했고, 친밀함은 건강했다. 일단 친밀성 관념이 건강한 관계의 규범과 표준으로 상정되자, 친밀성의 부재는 다양한 문제를 조직화하는 포괄적인 서사틀이 될 수 있었다. 그런데 치료요법 서사는 친밀성 부재의 원인을 결국 한 사람의 감정적 기질에서 찾을 수밖에 없다. 그러한 감정적 기질 중 하나가 심리학자들이 친밀성에 대한 **공포**라고 부르는 것이다. ≪레드북≫의 한 기사가 인용하고 있는 치료요법사의 다음과 같은 지적은 이를 잘 보여준다. "우리 사회에서 사람들은 섹스보다 친밀성을 더 두려워한다. …… 일반적으로 친밀성 문제를 가지고 있는 사람들은 어쩌다 만난 사람과 섹스를 하는 데에는 아무런 문제가 없으면서도 가까운 관계에서는 성적인 감정을 느끼는 데 어려움을 겪는다."[58] 치료요법 서사는 아주 동어반복적인데, 왜냐하면 일단 감정 상태가 건강하고 바람직한 것으로 정의되면, 이 이상적인 지점에 미치지 못하는 모든 행동이나 상태는 문제 있는 감정이나 무의식적인 장애물이 되고, 이것들은 다시 치료요법 서사의 틀에서 이해되고 관리되어야만 하는 것이 되기 때문이다. 이를테면 이렇게 기술된다. "일부 부부는 자신이 어울리지 않는 짝을 만났다고 느낀다. 그들은 자신이 잘못된 사람과 결혼했기 때문에 자신의 결혼생활에 거리가 존재한다고 생각한다. 그들 둘 다 거리가 필요하기 때문에 서로 맞지 않는 짝을 선택했을 수도 있다. 하지만 만약 그들이 정말로 좋아하는 사람과 결혼했다면, 그들은 친밀해져야 했을 것이고, 그러면 그들은 훨씬 더 큰 곤경에 처했을 수도 있다."[59] '조화 불가능함'은 불화의 원인으로 여겨지는 대신 심층의 무의식적 공포가 발현된 것으로 간주되고, 그 공포를 발굴하는 것과 함께 자아의 서사적 재가공이 시작된다. '친밀성에 대한 공포'는 친밀한 관계에 대한 서사 걸개narrative peg —즉, 그러한 관계를 프레임 짓고 설명하고 변화시키는 방침—가 된다. 만약 쌀쌀한 남자들(또는 여자들)이 자신이 실제로 간절히 갈망하는 어떤 것을 정말로 두려워한다면, 이 서사는 그들의 결함 있는 정체성을 지배하는 테마와 그러한 정체성을 개조할 수 있는 목표 모두를 제시한다.

치료요법 서사의 상징 구조가 문화산업과 매우 양립할 수 있는 것은 서사의 걸개가 쉽게 바뀔 수 있고, 이것이 심리학 관련 직업으로 하여금 '서사'와 '서사 양식narrative fashion'의 소비를 갱신하는 데 집중하게 하기 때문이다. 이를테면 1980년대에 출판된 지 1년 만에 300만 부 이상 팔린 책 『너무 많이 사랑하는 여성들Women Who Love Too Much』은 하나의 새로운 서사 틀을 제시했다.[60] 그 책에서는 '중독'이라는 새로운 서사 걸개가 '공포'를 대신하여 왜 어떤 관계가 심리학자들이 구성한 친밀성의 이상에 미치지 못하는지를 설명하는 서사의 역할을 한다. 치료요법의 이상에 미치지 못하는 행동은 모두 설명이 요구된다.[61] 그 과정에서 정반대의 것들이 등가물이 될 수도 있다. 이를테면 노우드Norwood는 자신의 책에서 중독이 실제로는 공포를 숨기고 있는 것임을 밝힌다. "만약 당신이 한 남자에게 집착하는 자신을 발견했다면, 당신은 그 집착의 뿌리가 사랑이 아니라 두려움에 있는 것은 아닌가 하는 의구심을 가졌을 수도 있다. 강박적으로 사랑하는 우리는 공포로 가득 차 있다."[62] 그렇다면 사람들은 어떤 사람이 "너무 많이 사랑하는" 병을 앓고 있다는 것을 어떻게 알 수 있는가? 그것은 간단하다. 그 사람의 어린 시절을 살펴보면 알 수 있다. 기능 장애가 있는 가정에서 어린 시절을 보냈다는 것은 중독을 유발할 가능성이 크다. 기능 장애가 있는 가정이란 무엇인가? 그것은 자신의 욕구가 충족되지 않는 가족이다. 그러면 그 사람은 어린 시절에 자신의 욕구가 충족되지 않았다는 것을 어떻게 알 수 있는가? 그것도 단순하다. 그것은 그 사람의 현재 상황을 살펴보면 알 수 있다. 이 동어반복의 본질은 분명하다. 현재의 모든 곤경은 과거의 상처를 가리킨다(그 상처는 심각한 신체적 학대에서부터 사랑의 결핍이나 자애로운 무관심에 이르기까지 다양할 수 있다). 과거에 사랑이 결핍되었던 것은 두 가지 상반되는 방식으로 공히 나타날 수 있다. 하나는 "친밀성을 두려워하는" 것이고, 다른 하나는 "돌보는 사람이 됨으로써 사랑 결핍을 보상하는" 것이다.[63] 따라서 너무 많이 사랑하는 것과 충분히 사랑하지 않는 것은 같은 병리 상태의 증상으로 전환된다. 이러한 주장의 배후에 있는 추론의 핵심은 다시 심리학자의 추론을 따른다. 정의상 건강한 사랑은 상처받지 않고 고통스럽지 않다. 만약 어떤 사랑이 상처받거나 틀어진다면, 그것은 분명 사랑하는 사람의 심리적 결핍, 즉 너무 많이 사랑한다거나 충분히 사랑하지 않는다는 두 가지 상반된 사실 중 하나를 의미할 수 있는 결핍 때문일 것이다. "사랑한다는 것이 고통스럽다는 것을 의미한다면, 우리는 너무 많이 사랑하고 있는 것이다. …… 우리의 관계가 우리의 감정적 웰빙을 위태롭게 한다면 …… 우리는 분명히 너무 많이 사랑하고 있다."[64] 따라서 친밀성과 건강은 등치되고 동등해진다. "그러나 우리는 우리가 필요로 하는 것을 줄 수 있는 건강한 남자들에게 끌리지 않는다. 그런 남자들은 우리에게 지루해 보인다. 우리는 우리의 부모와 지속해 온 투쟁을 재현하는 남자들에게 끌린다. 그때 우리는 자신들의 문제와 먼저 해야 할 일 때문에 우리에게 필요한 것을 줄 수 없었던 우리의 부모에게서 사랑과 주의, 그리고 인정을 받기 위해 충분히 착하고 충분히 성실하고 충분히 훌륭하고 충분히 도움이 되고 충분히 똑똑해지려고 노력했다. 이제 우리는 자기 자신의 문제와 먼저 해야 할 일 때문에 마찬가지로 우리에게 사랑, 주의, 인정을 쉽게 줄 수 없는 남자로부터 그것들을 얻어낼 수 없다면 사랑, 주의, 인정은 전혀 중요하지 않다는 듯이 행동한다."[65] 치료요법의 서사 구조는 억압되거나 잊힌 과거로부터 결핍된 관계의 원인을 찾음으로써 일관된 방식으로 자아를 구성하는 모순적인 줄거리—친밀성에 대한 공포 또는 중독—를 만들어낼 수 있다. 이 서사는 어떻게 구조화되어 있는가? 보다 정확하게 말하면, 그 서사 구조는 어떻게 치료요법 담론의 몇 가지 중요한 이데올로기적 메커니즘을 반영하고 있는가?

악령 서사

윌리엄 슈얼 주니어와 다른 많은 사람은, 제도는 균일성을 확립하려고 노력하기보다는 오히려 차이를 조직화하려고 노력함으로써 문화적 일관성을 구축한다고 주장해 왔다. 제도는 "그것 내의 관행과 주민들을 정상화하거나 동질화하기 위한 노력을 지속적으로 수행할 뿐만 아니라 공인된 이상理想에서 벗어난 관행과 주민들을 위계화하고 분리해 내고 배제하고 범죄화하고 장악하고 주변화하기 위한 노력 역시 지속적으로 수행한다."[66] 치료요법적 신념에서 흥미롭고 어쩌면 전례 없는 것은 치료요법이 건강함과 정상성이라는 도덕적이고 과학적인 이상에 의해 실제로 만들어지는 '차이'를 통해 자아를 제도화해 왔다는 것이다.

치료요법적 신념은 막연하고 끝없이 확장되는 건강함이라는 이상을 상정함으로써, 모든 행동에 그 이상과 정반대인 것, 즉 '병리적인' 것, '병든' 것, '신경증적인' 것, 또는 더 단순하게는 '기능 장애적인' 것, 또는 '자아실현이 되지 않은' 것이라는 꼬리표를 붙일 수 있었다. 치료요법 서사는 정상성을 자아 서사의 목표로 상정하지만, 그 목표에 결코 분명한 긍정적 내용을 부여하지 않기 때문에 실제로는 매우 다양한 유형의 자아실현을 하지 못한, 따라서 아픈 사람들을 만들어낸다. 그러므로 자기계발의 서사는 실패나 불행에 대한 치료책이 아니다. 오히려 **더 높은 수준의 건강과 자아실현을 위해 분투하라는 훈령 자체는 고통의 서사를 생산한다.** 프로이트의 유명한 주장을 현대적으로 비틀면, 우리 집이 불타고 있을 때조차, 또는 어쩌면 특히 그러할 때 우리는 우리 집의 주인이라는 것이다.

다시 말해 치료요법적 자기계발 서사는 구조주의자들이 가지고 있었을 법한, 이항대립적인 '질병' 서사가 아니다. 오히려 자기계발을 증진시키는 바로 그 서사는 질병과 정신적 고통에 대한 서사**이다.** 문화적 도식은 새로운 상황으로 확장되거나 옮겨갈 수 있기 때문에, 페미니스트, 재향군인, 법원, 국가 서비스 기관 종사자, 정신치료 전문가들은 질병과 자아실현이라는 동일한 도식을 전유하고 번역하여 자아를 조직화함으로써 자아실현 서사를 진정한 데리다적 실체—자아가 배제하기를 원하는 것, 즉 질병, 고통, 괴로움을 포함하는 동시에 실행하는 실체—로 만들었다.

치료요법 서사는 정신분석학을 왜곡하지는 않지만, 정신분석학은 처음부터 치료요법 서사의 내부에 자리하고 있었다. 이를테면 미국에서 정신분석학의 주요한 초기 지지자 중 한 사람인 마거릿 말러Margaret Mahler는 다음과 같이 주장했다. "최적으로 접근할 수 있는 어머니가 있는, 가장 정상적으로 태어난 아이조차도 위기를 겪지 않고서는 분리-개별화 과정separation-individuation process을 헤쳐나갈 수 없고 화해 투쟁rapprochement struggle에 의해 그 위기를 극복할 수 없으며 발달 장애 없이는 오이디푸스 단계에 진입할 수 없다는 것은 인간 조건에 내재되어 있는 것으로 보인다."[67] 만약 "가장 정상적으로 태어난 아이"와 "최적으로 접근할 수 있는 어머니" 역시 '장애'와 '위기'를 만들어낸다면, 정상적인 아이와 병리적인 아이 모두—모든 아이—는 정신건강을 성취하지 못할 뿐 아니라 성취할 수도 없으며, 따라서 삶의 경험 자체에 내재된 위기를 극복하기 위해서는 심리학의 도움이 필요하다. 건강에 대한 이 기본적인 전망—치료요법적인 자아 해방과 자아실현 서사에 내재한—은 질병 서사에 기대고 있다.

이 서사는 '악령 서사'로 특징지어질 수 있다.[68] 알론 나히Alon Nahi와 하임 오머Haim Omer가 설명했듯이, 악령 서사는 고통의 근원—그 근원이 사탄이든 아니면 트라우마적 사건이든 간에—을 주체 밖의 사악한 원리에 위치시킨다. 그러한 형태의 악은 그 사람의 내부로 몰래 들어갈 수 있는 능력에 의해 특징지어진다. 악은 사람의 내부에 있으며, 기본적으로 관찰자의 시야, 그리고 심지어는 주체 자신의 시야가 미치지 못하는 곳에 숨어 있다. 사람들이 알지 못하는 사이에 악마가 그 사람을 지배할 수 있는 것과 동일한 방식으로, 트라우마는 그 사람이 인식하지 못하는 사이에 그에게 자신의 파괴적인 흔적을 남길 수 있다. 더욱이 악령 서사에서 그 사람의 정체성은 그 사람의 영혼과 몸에 몰래 진입한 악의 원리에 의해 점령되고 변형된다. 이와 유사하게 치료요법 서사에서도 트라우마가 새로운 정체성을 만들어낸다. 악령 서사의 또 다른 특징은 외부인만이 정신 오염의 징후를 정확하게 해독할 수 있다는 것이다. 이것이 바로 고백이 (악령에 홀렸음을 확인해야 하는) 정화과정에서 중심적인 자리를 차지하는 이유이다. 마지막이자 아마도 가장 중요할 것으로 보이는 것은 악령 서사에서는 어떤 한 가지의 것과 그것과 정반대인 것 모두가 악마의 존재에 대한 증거로 해석된다는 것이다. 사탄을 만났다는 것을 인정하는 것은 그 사실을 강력하게 부정하는 것만큼이나 그가 악령을 만났다는 강력한 증거이다. 이와 유사하게 자신의 심리적인 문제를 의식하게 되는 것은 그러한 문제들을 부정하는 것만큼이나 자신의 권력을 나타낸다.

요약하면, 우리는 치료요법이 어떻게 자아에 대한 기본 도식이 되었는지를 설명하기 위해 치료요법이 많은 문화적·사회적 자원을 장악한 대규모 기관—또는 윌리엄 슈얼이 국가나 시장과 같은 '제도의 마디'라고 부른 것[69]—의 일상적 운영의 일부가 되었다는 사실을 설명해야 한다. 게다가 치료요법 서사는 시장과 (점점 더 시민사회를 물들여 온) 권리 언어 간의 애매하고 갈등에 시달리는 불안전한 접점에 위치한다. 치료요법 서사 코드가 사회 전반으로 제도화되는 것과 동시에 널리 확산된 것은 치료요법적 자아가 어떻게 자아를 조직하는 서사 도식이 되었는지를 이해하는 열쇠이다.

치료요법을 통해 자아 수행하기

문화 도식은 우리가 우리의 환경과 소통하고 상호작용하는 방식을 제약하는 기본 구조 내에서 세계에 대한 인식을 조직한다는 점에서 심층적인 문화적 부호화의 한 형태이다. 치료요법 서사는 제도와 광범위한 공명을 하고 있기 때문에 자아 이야기 — 그리고 보다 구체적으로는 자전적 담론 — 를 조직화하는 하나의 기본적인 자아 도식이 되어왔다. 치료요법 서사는 우리가 세계 속에서 자신을 이해하는 방식의 내용인 것만큼이나 형식이기도 하다. 문화 도식은 기회가 생기면 새로운 상황으로 확장되거나 옮겨갈 수 있다. 이런 의미에서 하나의 도식적 구조는 가상적인virtual 것이다. 즉, 그러한 도식적 구조는 잠재적으로 광범위하며, 정해진 범위 이외의 상황에서도 실현될 수 있다. "문화적 행위는 텍스트를 실행에 옮기는 것이다."[70] 그렇다면 어떻게 그렇게 하는가? 치료요법 텍스트가 관행으로 번역되어 온 까닭은 그 텍스트가 처음부터 **수행된** 텍스트였기 때문이다. 그러한 수행은 정신분석자들의 상담실에서 시작되었지만, 나중에 새로운 장소들이 추가되면서 크게 확장되었는데, 그중 가장 눈에 띄는 것이 후원단체와 텔레비전 토크쇼였다. "문화적 수행cultural performance은 행위자들이 개인적으로 또는 협력하여 다른 사람들에게 자신들이 처한 사회적 상황의 의미를 보여주는 사회적 과정이다. …… 그러한 의미는 사회적 행위자로서의 그들이 의식적으로 또는 무의식적으로 다른 사람들이 믿기를 바라는 의미이다. 행위자들의 그러한 의미 표현이 효과적이기 위해서는 행위자들은 그럴듯하게 수행해야 한다. 다시 말해 자신들의 행위와 몸짓이 지향하는 사람들로 하여금 자신들의 동기와 설명을 합리적인 설명으로 받아들이게끔 수행해야 한다."[71]

치료요법 서사는 텔레비전 토크쇼 — 지난 15년 동안 등장하여 TV라는 매체 전반을 변화시켜 온 수행 장르 — 에서 말하기 방식을 구조화해 왔다. 이 텔레비전 장르에서 가장 성공을 거둔, 그리고 가장 잘 알려진 예가 매일 3300만 명이 넘는 사람들이 시청하는 오프라 윈프리 토크쇼이다. 오프라 윈프리는 치료요법 스타일로 인터뷰를 하는 것으로 악명이 높았으며, 치료요법 스타일의 자기 개선을 강력하게 장려해 왔다. 내가 다른 곳에서 주장했듯이, 그녀의 방대한 문화적·경제적 사업은 그녀의 내면의 자아를 수행하는 그녀의 능력, 즉 자신의 청중에게 자신의 고통과 자신의 극복이 지닌 진정성을 확신시키는 능력에 달려 있었다. 게다가 그녀의 쇼는 치료요법 서사를 이용하여 자신의 자아 행위를 하는 일반 게스트들이 자신의 문제와 몸부림을 공연하는 플랫폼이 되어왔다. 여기서 오프라 윈프리 쇼가 어떻게 게스트들에게 하나의 치료요법 서사를 제시하여 그들이 자신의 자아 인식을 프레임 짓고 **수행**하게 하는지를 하나의 실례를 통해 살펴보자.

슈Sue는 이혼소송을 제기하고 싶어 한다. 그녀의 남편인 게리Gary는 아내가 실제로 그렇게 할지 몰라 괴로워하며 아내에게 돌아가기를 몹시 원한다. 별거 중인 아내에게 돌아가고 싶은 그의 욕망은 심리적인 문제로 프레임 지어지는데, 이는 "왜 사람들은 전남편/전처에게 돌아가고 싶어 하는가"라는 일반적인 제목 아래 제시된다. 그 에피소드에서 심리치료사 캐럴린 부숑Carolyn Bushong은 게리의 이야기를 하나의 문제로 프레임 짓고 게리의 행동을 설명해 주는 일반적 서사를 제공하는 주요한 역할을 맡고 있다.

오프라: 오늘은 캐럴린 부숑이 우리와 함께합니다. 부숑은 심리치료사이고, 『당신을 잃지 않고 그를 사랑하기Loving Him without Losing You』라는 책의 저자입니다. 그리고 부숑은 사람들이 전남편/전처를 잊지 못하는 것은 보통 사랑 때문이 아니라고 합니다. 그렇죠?

부숑: 음, 많은 이유가 있지만, 상당 부분은 거부당한 것 때문이죠. 그리고 내가 생각하기에는 그게 바로 여기 있는 분[게리]을 붙잡고 있는 생각이고—그분이 원하는 건—그녀를 되찾아서 자신이 문제가 없는 사람이라고 느끼고 싶어 해요. …… [그 쇼에서 나중에] 게리는 그것에 중독되어 있어요. '그것'이 뭐냐면, 이런 느낌이죠. "나는 나쁜 사람이야. 내 전처가 나더러 나쁜 사람이래. 그리고 어쩌면 나는 나쁜 사람일지도 몰라. 그러니까 만약 내가 나쁜 사람이 아니라는 것을 그녀에게 납득시킬 수 있다면, 모든 것이 다 다시 괜찮아질 거야. …… 잘못을 바로잡는 것도 중요해. 내가 한 일에 대해 죄책감을 느끼니까. 그리고 나는 그 사람에 보상해 주고 싶어. 그게 내가 원하는 거야. 그래야 내 죄책감이 사라질 수 있으니까."

오프라: 게리 씨, 당신도 얼마간 죄책감을 느끼나요?

게리: 물론이죠. 느껴요.

부숑: 그렇겠죠. [당신이 슈를 통제하려고 했던 것]에 대해.

오프라: 그럼 당신은 이렇게 말하고 싶겠네요. "만약 당신이 나를 다시 받아만 준다면, 나는 내가 다시는 그러지 않을 거라는 것을 당신한테 보여주고 싶어."

게리: 예, 내가 과거에 느꼈던 게 바로 그거예요.

오프라: 예. 그렇군요. 그러니까 당신은 전 부인과 함께 살 수도 없고 전부

인 없이 살 수도 없네요.

부송: 그게 중독된 거예요. 당신은 중독 관계에 빠진 거예요. 사람들이 좋아한다고 느낄 때 그런 관계인 경우가 아주 많죠. 당신도 알다시피, 뭐 이런 거 있잖아요. "나는 그 사람을 원하고 그들을 사랑하지만, 난 그들이 미워."[72]

여기에는 몇 가지 논평이 필요하다. 첫째는 "너무 많이 사랑한다"는 사람들의 집단도, "전남편/전처 없이는 살 수 없다"는 사람들의 집단도 치료요법 전문직, 출판산업, TV 토크쇼에 의해 병든 사람인 동시에 소비자로 구성된다는 것이다. 이는 치료요법의 문화적 힘과 만연함은 소비문화가 치료요법의 주요한 현장의 하나가 되어왔다는 사실과 관련되어 있음을 보여준다. 둘째, 우리는 여기서 치료요법 서사가 감정—여기서는 죄책감—을 어떻게 공적 대상—노출되고 토론되고 논쟁되고 무엇보다도 수행되는, 다시 말해 청중에게 소통되어 진정성을 평가받는—으로 만드는지를 관찰할 수 있다. 따라서 자아가 치료요법적이 되는 과정에서 자아는 (자아의 내밀한 내면성을 중심으로 하는) 보다 사적인 것이자 (자신의 사생활을 다른 사람에게 설명할 수 있게 하고 다른 사람들이 객관적으로 평가할 수 있게 하는 언어를 소유하고 있다는 점에서) 보다 공적인 것이 된다. 셋째, 치료요법적 전기傳記는 경제적 투자를 전혀 또는 거의 요구하지 않는다는 점에서 하나의 이상적인 상품이다. 즉, 치료요법적 전기는 그 사람에게 단지 우리가 그 사람의 정신의 어두운 구석을 엿보는 것을 허용하고 그 또는 그녀가 자진해서 자신에 대해 이야기할 것만을 요구한다. 이야기하는 것과 자신의 이야기를 함으로써 자신이 변화하는 것 자체가 아주 다양한 매체(여성 잡지와 남성 잡지, 토크쇼, 라디오 청취자 참여 프로그램 등)에 의해 생산되고 가공되고 유통되는 상품인 까닭은 그것들이 거의 전례 없는 잉여 가치를 창출할 수 있기 때문이다. 치료요법 서사에 수행성을 부여하는 것은 실제로는 시장에서 치료요법 서사가 차지하는 위치이다. 만약 오프라 윈프리가 미국에서 가장 부유한 여성 중 한 명이 되었다면, 그것은 토크쇼가 경제적 투자를 거의 요구하지 않기 때문이고, 또한 사적인 고뇌를 공적인 걱정거리로 전환시키는 것이 사적인 것과 공적인 것 간의 문화적 경계를 넘어 공중에게서 흥미를 불러일으키기 때문이다. 넷째, 이 설명에서 치료요법 서사는 자아 해석 과정에 명백하고 '실제적인 해석적 영향력'을 행사한다.[73] 어떤 사람이 자신의 삶의 이야기를 다시 쓰는 데 도움을 주는 것이 치료요법적 이야기의 목적이다.[74] 마지막으로, 치료요법 서사는 수치심, 죄책감, 공포, 무능감과 같은 부정적인 감정을 전면에 내세우지만, 비난이나 죄책감에 대한 도덕적 도식을 작동시키지 않는다.

치료요법 서사는 정신적 고통의 공개적 노출을 자신을 설명하는 데서 중심적인 것으로 만들었다는 점에서 자전적 담론을 크게 변화시켜 왔다. 19세기 자전적 서사가 자신이 "천한 사람에서 부자가 되었다"는 줄거리로 특징지어졌다면, 현대의 새로운 자전적 장르는 정반대의 성격을 띤다. 그 이야기들은 명성과 부를 한껏 누리는 중에서조차 겪는 정신적 고통에 관한 것이고, 이야기를 하는 행위 그 자체에 관한 것이다. 세 가지 사례가 나의 논점을 분명하게 해줄 것으로 보인다. 첫 번째 사례는 오프라 윈프리와 관련된 것이다. 그녀가 영광의 정점에 있을 때 그녀의 삶은 다음과 같이 구성될 수 있었다.

> 그 책[그녀가 쓰기로 되어 있던 자전적인 책]을 출간하기 이전에 그녀는 자기 회의라는 탁하고 질식할 것 같은 강물에서 감정적으로 표류하고 있었다. …… 중요한 것은 그녀의 내면, 즉 영혼의 가장 깊은 통로에서 그녀가 어떻게 느꼈는가 하는 것이다. 그리고 거기서 그녀는 충분히 기분 좋은 적이 없었다. 모

든 것은 그러한 기분 상태로부터 나왔다. 비만과 끝없이 벌인 그녀의 투쟁도("내 몸무게는 내 인생의 무게였다"), 성적으로 적극적이었던 그녀의 청소년기도("내가 섹스하고 돌아다니는 것을 좋아해서 그런 것은 아니었다. 일단 내가 시작하면 다른 남자애들이 나한테 화내는 게 싫기 때문이었다"), 사랑이라는 이름으로 남자를 위해 기꺼이 바보 같은 짓을 했던 것도("내가 관계 속에서 거듭 학대받은 것도 내가 그럴 만하다고 느꼈기 때문이다") 다 그것 때문이었다. 오프라는 시카고 도심 서쪽에 위치한 약 2000만 달러에 달하는 8만 8000제곱피트의 영화·TV 복합단지를 둘러보면서 말했다. "나는 내가 모든 것을 가지고 있는 것처럼 보인다는 것을 알고 있다. 그리고 사람들은 내가 TV에 출연하기 때문에 내가 하나의 끈으로 세상을 묶고 있다고 생각한다. 하지만 나는 나 자신의 자아 가치self-value와 오랜 세월 동안 싸워왔다. 그리고 나는 이제 막 그것과 타협하려고 하고 있다."[75]

정신적 고통의 서사는 성공 전기를 자아 그 자체가 전적으로 새로 '만들어지는' 전기로 재구성하는 것이 아니라 한 사람의 정신적 고통이 계속해서 그 사람의 정체성을 구성하는 것의 한 측면이 되는 전기로 재구성한다. 새로운 치료요법적 자서전에서 이야기를 끌어가는 것은 성공이 아니다. 오히려 이야기를 끌어가는 것은 바로 세속적인 성공을 거두는 중에도 자아가 파멸된다는 것 — 또는 파멸될 수 있다는 것 — 이다. 또 다른 예를 들면, 브룩 실즈Brooke Shields처럼 젊고 성공한 여배우도 자신의 산후 우울증에 관한 자세한 이야기에만 거의 전적으로 관심을 두고 있는 자서전을 쓸 수 있다.[76] 그러한 이야기의 가치는 치료요법적 세계관에서는 성공한 삶조차도 여전히 만들어지고 있는 중이며, 이야기를 하는 행위 자체가 그러한 자아 만들기 과정의 한 측면이라는 사실에 있다. 제인 폰다Jane Fonda의 자서전[77]도 유사한 방식으로 전개된다. 그녀는 그 책에서 냉담하고 쌀쌀한 아버지와 함께 보낸 불행한 어린 시절부터 시작되는 감정적이고 심리적인 드라마를 펼쳐나간다. 그녀의 이야기 속에서 아버지는 똑같이 실패한 그녀의 세 번의 결혼에 숨어 있는 실제적 원인이 된다. ≪뉴욕타임스New York Times≫의 칼럼니스트 모린 다우드Maureen Dowd는 폰다의 책에 대해 논평하면서 폰다가 치료요법적 공식을 과도하게 이용했다는 점을 부각시키며 다음과 같이 빈정거렸다. "폰다는 60년 동안 자신의 잃어버린 자아를 철저하게 발굴했다. '지금까지의 내 인생My Life So Far'이라는 제목은 서정적인 제목이 아니다. 오히려 그 제목은 자신의 고통을 기소하고 자신의 악마를 추방하기 위해 칼 융Carl Jung적인 제인이 벌여온 시지푸스적Sisyphean이고 오프라적인 투쟁을 담고 있다. 그녀의 책은 심리학 용어들을 연결해 놓은 것으로 …… 그녀는 진실성을 박탈당하고 육체에서 분리된 기분을 느낀 다음 자신의 몸에 다시 들어가 살면서 자신의 여성성과 자신의 공간과 자신의 질膣, 그리고 자신의 리더십과 자신의 주름살과 자신의 어머니를 '소유'하기 위해 노력한다. 그녀는 그러면 자신의 '진정한 자아'가 출현할 수 있을 것이라고 생각한다."[78] 따라서 이 유력하고 성공을 거두었고 매력적인 이 세 여성의 자서전은 모두 과거의 상처에 관한 이야기라고 일컬어지는데, 그 이야기들에서 주인공은 여전히 매력적이고 성공적인 삶을 만들어가고 있으며, 끊임없이 자신의 감정적인 문제들을 극복하고 있다.

자기계발과 자아실현에 관한 서사는 기억의 서사이자 고통의 기억이지만, 동시에 기억의 행사가 기억으로부터 구원을 가져다주는 서사이다. 이 서사의 중심을 이루는 것이 바로 사람들은 고통으로부터 자신을 해방시키기 위해 고통에 대한 기억을 행사한다는 가정이다.

1990년대 즈음에 그러한 고백적인 자서전은 하나의 잘 확립된 장르가 되었다. 푸레디가 주장하듯이, "질병 회고록은 1990년대의 가장 뚜렷한 문학 장르 중 하나가 되었다."[79] 실제로 이 질병 회고록은 "≪북셀러≫라는 잡지가 '비참 문학mis lit' 또는 '비참 회고록misery memoirs'이라고 지칭한 것을 낳았다. 그러한 문헌 속에서 작자는 개인적 트라우마를 어떻게 극복했는지에 대해 이야기한다."[80] 아주 이상하게도 이 장르는 특권 있는 사람들 사이에서 특히 번성했던 것으로 보이는데, 나는 이 특권 있는 사람들이 그 서사를 이용하여 자신에게 상징 자본을 더욱 부여할 수 있는 사람들, 즉 자신의 삶이 지금도 정신적 특성이 되고 있는 역경과 여전히 싸우고 있음을 (그리고 그 싸움에서 승리하고 있음을) 보여줄 수 있는 사람들이라고 주장한다. 이 서사 장르의 문화적 독특성을 예증하기 위해 우리는 여기서 에이브러햄 링컨Abraham Lincoln이 자신의 삶에 대해 논평한 내용을 인용할 수 있을 것이다. "나의 어린 시절을 가지고 뭔가를 만들어내려고 시도하는 것은 대단히 어리석은 짓이다. 나의 어린 시절은 한 문장으로 압축될 수 있다. …… 빈민들의 짧고 간단한 연대기."[81] 치료요법 서사는 한 사람의 인생 이야기를 이러한 방식으로 말하는 것과는 극명하게 대비된다. 왜냐하면 치료요법 서사는 바로 어린 시절의 삶으로부터 모든 것을 만들어내기 때문이다. 프로테스탄트 문화의 많은 부분에 스며들어 있는 금욕과 자제의 정신을 따르던 링컨은 가난과 고통에 어떤 의미를 부여하여 꾸며내는 것을 거부했다. 이와 대조적으로 치료요법 서사는 온갖 형태의 고통—실제의 것이든 아니면 발명된 것이든 간에—에 최대한 의미를 부여하여 장식한다.

이는 그러한 서사가 만연하고 있는 것을 한탄하도록 유혹한다. 하지만 우리는 그러한 유혹을 이겨내야 한다. 대신 우리는 그러한 서사의 상징 구조가 현대 남녀의 욕망과 원망의 구조와 어떻게 공명해 왔는지를 설명해야 한다. 나는 치료요법 서사가 다음과 같은 여러 가지 이유에서 문화적으로 광범위하게 공명해 왔다고 상정한다.

1. 치료요법 서사는 상반되는 감정들—너무 많이 사랑하거나 충분히 사랑하

지 않는 것, 또는 공격적이거나 충분히 자기주장을 하지 않는 것—을 다루고 설명한다. 마케팅 측면에서 보면, 치료요법 서사는 다른 브랜드의 담배를 피우는 사람들뿐만 아니라 흡연자와 비흡연자 모두를 만족시킬 수 있는 담배와 같은 것이다. 다시 말해 치료요법 구조는 구체적인 내용을 결여하고 있는 포괄적인generic 구조이다. 따라서 치료요법 서사는 매우 유동적이고 유연하여 다양한 질병에 적용할 수 있으며, 개인적 특성을 설명할 수 있지만 다른 많은 사람에 의해 공유될 수도 있다. 이러한 포괄적 구조가 지닌 유연성은 데이비드 헬드David Held가 '운명공동체community of fate'라고 부르는 것,[82] 또는 공동의 고통을 중심으로 조직화된 공동체를 구성할 수 있게 해준다. 이는 후원단체의 현상에 의해 가장 잘 예증된다.

2. 치료요법 서사는 대상자를 환자인 동시에 소비자로, 즉 관리와 돌봄을 필요로 하는 사람이자 도움을 받을 경우 자신의 행동을 통제할 수 있는 사람으로 대한다. 이 점에서 치료요법 서사는 현대 문화가 구성해 내는 두 가지 모순적인 자아—사회적 환경의 (잠재적 또는 실제적) 희생자로서의 자아와 삶의 유일한 창조자이자 행위자로서의 자아—를 합체한다.
3. 치료요법 서사는 유대-기독교 서사의 기본적인 문화적 형판을 사용한다. 그 형판은 퇴행적이면서도 진보적이다. 그 형판이 퇴행적인 까닭은 말하자면 사람들의 삶에서 여전히 존재하고 작동하는 과거의 사건들에 대해 이야기하기 때문이며, 진보적인 까닭은 그 서사의 목적이 미래의 구원—여기서는 감정적 건강—을 확고히 하는 것이기 때문이다. 이런 점에서 치료요법 서사는 자아의 일관성과 연속성을 확립하는 데서 매우 효과적인 도구이다.
4. 치료요법 서사는 자신의 정신적 웰빙에 대한 책임을 자신이 지게 하

지만, 어떠한 도덕적 책임 관념도 제거한 채 그렇게 한다. 그것은 사람들로 하여금 도덕적 개인주의와 자기 개선이라는 문화 도식과 가치를 동원할 수 있게 해준다. 하지만 치료요법 서사는 그러한 책임을 어린 시절과 결함 있던 가정에 돌림으로써 그 사람이 만족스럽지 못한 삶을 살고 있는 것은 자신의 잘못이라는 도덕적 부담감에서 벗어날 수 있게 해준다.

5. 치료요법 서사는 수행적이다. 이러한 의미에서 치료요법 서사는 하나의 이야기 그 이상의 것이다. 왜냐하면 치료요법 서사는 경험을 이야기하는 동시에 경험을 재조직화하기 때문이다. 후원단체나 토크쇼와 같은 다양한 사회적 현장은, 수행 동사performative verb가 그 동사가 제안하는 행위 그 자체를 수행하는 것과 동일한 방식으로, 치유가 수행되는 플랫폼을 제공한다. 이것이 하나의 중요한 특징인 까닭은 현대의 주체들은 바로 자기 변화self-change의 경험 속에서 그리고 그 경험을 구성하는 과정에서 자신을 도덕적·사회적으로 가장 유능한 사람으로 경험하기 때문이다. 어쩌면 자기 변화는 현대 도덕적 가치의 주요 원천일 것이다.
6. 치료요법 담론은 전파되는 문화구조이다. 왜냐하면 그 담론은 복제되어 방계 친족, 손자손녀, 배우자에게 퍼져나갈 수 있기 때문이다. 이를테면 홀로코스트의 2세대와 3세대 트라우마 피해자들은 자신들의 조부모가 실제 희생자였기 때문에 자신들의 후원단체를 가지고 있다.[83] 이는 그들이 자신들의 정체성을 치유가 필요한 아픈 대상으로 구성할 수 있게 해주는 상징 구조에 의지하기 때문에 가능하다. 이러한 방식으로 치료요법 서사는 가족 혈통을 작동시켜 수직적으로도 수평으로도 연속성을 만들어낼 수 있다.
7. 치료요법 서사는 남성과 여성 모두의 마음을 끌었는데, 그 이유는 치

료요법 서사가 감정적 삶을 전면에 내세움으로써 (전통적으로 남성적인 이상이었던) 자립의 이상에 다가가고, 또한 사적 영역과 공적 영역 모두에서 자기관리를 가능하게 하기 때문이다. 이런 점에서 치료요법 서사는 젠더 중립적이라고 여겨질 수도 있다.

8. 마지막으로, 그리고 어쩌면 가장 결정적인 것으로, 치료요법 서사가 출현하게 된 배후에는 권리 개념으로 포화된 문화 속에 개인이 끼워 넣어져 왔다는 사실이 자리하고 있다. 심리학적 신념은 '인정'에 대한 요구, 즉 사람들의 개인적 고통은 공적으로 인정되고 치료되어야 한다는 주장을 분명하게 표현하는 어휘와 문법을 제공한다. 다른 어떤 문화 언어와도 달리 심리학의 언어는 사적인 감정성과 공적 규범을 한데 섞는다. 심리학의 언어는 사적 자아를 부호화하여 이 사적 자아를 공적 정밀 조사와 공개의 대상으로 만들어왔다. 이 메커니즘은 고통을 피해 입음victimhood으로, 피해 입음을 정체성으로 바꿀 수 있다. 치료요법 서사는 우리에게 우리의 삶을 개선할 것을 요구하지만, 우리로 하여금 우리의 결함, 고통, 기능 장애에 주의를 기울이게 만듦으로써만 그러한 요구를 할 수 있다. 그러한 고통을 공적인 이야기하기의 한 형태로 만드는 과정에서(이때 사람들은 다른 사람들이 자신에게 입힌 상처를 타인에게 노출해야 한다), 사람들은 그 이야기를 공개적으로 했다는 바로 그 사실 때문에 피해자—그의 정신적 손상이 과거에 다른 사람들이 그에게 상처를 입혔음을 시사하고 그가 다른 사람들에게 그 상처를 공개적으로 말하는 바로 그 행위에 의해 피해자로서의 지위를 획득하는 사람—가 된다. 고통을 공적인 것으로 만드는 과정에서 그 이야기하기는 그 주체가 (인정의 형태로) 상징적 보상을 얻을 수 있게 할 뿐만 아니라, 그 사람에게 자신의 상태를 변화시키고 개선할 것을 강요한다. 그리하여 그것은 자아와 책임에 대한 새로운 모델을 출범시킨다. 그 모델

은 사람들로 하여금 자신의 미래에 대해서는 책임을 지게 하지만 자신의 과거에 대해서는 책임을 지지 않게 만든다. 그 모델은 다른 사람들이 입힌 상처에 의해 규정된다는 점에서 수동적이지만 변화를 요구받는다는 점에서 매우 능동적이 될 것을 명령받는 자아를 조장한다. 이 자아는 자신을 변화시키는 것에 대해서는 큰 책임이 있지만, 자신의 결함에 대해서는 도덕적으로 책임이 없다. 나는 이 분할된 책임 모델이 자아의 새로운 문화적 형태라고 생각한다.

나의 마지막 제안은 미국적인 성공과 자립의 신념이 치료요법적 자기도취에 의해 부식되고 있다는 많은 논평자의 주장과 크게 충돌한다. 특히 크리스티나 호프 소머스Christina Hoff Sommers와 샐리 새텔Sally Satel은 '치료요법주의therapism'가 금욕적 태도와 자기책임 의식을 약화시킨다고 강력하게 주장해 왔다.[84] 내가 주장해 왔듯이, 이 주장은 잘못이고, 치료요법 문화가 자립 에토스의 주요한 진전을 특징지어 왔다는 것을 인식하지 못하고 있다. 비록 치료요법 문화가 과거의 피해자임과 도덕적 무죄 주장을 전면에 내세우고는 있지만, 그것은 미래에 대한 자원주의적 책임을 요구한다.

행위 속의 서사

인지적 유형화 또는 인지 도식은 정신적 프레임 속에 '침전되어 있는' 하나의 제도로 보아야 한다. 마찬가지로 그리고 역으로 정신 구조는 정신 구조가 다시 방출하는 제도를 가리킨다.[85] 테리 이글턴Terry Eagleton이 주장하듯이, "하나의 이데올로기가 성공을 거두기 위해서는 실제적 수준과 이론적 수준 모두에서 작동해야 하며, 이 두 수준을 연결하는 어떤 방법을 발견해야 한다. 이데올로기가 성공을 거두기 위해서는 정교한 사고 체계를 넘어 일상생활의 세세한 내용으로까지, 즉 학술적인 논문을 넘어 거리에서 외치는 소리로까지 그 적용범위가 확장되어야 한다."[86] 실제로 이데올로기 체계는 특히 '행위 지향적인' 경향, 즉 일련의 관행과 행동을 통해 그 체계의 명제와 신념을 하나로 결합하는 경향이 있다. 이론적 담론은 오직 실제적인 틀의 맥락 내에서만 자아에 대한 일상적인 개념들과 통합된다. 다시 말해 문화가 유포되기 위해서는 문화가 사회적 관행 속에 구현되어야 한다. 문화적 관념이 작동하기 위해서는 그 관념이 사물, 상호작용 의례, 그리고 사회적 수행 이곳저곳에 구체화될 필요가 있다. 후원단체들은 치료요법의 텍스트적·제도적 구조를 문화적 수행으로 번역하는 주요 문화적 매개체 중 하나의 역할을 해왔다. 이 점에서 후원단체의 등장은 제도화된 치료요법 언어라는 문화적 동전의 뒷면으로 이해되어야 한다. 우리는 주로 후원단체에서 텍스트 문화와 사회적 수행 간에 어떻게 긴밀한 상호작용이 이루어지고 있는지를 검토함으로써 치료요법 구조를 발견할 수 있다.

후원단체는 그 지향성과 방법에서 매우 다양하다. 그 단체의 테마와 방법은 명상 단체에서부터 원시적인 절규 집단, 자기주장 훈련 단체, 익명의 알코올 중독자들Alcoholics Anonymous, 성적 학대·강간·트라우마 또는 대량학살에서 살아남은 사람들을 위한 단체, 독신자·과식자·거식증을 가진 사람들을 위한 단체에 이르기까지 다양하다. 실제로 후원단체의 종류가 매우 다양하기 때문에 그 단체들의 내용에 의거하여 그 단체들을 정의할 경우 후원단체라는 개념 자체가 해체되어 버릴 수도 있다. 후원단체들이 조직되는 테마들이 그처럼 매우 다양할 수 있다는 것은 그 단체들이 더 심층적인 수준에서 공통의 문화구조를 가지고 있다는 것을 시사한다. 후원단체에 대한 저술들은 많다. 하지만 후원단체들이 치료요법 서사의 구조를 작동시키고 수행한다는 단순한 사실에 주목한 저술은 거의 없다. 치료요법 서사의 도식은 자아 서사를 하나의 공적 수행으로 전환시키는 방식으로 자아의 플롯을 짤 수 있게 해준다.

후원단체는 사적인 이야기를 공적 소통 행위로 만드는 것을 특징으로 한다.[87] 치료요법 서사는 사적인 것을 공적인 것으로 번역할 수 있게 해주는 메커니즘이다. 사적인 이야기를 공유하는 방법, 사적인 것을 공개적으로 말하게 하는 동기, 청중이 그 이야기를 해석하는 방식을 규정하는 것이 바로 치료요법 서사의 코드이다. 만약 우리가 후원단체를 사람들이 정체성 서사를 실행하고 습득하는 하나의 문화적 틀로 본다면, 후원단체는 짐멜이 부여한 의미에서의 하나의 문화적 형식, 즉 사회적 경험을 조직화하고 자신과 타인 간의 거리를 협상하고 사적 자아와 공적 자아 사이에 경계를 설정하는 방식의 하나라는 것이 분명해진다.

후원단체의 맥락에서 자존감, 먹기, 알코올, 또는 3세대 홀로코스트 생존자임이 노출하고 이야기하고 공유해야 하는 문제가 되는 까닭은 다음과 같은 세 가지 서사 범주 간에 이루어지는 긴밀한 상호작용 때문이다. 첫째는 자아를 발달 그리고/또는 보상을 필요로 하는 것으로 여기고 자아에게 기억을 행사하여 현재를 다시 틀 지을 것을 요구하는 **포괄적인 치료요법 서사**이다. 둘째는 후원단체의 모든 성원이 공유하는 것으로 가정되는 초점과 경험(비만, 알코올, 이혼, 사회적 불안 등)을 이루는 **테마 서사**이다. 셋째는 개별 성원을 위한 **개인에 맞추어진 서사**이다. 후원단체는 이들 세 가지 범주의 서사를 통해 만남과 이야기하기를 구조화한다. 나는 심지어 치료요법 서사가 사회 전반에 확산될 수 있는, 자아를 표현하고 수행하는 일련의 기법이라고 감히 말하고 싶다. 왜냐하면 치료요법 서사는 (남성과 여성, 청소년과 성인, '통상적인 신경증을 앓고 있는 사람'과 병리적인 기능 장애를 겪고 있는 사람 모두에게 적용할 수 있는) 표준화된 치료요법 서사와 (치료요법을 이용하는 사람들의 삶의 상황에 맞게 개작된) 개인화되고 맞춤화된 서사를 결합하고 있기 때문이다.

많은 후원단체가 여전히 시장영역 밖에 남아 있고 시민사회의 틈새에서 발전해 왔지만, 후원단체의 형식은 점점 더 상품화되어 왔다. 나는 여기서 후원단체와 동등하지는 않지만 후원단체와 친화성을 가지는 하나의 관행, 즉 몇 시간에서 며칠 동안 어딘가에서 진행되는 영리 목적의 워크숍에 초점을 맞추고자 한다. 이들 워크숍은 대체로 후원단체의 리더처럼 자신이 제공하는 기법에 의해 어떤 효과를 보았다고 주장하는 사람들에 의해 주도된다. 그러한 워크숍은 보다 분명하게 정의된 상업적 특성을 지니고 있으며, 치료요법의 시장으로의 통합과 치료요법의 상품화를 아주 잘 예증해 준다. 후원단체들은 시민사회에 기반하지만, 이 워크숍들은 치료요법 서사를 상업화하고 그 서사를 표준화된 간결하고 재생이 가능한 공식으로 포장하고자 한다.

1998년에 나는 랜드마크 에듀케이션 코퍼레이션Landmark Education Corporation (LEC)에서 제공하는 3일간의 포럼 워크숍 중 하나에 참여했다. 내가 그 워크숍을 특별히 선택한 이유는 그 워크숍이 가장 성공을 거둔 글로벌 치료요법 문화 형태이고(그 워크숍은 특정 지역에 글로벌 심리 문화 프레임을 '수출'할 뿐만 아니라 그 프레임을 전제로 한다), 또한 그 워크숍이 참가자들에게 중요한 영향을 미친다는 평판을 받고 있었기 때문이다.

그 포럼은 자동차 소매업자 출신의 베르너 에르하르트Werner Erhard가 창시한 에스트est의 파생물이자 발전의 결과이다. 그는 '계시'를 받았고, 그 계시를 '임파워먼트empowerment' 워크숍으로 전환시켰다. 베르너 에르하르트를 소개하는 웹페이지는 대단히 허세를 부리며 다음과 같이 주장한다.

> 변화를 위한 힘인 베르너 에르하르트는 20세기 후반에 문화적 아이콘이 되어 인간 의식을 틀 지었다. 1971년에 에르하르트는 미국 공중에게 '탈바꿈trans-

formation'이라는 획기적인 관념을 소개했다. 이 관념은 사람들이 자신들의 삶을 바라보는 방식을 재정의했으며, 여전히 현대 사회에서 강력하고 실제적이고 적실한 자원으로 인식되고 있다. 에르하르트에 따르면, 탈바꿈이라는 관념은 기존 모델을 바꾸는 것(얼마나 크게 바꾸었는지와 무관하게)과 완전히 새로운 모델을 만드는 것을 분명하게 구분한다. 이러한 생각은 인간이 아주 짧은 시간 안에 자신들의 삶을 탈바꿈하여 강력하고 오래 지속되는 결과를 산출할 수 있다는 관념을 낳았다.

에르하르트는 개인과 조직의 효율성, 소통, 다른 사람들과 관계 맺는 능력을 극대화하기 위해 설계된 최첨단 프로그램을 발전시키기 위해 역동적이고 진화하는 '씽크탱크think tank'를 설립했다. 그 결과는 놀라웠다. 오늘날까지도 사람들은 자신들의 개인적 삶과 직업적 삶에서 — 자신들의 가정에서, 경력에서, 조직에서, 지역사회에서 — 주목할 만하고 지속되는 효과를 보았다고 전하고 있다.

수백만 명의 사람들이 직접적인 참여를 통해 또는 사고 리더thought leader들이 에르하르트의 사고에 기반하거나 그의 사고를 적용함으로써 일으킨 문화 변화를 통해 에르하르트의 작업으로부터 영향을 받아왔다. 수십억 달러 규모에 이르는 개인 성장 산업이 에르하르트의 독창적인 개념에 의지하여 계속해서 확장되고 있다.[88]

이 인용문에서는 몇 가지 요소가 우리의 관심을 끈다. 에스트는 자신의 계승자인 포럼Forum과 마찬가지로 종교적(선종과 사이언톨로지)·철학적(특히 하이데거의 실존주의)·심리학적(특히 매슬로와 로저스를 모방하는) 교의와 사상을 뒤범벅한 것이었다. 엄격하게 말하면, 이 워크숍은 심리학적인 것은 아니지만, 치료요법적 신념, 보다 구체적으로는 인본주의 심리학의 많은 테마와 기법을 이용해 왔다. 이를테면 지혜 과정Wisdom Course이라고 불리는 고급 과정은 "우리의 일상적 대화 및 다른 사람들과 관계 맺는 방식을 우리가 과거로부터 물려받은 근본적으로 어린애 같은 존재 방식에서 우리가 지닌 최고의 능력을 완전히 활용하는 근본적으로 성인적인 존재 방식으로 탈바꿈시키는 8개월간의 탐구"라고 묘사된다. 주목할 만한 점은 에르하르트가 심리학자가 아니라 평범하고 비전문적인 화이트칼라 노동자였다는 것이다. 나중에 자기 변화를 위한 국제적인 워크숍이 된 것이 미국 중간계급의 평범한 성원들로부터 생겨날 수 있었던 까닭은 치료요법 언어와 서사가 미국 문화 깊숙이에 참호를 구축해 왔고, 그리하여 비전문적 심리학자들이 심리학의 기본 범주를 이용하고 그 범주를 뉴에이지 운동으로부터 취한 요소와 혼합하여 자기 변화를 위한 틀로 제시할 수 있었기 때문이다. 포럼이 창설된 것에서 두 번째로 주목할 만한 요소는 포럼 창설이 치료요법 서사를 상품화하려는 전례 없는 시도였다는 것이다. 그 결과 그 포럼은 당시에 50시간 내지 60시간 동안 소비하는 품목이 되었다. 실제로 에르하르트의 웹사이트는 1991년에 그 세미나가 중단되고 LEC로 대체되기 전까지 전 세계적으로 거의 100만 명의 사람이 에스트 훈련을 받은 것으로 추정한다. LEC는 연간 약 5000만 달러의 사업 수익을 올리고 있으며, 전 세계적으로 수십만 명의 참가자를 끌어모아 왔다. LEC는 샌프란시스코에 본사를 두고 있으며, 11개국에 42개 사무소를 두고 있는데, 이는 LEC가 하나의 글로벌 기업임을 시사한다.

워크숍은 그 워크숍의 구조가 전 세계적으로 확산되도록 설계되었다는 의미에서, 그리고 그 워크숍이 전 세계에 통용되는 동종의 문화적 형태를 제공한다는 의미에서 글로벌 기업의 기능을 한다. 그 회사의 최상층에는 미국에서 훈련을 받은 서로 다른 나라 출신의 50명의 리더가 있다. 상급 레벨에서 워크숍을 진행할 수 있는 권한을 부여받은 사람은 이들 리더뿐이다. 그들은 미국, 캐나다, 중동, 호주, 유럽, 아시아, 인도의 100개가 넘는 장소에서 프로그램을 진행한다. 그 회사가 글로벌 문화 형태의 기능을 할 수 있는 것은 극동의 영성과 치료요법 도식을 동시에 이용하기 때문인데,[89] 이 두 가지 모두는 뉴에이지 운동의 형태로 서구 문화의 항구적인 문화적 특징으로 자리 잡았다. 뉴에이지 운동의 중요한 측면을 반영하여, 워크숍은 뉴에이지의 영성과 심리학적인 자기 인식 및 토론 기법을 매끄럽게 혼합한다. 그러나 가장 흥미로운 특징은 LEC의 이중 경제 구조이다. LEC의 구조는 권한을 부여받은 리더에 의해서만 진행되는 다양한 워크숍에 구현된 상업적 구조와 본 워크숍 이후에 열리는 일련의 모임인 자발적 구조로 구성되어 있다. 그 자발적 모임에서는 참석자들이 워크숍 동안 배운 교훈을 자원자 집단의 도움을 받아 연습한다. 자원자 집단의 주요 기능은 참여자들을 포럼의 문화적 궤도 내에 머물게 하고 그들이 더 고급 단계의 워크숍에 참석하도록 유도하는 것이다. 그러한 애프터 워크숍 세션 모두는 이전에 포럼에 참석했던 사람들에 의해 주도되는데, 그들은 공식 훈련을 받은 후에 포럼 참석자들과 함께 자발적인 세션을 진행한다. 자발적인 워크숍은 영리 목적 워크숍의 중요한 확장인데, 그 이유는 자발적 워크숍이 자기 탈바꿈self-transformation을 계속되는 점증적인 과정으로 만들고 자기 탈바꿈을 향해 나아가는 각각의 '더 높은' 단계에 새로운 경제적 지출을 하게 하기 때문이다. LEC는 고도로 상품화된 버전의 치료요법 서사를 (자신들의 무사무욕적임, 과거의 고통, 그리고 자아 재구조화 능력을 통해 다른 사람들에게 영향을 줄 수 있는 사람들이 벌이는) 비공식적인 자발적 활동과 혼합한다.

LEC 웹사이트는 자기실현 서사와 널리 퍼진 치료요법적 소통의 이상에 부합하게 그 **워크숍**의 목적을 참가자들에게 "다른 사람들과 소통하고 관계 맺고 자신의 삶에서 자신에게 중요한 것을 성취할 수 있는 능력을 현저히 향상"시켜 주는 것으로 규정한다. 내가 참석한 포럼 워크숍의 리더는 워크숍의 주요 목표를 임파워먼트와 자기 탈바꿈으로 정의함으로써, 워크숍을 자기계발 장르 속에 확고하게 위치시켰다. 게다가 워크숍은 자아실현에 대해 강력한 주장을 펼친다. 워크숍은 이 목표를 달성하기 위해 적어도 두 가지 용어를 사용한다. 하나는 영성과 뉴에이지 사상(이를테면 선불교와 관련된)에서 파생된 것이고, 다른 하나는 심리학의 '과학적' 용어에서 파생된 것이다. 하지만 워크숍 프로그램의 핵심은 앞 장에서 분석한 문화적 소통 모델을 충실히 따른다. 워크숍 프로그램은 "비범한 소통 능력—자기표현과 자기실현을 할 수 있도록 열심히 경청하고 신뢰할 수 있게 말하는 능력—을 키우는 데 전념하는" 것으로 묘사된다.[90]

후원단체는 생애 과정에서 발생하는 혼란과 위기에 기반하여 생겨난다. 이혼, 강간, 또는 성적 학대가 어떻게 후원단체에 참여하는 동기와 그 집단이 다루는 테마의 원재료 모두를 제공할 수 있는지는 쉽게 이해할 수 있다. 왜냐하면 자아와 사회 간의, 그리고 이상과 현실 간의 괴리를 아주 확실하게 보여주는 경험들은 서사화를 가장 필요로 하는 경험이기 때문이다.[91] 이러한 관점에서 후원단체의 주요 목적은 자아에 대해 새롭게 이야기하고 삶을 파괴하는 사건을 이해하는 것이다. 대규모 집단 자각 훈련에 관한 연구는 이러한 프로그램에 참가한 사람(또는 참여하려는 사람)이 삶의 위기에 직면할 가능성이 더 크다는 것을 확인시켜 준다.

대규모 집단 자각 훈련large group awareness training(LGAT) 프로그램에 참여하게 된 개인의 심리사회적 특성을 알아보기 위한 연구가 수행되었다. 웰빙, 부정적인 생애 사건, 사회적 지원, 철학적 성향이라는 척도에 근거하여 LGAT로 분류된 포럼The Forum에 참여하려는 사람들이 참여하지 않은 동료 및 이용 가능한 규준 표본normative sample과 비교되었다. 그 결과 참여하려는 사람들이 지역사회 주민의 동료 및 규준 표본보다 훨씬 더 고통 받고 있었고, 동료 표본(규준 표본은 아니지만)에 비해서도 최근의 부정적인 생애 사건으로부터 더 많

은 영향을 받았다는 것이 밝혀졌다.[92]

비록 그 워크숍에 삶이 파괴되어 온 사람들이 참여하고 있지만, 그 워크숍이 활용하는 서사 구조는 본질적으로 자아실현이라는 로저스적 이상에 의해 작동된다. 따라서 포럼 리더는 다음과 같이 주장하며 워크숍을 시작한다. "우리가 전념하는 것은 여러분을 비범해지게 만드는 것입니다. …… 포럼은 여러분의 삶의 영역 모두를 다룹니다. 그것은 해결될 것입니다. 그냥 시도해 보십시오."

리더는 그러한 비범함에 도달하기 위해 참가자들에게 기능 장애, 즉 고충의 근원을 찾으라고 요구한다. 실제로 워크숍이 자아의 플롯을 짜는 방법으로 첫째로 제시하는 것이 바로 포럼이 '라켓racket'이라고 부르는 것—즉, 반복되는 고충—에 초점을 맞추라는 것이다. 자아의 서사적 재구성을 위해 나아가는 첫 단계는 "고충의 근원을 확인하기 위해 과거를 돌아보는 것"이다. 치료요법의 논리에 따라 포럼의 서사는 한 사람의 삶에서 드러나는 기능 장애적 측면—이는 한 사람의 삶의 서로 다른 반복적인 측면 간을 유추하는 체계가 만들어짐에 따라 생겨난다—에 초점을 맞추는 것으로 시작된다. 자아를 동원하기 위해—그리하여 자아를 플롯 짜기와 자기 변화의 원천으로 삼기 위해—그러한 고충은 고충을 겪는 사람에게 숨어 있는 이득을 지니고 있다고 주장된다. 포럼 프로그램을 설명하는 리플릿은 다음과 같이 제시한다. "우리는 라켓 조별 토론Rackets segment에서 라켓을 비생산적인 존재 방식이나 행동 방식—어떤 것이 현재와 같은 상태여서는 안 된다는 고충을 포함하여—으로 보는 관념에 대해 논의한다. 우리는 자주 우리의 고충에는 그럴 만한 이유가 있다거나 또는 심지어 그 고충이 정당하다고 생각하기도 하지만, 거기에 어떤 이득이 있기도 하다는 것—그리고 우리가 받고 있는 어떤 이익이나 이득이 일련의 행동을 강화한다는 것—을 알아차리지 못한다. 동시에 그러한 존재 방식은 우리의 활력에서든, 친화력에서든, 자아 표현에서든, 아니면 성취감에서든 값비싼 대가를 초래한다." 이 단계에서 포럼은 한 사람의 욕구 불만이 초래된 원인에 대해 설명하면서도 그것과 거의 동시에 그러한 고충은 숨어 있는 목적에 기여하고 숨어 있는 이득을 가지고 있다고 주장한다. 고통에 이차적 이득이 숨어 있다는 이러한 가정은 다시 개인에게 바뀔 것을 요구할 수 있게 한다.

리더는 참가자들에게 동료, 상사, 또는 가까운 친척과 같이 어려운 관계에 있는 사람들에 대해 진지하게 생각하도록 요구한다. 여기서도 다시 자아에 대한 묘사는 기능 장애에 초점을 맞춤으로써 시작된다. 게다가 자아 실현 또는 '비범함'이라는 바로 그 이상이 영구적인 위기감을 불러일으킬 가능성도 있다.

내가 워크숍에 참여하고 있던 동안에 다양한 사람이 수백 명의 청중 앞에 서서 자신의 고통을 토로했다. 한 여성은 자신이 수년 동안 아버지와 이야기를 나누지 않았다고 주장했다. 한 남자는 자신은 항상 음악가가 되고 싶었지만 결코 꿈을 이루지 못했다고 주장했다. 그는 이제 자신이 행동으로 옮길 준비가 되었다고 선언했다. 또 다른 남성은 자신이 항상 집으로부터 도망치고 자신의 책임을 회피하고 있다는 것을 이제야 알았으며 이제는 그것에 대처할 준비가 되었다고 선언했다. 어렸을 적에 부모가 이혼한 또 다른 여성은 20년이 지난 지금에야 자신이 집을 떠난 아버지에 대해 표현하지 못한 화에 사로잡혀 있다는 것을 이해했다고 주장했다. 마지막으로 예를 하나 더 들면, 12살 때 동생이 죽은 42세 여성은 자신이 평생 겪고 있는 문제가 죽은 동생을 위해 제대로 슬퍼하지 못했던 것에 있다는 사실을 이제야 알았다고 시사했다. 그 결과 그녀는 소극적이게 되었고 불안해하게 되었으며 자신의 삶을 찾을 수 없게 되었다.

워크숍에서는 주로 두 가지 범주의 문제를 다룬다. 첫째 범주는 타인과 관련하여 자신을 상대적으로 위치 짓기, 자신의 역량, 그리고 다른 사람들과 자신을 비교하는 능력과 관련되어 있다. 다시 말해 자존감, 자기주장, 열등감이나 우월감 콤플렉스, 또는 불안감과 같은 문제를 다룬다. 둘째 범주는 가까운 관계를 만들어내고 유지할 가능성 그리고/또는 그러한 관계에 진입하는 데서 자신이 겪는 어려움과 관련되어 있다. 이를테면 그 워크숍에 참여했던 대니얼Daniel은 웹상에서 다음과 같이 이야기한다.

> 나의 무의식적인 삶의 방식 중 하나는 내가 11살 때 겪은 사건에서 비롯되었다. [그때] 나는 친구들에게 내가 너무 소심해서 길 건너에 사는 소녀와 키스할 수 없었다는 것을 공개적으로 인정할 것을 강요당했다. 나는 굴욕감을 느꼈다. 그리고 나는 결코 사교적으로 또는 실제로 여자들에게 용감하게 대할 수 없다고 결론지었다. 따라서 대신에 나는 그것을 벌충하는 하나의 방법으로 신중하고 진지하고 열심히 공부하고 책임감이 있는 사람이 되도록 나 자신을 다시 디자인했다. 그중 일부는 나 스스로 해야 한다는 것이었다. 그것은 나의 승리 공식이 되었다. 나는 지금도 여전히 그렇게 행동하지만, 지금은 내가 그렇게 한다는 것을 알 수 있기 때문에, 더 이상 그 공식에 지배받지는 않는다. 나는 이제 그러한 방식으로부터 벗어나서 이전의 무의식적 존재 방식이 접근을 금지했거나 너무 위협적인 것으로 간주했던 일들을 자유롭게 하고 또 직접 만들어낸다. 나는 덜 경직된 나 자신을 발견한다. 그리고 점점 더 다양한 사람들과 활동을 나의 사회적 서클, 나의 지역사회, 나의 직장 안으로 통합시켜 즐길 수 있는 나 자신을 본다.

그 사건—그가 너무나도 소심해서 소녀에게 키스할 수 없었다는 것을 공개적으로 인정한 것—이 대수롭지 않은 것이었다는 사실은 기능 장애—자아 서사의 토대를 이루는—가 어떻게 자아를 판단하고 평가하는 방식과 관련되어 있는지를 예증한다. 실제로 자아 질병 중 많은 것이 다른 사람에 비해 자신이 훌륭하다거나 하찮다고 느끼는 정도와 관련되어 있다.[93] 우리는 이 이야기에 치료요법 서사가 작동하고 있음을 볼 수 있다. 대니얼은 특정한 행동—열심히 공부하기, 진지하기, 또는 신중하기—을 하게 한 데 책임이 있는 사건을 찾아냄으로써, 그리고 그 사건이 배제했을 것으로 짐작되는 행동이나 감정에 초점을 맞춤으로써 그 행동을 '병리적인' 것으로 규정한다. 대니얼은 또한 포럼이 제공하는 새로운 서사 구조에 따라 자신의 행동에 의해 생기는 이득을 확인하기 위해 노력한다. 일단 라켓이 확인되고 그 라켓에 따라 자신의 생애 이야기가 적절하게 프레임 지어지면, 그다음 단계는 이전의 패턴으로부터의 극적인 단절을 시사하는, 그리하여 한 사람의 생애 이야기가 변화하는 과정에 있음을 의미하는 것으로 해석될 수 있는 행동을 실행하는 것이다. 이는 빅터 터너Victor Turner가 다음과 같이 정의한 연극적 단계에 해당한다. 터너에 따르면, "연극적 단계는 사회적 상호작용의 일상적인 흐름에서 위기가 발생할 때 시작된다."[94] 이들 공개적인 이야기는 무정형적이지도 않고 열려 있지도 않은 일상적 위기를 다루는 메타언어의 형태이지만, 통시적 구조, 식별 가능하고 분리 가능한 단계들, 그리고 목적—터너는 이것들 모두를 공연의 특징으로 간주한다—을 가지고 있다. 라켓 토론 집단에서 남자와 여자는 성찰적이 되고, 다른 사람들에게뿐만 아니라 그들 자신에게도 자신을 드러낸다. 이들 이야기는 현재를 문제 있는 것으로 바라봄으로써, 어떤 사람의 곤경을 설명하는 사건을 과거에 위치시키고 그 사건을 직접 곤경과 연결시킴으로써, 그리고 감정에 의거한 자기 인식을 자기 변화의 동력으로 만듦으로써 그 사람의 삶을 다른 형식으로 말한다. 자기 변화에 대한 치료요법 에토스에 부합하게, 그러한 이야기들은 자기 인식 및 유연하게 선택할 수 있는 능력을 강조한다.

라켓 토론 집단은 말로 이야기를 하는 현장의 역할을 할 뿐만 아니라 리더가 요구하는 즉각적인 변화를 목격하는 현장의 역할도 한다. 라켓이 확인된 후, 각 참가자는 그간 대화를 하지 않았던 사람에게 편지를 쓰거나 전화를 걸어 용서를 구하거나 허심탄회하게 대화할 것을 요구받는다. 그 대화는 아주 수행적인 행사이다. 왜냐하면 어려운 관계에 있는 누군가와 대화를 진행하는 과정에서 그 사람은 이미 변화를 겪고 있기 때문이다(따라서 그 변화는 포럼 워크숍의 강력한 효과로 간주될 수 있다). 사람들은 그다음에 그 대화가 자신을 어떻게 변화시켰는지를 그 집단에 이야기하도록 요구받는다. 그리하여 그 행사가 토론 집단에 의해 추인될 때 그 행사는 하나의 연극적 수행이 되며, 훨씬 더 많은 감정 권력을 획득하게 된다.

아래에 제시된 사례는 그 포럼에서 하는 이야기의 형태를 아주 잘 보여준다. 이는 첫 번째 워크숍 참여자가 한 이야기로, 그의 이야기는 신참자를 설득하여 그 포럼에 참여하게 하기 위한 것이었다.

> 내 얘기는 단순합니다. 포럼이 내 인생을 돌려줬습니다. 나는 나를 때리던 아버지 밑에서 자랐고, 어깨에 무거운 짐을 짊어지고 살았습니다. 나는 포럼을 통해 내가 사람들을 두려워하고 남에게 비판을 잘한다는 것을 알게 되었고, 내가 어째서 사람들과 친해질 수 없었는지, 그리고 내가 어떻게 피해자, 그러니까 자신의 삶에서 상처받고 피해 받았던 사람이 되기를 선택했는지를 알게 되었습니다. 내가 살면서 받은 가장 큰 선물은 포럼에 참석해서 수료했을 때였습니다. 나는 아버지에게 가서 말했습니다. "아빠, 사랑해요. 무슨 일이 있었는지는 중요하지 않아요." 그 당시 나는 부모님이 이혼한 후 몇 년 동안 아버지를 만나지 않고 있던 상태였습니다. 그렇지만 나는 그간 아무 일도 없었다는 듯이 아버지에게 말했고, 아버지 집에서 함께 앉아 커피를 마셨고, 내 삶을 되찾았습니다. 아버지는 현재 암을 앓고 계십니다. 어머니는 아버지를 많이 지원해 주고 계시고, 우리 모두는 아버지에게 열심히 힘을 돋아주고 있습

니다. 포럼이 없었다면 우리 모두가 어떻게 살고 있을지 상상할 수 없습니다. 나는 아마도 나의 과거의 모든 짐, 그러니까 아버지가 나를 학대했던 지난 세월의 모든 짐을 지고 아버지에게 갔을 것입니다. 내가 아버지를 용서할 수 있다는 사실이 나를 더 자유로운 사람으로 만들고 있습니다. 이제 더 이상 과거가 나에게 명령할 수 없습니다.

빅터 터너에 대해 논의하면서, 제임스 클리퍼드James Clifford는 사회적 수행은 "사회적 과정에 수사, 플롯 짜기 양식, 그리고 의미를 제공하는" 강력한 이야기를 실행한다고 주장한다.[95] 모든 치료요법적 신념에서와 마찬가지로 방금 인용한 이야기에서도 수사, 플롯 짜기 양식, 의미들은 주로 치료요법 서사와 자기 변화의 수행을 통해 제공된다.

나는 워크숍에 참여하는 동안 여러 휴식 시간에 다양한 참가자(다섯 명)와 포럼이 마음에 드는지, 어떤 점이 마음에 드는지에 대해 토론했다. 모두가 워크숍에 매우 열심이었다. 워크숍에서 어떤 점이 마음에 드는지를 말해달라고 내가 비공식적으로 요청했을 때, 네 명의 여성과 한 명의 남성이 "나 자신이 책임자이다"라는 생각과 "내가 나의 인생을 바꿀 수 있다"라는 생각이 단연코 가장 마음을 끈다고 입을 모았다.

이처럼 자기 변화는 치료요법 문화라는 거대한 구조물의 쐐기돌이다. 그리고 자기 변화는 질병과 고통이 먼저 정의되고 분류되고 범주화될 때에만 일어날 수 있다. 이러한 이중적 서사 구조는 다시 현대의 남성과 여성의 이중적인 도덕적 세계, 즉 '피해자'와 '생존자' 모두가 찬양받는 세계를 만들어낸다. 피해자임과 생존의 이중적 서사 구조는 또한 자아에 도덕적 지위를 부여하는 하나의 도덕 구조이기도 하다.

결론

프레드 앨퍼드Fred Alford는 나르시시즘에 대해 논의하면서 사회학자 크리스토퍼 라시와 철학자 알래스데어 매킨타이어Alaisdair McIntyre가 치료요법적-나르시시즘적 자아가 더 이상 자아에 대한 하나의 일관된 서사를 가질 수 없다는 견해를 공유하고 있다고 주장한다. 자아가 현재로, 그리고 내면의 감정적 삶의 영역으로 퇴각하기 때문에, 자아는 더 이상 삶의 사건들을 의미 있게 연결하고 자아를 미래에 투영하는 서사를 만들어낼 수 없다는 것이다.[96] 하지만 이 장이 시사하듯이, 그 반대가 사실인 것으로 보인다. 치료요법 담론은 삶의 이야기를 '질병'을 통해 일관되게 끝없이 서사화할 가능성을 제공한다. 치료요법적 신념을 '작동'하게 만드는 것은 후원단체에서 중심적인 역할을 하는 다음과 같은 가정이다. 다시 말해 치료요법 서사는, 만약 실패가 항상 교정될 수 있다면 그 실패는 어쨌든 '의지의 질병'의 결과, 즉 스스로 만들어낸 것이 틀림없으며, 만약 실패가 스스로 만들어낸 것이라면 그 실패는 또한 만들어내지 않을 수도 있다고 가정한다. 이 가정은 다시 치료요법 기관의 존재를 정당화하고 영구화한다. 실제로 치료요법 서사와 관련하여 특히 흥미로운 것은 자아**에 관한** 서사가 빠르게 '행위 속의 서사narrative in action'—자신의 문제를 이해하고 해결하기 위해 노력하고 극복하는(또는 극복하지 못하는) 과정에 대한 서사—가 된다는 것이다. 치료요법 서사는 주어진 삶에 일관성을 부여할 수 없기는커녕 한 사람의 삶에 대해 **너무 많은** 의미를 부여한다는 이유로, 즉 정신적 상처와 자기 변화에 대한 정연한 서사에 현재, 과거, 미래를 너무 단단하게 묶어맨다는 이유로 비난받을 수도 있다. 이러한 젠더 중립적 또는 양성적 자아 서사가 초래하는 사회적·경제적 결과에 대해서는 다음 장에서 검토한다.

새로운 감정적 계층화?

> 육체노동이 스킬과 힘든 활동을 덜 요구할수록, 다시 말해 근대 산업이 발달할수록 남성의 노동은 여성의 노동으로 더욱 대체된다.
>
> _카를 마르크스Karl Marx*

정신분석학이 생겨나기 전인 1883년에 프로이트는 그의 미래의 아내 마르타 베르나이스Martha Bernays에게 편지를 쓰면서 '대중'의 쾌락과 중간계급과 유산계급의 쾌락 간의 차이에 대해 논급했다. 그는 이렇게 썼다.

> 군중은 자신들의 욕구를 발산하고, 우리는 우리 자신의 욕구를 박탈한다. 우리는 우리의 고결함을 유지하기 위해 우리 자신의 욕구를 박탈하고, 우리의 활력, 즐김 능력, 감정을 절약한다. 우리는 무엇을 위해서인지는 모르지만 무언가를 위해 우리의 몸을 저축한다. 그리고 자연의 본능을 끊임없이 억누르는 그러한 습관은 우리에게 품위라는 속성을 부여한다. …… 우리는 왜 술에 취하지 않는가? 왜냐하면 그 후유증으로 인한 불편함과 수치심이 우리가 술에 취함으로써 얻는 쾌감보다 더 많은 불쾌감을 가져다주기 때문이다. 우리는 왜 매달 다른 사람과 사랑에 빠지지 않는가? 왜냐하면 매번 헤어질 때마다 우리 마음의 한 부분이 찢어질 것이기 때문이다. …… 우리의 삶의 모든 행태

는 우리가 가장 극심한 빈곤으로부터 보호받는다는 것을 전제로 하고 있다. …… 가난한 사람들, 즉 대중은 그들의 두꺼운 낯짝과 무사태평한 생활 방식이 아니고는 생존할 수 없었다. …… 어느 다른 것도 그들을 기다리지 않을 때, 그들이 대체 왜 순간의 쾌락을 경멸해야 하겠는가?[1]

노동계급과 중간계급의 감정 및 본능 구조를 구분하는 이 놀라운 사회학적 논평에서 프로이트는 1960년대에 상투적인 문구가 된 것, 즉 중간계급과 유산계급은 자신들의 감정, 충동, 욕망을 제한하고 제약하는 대가로 경제적 안전을 달성한다는 지적을 예기한다. 프로이트는 '절약', '저축', '박탈'과 같은 은유를 이용하여, 자신의 중간계급 동시대인들이 그들의 감정을 경제적 자산으로 취급한다고 시사한다. 다시 말해 그들은 에너지를 저축하여 보존한다. 그들은 자신들의 안정과 안전을 위협하지 않는 대상에 감정을 '투자'한다. 그들은 자신들의 감정이 '품위'와 고상한 행실과 같은 사회적 이익을 낳도록 만든다. 역으로 그리고 이와 대비시켜 프로이트는 노동계급은 감정적 제약에 의해 덜 억압받는다고 시사한다. 프로이트는 중간계급의 감정 에토스는 노동계급에게는 아무런 이익도 되지 않을 것이라고 말한다. 왜냐하면 중간계급의 감정 에토스는 노동계급을 약해지게 만들 것이고(그들은 생존하기 위해 '두꺼운 낯짝'이 필요하다), 사람들이 존경심과 사회적 지위 같은 미래의 보상을 기대하지 않을 경우 감정 박탈은 어떠한 목적에도 기여하지 않을 것이기 때문이다. 노동계급은 일상의 즐거움을 누릴 수 있을 때 그 즐거움을 누리는 것 외에는 어떠한 선택지도 없다.

이 간결한 몇 줄의 표현에서 프로이트는 감정의 정신경제psychic economy와 사회계급 간의, 또는 보다 정확하게 말하면 감정과 피에르 부르디외가 후일 '경제적 필요economic necessity'라고 부르는 것 간의 관계를 정식화한다.[2] 경제적 필요가 더 절박할수록, 그 사람의 감정은 덜 자제될 가능성이 크다. 이

것이 바로 프로이트의 편지글의 행간에서 우리가 읽을 수 있는 것이다.

프로이트는 후일 한 텍스트에서 이러한 환기적인 진술을 새롭게 뒤튼다. 프로이트는 '지하층'과 '1층'으로 나누어져 있는 집을 머릿속에 그린다. 관리인의 딸은 지하층에, 그리고 집주인의 딸은 1층에 산다.[3] 프로이트는 두 소녀가 어린 시절에 성적인 놀이를 한다고 상상한다. 그러나 프로이트는 우리에게 이 두 소녀가 아주 다르게 성장할 것이라고 말한다. 그에 따르면, 성기를 가지고 노는 것에 대해 별로 생각하지 않는 관리인의 딸은 아무런 해도 입지 않고 성장하여 아마도 성공적인 배우가 되어 자신보다 더 조건이 좋은 사람과 결혼하고 심지어는 마침내 귀족이 될 수도 있다. 반면에 어린 나이에 여성의 순결과 금욕의 이상을 배운 집주인의 딸은 자신이 어린 시절 했던 성적 행동을 그러한 이상과 양립할 수 없는 것으로 볼 것이다. 그녀는 죄책감에 시달릴 것이고, 노이로제 속으로 피신할 것이며, 결혼하지 않을 것이다. 프로이트와 그의 동시대인들의 편견으로 인해 우리는 집주인의 딸이 외롭고 따분한 독신 여성의 삶을 살 것이라고 추측하게 된다. 이처럼 프로이트는 이 두 소녀의 사회적 운명이 그들의 정신 발달과 얽혀 있으며 그들의 노이로제(또는 노이로제 없음)가 그들의 사회적 궤적을 결정할 것이라고 시사한다. 하지만 프로이트가 여기서 제시한 관념은 그가 마르타에게 보낸 편지에서 표현한 것과 다르다. 프로이트는 다시 서로 다른 계급의 성원들이 감정적 자원에 불평등하게 접근한다고 시사하지만, 여기서는 이른바 하층계급이 감정 장비를 더 잘 갖추고 있다. 왜냐하면 하층계급에게는 성적 금지가 없었다는 사실이 노이로제가 생겨나는 것을 막을 것이고, 이것은 다시 관리인의 딸이 사회적 상승 이동을 달성하는 것을 도울 것이기 때문이다.[4]

이 두 텍스트에서 프로이트는 사회적 궤적과 정신적 궤적 간의 관계에 대해 복잡한 주장을 펴고 있다. 그는 여기서 감정과 사회적 지위 간의 상호

관계를 지적한다. 왜냐하면 프로이트가 계급이 감정을 결정한다면 감정은 사회이동에서 보이지는 않지만 강력한 역할을 할 것이라고 주장하기 때문이다. 프로이트는 자본주의적 노동 영역 내에서 발생하는 감정의 경제적 에토스가 성공적인 인성적·감정적 발전과 양립할 수 없다고 제시함으로써, 정신적 발전이 돈과 사회적 위세가 전통적으로 가졌던 위계적 우월성을 **침해하고 전도시킬 수도 있는** 모델에 은연중에 의지한다.

프로이트의 관찰은 문화, 감정, 사회계급 간의 관계에 대한 우리의 인식에 매우 유효하다. 첫째, 프로이트는 중간계급의 사적 영역이 경제적 시장과 차단되어 있지 않음을 시사한다. 중간계급의 사적 영역은 또한 자유롭고 자발적이며 사심 없는 감정의 영역이 아니다. 그와는 반대로 프로이트는 중간계급의 성원들은 사생활에서조차 계속해서 자신들의 감정을 **자본**—존경받을 만한 사회적 정체성과 '기품distinction'을 획득하기 위해 적절하게 축적되어야 할 것—으로 간주한다는 것을 분명하게 시사한다. 둘째, 프로이트는 중간계급 성원들은 경제적 에토스를 이용하여 자신의 감정과 리비도를 관리함으로써 자신들에게서 감정적 성취와 행복의 욕구를 박탈한다고 시사한다. 경제적 성공과 '기품'은 '진정한' 친밀성을 희생으로 하여 획득되고 행복을 방해한다. 셋째이자 아마도 가장 중요한 것으로, 감정 발달과 행복은 궁극적으로는 전통적인 계급 위계질서를 교란할 수 있다.

여기에 인용된 몇 개의 문장에서 프로이트는 사회계층화와 감정 간에는 몇 가지 유의미한 연결지점이 있으며 감정적 삶이 한 사람의 사회적 운명과 사회적 성공을 틀 지을 수 있다고 잠정적으로 제안한다. 그는 감정적 삶은 층화되어 있을 뿐만 아니라 층화되고 있다는 지극히 사회학적인 관념을 제시한다.

그러나 감정적 삶이 사회구조 속에서 그러한 역할을 하기 위해서는 감정적 행위를 사회적 자원으로 전환시킬 수 있게 해주는 메커니즘이 있어야 한다. 실제로 프로이트의 논평은 기묘하게도 사회이동에서 감정이 점점 더 중요한 역할을 하게 만드는 데서 심리학적 관념이 기여해 온 방식을 어렴풋이 보여준다. 달리 표현하면, 사회구조와 감정 간을 매개하는 메커니즘이 바로 심리학적 신념이 만들어낸 방대한 문화 기구들이다(이에 대해서는 앞 장에서 입증한 바 있다). 카린 크노르-세티나는 다음과 같이 지적한다. "사회에 대한 현재의 인식 틀에 의거하여 우리는 지식을 경제·사회·정치생활의 구성요소로 바라보는 경향이 있다. 그러나 우리는 또한 그러한 주장을 뒤집어서 사회적·정치적·경제적 삶을 특정한 지식 문화의 중요한 부분으로 고려할 수도 있다. …… **지식 문화는 정치적·경제적·사회적 효과를 가지며, 그러한 효과는 사회구조와 이해관계, 그리고 경제성장에 중립적이지 않다**"(강조 추가).[5]

이 장에서 나는 다소 예비적이고 잠정적인 방식으로 심리학적 지식이 사회구조에 미치는 영향을 검토한다. 만약 문화가 사회학적 프로젝트에서 중심적이라면, 그것은 문화가 행동에 의미를 부여하기 때문일 뿐만 아니라 경제적 자원과 상징적 자원의 구조 자체를 틀 짓기 때문이기도 하다. 로저 프리드랜드Roger Friedland와 존 모어John Mohr가 지적하듯이, "물질성materiality은 의미를 생산하는 방법이고, 의미는 물질성을 생산하는 방법이다."[6]

감정적 역량의 발흥

이 장을 시작하면서 인용한 프로이트의 관념이 가장 철저하게 적용된 것은 20세기의 첫 10년 동안에 자리 잡은 인성 검사personality test에서였다.[7] 앤드루 애벗Andrew Abbott이 지적했듯이, "지능 검사와 인성 검사 모두 1920년대 이후 미국 조직에서 중심적인 부분이 되었다."[8] 인성 검사는 조직에서 업무에 가장 적합한 후보자를 선정하는 것을 목표로 했기 때문에 퍼스낼리티 특성, 감정적 기질, 업무 수행 간에는 밀접한 연관성이 있다는 가정을 전제로 했다. 인성 검사의 두 주요 연구자가 주장하듯이, "정신분석학적 개념과 정신분석학 자체가 평가 과정에 얼마간 심대한 영향을 미쳤다"는 것은 그리 놀랄 만한 일이 아니다.[9] 정신분석학은 기업에서 사람들을 모집하고 그들의 성과를 평가하는 도구를 제공함으로써 감정과 퍼스낼리티를 사회 이동의 한 측면으로 만드는 데서 중요한 역할을 했다.

1940년대에 인성 검사 분야는 융식의 '원형archetype'을 이용하면서 중요한 발전 단계를 거쳤다. 캐서린 C. 브리그스Katherine C. Briggs와 이사벨 마이어스Isabel Myers는 융의 원형에 대한 자신들의 해석에 기초하여 '감각형sensing'과 '직관형intuitive' 같은 범주를 포함하는 유명한 마이어스-브릭스 유형 지표Myers-Briggs Type Indicator를 개발했고, 이는 그 후에 퍼스낼리티 평가와 직무 배치에 널리 이용되었다.[10] 임상심리학이 인성 검사에 미친 영향을 보여주는 또 다른 예가 미네소타 다면적 인성 검사Minnesota Multiphasic Personality Inventory (MMPI)로, 처음에는 임상병리를 진단하기 위해 설계되었다가 나중에는 초기의 임상적 맥락에서 작업장으로 이식되었다. 이 검사는 "나는 독설적이지만 논리적인 상사보다는 온화하지만 일관성이 없는 상사가 좋다"와 같은 여러 명제에 대해 O와 X를 선택하는 것이 그 사람의 퍼스낼리티를 드러낼 것이라는 가정에 근거했다.

심리학에서 영감을 받은 범주화와 분류를 통해 감정적 행동 자체가 경제적 행동을 평가하고 예측하는 중심 기준으로 제시되었다. 인성 검사는 너무 널리 확산된 까닭에 인성 검사와 감정 간의 관계는 마치 수학 능력 시험과 문화적 자본 간의 관계와 같다고 말할 수 있다. 다시 말해 인성 검사는 감정을 다루는 특정한 방식을 공식적으로 인정하고 정당화하고 그 방식에 권위를 부여하는 하나의 방법이다. 앤 머피 폴Ann Murphy Paul은 자신의 책 『퍼스낼리티 숭배Cult of Personality』에서 오늘날 2500가지 종류의 인성 검사가 있으며 그 검사는 4억 달러 규모의 산업이 되었다고 보고한다. ≪포춘Fortune≫ 선정 100대 기업 가운데 89개 기업이 직원 채용과 교육에 인성 검사를 이용하고 있다.[11]

인성 검사는 다음과 같은 몇 가지 핵심 가정에 근거한다. 첫째, 개인의 행위와 반응은 '퍼스낼리티' 범주하에서 포착될 수 있다. 둘째, 퍼스낼리티는 안정적이며 따라서 예측할 수 있다. 셋째, 퍼스낼리티는 측정될 수 있다. 마지막으로, 특정한 퍼스낼리티 – 우리가 상황에 반응하는 태도와 감정의 패턴화된 군집 – 는 다른 직업보다 특정 직업에 더 적합하다. 이러한 핵심 관념의 연장선에서 어떤 퍼스낼리티는 다른 퍼스낼리티보다 더 유능하다고 여겨지게 되었다.

퍼스낼리티를 측정하는 데에는 태도와 감정이라는 두 가지 요소가 포함되어 있었다. 그러나 시간이 흐르면서 가장 결정적이 된 것은 감정 요소였다. 감정이 (직업적·사회적) 역량을 나타낸다는 관념을 가장 분명하게 드러내고 있는 것이 지금은 널리 퍼져 있는 '감정 지능emotional intelligence(EI)'이라는 관념이다. 감정 지능은 감정 관리와 사회적 성공을 명시적으로 연결 짓는다. 이 관념에 따르면, 한 사람의 감정적 기질은 아무리 주관적이더라도 객관적으로 평가될 수 있으며, 따라서 사람들의 감정 역량을 비교하는 것이 가능하다.

1990년대에 감정 지능 관념이 등장했을 때, 그 관념은 미국 기업들, 그리고 심지어는 미국 문화 전반까지 휩쓸었고, 빠르게 업무 성과를 평가하는 새로운 도구가 되었다. 이와 함께 심리학자들은 당시에 자신들이 틀 짓는 데 일조해 온 특징, 즉 감정적 태도가 사회적 정체성의 표지가 되었다는 사실을 세상에서 '발견'할 수 있었다. 감정 지능이라는 관념은 우리가 감정을 다루는 방식이 우리가 누구인지의 본질적인 측면을 나타내며 감정은 결국 다양한 사회적 재화—그중 가장 눈에 띄는 재화로는 리더십을 들 수 있다—와 교환되는 통화일 수 있다고 주장했다.

감정 지능과 그 선조들

감정 지능 관념은 최근에 '발견된' 것으로 보이지만, 과학과 관념의 역사에서 종종 그렇듯이 감정 지능의 기본 교의는 이미 20세기 내내 심리학자들에 의해 확립되고 확산되었다. 감정 지능은 치료요법의 존재와 헤게모니가 크게 부각된 세기의 정점을 특징짓는다.

감정 지능 개념이 만들어지기 훨씬 전부터 심리학자들은 감정 지능의 교의를 전파해 왔다고 말할 수 있다. 이를테면 1985년의 ≪레드북≫ 기사는 다음과 같이 조언한다.

> 당신이 직장에서 감정을 전략적으로 이용하기 시작한다면 당신은 당신의 감정을 훨씬 더 쉽게 이용할 수 있다. 당신은 당신이 느끼고 있는 것에 대해 생각하고 당신이 왜 그렇게 느끼는지를 이해하려고 노력하는 것으로 시작할 수 있다. 사무실 상황이 조정될 필요가 있다는 당신의 감정을 당신에게 주의를 환기시키는 조기 경보 체계라고 생각하라. 포터Potter 박사는 이렇게 말한다. "만약 화가 나거나 속상하다면, 뭔가 잘못된 거예요. 그것이 바로 당신의 감정이 당신에게 말해주는 것입니다. 그러면 이제 당신의 지능을 이용하여 당신이 무엇을 할지를 결정하세요. 당신이 직면하는 위험의 정도를 분석하고, 당신의 감정을 표현하는 것이 당신에게 최고의 이익이 될 것인지를 판단하세요. 당신이 말하기에 앞서 먼저 생각한다면, 당신이 감정을 드러내는 것이 실제로 요령 있는 사무실 정치가 될 수도 있습니다."[12]

이 기사는 감정 지능이라는 후일의 개념의 배후에 놓여 있는 중심적인 관념—감정은 항상 자신의 지능에 복무해야 하며 항상 자기 이익을 이해하고 진전시키는 데 이용되어야 한다는 관념—을 진전시키고 있다. 감정적으로 지능적이라는 것은 자신의 이해관계를 인지적·실제적으로 인식함으로써 자신의 감정을 규율하는 방식으로 자신의 감정을 관리하는 능력으로 정의된다. 감정 지능 개념이 등장하기 전에 그러한 관념이 존재했음을 보여주는 두 번째 실례는 "감정적으로 읽고 쓰는 능력emotional literacy"이 감정적 실수 없이 행복한 삶을 사는 열쇠라고 주장하는 1997년의 책에서 찾아볼 수 있다. "화, 두려움, 또는 수치심과 같은 감정은 똑똑한 사람들로 하여금 어리석게 행동하도록 만들고 그리하여 그들을 무력하게 만드는" 반면, 감정적으로 읽고 쓰는 능력은 거리의 폭동, 아내 구타, 그리고 치안판사의 위증과 같은 다양한 상황에 능숙하게 대응할 수 있게 해준다.[13]

임상심리학 교육을 받은 저널리스트 대니얼 골먼Daniel Goleman이 그의 저서 『감정 지능Emotional Intelligence』[14]을 세계적인 베스트셀러로 만들고 행동을 평가하는 새로운 기준으로 만들 수 있었던 것은 미국의 대중문화가 거의 한 세기 동안 점점 더 감정을 자아와 타자에 대한 평가에서 중심적인 것으로 만들었던 심리학적 관념에 이미 깊이 물들어 있었기 때문이었다. 심리학적 문화는 감정 지능의 관념 뒤에 놓여 있는 주요한 교의, 즉 감정은 이성적인 판단에 의해 인도되고 지도되어야 한다는 교의를 오랫동안 옹호해오고 있었다.

감정 지능은 다른 무엇보다도 하워드 가드너Howard Gardner가 주창한 다중 지능multiple intelligence[15]—보다 구체적으로는 '인성 지능personal intelligence'—이라는 선구적인 개념의 한 파생물이다. 인성 지능은 "자기 자신의 감정적 삶—즉, 자신의 일련의 정서나 감정—에 접근하는 능력, 보다 구체적으로는 그러한 감정들을 즉각 식별해 내고, 궁극적으로는 그 감정들을 분류하여 상징적 코드들로 얽어매고 자신의 행동을 이해하고 인도하는 수단으로 이용하는 능력으로 이루어진다."[16] 감정 지능은 "자신과 타인의 감정을 모니터하고 그 감정들을 식별하고 그 정보를 자신의 생각과 행위를 인도하는 데 이용하는 능력을 포함하는 사회적 지능의 한 종류"라는 점에서 그러한 형태의 지능을 확장한 것이다.[17]

세 명의 저명한 감정 지능 연구자인 존 메이어, 피터 샐러베이Peter Salovey, 그리고 데이비드 카루소David Caruso는 감정 지능을 한 사람의 감정 보고emotional reports의 정확성을 결정하고 그리하여 한 사람의 문제해결 스킬에 영향을 미치는 일련의 능력으로 정의한다. 그들의 정의에 따르면, 감정 지능은 감정을 인지하고 표현하고 감정을 인지 과정에 통합하고 다른 사람의 감정뿐만 아니라 자신의 감정을 조절하는 능력을 포함한다.[18] 이 정의에서 감정 지능은 자신의 감정을 정신적·언어적으로 처리할 수 있는 인지적 능력이며, 이러한 합리적 처리는 상황을 성찰적으로 관리하는 데 중요하다.[19] 따라서 감정 지능은 상황에 적응적으로 반응하기 위해 자신의 감정을 관리하는 이성적인 능력이다.

사회학이 사회적 재생산과 사회적 배제의 메커니즘을 밝히는 데 매우 몰두해 왔다는 점을 감안할 때,[20] 감정 지능 개념은 환영받는 손님임에 틀림없을 것이다. 다시 말해 액면 그대로 받아들이면, 감정 지능 개념은 우리가 보다 복잡한 사회계층화 모델—사회이동에 대해 설명 및 예측을 할 수도 있고 그렇지 않을 수도 있는 또 다른 변수를 도입하는 데 도움을 주는—을 구축하는 데 도움을 줄 수 있다. 게다가 감정 지능 관념은 많은 비판을 받은 IQ 개념에 대한 대안을 제시할 수도 있다. 실제로 사회학자들은 표준적 지능의 측정이 중중계급과 중상계급의 인지 능력과 사회 환경을 반영하기 때문에 사회화 과정에서 IQ 검사에 이용되는 인지적 스킬을 습득하지 못한 사람들을 미묘하게 차별한다는 이유에서 표준적 지능의 측정을 신랄하게 비판해 왔다. 우리는 대중문화에서 감정 지능 관념이 표준적 지능 관념에 대한 환영할 만한 대안으로 이해되어 온 방식을 보여주는 하나의 사례를 오프라 윈프리 쇼에서 발견할 수 있다. 그녀는 감정 지능 개념을 열렬하게 지지했다. 그녀는 이렇게 말한다. "그리고 당신이 생각보다 똑똑하다는 것을 안다는 게 흥분되지 않나요? 왜냐면 인생에서의 성공, 관계에서의 성공, 당신의 가정과 직장에서의 성공은 실제로 당신이 학교에서 얼마나 잘했는지, 시험 점수를 얼마나 잘 받았는지, 심지어 IQ가 얼마나 높은지와 관련된 것이 아니니까요. 그건 완전히 다른 무언가와 관련되어 있는 거예요. 그게 뭐냐면, 그건 당신이 당신 안에 가지고 있는 변화의 힘 같은 거예요. 그걸 감정 지능이라고 부르죠. 가장 좋은 점은, IQ 점수가 거의 고정되어 있는 것과 달리, 당신은 실제로 EQ 점수를 높일 수 있고 감정적으로 더 똑똑해질 수 있다는 거예요."[21]

또한 감정 지능 관념이 왜 페미니스트들에 의해 열광적으로 지지받을 수 있었는지도 쉽게 이해될 수 있다. 페미니스트들은 여성이 남성보다 대인관계에 더 적절히 대응하며 도덕적 결정을 내릴 때 공감적 사고에 기초한다고 주장한다. 만약 여성(그리고 어쩌면 소수자들 일반)이 타인의 감정적 욕구에 적응하고 사회적 관계를 비대립적인 방식으로 관리하고 자신들의 언어적·감정적 행동을 모니터링하는 스킬을 발전시키는 경우가 실제로 많다면, 그들은 감정 지능 검사에서 높은 점수를 받을 것이다. 그럴 경우, 우리의 기관들이 감정 지능에 보다 관심을 가진다면, 공식적인 지적 스킬에 기초하여 다른 사람들과 경쟁할 때 불이익을 받은 소수자들이 감정 역량을 통해 자신들의 지위를 향상시킬 수 있을 것이다. 이러한 점에서 감정 지능 개념은 사회계층화의 모습을 더 복잡하게 만들기 때문에 분석적으로 유용해 보이며, 전통적으로 아이들과 성인들을 서열화하는 데 이용했던 스킬과는 다른 스킬들을 긍정적으로 정의하는 것을 도울 수 있기 때문에 규범적으로도 중요해 보인다. 이처럼 감정 지능 개념이 지능의 형태가 다양하다는 점, 지능이 반드시 공식적인 인지적 스킬을 요구하지는 않는다는 점, 우리의 기관들(학교 또는 기업)이 이러한 새로운 형태의 역량을 식별하고 보상하도록 더 조정될 필요가 있다는 점을 반복적으로 주장하기 때문에, 그러한 주장을 액면 그대로 받아들일 경우 감정 지능 개념은 환영받을 만하다. 그러나 감정 지능 개념이 자원의 보다 다원적이고 민주적인 분배를 가능하게 한다고 약속함에도 불구하고, 나는 그 개념이 실제로는 새로운 형태의 사회적 역량(그리고 사회적 역량 없음)을 만들어내는 새로운 사회적 분류의 축이라고 주장한다.

감정 지능과 치료요법 이데올로기

감정 지능 분야에서 가장 저명한 학술 연구자 중 두 명인 존 메이어와 글렌 게어Glenn Geher가 자신들의 독창적인 논문에서 제시한 한 비네트vignette에 주목해 보자. 그들은 감정 지능을 그 반대 상태, 즉 감정 지능의 결여를 통해 다음과 같이 정의한다. "한 환자(여자)가 유부남과 바람을 피우고 있었다. 어느 날 그녀는 유부남에게 부인을 만났을 때는 그냥 집에 있고 자신을 만났을 때는 집에 가지 않겠다고 약속하라고 요구했다. 그녀는 그다음 날 그에게 원했던 것을 더 명확하게 이렇게 표현했다. '당신이 나를 만날 때는 그녀에게서 오지도 말고 그녀에게 가지도 말아요.' 그녀는 마치 그것이 무심코 생각난 것처럼, 그러니까 하나의 편리한 일 처리 방식이기나 한 것처럼, 아니 심지어는 일종의 재미있는 생각이 떠오른 것처럼 말했다. 하지만 그 분석가는 환자의 입장이 될 수 있었다. …… 그는 환자의 …… 감정—자신을 떠나 집에 있는 아내에게 갔다는 생각이 유발한 그녀의 질투심, 즉 그녀의 고통—을 알아챘다."[22] 메이어와 게어는 이 여성의 요구가 자신의 이해관계를 이해하기 어렵게 만드는 방식으로 표현되어 있다고 주장한다. 이 저자들이 보기에, 그녀는 자신의 '진짜' 감정이 무엇인지를 자신과 애인에게 말할 수 없기 때문에, 변덕스럽고 비이성적이며 요구가 많은 것처럼 보일 위험이 있다. 그리하여 사람들은 그녀의 대처 전략이 그녀가 자신의 목표를 달성하는 데 도움을 주지 못하는 부적절한 전략이라는 결론을 내리게 된다. 그 저자들에 따르면, 그녀는 감정 지능의 부족함을 보여주는 사례이다.

그 비네트에 대한 메이어와 게어의 분석이 흥미로운 까닭은 바로 그 비네트가 감정 지능 관념에 포함된 가정, 즉 대체로 치료요법 이데올로기에서 파생된 가정을 들추어내는 데 도움을 주기 때문이다. 그 저자들의 첫 번째이자 어쩌면 가장 명백한 가정은 '진짜' 감정들이 자아 안에 갇혀서 지각있고 학식 있는 주체에 의해 적절하게 이름 붙여지고 알려지기를 기다리고 있을 뿐이라는 것이다. 내가 제4장에서 주장했듯이, 감정에 대한 이러한 '존재론적' 견해는 임상심리학에서 중심을 이루는 견해로, 하나의 감정을 느끼는 것은 불안정한 과정이라는, 즉 해석과 라벨링 — 이는 다시 환경이 제공하는 상징적 단서에 의존한다 — 의 결과라는 견해와 대비된다. 수많은 인류학자와 사회심리학자들이 주장해 왔듯이, 알려지고 분류되고 이름 붙여지기를 기다리는 감정적 '실체'는 존재하지 않는다.[23] 발견되고 적절한 이름이 붙여지기를 기다리는 일단의 경험이나 의식이 존재하기는커녕, 감정의 이름과 감정 경험은 유동적으로 그리고 맥락에 의거하여 생성된다. 감정은 일단의 경험으로, 억압되고 저장되어 이름 붙여지고 해방되기를 기다리고 있는 것일 뿐이라는 견해는 감정을 들추어내고 적절히 이름 붙이고 변형시키는 것을 자신들의 일로 정의하는 심리학자들의 관심사를 직접적으로 반영한다.

더 나아가 메이어와 게어는 어떤 사람이 "자신이 느끼는 것"에 기초하여 주장하는 것이 사회적으로 더 유능하다고 가정한다. 텍스트에서 결코 명시적으로 밝히지 않으면서 단지 자명한 것으로 가정되는 이 주장은 다시 한 번 치료요법적 신념에 포함되어 있는 중심 교의 중 하나이다. 나는 반대로 유능한 감정적 반응은 상황 속에 내장된 제약에 달려 있지, 맥락 없이 감정을 이성적으로 처리하고 이해하고 분류하는 것에 달려 있지 않다고 주장할 것이다. 다시 말해 유능한 감정적 반응이 반드시 한 사람의 감정적 반응에 대한 자의식적 인식을 수반하는 것은 아니다. 이를테면 앞에서 예로 든 비네트에서 그녀의 애인은 그 여성의 요구를 아마도 완벽하게 이해할 수 있었을 것이다. 그가 오늘날의 사랑 코드에 대해 아주 무지하지 않은 한, 그는 그녀의 요구가 그들의 관계의 유일무이함을 주장하고 그의 결혼생활에서 그들의 관계를 분리해 내려는 시도라는 것을 이해하지 못했을 리가 없다. 명확하게 표현되었듯이, 그 여성의 요구는 **이성적이었을 뿐만 아니라 매우 적절했다**. 왜냐하면 그녀가 자신의 동기를 말로 표현하지 않았기 때문이다. 그녀는 불안, 질투, 또는 소유욕―이러한 감정 모두는 그녀의 위치와 지위를 약화시켰을 가능성이 있다―을 표현하지 않고도 그 남자의 행동에 대해 명확한 요구를 할 수 있었다. 이는 중요한 이론적 논점을 시사한다. 사회적 행위자들은 상황에 주의를 기울이고 그 상황 속에서 **축적된 문화적 지식 또는 문화적 코드**를 가지고 처신해 나간다. 그러한 지식과 코드가 행위자들로 하여금 상황 속에 내장된 제약에 의해 생성된 감정을 식별하고 명명하고 명시적으로 표현하는 정교한 작업을 하지 않고도 그러한 제약에 잘 대응할 수 있게 해준다. 다시 말해서, 사회적 상호작용이 '원활하게 진행'될 수 있는 까닭은 그러한 상호작용의 아주 많은 것이 암묵지와 축적된 지식에 의존하기 때문이다. 메이어와 게어는 심리학적 신념을 전반적으로 반영하여 감정 지능은 자신과 타인을 위해 감정에 성찰적·명시적으로 이름을 붙이는 것을 포함한다고 주장하는데, 이러한 주장은 사람들은 감정을 성찰적으로 전면에 내세우고 조작하는 것에 의지하지 않은 채로 타인이 느끼는 감정의 의미에 주의를 기울인다는 사실을 망각하고 있다. 이 저자들이 정의한 감정 지능은 상호작용의 순탄한 흐름을 방해하기 때문에 대부분의 사회적 상호작용에 장애가 될 것이다. 감정 지능 관념은 행위자와 행위에 관한 이성적 견해 – 이 견해가 그간 사회과학을 집어삼키고 식민화해 왔다[24] – 를 반영하여, 감정을 문제해결에 이용하는 것과 지능을 동일시한다. 이와 대조적으로 문화사회학자들이 보기에, 상황은 우리가 그 상황에 적용하는 암묵지를 통해 해석되고 처리된다. 그러한 암묵지가 우리로 하여금 실제적이고 습관적인 지식에 기반하여 덜 명시적인 감정적 반응을 선택하게 한다. 어려운 소나타를 연주하는 피아니스트처럼, 우리는 우리가 완벽하게 내면화해 온 규칙을 이용하여 상황에 주의를 기울이지, 서로 다른 행위 노선들을 정신적으로 성찰하고 숙고하여 상황에 대처하지 않는다. 자기 자신, 자신이 사용하는 규칙, 자신의 신체적·감정적 움직임을 몹시 의식하는 피아니스트나 사회적 행위자들은 자신의 사회적 악보를 거침없이 능숙하게 연주하지 못하고 어색하게 연주한다(이 거침없는 능숙한 연기가 기교와 기계적 학습을 구분해 준다). 요컨대 감정을 정신적으로 인식하는 것은 항상 가능한 것도 아니고, 항상 바람직한 것도 아니다. 감정 지능의 관념과 이상 그 자체는 유능한 감정적 반응과 무능한 감정적 반응을 구분하고 제도화함으로써 감정적 삶을 물화해 온 심리학자들의 이데올로기에서 생겨난 것이다.

이는 또 다른 결정적인 논점과 연결된다. 유부남이 한 미혼 여성에 대해 통제권을 가지고 있는 이 특별한 상황에서는 여성이 자신의 감정을 직설적으로 분명하게 밝히는 것보다 자신의 주장을 우회적으로 표현하는 것이 **가장** 유능한 감정적 반응이다. 실제로 이 사례가 시사하듯이, 자주 우리는 감정을 드러내기보다 우리 자신과 타인 모두에게 감정을 숨김으로써 상황을 통제한다. 권력과 통제권이 사회적 상호작용의 근본적인 차원임을 감안할 때, 그리고 권력과 통제권이 감정을 (다른 사람에게, 그러나 때로는 자신에게도) 숨기는 것에 결정적으로 의존한다는 것을 고려할 때, 이는 (심리학자들과 감정 지능 전문가들이 주장하는) 감정의 성찰성과 언어적 표현이 종국적으로는 사회적 관계와 사회적 상황에 대한 미묘하고 보다 더 효율적인 조작을 방해할 수도 있음을 암시한다. 더 정확하게 말하면, 앞서 언급한 여성은 자신의 애인이 그녀에게 씌운 이중 속박에 빠져 있다. 그녀의 간접적인 요청은 두 가지 모순적인 요구—상황에 내재된 곤경으로부터 초연한 것처럼 보여서 통제력을 유지하는 것과 그녀의 사랑 영토를 확립하는 것—를 우아하게 조화시킨다. 그러므로 이 사례는 여성의 역량 없음을 예증하는 것이 아니라, 오히려 모순되는 요구가 공존하는 상황에서 행위자들은 자주 비성찰적으로 그 상황을 헤쳐 나가고 즉흥적으로 반응한다는 것을 보여준다. 감정적 모호성, 반대 감정 공존, 감정적 불명확성은 모순으로 가득 찬 사회적 상황에 대처하는 방법이기 때문에 매우 **유능한** 것이다. 만약 이 여성이 자신의 감정을 의식하고 자신의 주장을 뒷받침하기 위해 자신의 감정을 말로 표현함으로써 그 저자들이 감정 지능이라고 부르는 것을 보여주었더라면, 그녀는 애인이나 상황에 대한 자신의 통제권을 잃었을지도 모른다. 그녀의 감정, 욕구, 목표를 그녀 자신이나 그녀의 연인에게 명시하는 것은 그녀로 하여금 자신의 상황에 전략적·실제적으로 대처할 수 없게 만들었을 것이다. 따라서 감정 지능 관념에 의해 상정되고 암시되는 역량의 형태들은 행위자들이 상황적 단서로부터 자신의 감정에 대해 추론하고 실제적인 감정적 지식과 암묵적인 감정적 지식을 이용하여 그러한 상황에 대처한다는 사실, 따라서 상충하는 상황적 요구 사이를 헤쳐 나가기 위해서는 행위자들이 가지고 있을 수 있는 배경 감정에 자주 주목할 필요가 있다는 사실을 간과하고 있다.

감정 지능의 관념을 인도하는 합리주의적 가정은 기묘하게도 문화사회학자들의 가정과 모순될 뿐만 아니라 의사결정에 포함된 일부 과정에 대한 인지심리학의 연구노선과도 모순된다. 이 후자의 연구 패러다임은 많은 지적인 결정이 직관적인 생각 또는 인지 심리학자들이 '얇게 썰기thin slicing'라고 부르는 것, 다시 말해 상황 차원—감정적 상황이든 아니면 다른 여타 상황이든 간에—을 인지적으로 분류하고 시연하는 공식적인 과정을 거치지 않고 사람, 문제, 상황에 대해 정확하게 즉각적으로 판단하는 능력에 기초한다는 것을 보여준다. 그러한 즉각적 판단은 무의식적인 사고 과정, 즉 과거의 경험을 동원하고 판단된 대상의 극히 소수 요소에 초점을 맞추고 집중하는 능력에서 나온다. 게다가 한 획기적인 실험에서 인지심리학자 티모시 윌슨Timothy Wilson과 조너선 스쿨러Jonathan Schooler 및 그들의 동료들은 내적 성찰이 통찰력에 기초한 문제해결에 하나의 장애가 될 수 있다는 것을 보여주었다. 잼을 맛보거나 흥미로운 대학 강좌를 선택하는 것과 같은 과제에 대해 내적으로 성찰할 때, 사람들은 좋은 잼과 나쁜 잼, 흥미로운 강좌와 지루한 강좌를 그리 잘 식별하지 못한다.[25] 사회학자들의 어휘에서 내적 성찰은 취향과 사회적 기지 같은 실천 논리에 따라 이루어지는 행위를 방해한다.[26]

따라서 나는 다음과 같이 주장하고자 한다. 감정 지능은 감정의 성찰적·인지적·언어 표현적 측면을 전면에 부각시키는 것으로 특징지어진다. 하지만 자기 자신을 의식하고 자신의 감정적 기질을 내적으로 성찰하고 자신의 감정을 생각을 통해 이성적으로 처리하라는 훈련이 과연 여러 형태의 감정적 역량을 적절히 묘사하는 것인지에 대해서는 매우 논란의 소지가 있다. 하지만 우리는 이러한 형태로 정의된 감정 지능 관념이 널리 퍼져 있고 심지어 지배적이 된 까닭은 바로 그러한 감정 지능 개념이 자본주의적 생산 과정에서 핵심을 차지하는 사회집단의 이데올로기와 부합하고 또한 새로운 형태의 자본주의가 자아에 요구하는 것에 아주 잘 부합하기 때문이라고 말할 수 있다. 그렇다면 우리는 감정 지능 관념이 누구의 사회적·감정적 스킬을 자연화하고 정당화하는지를 물어야 한다. 이것이 바로 지금부터 내가 검토하고자 하는 것이다.

감정적 역량과 사회적 역량

메이어와 게어가 제시한 비네트에서 치료요법사가 감정적으로 지능적인 사람으로 등장하는 것은 우연이 아니다. 왜냐하면 감정 역량 없음을 정의하는 것이 역량과 그 역량의 사회적 담지자를 동시에 정의하기 때문이다. 감정 지능 관념이 특정한 전문가 계급—즉, 사적 영역과 공적 영역에서 감정적 삶의 정의와 규칙에 대한 독점권을 주장하는 데서 역사적으로 비범한 성공을 거두었고 직업적 성공을 감정적 처신과 감정 관리의 측면에서 재정의해 온 심리학자들—의 세계관과 아주 잘 부합한다는 것을 감안할 때, 이것은 놀랄 만한 일이 아니다. 감정적으로 지능적이라는 것은 감정 관리를 책임지는 전문가 계급의 특질이 되었고, 감정적으로 유능하다는 것은 임상심리학자들과 정신건강 종사자들이 고도의 자질이라고 주장하는 인지적·감정적 스킬을 습득하는 데 달려 있는 것으로 보인다. IQ 관념과 마찬가지로 감정 지능을 공인하고 정당화하는 조직에서 감정 지능을 검사하기 때문에 감정 지능은 분류와 계층화의 도구 역할을 한다. IQ가 군대와 직장에서 사람들의 생산성을 높이기 위해 사람들을 분류하는 데 기여했던 것과 동일한 방식으로, 감정 지능은 이번에는 인지 스킬보다는 감정 스킬을 기준으로 생산적인 노동자와 덜 생산적인 노동자를 분류하는 방법이 되었다. 그러나 감정 지능 관념은 서로 다른 형태의 감정 역량을 그저 묘사할 뿐이라고 주장하면서도, 실제로는 사회계층화의 새로운 축을 따라 사회집단을 조직화하는 데 일조한다. 감정은 점점 더 사회적 투쟁의 장에서 '활용할' 수 있는 역량의 한 형태로 정의되고 있다.

내가 앞 장에서 주장했듯이, 감정장은 건강과 병리 상태를 평가하는 기준을 구성하고 확장함으로써 작동한다. 이들 감정장은 새로운 형태의 사회적 역량—나는 이를 감정 역량이라고 칭할 것이다—을 구성하고 그 역량에 대한 접근을 규제한다. 문화장이 문화적 역량—상층계급에 의해 공인된 고급문화 또는 정통문화에 정통하다는 것을 보여주는 문화적 가공물과 관련되어 있는 능력—에 의해 구조화되는 것과 동일한 방식으로, 감정장은 감정 역량—감정장의 주요 행위자들, 즉 심리학자와 정신노동자들에 의해 정의되고 정당화된 감정양식을 드러내는 능력—에 의해 규제된다. 감정 지능 관념은 그러한 감정 역량을 공식화하고 부호화한다.

문화 역량과 마찬가지로 감정 역량은 직업상의 출세나 사회적 자본과 같은 사회적 이득으로 전화될 수 있다. 실제로 특정 형태의 문화적 행동이 자본의 한 형태가 되기 위해서는, 그 행동이 경제적·사회적 이득—이는 행위자들에게 그 장에 진입할 수 있는 권리를 제공하고 그들이 그 장에서 중요한 것을 손에 넣는 데 도움을 준다—과 같이 행위자들이 특정한 장 내에서 활용할 수 있는 어떤 것으로 변환되어야 한다.[27] 이런 의미에서 우리는 문화 자본 개념과 유사한 기능을 하는 감정 자본emotional capital 개념에 대해 이야기할 수 있다.

인터넷에서 감정 지능에 관한 자료를 찾아 돌아다니다 보면, 현대 기업에서 감정 지능 관념을 이용하는 방식과 감정 지능과 감정 자본의 관계를 보여주는 몇 가지 사례를 접할 수 있다. 그 가운데서 산업계에서 감정 지능을 이용하는 다양한 방식을 검토하는 한 논문은 길게 인용할 만한 가치가 있다.[28] 왜냐하면 그 논문은 감정 지능이 어떻게 하나의 새로운 형태의 분류 방법으로 이용되어 실제 경제 자본으로 전환되는지를 보여주는 실례를 (자신도 모르게) 제공하기 때문이다. 그 논문은 감정 지능이 경제적 성과를 평가하고 측정하는 능력을 찬양한다.

- 미 공군은 EQ-I를 이용하여 모병관(공군의 최전방 인사과 직원)을 선발했다. 그 결과 가장 성공한 모병관이 '자기주장', '공감', '행복감', '감정적 자아의식' 등을 나타내는 감정 지능 역량에서 상당히 높은 점수를 받았다는 사실을 발견했다. 공군은 또한 모병관 선발에 감정 지능을 이용함으로써 성공한 모병관을 예측하는 자신들의 능력을 세 배 가까이 끌어올렸다는 것을 발견했다. 즉각적인 이득은 연간 300만 달러를 절감한 것이었다. 정부 회계 감사원Government Accounting Office은 이러한 이득에 관한 보고서를 의회에 제출했고, 국방부 장관은 군대의 모든 부서가 모병과 선발에 대해 이 절차를 채택하도록 지시했다.[29]
- "다국적 컨설팅 회사의 경험 많은 파트너들이 감정 지능 역량과 세 가지 다른 검사에 의거하여 평가받았다. 20개의 역량 중 9개 이상의 역량에서 중간 이상의 점수를 얻은 파트너는 장부상으로 다른 파트너보다 120만 달러 더 많은 수익—이는 비율로 계산하면 139% 많은 수치이다—을 올리고 있었다."[30]
- "15개 글로벌 기업의 300명이 넘는 최고 경영자를 분석한 결과 6개의 감정 역량—영향력, 팀 리더십, 조직 인식, 자신감, 성취욕, 리더십—에서 이들 중역과 일반 직원 간에 차이가 있는 것으로 나타났다."[31]
- "중간 정도로 복잡한 직업(판매원, 정비공)에서 최고 성과자는 최하 성과자보다 12배, 그리고 평균 성과자보다 85% 더 생산적이다. 가장 복잡한 직업(보험 판매원, 회계 관리자)에서는 최고 성과자가 평균 성과자보다 127% 더 생산적이다. 전 세계 200개가 넘는 기업과 조직을 대상으로 한 역량 연구에 따르면, 이러한 차이의 약 3분의 1은 기술적 스킬과 인지적 능력에서 기인하는 반면, 3분의 2는 감정 역량에서 기인하는 것으로 나타났다(최고 지도자 직위에서는 5분의 4 이상의 차이가 감정 역량 때문이다)."[32]

- "로레알L'Oreal에서는 특정한 감정 역량에 기초하여 선발된 판매 대리인들이 그 회사에서 종래의 선발 절차를 이용하여 선발된 판매사원들보다 훨씬 더 많은 판매고를 올렸다. 1년 단위로 볼 때, 감정 역량에 기초하여 선발된 판매사원은 다른 판매사원보다 9만 1370달러를 더 팔아 순이익에서 255만 8360달러가 증가했다. 감정 역량에 기초하여 선발된 판매사원은 또한 일반 방식으로 선발된 판매사원보다 첫해 이직률이 63% 적었다."[33]
- "한 전국 보험회사에서는 자신감, 진취성, 공감과 같은 감정 역량이 낮은 보험 판매 대리인의 경우 평균 5만 4000달러의 보험료를 내는 보험증권을 판매했다. 8개의 주요 감정 역량 중 적어도 5개에서 매우 뛰어난 사람들은 11만 4000달러의 값어치가 있는 보험증권을 팔았다."[34]
- "한 대형 음료 회사에서는 부서장 채용에 표준적인 방법을 이용하는 경우 2년 이내에 50%가 퇴사했는데, 그 이유는 대부분 실적 부진 때문이었다. 진취성, 자신감, 리더십과 같은 감정 역량에 기초하여 채용하기 시작하자 2년간 6%만이 회사를 떠났다. 더 나아가 감정 역량에 기초하여 선발된 임원들은 자신이 이끄는 부서의 성과에 대해 받는 급여 보너스를 기준으로 할 때 상위 3분의 1 안에 들 가능성이 훨씬 더 높았다. 즉, 87%가 상위 3분의 1 안에 들었다. 게다가 그러한 역량을 지닌 부서의 리더들은 목표보다 15~20%를 더 달성했다. 그러한 역량이 부족한 사람들은 거의 20% 낮은 성과를 보였다."[35]
- "이곤젠더 인터내셔널Egon Zehnder International이라는 서치펌search firm이 515명의 고위 임원을 분석한 결과, 주로 감정 지능에서 뛰어난 사람이 이전의 관련 경험이나 IQ에서 가장 뛰어난 사람보다 성공 가능성이 더 컸다. 다시 말해 감정 지능은 이전의 관련 경험이나 높은 IQ보다 성공의 더 나은 예측 변수였다. 좀 더 구체적으로 말하면, 성공한 임원 중에

서 감정 지능이 높은 사람이 74%였다면, 실패한 임원 중에서 감정 지능이 높은 사람의 비율은 24%에 불과했다. 그 연구는 라틴 아메리카, 독일, 그리고 일본의 임원들을 포함하고 있었고, 그 결과는 세 문화 모두에서 거의 동일했다."[36]

- "감정 역량 훈련 프로그램을 이수한 관리자들을 두고 있는 아메리칸 익스프레스American Express의 재정 자문가들과 그 프로그램을 이수하지 않은 관리자들을 두고 있는 동일한 수의 재정 자문가를 비교·분석한 결과, 1년 동안 훈련받은 관리자를 둔 자문가들이 사업을 18.1% 키웠다면, 훈련받지 않은 관리자를 둔 자문가들은 사업을 16.2% 키웠다."[37]
- "대형 수금회사에서 가장 성공한 추심사들은 3개월 동안 평균 163%의 목표를 달성했다. 그들을 같은 기간 동안 평균 80%만 달성한 추심사 집단과 비교한 결과, 가장 성공을 거둔 추심사들은 자기실현, 독립성, 낙관주의라는 감정 지능 역량에서 훨씬 더 높은 점수를 받았다(여기서 자기실현이란 자기 자신의 목표에 대한 잘 발달된 내적 지식과 자신의 일에 대한 자부심을 말한다)."[38]

이 논문에서 논의된 수많은 사례에 대해서는 몇 가지 논급이 요구된다. 우선, 감정 지능이 경제적 생산성을 예측하고 통제하며 생산 담당자를 분류하는 새로운 방법으로 이용되고 있다. 감정 지능은 웬디 에스펠랜드와 미첼 스티븐스가 '통약'이라고 부르는 것—즉, 서로 다른 대상 간에 (상징적 그리고/또는 물질적) 등가성을 구축하기 위해 그 대상들을 표준화하여 비교하는 공통의 측정 기준—을 이용한다.[39] 여기서 구축하고자 하는 등가성은 일자리와 사람 간의 등가성이다. 조앤 애커Joan Acker는 다음과 같이 말한다. "[일자리]는 빈자리, 즉 지속적으로 재구성되어야 하는 물화된 것이다. 왜냐하면 직책은 사람들로 채워질 때까지 종이조각으로만 존재하기 때문이다. ……

인간은 그 일자리에 적합하게 동기를 부여받고 관리되고 선발되어야 한다. 일자리는 하나의 사물로 별개로 존재한다."[40] 감정 역량은 역량을 측정하고 수량화하는 하나의 공식적인 기준이 되었으며, 따라서 감정과 직업적 수행 간에 거의 전적으로 금전적 측면에서 측정되는 등가성의 체계를 만들어낸다. 감정 지능 관념에 의해 가능해진 이 등가성 체계는 전례 없는 상품화 과정을 암시한다. 왜냐하면 감정 지능은 금전적 가치를 개인의 감정적 기질에 귀속시킬 수 있게, 그리고 심지어는 전자를 후자로 전환시킬 수 있게 해주기 때문이다.[41]

부르디외가 묘사한 자본의 논리에 따르면, 감정적 형태의 자본은 화폐적 형태로 전환될 수 있다. 기업장corporate field의 출현은 부르디외가 투쟁장에서 이용되는 새로운 형태의 상징적 자본이라고 칭하는 것을 낳았다.[42] 부르디외가 시사하는 바와 같이, 장이 아비투스의 메커니즘 또는 "행위자 내부에서 작동하는 구조화 메커니즘"[43]을 통해 자신을 유지한다면, 우리는 특정한 감정 아비투스가 점점 더 많은 장에 진입하여 활동하기 위한 선행조건이 될 것이라고 주장할 수 있다. 와인 시음회나 고급문화에 정통한 것과 같은 전통적인 형태의 문화 자본을 능가하는 감정 자본은 아비투스의 가장 덜 성찰적인 측면을 동원하는 것으로 보인다. 아비투스는 "오래 지속되는 마음과 몸의 성향"의 형태 속에 존재하며, 문화 자본의 가장 '육체화된' 부분이다.[44] 따라서 감정 아비투스는 사회적 경험의 세 가지 영역—상호작용 영역, 육체적 영역, 언어적 영역—이 교차하는 지점에 자리한다. 감정 아비투스는 이 세 가지의 접합점에서 한 사람이 차지하는 사회계급 지위를 반영하고 알린다. 감정 아비투스는 한 사람의 감정이 신체적·언어적으로 표현되는 방식을 틀 짓고, 이는 다시 사회적 상호작용을 협상하는 데 이용된다.

비록 랜들 콜린스Randall Collins의 접근방식이 부르디외의 접근방식과 상당히 다르지만, 그의 통찰력 중 일부는 아마도 감정 아비투스의 형성과 감정 아비투스가 사회적 상호작용에서 중요한 역할을 할 수 있는 이유를 설명하는 데 도움을 줄 수 있다. 콜린스는 상호작용 의례들interaction rituals을 하나로 묶어내는 것을 설명하기 위해 감정 에너지emotional energy 개념을 논의한 것으로 유명하다.[45] 나는 감정 에너지가 감정 지능이나 감정 역량과 동등하지는 않지만 전자가 후자를 위한 전제조건이라고 주장할 것이다. 콜린스는 감정 에너지가 우리가 다른 사람들과 성공적으로 일련의 상호작용을 하는 것으로부터 축적되는 유형의 에너지라고 주장한다.[46] 감정 에너지—이것이 사회성의 중요한 구성요소 중 하나라는 점에는 의심의 여지가 없다—는 우리가 하나의 신분집단status group에 소속되어 있다는 느낌을 반복적으로 받음으로써 얻는 자신감이다. 콜린스는 여기서 일종의 뒤르켐식 시너지즘synergism—다른 사람들과의 '결속' 능력—에 대해 묘사한다. 우리는 이 시너지즘을 우리가 과거에 하나의 집단의 성원이었던 것처럼 느꼈던 경험으로부터 끌어내고, 우리는 현재 이 시너지즘을 다시 그 집단에 피드백할 수 있다. 콜린스는 그러한 감정 에너지를 가진 사람들은 집단에서 파생되는 에너지를 가지고 있고 그리하여 다시 그 집단을 체현할 수 있기 때문에 리더의 위치를 차지할 가능성이 크다고 주장한다. 콜린스가 주장하듯이, 감정 에너지가 과거에 한 신분집단의 성원이었고 그 집단에서 성공적으로 상호작용했다는 것을 통해 축적된다면, 감정 에너지를 드러내는 것은 한 사람이 이전에 성공적으로 상호작용을 했음—이는 리더십으로 전환될 수 있는 일종의 긍정적인 감정 자본이다—을 알리는 방법의 하나가 된다. 따라서 감정 역량은 사회적 상호작용의 빈도와 그러한 상호작용에서 한 사람이 차지하는 지위에 달려 있다고 말할 수 있다. 그러나 콜린스의 감정 에너지 관념은 뒤르켐주의적이기 때문에, 감정과 관련된 지위 표지들에는 주의를 기울이지 않는다. 감정이 하나의 자본으로 기능하는 것은 감정이 한 사람의 사회적 유대와 그 유대 내에서의 자신의 위치로부터 파생하기 때문일 뿐만 아니라,

감정 아비투스가 한 사람의 취향처럼 자신의 사회적 지위와 사회적 정체성에 의해 정의되는 특정한 스타일을 가지고 있고 더 나아가 다시 그 스타일을 정의하기 때문이기도 하다.[47] 다시 말해 모든 형태의 감정 에너지가 사회적 통화로 기능하고 사회적 자본으로 전환될 수 있는 것은 아니다. 소동을 벌이고 열의가 넘치는 에너지는 군대나 경제조직과 같은 환경에서는 그리 도움이 되지 못할 것이다. 따라서 우리는 특정한 감정 양식이 다른 양식들보다 자본으로 전환될 가능성이 더 크다고 말할 수 있으며, 여기서 나의 관심을 끄는 것이 바로 그러한 감정 양식 형태들이다.

심리학자들은 퍼스낼리티와 감정이 리더십을 위한 자산이며 그러한 자산은 자기반성과 자기관찰 같은 자기성찰적 작업에 의해 획득될 수 있다고 선언함으로써 감정 양식을 사회적 통화나 사회적 자본으로 전환시키는 데 기여했고, 그러한 자본을 획득하는 데 이용하는 새로운 자아 언어를 만들어왔다. 프로이트의 서술 속에서 경제적 자아는 사생활에서 큰 대가 — 즉, 욕구 억압과 신경증으로 이어지는, 뭔가 억눌리고 있는 것 같은 특이한 언짢은 느낌 — 를 치르게 했지만, 현대 서비스 산업에 종사하는 사람들 — 특히 하급 및 중급 관리자들 — 의 정신경제는 미묘하고 복잡한 감정 작업 — 타인을 배제하기보다는 포함하고, 자기주장적인 동시에 타자지향적이며, 상호작용의 감정적 측면에 초점을 맞추면서도 그러한 측면을 전적으로 인지적으로 통제하는 — 을 요구한다. 이러한 이유에서 감정 지능은 근본적으로 현대 자본주의의 조직 및 계급 동학과 연결되어 있다. 현대 자본주의는 복잡하고 가변적이며 불확실한 시장에서 매우 다양한 사회적 상황 및 사람들에 대처하는 데 도움을 줄 수 있는 상징적·감정적 스킬을 요구한다. 감정 지능은 중간계급의 감정 양식과 사회성 모델을 반영한다. 현대 자본주의 경제에서 중간계급의 성원들은 협력 노동에 크게 의존하고, 끊임없이 다른 사람들을 평가하면서 그들에 의해 평가받고, 긴 상호작용 사슬 속에서 움직이고, 다양한 집단에 속하는 매우 다양한 사람들을 만나고, 다른 사람들의 신뢰를 얻어야 하고, 그리고 어쩌면 무엇보다도 성공의 기준이 모순적이고 이해하기 어렵고 불확실한 환경에서 일한다. 이러한 중간계급의 노동은 신중한 자아 관리를 요구한다. 감정 지능은 사람들로 하여금 구조적 불확실성과 신뢰 및 합의 구축 문제에 감정적으로 대처할 수 있게 해주는 하나의 성향이다. 이러한 감정적 성향이 바로 감정 역량을 낳는데, 감정 역량은 뤽 볼탄스키의 표현을 따르면 '연결주의적' 자본주의'connectionist' capitalism라고 특징지어질 수 있는 형태의 자본주의에서 특히 부각되어 왔다. 볼탄스키가 지적하듯이, 연결주의적 자본주의에서는 "지배계급의 계급 아비투스는 더 이상 자신의 직관에 의존할 수 없다. 이 아비투스는 지리적·사회적으로 자신과 멀리 떨어져 있는 사람들 사이에서 관계를 설정하는 방법을 알아야 한다."[48] 연결주의적 자본주의에서 지위는 많은 사람을 알고 그들 사이에서 관계를 설정할 수 있는 능력에 의해 정해진다.

좀 더 구체적으로 말하면, 감정 지능이 사회적 자본에서 중심적인 위치를 차지하는 이유는 사람들이 네트워크—강한 네트워크와 약한 네트워크 모두—를 손에 넣는 방법에서 감정이 볼트와 너트를 구성하기 때문이다. 감정은 알레한드로 포르테스Alejandro Portes가 확인한 두 가지 의미—그 하나가 긍정적인 사회적 네트워크를 형성할 수 있는 능력, 즉 연대와 감정 에너지가 생산되는 긍정적인 형태의 사회성이고, 다른 하나는 개인적 관계가 승진이나 부의 증가와 같은 자본의 형태로 전환되는 방식이다—에서 사회적 자본 메커니즘에 필수적인 구성요소이다.[49] 이렇듯 감정 역량에 대한 우리의 개념화에 새로운 층이 추가됨으로써, 이제 감정은 자본의 한 형태가 되었다. 왜냐하면 연결주의적 자본주의에서는 사회적 관계를 확립하는 것이 중요한 위치를 차지하기 때문이다.

글로벌 치료요법 아비투스와 신남성

이 분석을 한 단계 더 진전시켜 보자. 치료요법 아비투스는 새로운 형태의 남성성의 출현을 알리는 것이며, 그러한 새로운 남성성은 적어도 치료요법적 문화 모델의 확산(그리고 심지어는 그 모델의 지구화)에 의해 직접 야기된 것은 아닐지라도 적어도 그 모델과 밀접하게 연관되어 있으며, 그 자체로 '연결주의적' 느낌의 구조가 출현한 것과 연결되어 있다.

존 메이어와 그의 동료들은 일련의 논문에서 지구화란 전 세계에서 점점 더 많은 수의 국가가 (경제, 정체, 개인에 대한) 동일한 문화 모델을 채택하여 그러한 모델을 사회생활에 침투시키는 과정이라고 주장해 왔다.[50] 현대의 지구화된 정체polity에서 개인은 표준화된 규칙을 이용하여 합리적임과 합목적적임 같은 현대 행위자임actorhood의 본질을 입증함으로써 자신을 조직화한다. 심리학은 문화적 지구화의 주요한 핵심 중 하나이며, 개성이 전 세계적으로 조직화되는 모델의 한 원천이다. 이 모델은 대학 커리큘럼과 교육을 통해, 전문 치료요법의 관행을 통해, 국가가 치료요법적 사회 개입 모델을 채택하는 것을 통해, 그리고 보다 비공식적인 시장 구조를 통해 전 세계적으로 확산된다. 이스라엘은 심리학을 통해 행위자임 모델이 지구화되는 과정을 보여주는 아주 좋은 사례이다. 왜냐하면 이스라엘은 많은 주요 사회 현장에 심리학적 전문 지식을 깊이 제도화해 왔고, 또한 이스라엘에서는 자아를 변화시키고 개선하는 것을 목적으로 하는 수많은 상업적 워크숍이 열리고 있기 때문이다.

이를 예증하기 위해 나는 1998년 이스라엘에서 내가 참여했던 감정 지능 워크숍의 사례를 분석할 것이다. 그 워크숍의 목적은 당시 새롭게 발견되었지만 이미 널리 알려진 감정 지능 개념의 통찰력을 가르치고 전파하는 것이었다.[51]

그 워크숍에는 약 200명의 참가자가 참석했다. 낮 동안에 나는 여러 테이블에 앉아 수십 명의 참가자와 비공식적인 토론을 했다. 그들의 직업은 다양했다. 대다수는 평균 규모의 기업에서 일했고 중간 관리자였다. 일부는 소규모 사업체의 소유자였고, 또 다른 사람들은 교육자와 조직 컨설턴트였다. 대부분의 참가자에게 그날은 '교육받는' 날로 인정되었고, 따라서 그들의 직장(학교, 회사 등)에 의해 교육비가 지불되었다. 이는 다시 감정 지능 개념의 매력과 사회적 용도가 대부분 경제적이라는 것을 시사하고 확인시켜 준다.

그날 워크숍의 제1부는 이스라엘 현지 조직 컨설턴트들과 코치들이 진행하는 다양한 강의로 이루어져 있었는데, 그중 많은 사람이 임상심리학 학위를 가지고 있었다. 그날 워크숍의 제2부는 그 워크숍을 위해 미국에서 이스라엘로 온 공인받은 미국인 심리학자에 의해 영어로 진행되는 워크숍으로 이루어져 있었다.

골먼의 책을 히브리어로 번역한 사람이 그 행사를 개막했고, 다양한 강연자들이 그 뒤를 이었는데, 그들 대부분은 조직 컨설팅 분야에서 리더십 훈련에 관한 전문 지식을 가지고 있다고 주장하는 사람들이었다. 주최자 중 한 사람이 그 책을 "읽어본 사람"이 있느냐고 묻자, 모든 사람—내가 아는 한에서는—이 그 책을 읽었다고 답했다. 그렇지만 그 책과 그 통찰력이 그날의 주요 주제였음에도 불구하고, 강연자들이 제시하는 다양한 접근방식 간에는 일관성이 거의 없었다. 한 강연자는 감정 지능이 단호해지고 완고해지는 방법을 아는 것으로 이루어져 있다고 주장했고, 다른 강연자는 노력하기를 중단할 시점을 알지 못하는 것은 감정 지능이 부족하다는 것을 의미한다고 주장했다. 한 강연자는 우리가 하는 일과 우리가 말하는 것에 대해 미리 계획하고 생각하는 것이 얼마나 중요한지에 대해 말했고, 다른 강연자는 자발성이 가장 중요하다고 주장했다. 어떤 사람은 "사람들이 말하는 것을 보지 말고 그들이 하는 일을 보라"라고 조언했고, 다른 사람은 이렇게 주장했다. "사람들이 하는 일은 너무 많은 의미를 가지고 있어서 우리는 그 일이 무엇을 의미하는지를 확실히 알지 못한다. 우리는 그들의 의도를 통해서만 알 수 있고, 따라서 항상 그들에게 그 의도를 물어봐야 한다." 이러한 모순 중 그 어떤 것도 청중을 혼란스럽게 하거나 청중에게 인지되는 것처럼 보이지 않았다. 왜냐하면 그러한 주장들은 실제로 치료요법적 신념과 조화를 이루기 때문이다. 그 이유는 치료요법적 신념이 서로 모순되는 아주 다양한 서사 걸개를 그때그때 이용함으로써 작동하기 때문이다. 그러한 서사 걸개들 모두는 자아를 회고적으로 적절히 관리할 수 있다. 감정 지능은 그러한 서사 걸개의 하나로, 다양한 컨설턴트와 심리학자들이 자신들의 직업적 관행을 조직화하는 하나의 분류 도식으로 기능한다.

그날 워크숍의 제2부에는 『감정 지능 작동시키기Putting Emotional Intelligence to Work』의 저자인 데이비드 라이백David Ryback 박사가 진행한 워크숍이 포함되어 있었다.[52] 전 세계를 돌아다니며 자신들의 표준화된 기법을 현지에 전파하는, 점점 더 그 수가 많아지고 있는 심리학자, 코치, 조직 컨설턴트 가운데 한 명인 라이백은 이스라엘인 참가자 청중에게 감정 지능을 획득하는 자기 나름의 기법에 대해 영어로 연설했다.

그의 워크숍—쌍방향 강의로 진행되었다—의 내용은 내가 앞의 장들에서 논의한 많은 테마와 매우 일치했다. 그는 감정 지능 스킬은 사적 영역과 공공 영역에서 실행되어야 하며 좋은 결혼생활에 요구되는 스킬들은 사업 그리고 심지어는 국제 외교 협상을 하는 데 필요한 스킬들과 동등하다고 주장했다. 대부분의 경우 그러한 스킬들은 젠더 중립적이지만, 만약 그 스킬들이 젠더화된다면, 그것들은 의심할 여지없이 여성적일 것이다. 모든 심리학자와 마찬가지로 라이백은 적절한 감정과 부적절한 감정을 구별하고, 감정적 삶은 객관적인 규칙에 따라 수행되어야 한다고 단정한다. 유능한 감정적 삶은 중립성과 자발성, 진지함과 비非판단, 자기주장과 경청, 유연성과 확고함을 혼합하는 스킬들을 포함한다. 요컨대 이 심리학자가 주장하는 감정 지능은 상충되는 속성들을 '혼합'하고 있다(바로 이 같은 혼합이 그간 치료요법적 신념을 그토록 효과적이게 만들어왔다). 왜냐하면 그러한 혼합이 영원한 불확실성을 창출하고 그리하여 서로 상충되는 속성들을 조화시키고자 하는 욕망을 만들어내기 때문이다.

참석자들은 워크숍 동안에 골먼의 통찰에 대해 문의할 수도 있었다. 모든 참가자가 영어를 유창하게 구사했는데, 이스라엘의 맥락에서 이것은 그들이 최소한 부분적으로나마 대학 교육을 받았다는 것을 시사한다. 저녁식사 동안에 비공식적인 대화에서 나와 이야기를 나눈 모든 사람은 자신들이 워크숍을 매우 즐겼다고 주장했다. 첨단 기술 회사에서 행정 보조원으로 일했던 한 여성은 "그러한 내용이 [그녀에게] 많은 영향을 미쳤"으며 자신으로 하여금 "어떻게 하면 관계를 개선할 수 있을지에 대해 많이 생각하게 한다"고 주장했다. 자신의 회사를 차린 한 남자는 사람들이 사업에서 인간 요소에 대해 충분히 생각하지 않는다고 주장하고, 자신은 자신의 감정 스킬을 향상시키는 데 매우 관심이 많다고 말했다. 마지막으로, 실업자로 일자리를 찾고 있던 또 다른 남성은 다음과 같이 주장했다. "사람들이 만들어내는 인상이 매우 중요해요. 당신은 내면적으로는 아주 좋은 사람일 수 있지만, 어떤 이유에서인지 좋은 인상을 주지 못할 수도 있어요. 만약 당신이 행동하는 방식과 당신이 다른 사람들에게 만들어내는 인상을 알게 된다면, 당신은 전체 과정을 더 잘 통제할 수 있을 거예요." 워크숍이 끝날 때, 사람들은 자신들이 워크숍에서 배운 것이 있는지, 배운 것이 있다면 무엇인지를 말해줄 것을 요구받았다. 답변은 다양했고, 다음과 같이 열거될 수 있다. "나의 듣기 능력이 향상되었다고 느낍니다." "우리가 서로의 말에 귀를 기울이지 않는다는 것을 알게 되었습니다." "나는 이 워크숍에서 우리가 최선을 다해 우리의 삶을 살아야 한다는 것을 배웠습니다." "그것들은 학교에

도입되어야 할 매우 중요한 관념입니다." "워크숍은 내게 성실하고 개방적이며 정직해야 한다는 나의 삶의 방식을 강화해 주었습니다." "워크숍은 내게 자기 통제의 중요성, 그러니까 우리가 우리 스스로를 어떻게 주의 깊게 감시해야 하는지를 가르쳐주었습니다." "나는 우리의 감정이 우리의 역량을 약화시키는 것이 아니라 강화시킬 수 있다는 나의 입장이 정당화되어 기쁩니다."

그 워크숍이 그 자체만으로 참가자들의 감정적 기질을 변화시킬 수 있을지는 매우 의심스럽다. 그러나 그러한 워크숍은 그럼에도 불구하고 내가 '글로벌 감정 아비투스'라고 부르고자 하는 것의 형성을 보여주기 때문에 사회학자의 관심을 끌 것이다. 그러한 아비투스는 일반적인 사회화 현장(가족, 학교, 미디어)에서 형성되지만, 지난 20년간 이스라엘에서 과도하게 번성했던 심리학 워크숍이 증명하듯이, 글로벌 감정 아비투스의 습득은 앞에서 분석한 것과 같은 교육 워크숍의 자원주의적인 문화적 틀에서도 이루어진다. 그러한 워크숍은 새로운 감정적 성향을 주입시키는 것, 또는 후기 근대성의 변화무쌍한 상태를 헤쳐나가고 긴 사회적 네트워크 사슬을 따라 움직이고 글로벌 연결주의적 자본주의의 요구를 충족시키는 데 필요한 스킬을 습득하게 하는 것을 주요 목적으로 한다.

글로벌 감정 아비투스는 경제적·문화적 지구화—결국에는 자주 현지 계급구조를 교란시킴에도 불구하고 그 계급구조 내에서 전개되는 것으로 이해되는—와 관련되어 있다. 이러한 맥락에서 보면, 이상하게도 치료요법에 대한 존 메이어의 야심 차고 매우 설득력 있는 분석은 지구화의 과정이 일어나는 계급 동학을 그간 계속해서 간과해 왔다. 심리학적 자아 모델들은 실제로 새로운 아비투스—우리가 '글로벌' 치료요법적 아비투스로 특징지을 수 있는—를 낳기만 한 것은 아니다. 나는 이 아비투스가 지구화 과정에 가장 많이 관여하는 사회집단, 즉 관리자와 문화 전문가들의 특징이라고 주장한다. 그러한 아비투스는 전통적인 형태의 남성성을 해체하고 새로운 젠더 (그리고 감정적) 정체성의 경계선을 따라 사회집단을 균열시킨다.

하나의 실례를 들어 설명해 보자. 1998년에 나는 텔아비브 대학교Tel Aviv University에서 사회과학 석사 학위를 취득하고 글로벌 지향성을 분명하게 드러내는 문화/정치협회에서 문화 전문가로 일했던 28세의 이스라엘인 이얄Eyal을 인터뷰했다. 그는 인터뷰 도중에 두 가지 유형의 남자를 구분했다. 그가 '영웅형'이라고 부른 사람들은 군 복무를 마쳤고, 국민음식 – 이를테면 후머스hummus – 을 먹었고, 어떤 상황에서도 자신의 감정을 표현하지 않았다. 그가 말하는 둘째 유형은 '신남성New Man' – 그는 이 유형을 히브리어로 Ha Guerver Hachadasch이라고 불렀다 – 으로, 그들은 "자신의 감정과 교류하는" 능력 – 그는 이를 "사람들이 지닌 여성적 측면"이라고 불렀다 – 을 지닌 사람들이다. 이 인터뷰 응답자는 자신의 모든 남자 친구가 "그러한 유형을 좋아한다"고, 즉 신남성을 좋아한다고 하면서 다른 유형의 친구들과는 사귈 수 없다고 주장했다. 인터뷰에 발췌한 아래의 인용문은 '신남성'의 윤곽을 더 자세히 보여준다.

면접자: 당신은 그런 면에서 당신이 보통 사람이라고 생각하나요? 아니면 이스라엘 사회에서 남성과 감정에 대한 당신의 견해가 유별나다고 생각하나요?

이얄: 아뇨. 나는 특정 사회집단, 그러니까 특정한 사회적 환경에서는 보통 사람입니다.

면접자: 그게 무슨 뜻이죠?

이얄: 내 말은, 특정한 사회적 영토에 들어갈 수 있기 위해서는, 그러니까 특정 집단에 속하기 위해서는 감정 복합성emotional complexity[긍정적 감정과 부정적 감정을 동시에 느끼는 것을 말한다_옮긴이]이 필수라는 겁

니다.

질문: 당신은 당신이 보기에 그런 종류의 감정 복합성을 체현하고 있는 인물을 말해줄 수 있나요? 알려진 인물이든 아니면 알려지지 않은 인물이든 상관없어요.

이얄: 그건 아마도 영화 ≪애니 홀Annie Hall≫일 겁니다. 나는 그 영화를 30번 정도 봤을 겁니다. ≪애니 홀≫은 내게 그리고 다른 많은 사람에게 매우 의미 있는 영화였습니다.

면접자: 조금 전에 말했던 것으로 돌아가보죠. 그러니까 특정 사회집단에 소속되기 위해서는 남자들, 또는 적어도 당신이 알고 있는 남자들은 자신들의 감정을 표현하는 특정한 방식을 가지고 있어야 한다는 거죠. 내가 당신 말을 제대로 이해했나요?

이얄: 그렇고말고요. 아주 잘 이해했어요. 그건 '입학시험'의 일부예요. 예를 하나 들어보죠. 내 아내 리오라Liora는 임상심리학자예요. 아내에게는 예루살렘에 사는 여동생이 있어요. 그녀의 남편은 말하자면 시골 사람이죠. 그는 모샤브Moshav[농촌 정착지] 출신이에요. 그는 전형적인 모샤브 사람이죠. 그는 어떤 종류의 감정도 잘 표현하지 못해요. 그는 감정이 없어요. 그리고 우리, 그러니까 우리 셋, 나와 내 아내, 그리고 내 아내의 여동생은 감정이 없다고 그를 놀리죠. 그는 뭔가를 갈망하지도, 뭔가를 아쉬워하지도, 우울함을 느끼지도 않아요. 그는 '우울하다'라는 개념을 몰라요. 당신은 그런 사람을 어디서 본 적이 있나요? 그렇기에 그게 기준입니다. 내가 여자들과 데이트를 하곤 했을 때, 만약 그녀가 '우울하다'는 것이 무슨 뜻인지 모른다면—내가 말하는 것은 심각한 임상적 우울증이 아니라 그냥 평상시의 평범한 우울증입니다—그녀는 자격이 없을 겁니다. 그녀는 가능한 후보의 하나가 될 수 없을 겁니다. 절대로.

이 발췌문에서도 문화적 지구화가 광범하게 작동하고 있다. 우디 앨런의 영화는 특정한 치료요법 양식과 새로운 형태의 남성성을 확산시키는 강력한 도구였다. 그러한 남성성 양식은 특정한 감정 양식(불안해하고 신경증적이고 자의식적이고 언어 표현적이고 성찰적인 감정 양식)과 강하게 연관되어 있으며, 대체로 신중간계급 사이에서 확산되어 왔다. 여기서 감정 양식은 특정한 사회집단(서구의 교육받은 세속적인 그리고 아마도 무엇보다도 국가에 의해 정의되지 않은—즉, 글로벌한—집단)에서 성원 자격의 징표로 기능한다. 그러한 감정 양식은 일상적인 취향—옷을 어떻게 입고 무엇을 먹는지—의 표지와 연관되어 있다. 따라서 여기서 '신남성'은 하나의 신분집단의 성원임을 표현한다. 왜냐하면 감정 역량은 사회적 구별 짓기의 한 형태이기 때문이다. 전문적으로 말하면, 두 유형의 남성은 동일한 사회경제적 집단의 성원일 수는 있지만, 감정적 아비투스는 매우 다르다. 만약 지구화가 새로운 형태의 불평등을 창출한다면, 그것은 젠더 정체성을 해체함으로써, 그리고 종래의 남성성과 새로운 남성성의 사이를 틀어지게 함으로써 그렇게 한다. 따라서 우리는 치료요법이 새로운 남성성을 형성함으로써 지구화와 계급구조 간을 매개하는 하나의 문화구조라고 제안할 수 있다. 나는 이제 나의 미국 현장 연구로 돌아가서 새로운 남성성의 형성이 어떻게 새로운 감정적 위계질서를 만들어내는지를 (비록 개략적이고 잠정적인 방식으로이기는 하지만) 검토하고자 한다.

하나의 사회적 재화로서의 친밀성

자본주의에 대한 마르크스주의적 사회학과 베버주의적 사회학의 대부분은 내가 이 장을 시작하면서 제시한 프로이트의 견해와 동일한 견해를 암묵적으로 견지해 왔다. 다시 말해 이 세 사람 모두는 부르주아는 생산영역에서는 다른 사람들을 착취할 수 있지만, 결국에는 자신들이 가난한 사람들이 지닌 감정적 부를 박탈당하는 시적 정의poetic justice의 피해자임을 깨닫게 된다고 보았다. 왜냐하면 세상을 무자비한 이익 추구에 굴복시키는 과정에서 부르주아는 탐욕을 위해 자신들의 웰빙과 오래 지속되는 의미 있는 유대를 형성할 수 있는 능력을 희생시키기 때문이다. 이 진부한 표현—이 표현의 중심에는 '시장'과 '선물', '이해관계'와 '감상'의 이분법이 자리하고 있다—은 사회학자들이 치료요법적 아비투스가 어떻게 경제적 성과뿐만 아니라 웰빙과 친밀성 같은 잘 정의되지 않은 모호한 개념에도 더 잘 접근할 수 있게 해주는지를 포착하는 것을 방해해 왔다. 부르주아나 탈산업적 형태의 부르주아는, 그들이 경제영역에서 필요로 하고 이용하는 감정 아비투스에도 불구하고가 아니라 그러한 감정 아비투스 때문에 사랑과 웰빙에서도 최고의 후보자가 되었던 것은 아닐까?

치료요법에 대한 대부분의 비판이 치료요법 에토스를 시민적 덕성 모델이나 정치 참여 모델과 대비시키기 때문에, 그 비판들은 보통 치료요법의 **사회적 용도**, 즉 치료요법의 실용성pragmatics 문제를 무시해 왔고, 그리하여 치료요법 담론이 사회적 상호작용을 사회적 재화—그리고 보다 구체적으로는 특히 친밀성과 같은 감정 재화—의 추구라는 측면에서 인식하게 하고 분류하게 하고 양식화하게 한다는 것을 파악하지 못했다. 많은 사람이 치료요법의 문화적 지배가 초래한 가장 흥미로운 사회적 결과는 치료요법이 새로운 형태의 사회적 재화와 (친밀성과 같은 무형의 재화를 획득하기 위한) 새로운 형태의 사회적 역량을 창출해 왔다는 것이라고 주장한다.

이 주장은 페미니즘이 기여한 것 중에서 가장 중요한 것이라고 할 수 있는 것, 즉 공적 영역(정치적 영역 또는 경제적 영역)만으로 '좋은 사회'를 평가할 수는 없다는 주장에 기초하고 있다. 친밀한 관계, 우정, 그리고 부모임은 한 사회가 얼마나 좋고 공정한지를 평가하는 데서 결코 덜 중요한 영역이 아니다(어쩌면 더 중요한 영역일 수도 있다).[53] 앤드루 새이어Andrew Sayer는 이를 다음과 같이 달리 표현하고 있다. "계급 불평등은 단순히 부, 소득, 경제적 안전에서의 차이뿐만 아니라 가치 있는 환경, 관행, 삶의 방식에 대한 접근에서의 차이도 포함한다. 후자 역시 넓은 의미에서의 '재화'이며, 그러한 재화와 그 소유자들을 인식하고 평가하는 기준이 된다."[54] 이는 다시 치료요법적 아비투스가 계층화에 미치는 영향을 비판적으로 검토하기 위해서는 좁게 정의된 경제적 재화에 기초한 사회 모델에만 의존할 수 없음을 함의한다. 친밀한 관계 역시 문화와 공정한 사회적 배치 간의 연관성을 설명하는 데서 결코 덜 중요하지 않다. 이것은 또한 내가 치료요법의 사회적 용도에 대해 비판하는 것과 행위자들이 치료요법을 자신들의 삶을 향상시키기 위한 문화적 자원으로 이해하고 이용하는 것은 **모순되지 않는다**는 것을 의미한다. 다시 말하면, 우리는 행위자들이 치료요법을 이용할 때 행위자들이 가지는 의도와 목표를 무시하는 것(전통적인 '이데올로기' 개념이나 '감시' 개념이 그러하는 것처럼)이 아니라 바로 그러한 의도와 목표를 비판의 출발점으로 삼음으로써 새로운 형태의 재화와 위계질서를 해명할 수 있다.

이런 점에서 나는 우리가 친밀성을 **그 자체로 하나의 의미의 영역**으로 바라볼 때 치료요법적 에토스가 행위자들이 웰빙의 형태들에 도달하는 데 도움을 주는 하나의 문화적 자원임이 드러난다고 주장한다. **왜냐하면 웰빙의 형태들은 사회적·역사적으로 구성되기 때문이다**. 달리 표현하면, 우리가 친밀성을 하나의 특별한 종류의 재화로 바라볼 때라야 우리는 문화적·상징적 형식들이 그러한 웰빙 영역에 접근할 수 있게 해주는지를 탐구할 수 있다.

이 명제는 지배사회학sociology of domination의 지배적 패러다임과 배치된다. 그 패러다임은 일반적으로 경쟁이 벌어지는 장의 맥락에서 다양한 형태의 자본을 다루고, 가족과 친밀성을 그 자체로 재화로 접근하는 것에 당황스러워한다. 이를테면 부르디외의 사회적 재생산 이론은 가족을 궁극적으로는 사회구조에 종속되는 하나의 제도로 접근한다.[55] 그러한 이론에서 가족은 어린 시절에 형성되는 눈에 보이지 않는 성향—이러한 성향은 후일 서로 경쟁하는 사회적 투쟁의 장들에서 실제적 선택지로 전환된다—을 심어주는 제도이다. 그러나 마이클 월저Michael Walzer가 설득력 있게 제시했듯이, 정의justice 이론은 각각의 생활영역이 갖는 가치를 설명(하고 존중)해야 한다.[56] 마이클 러스틴Michael Rustin이 우리는 '웰빙'을 사회적 권리의 범주에 포함시킨다고 주장할 때, 그는 동일한 전제에 입각하여 작업한다. 러스틴에 따르면, 인간의 가치가 점점 더 복잡해지고 다양해지면서 자기 개발personal development의 필요성이 나란히 증가하고 있다. 자기 개발은 "사람들이 친족관계나 우정을 통해, 교육을 통해, 일과 문화를 통해 추구하는 목표 중 하나"가 된다.[57] 러스틴은 정신 발달과 정신적 만족이 공적 제도에 중요할 수 있고 또 중요할 것이기 때문에 정신분석학이 그것 나름의 가치 기준을 가진 하나의 '정의의 영역'으로 자리매김되어 사람들이 자신들의 좋은 삶을 정의하는 데 도움을 주어야 한다고 주장한다. 이러한 점에서 우리는 친밀성을 더 큰 사회경제적 구조에 도움이 되는 영역으로서뿐만 아니라 그 자체로 의미와 웰빙의 영역으로서도 탐구할 수 있다. 그런 다음에 친밀성이 '공정하게' 배분되는지를 묻는 것이 이치에 맞을 것이다.

우리가 가족과 친밀성을 자율적인 의미와 행위의 영역으로 접근한다면, 우리는 가족과 친밀성을 **도덕적 재화**를 제공하기 위한 제도들로 분석할 수 있다. 이 도덕적 재화에서 중요한 것이 자아와 웰빙의 내용이다.[58] 다시 말해 우리가 부르디외의 모델을 뒤집어 한 사람의 직업적 아비투스가 그가 특정 형태의 에우다이모니아eudaimonia—행복과 웰빙—에 도달하는 것을 어떻게 돕는지를 탐구한다면, 우리는 여타 형태의 재화처럼 친밀성이 어떻게 사회적으로 분배되고 할당되는지를 탐구할 수 있다. 나는 이것이 바로 앤서니 기든스Anthony Giddens가 (자아실현, 친밀성, 좋은 삶 일반과 같은 문제들을 포함하는) '생활 정치life politics'가 종래의 사회적 분열을 재구조화한다고 주장할 때 염두에 두고 있는 것이라고 생각한다. 그는 이렇게 말한다. "계급 분할과 여타 근본적인 불평등 분할선들—이를테면 젠더나 민족성과 관련된 분할선들—은 자아실현과 권한 부여의 형태들에 대한 차별적 접근과 관련하여 얼마간 **정의될** 수 있다. …… 우리는 근대성이 **차이**, **배제**, **주변화**를 만들어낸다는 것을 잊지 말아야 한다."[59] 기든스가 맞다면, 우리는 친밀성과 같은 웰빙 영역에서 포함과 배제의 '메커니즘'이 어떻게 작동하는지를 탐구해야 한다. 웰빙과 친밀성 같은 (도덕적) 재화로부터 어떻게 배제가 이루어지는가? 내가 이제 주장하는 것처럼, 치료요법의 언어는 계급구조와 새로운 남성성 간을 중재함으로써 그러한 배제를 만들어내는 데서 중요한 역할을 한다.

아래의 사례는 우리가 여기서 내가 말하고자 하는 바를 예증하기 시작하는 데 도움이 될 수 있다. 나타샤Natasha는 미국의 일류 대학에서 영문학 박사 학위를 취득한 32세의 전문 편집인이다. 그녀는 대학에서 철학을 가르치는 선생과 결혼한 지 4년이 되었다. 그녀는 지난 11년 동안 간헐적으로 치료요법 처치를 받아왔다.

면접자: 당신은 부정적인 감정을 가지고 있나요?

(침묵)

면접자: 대답하고 싶지 않으면 안 해도 돼요.

나타샤: 음, 내가 그걸 말해야 하는 건지 잘 모르네요.

면접자: 그건 전적으로 당신에게 달려 있어요.

나타샤: 음. …… 나는 질투해요. 아주 많이 질투해요. 그리고 난 그게 어디

서 오는지 알아요. 그건 기본적으로 아버지가 다른 여자 때문에 어머니를 떠났고, 내게 남자를 믿지 말라고 거듭 말했던 어머니와 함께 자란 데서 와요.

면접자: 그것이 남편과의 관계에 어떤 영향을 미치나요?

나타샤: 예, 그래요. 나는 질투심이 많아지기도 하고, 소유욕이 강해지기도 하고, 다른 여자들에게 실제로 위협을 느끼기도 해요. 여느 날처럼 우리는 친구들과 저녁을 먹고 있었는데, 내 친구 중 한 명이 래리Larry[그녀의 남편]에게 인도에 가봤냐고 물었어요. 그래서 래리는 가봤다고 말했지만, 그는 그것에 대해 말하고 싶어 하지 않았어요. 왜냐면 그는 그곳에 한 여자친구하고 갔었고, 그것에 대해 말하는 것이 저를 화나게 할 것이라는 걸 알고 있었기 때문이죠. 그래서 그는 그것에 대해 말하고 싶어하지 않았지만, 내 친구는 내가 그녀에게 이렇게 말할 때까지 그에게 계속해서 물어봤어요. "내 남편이 말하고 싶어 하지 않잖아. 내 남편은 거기에 여자친구하고 있었고, 그게 나를 화나게 해." 래리와 나는 그 문제로 얼마간 홍역을 치렀어요. ……

면접자: 그 문제를 해결하려고 어떤 조치를 취했었나요?

나타샤: 네. …… 그냥 얘기만 했어요. 우린 정말 오랫동안 그것에 대해 얘기했어요. 우리 둘 다 우리 자신에 대해 어느 정도 잘 알고 있어요. 우리 둘 다 정신분석학과 치료요법에 아주 관심이 많아요. 그래서 우리는 그것에 대해 얘기하고 또 얘기하고 분석했죠. 그러니까 그 조치라는 게 그냥 그것에 대해 얘기하고 그걸 이해하고 그가 나를 사랑한다고, 그리고 다른 여자 때문에 나를 떠나지 않겠다고 거듭해서 내게 말하는 거였어요. 그리고 나는 우리가 우리의 감정에 대해 얘기하고 그 감정을 진정으로 이해할 수 있다는 사실 덕분에 우리가 그걸 극복했다고 생각해요.

이 고학력 부부는 감정 역량(심리학자들이 감정 지능이라고 부르는 것), 다시 말해 자기 인식 능력—구체적으로 말하면, 자신의 감정을 식별하고 그 감정에 이름을 붙이고, 그 감정에 대해 이야기하고 서로의 입장에 공감하고 문제에 대한 해결책을 찾는 능력—을 보여준다. 이 남자와 여자가 그러한 감정적·언어적 관행을 드러내는 것은 우연이 아니다. 둘 다 언어가 자신의 직업적 수행에 결정적이고 자기 인식이 상징 자본으로 전환될 수 있는 분야에서 박사학위를 받았다. 그러한 스킬들은 그들의 문화 자본과 밀접하게 뒤얽혀 있다. 둘 다 자기표현이 중요하고 자아 계발과 진정성이 보상받는 분야에서 박사 학위를 받았다. 치료요법 언어와 이 부부의 감정 지능이 '실질적인' 문화적 자원인 까닭은, 그 부부가 자신들의 감정 문제의 '진짜' 본질을 이해하기 때문이 아니라 공통의 문화적 아비투스를 이용할 수 있기 때문이며, 거기서 언어는 문제를 해결하고 내면의 자아를 표현하기 위한 도구로 간주된다. 그들은 다시 그 도구를 이용하여 곤란한 감정들을 이해할 수 있고, 언어적 친밀성과 자기계발 서사를 불러냄으로써 그 감정들을 '해소'한다. 그들은 다시 그 서사를 공유하고 이용하여 자신들의 친밀감을 증진시킨다. 분명히 그들은 둘 다 작업장에서 친밀감의 영역으로 옮길 수 있는, 그리고 그 반대도 가능한 단일한 아비투스를 이용하고 있다. 더 나아가, 그리고 어쩌면 가장 눈에 띄는 것으로, 앞의 장들에서 논의된 바와 같이, 이 아비투스가 젠더 정체성을 해체한다. 인용한 발췌문에서 분명히 알 수 있듯이, 이 여성과 그녀의 남편은 비슷한 언어적·감정적 능력을 드러낸다. 그들은 공통의 감정 모델을 가지고 있다. 남자는 그 여성 못지않게 공감과 배려심을 보여주고, 자신의 감정과 그녀의 감정에 대해 성찰적으로 사고하며, 그 감정들을 전체 이성적 도식 속에서 처리한다.

이처럼 감정 지능이 (IQ와 동일한 방식으로) 진정으로 긍정적인 효과를 가질 수 있는 까닭은 감정 지능이 본질적으로 긍정적인 측면을 지녔기 때문이 아니라 감정 지능이 후기 근대세계에서 친밀한 관계의 조건에 아주 잘 적응된 감정 역량의 한 형태이기 때문이다. (이런 점에서 부르디외의 문화적 역량과 달리 감정 지능은 전적으로 임의적인 것이 아니다.) 여성이 노동시장에 진입함에 따라, 그리고 평등 규범이 점차 결혼생활에 침투함에 따라, 결혼생활은 점점 더 개인화되어, 별개의 두 전기傳記가 만나는 지점이 되었다. 그 결과 파트너 간의 기능적 협력과 소통의 필요성이 증가해 왔다. 게다가 치료요법적 이상은 모든 욕구와 감정을 공유하라는 훈령을 점점 더 많이 내리며, 그 결과 협력은 일상 업무의 수준과 감정적·언어적 표출 수준에서 모두 이루어져야 한다. 치료요법적 아비투스를 지닌 남자들 — 신남성 — 은 이러한 새로운 조건들 안에서 성공적으로 항해할 가능성이 가장 크다. 이러한 새로운 조건과 심리학적 문화의 만연은 2001년에 미국에서 실시한 한 여론조사에서 20대 여성의 80%가 왜 "자신의 감정에 대해 말할 수 있는 남편을 가지는 것"이 "호화스러운 삶을 살 수 있게 해주는 남편을 가지는 것"보다 더 중요하다고 생각했는지를 설명해 줄 수 있을 것이다.[60]

또 다른 인터뷰 응답자인 셔우드Sherwood의 사례를 통해 이를 좀 더 예증해 보기로 하자. 그는 27세의 인사 관리자인데, 자신의 업무 특성을 다음과 같이 설명한다.

> 셔우드: 내 업무에서는 소통이 매우 중요합니다.
>
> 면접자: 왜 그렇게 중요한가요?
>
> 셔우드: 우리는 사람들에 대한 가정하에서 일하고 소통할 수 있어야 해요. 우리는 다른 사람들의 생각을 더 명확하게 파악하려고 해요. 그럼 한 가지 예를 들어볼게요. 그러니까 내가 약혼자를 대신해서 결정을 내릴 일이 있다면, 나는 내가 생각하는 그녀의 입장을 그녀에게 투영해 보죠. 나는 내가 과거로부터 알고 있는 그녀의 생각에 기반해서 판단

하려고 해요. 많은 잘못된 결정이 다른 사람들이 무엇을 생각하고 있는지를 이해하지 못하거나 그들의 태도가 무엇인지를 알지 못하기 때문에 일어난다는 것은 당신도 잘 알잖아요.

여기서 셔우드는 치료요법적 '소통' 에토스를 직장에서 여자친구와의 관계로, 또는 여자친구와의 관계에서 직장으로 이전시키는 데 아무런 문제도 느끼지 않는다. 이는 치료요법적 언어와 '소통' 모델이 사적 영역과 공적 영역 모두에서 감정, 사고, 행위를 인도하는 하나의 아비투스이며, 하나의 영역에서 다른 영역으로 이전될 수 있다는 것을 의미한다. 한 자기계발서는 다음과 같이 표현한다. "조직이 사람을 효과적으로 다룰 수 있는 직원을 중요시하기 시작한 것은 최근의 일이다. 그 스킬을 배울 수 있는 가장 좋은 장소가 바로 당신의 친밀한 관계이다."[61] 같은 이유에서 기업 스킬들도 친밀한 관계에 기여할 수 있다. "대화 통제[즉, 소통]가 우리가 하는 모든 것에서 중심적인 위치를 차지하기 때문에, 우리는 대화 통제를 통해 직장 생활에서뿐만 아니라 우리의 가족과 함께하는 집에서도 그리고 친구들과 함께하는 사회적 관계에서도 이득을 볼 수 있다."[62] 우리는 여기서 사람 중심적인 연결주의적 자본주의 경제 – 이 연결자본주의는 소통을 통해 끊임없이 협상하고 합의를 이룰 것을 요구한다 – 가 어떻게 낭만적·가정적 유대에서 이용되는 형태의 감정 역량을 틀 짓고 인도하는지를 분명하게 목격한다.

한 가지 사례를 더 들어보자. 나의 인터뷰 응답자의 한 사람으로 34세의 국세 투자 은행가인 크리스천Christian이 내게 자신이 "아내와 많은 이야기를 한다"고 말한 후에, 나는 그에게 그들이 "보통 무엇에 대해 이야기하는지"를 물었다. 그의 대답은 매우 계몽적이다.

크리스천: 내 아내는 "누군가가 오늘 직장에서 이런 말을 하던데"라거나

"오늘 직장에서 이런 일이 있었는데, 당신은 어떻게 생각해?"라는 말을 꺼내요. 그리고 그 대화의 유용성은 아무런 걱정을 하지 않아도 되는 어떤 사람으로부터 추가적인 관점을 얻을 수 있다는 거죠. 당신도 알다시피, 아마도 그녀는 직장 동료에게는 그 말을 어떻게 해석해야 할지 묻고 싶어 하지 않을 겁니다. 왜냐면 그 사람은 직장 동료이고 신뢰할 수 있는 사람이 아니기 때문이죠. 아내가 나에게 물어보는 경우도 있고, 그 반대인 경우도 있죠.

면접자: 그럼 문제를 해결하는 데 서로 도움을 주나요?

크리스천: 네, 항상요.

여기서 가정 내 소통은 몇 가지 중요한 기능을 수행한다. 그것은 그 남자의 아내가 직장에서 더 나은 성과를 거두는 것에 일조한다. 왜냐하면, 그가 제시하듯이, 그런 종류의 대화는 한 사람이 자신의 조치를 계획하는 데 도움을 준다는 점에서 '유용하기' 때문이다. 더 나아가 그런 대화는 직장에서의 성과와 관련된 불안과 불확실성을 완화하는 데 도움을 줄 수 있기 때문에 직장에서 더 나은 성과를 거두는 데에도 도움을 줄 수 있다. 그러나 가장 흥미로운 것은 아마도 그러한 종류의 대화가 가정과 직장이 연속되어 있다는 느낌을 제공한다는 것이다. 어떤 행동을 취하는 것이 승진에 유리할지를 파트너와 공유하는 것, 즉 관리자의 아리송한 단서를 파트너와 함께 해독하는 것은 한 사람이 직장에서 더 전략적이 되는 데뿐만 아니라 가정 내 관계의 틀 안에서 더 친밀해지고 신뢰하게 되는 데에도 도움이 될 수 있다. 분명히 여기서 '소통'의 관행은 표출적이고 도구적이며, 감정적이고 합리적이다.

이처럼 치료요법 에토스는 일의 영역과 친밀성 영역 간의 문화적 경계를 흐리게 하는 데 기여해 왔다. 그것은 대화 스킬과 감정 스킬을 작업장에서 이용할 수 있는 친밀성 스킬에서도 중요한 것으로 만든다. 그리고 반대로 치료요법 에토스는 미국 기업에서 일하는 사람들이 일반적으로 사용하는 인간관계 스킬을 그들이 파트너와 함께 사용할 수 있는 스킬로 만든다. 중간계급의 가정 영역과 작업장은 서로 대립되는 것이기는커녕 성찰적이고 소통적인 자아의 계발이라는 공통의 요소를 통해 서로 밀접하게 연결되어 있고, 이는 다시 젠더 역할과 젠더 정체성의 구분을 흐리게 하는 경향이 있다.[63] 나는 이를 예증하기 위해 샤론Sharon의 사례를 인용하고자 한다. 샤론은 독신 여성으로 문학 석사 학위를 소지하고 있는 28세의 고등학교 교사이다.

> 면접자: 당신이 어떤 남자가 치료요법 처치를 받는다는 것을 알게 될 경우, 그것이 그를 더 매력적이게 만드나요, 아니면 덜 매력적이게 만드나요?
>
> 샤론: 더! 확실히 더 매력적이게 만들죠!
>
> 면접자: 왜 그런지 말해줄 수 있나요?
>
> 샤론: 왜냐면 그것은 그가 자신의 여성적인 측면과 교류하고 있다는 것을 뜻하기 때문이죠. 그것은 그가 이야기하기를 좋아하고 감정적이고 이해심이 많다는 것을 의미하죠.

심리학자들이 부호화하고 가시화하고 정당화한 성찰적이고 소통적인 자아는 남성 정체성과 여성의 정체성을 하나의 공통적인 양성적 자아 모델 속으로 수렴시켜 왔다. 이 모델은 가정과 직장에서 번갈아가며 사용된다.

마지막 사례는 마케팅 이사로 일하는 33세의 매니저 폴Paul의 경우이다.

> 면접자: 당신을 화나게 하는 것들이 있나요?

폴: 음, 여기에 전체 퍼즐의 또 다른 한 조각이 있어요. 나 또한 우울증 때문에 몇 가지 문제가 있었어요. 마지막으로 심각한 문제를 겪은 것은 내가 스무 살쯤 되었을 때였어요. 음, 그러니까 그냥 …… 심신이 쇠약해지고 있다는 암담한 기분이 한 차례씩 몰려왔고 일을 할 수 없었어요. 그다음에는 일을 할 수 없다는 것 때문에 좌절하고. ……

면접자: [인터뷰 후반에] 그 우울증을 어떻게 극복했나요?

폴: 난 그냥 기분이 나빠지기 시작했어요. 그냥 우울해지기 시작했어요. 그리고 음 …… 나는 잠을 많이 자기 시작했어요. 항상 자고 있었어요. 항상 불안했죠. 학교 공부를 하나도 할 수 없었어요. 스스로 친구들 대부분과도 만남을 끊었어요. 그리고 음 …… 어느 날 저녁에 모든 게 끝났어요. 나는 분출할 수 있었고, 실제로 분출했어요. 가족들과 함께한 어느 날 저녁 시간에 실제로 분출했어요. 거기서 그동안 있었던 모든 것을 가족에게 말했어요.

면접자: 가족들은 몰랐었군요.

폴: 글쎄요. 그들은 무슨 일이 일어나고 있다는 것을 알고 있었어요. 그러나 나는 그것에 대해 그들과 실제로 이야기한 적이 없었어요. 그래서 나는 그들에게 그것을 털어놓았죠. 그리고 어떤 일이 일어나고 있었다는 것을 인정할 수 있다는 게 좋았어요. 그다음에 학교에서의 나의 태도가 얼마간 미묘하게 바뀌었어요.

면접자: 가족과의 대화가 그렇게 만들었군요.

폴: 그러니까 그건 나에게 무슨 일이 일어나고 있었는지를 자세히 말할 기회였어요. 나는 그때까지 실제로 그렇게 하지 못했어요. 그리고 그걸 말하고 나니까 문제가 뭔지 알 수 있게 되더라고요. 그리고 또한 그 우울증의 본질은 내게 뭔가 실제로 문제가 있고 그것 때문에 모든 사람이 나를 일종의 버림받은 사람으로 인식하고 있다고 내가 느낀다는 데

있었어요. 그래서 가족에게 그 모든 것을 털어놓을 수 있다는 것, 그리고 가족들은 내 말을 듣고 아무 말도 하지 않고 내게 사랑과 지지를 표했다는 것, 그게 나한테는 문제를 파악하는 데 중요했어요. 그래서 나는 그건 내가 해결해야 할 문제이지만 실제로는 나랑 상관없는 일이라고 생각할 수 있게 되었어요.

면접자: 그 대화를 어디서 했는지 기억할 수 있나요?

폴: 아버지와 여동생과 함께 주방에 앉아서 했던 걸로 기억해요. 그리고 정확히 기억할 수는 없지만, 그들이 나를 사랑한다고 말했던 것과 그들이 매우 따뜻했다는 건 기억해요. …… 내가 신뢰하는, 그리고 나를 이해한다고 느끼는 누군가와 이야기하는 것, 그러니까 나를 화나게 하는 어떤 것에 대해 이야기하는 것은 내가 그걸 표현할 수 있게 해줘요. (잘 들리지 않음) 내가 느끼는 것을 누군가에게 이야기하고 말로 설명하려고 노력하는 것이 내가 한 말에 대해 그들이 말하는 것을 듣는 것보다 훨씬 더 중요해요. 나는 그게 결정적이라고 생각해요. 왜냐면 그러한 방식의 이해가 바로 사람들을 "그럼 그것에 대처하기 위해 다음에 무엇을 할 수 있을까?"라는 방향으로 이끌기 때문이죠. 왜냐하면 내가 믿고 사랑하는 사람들이 돌아와서 일반적으로 이렇게 말할 것이기 때문이죠. "난 널 이해해. 그리고 그건 문제될 게 없고 난 널 사랑해. 너에겐 아무런 문제가 없어."

면접자: 당신은 당신에게 영향을 준 것이 사랑받고 있고 이해받고 있다고 느끼는 감성이라고 말하는 건가요?

폴: 예, 맞아요. 그래서 음, 지금 막 여자친구하고 있었던 일이 생각나네요. …… 그녀가 내게 화를 낼 때나 우리가 소통하고 있지 않았을 때면 우리 사이에서 일이 잘 풀리지 않는 경우들이 있었어요. 그러면 나는 보통 샌프란시스코에 사는 친구와 얘기하곤 했어요. 아니면 어머니와

> 얘기하거나 여동생과 얘기할 거예요. 그리고 당신도 알다시피, 나는 우리 사이에서 무엇이 나를 화나게 하는지를 말로 설명할 때면, 그냥 다 털어놓는 식으로 그렇게 해요. 그러다 보면 알게 되죠. 그들 중 한 명에게 그 일에 대해 분명하게 말할 때 처음으로 깨닫게 되죠. 그렇게 함으로써 얼마간 나 자신을 이해할 수 있게 되죠. 내 생각이 맞는지는 모르지만, 이제 나는 그 문제를 둘러싼 어떤 구조를 그릴 수 있어요. 그리고 일반적으로 이렇게 말하죠. "너도 알잖아, 나는 너를 사랑해" 뭐 그런 거. 내 여자친구 리사Lisa가 내게 꼭 그렇게 말하지는 않지만, 그녀도 그런 식으로 표현하죠. 그리고 나의 바깥 저기에 나를 지지해 주는 사람들이 있다는 것을 아는 것만으로도 내가 강해지고 있다는 것이 느껴지죠.

비록 그가 중상계급 가정 출신이지만, 우울증은 이 응답자를 학교의 트랙에서 이탈하게 하여 하강이동의 소용돌이 속에 빠지게 할 수도 있었다. 그의 가족은 지지와 대화를 통해 그가 어려움에 대처할 수 있게 해주었다. 그가 정말로 자신이 겪는 고통의 '진정하고' '실제적인' 본성과 원인을 이해했는지는 별개의 문제이다. 여기서 중요한 것은, 그가 자신의 객관적인 환경과 관련된 무엇인가를 변화시켰거나 자신이 겪는 우울증의 진정한 실제적 원인을 발견했기 때문이 아니라, 그가 소통을 통해 곤란한 감정을 다른 사람들에게 드러내어 자신을 이해하는 능력을 중시하는 치료요법적 자아 모델을 기꺼이 받아들이고 있었기 때문에, 그리고 훨씬 더 결정적으로는 그의 사회적 환경이 동일한 아비투스를 공유하고 있었기 때문에 그가 자신의 어려움을 극복할 수 있었다는 것이다. 이 남자와 그의 가족은 (계급에 기초한) 감정적·언어적 치료요법적 아비투스를 통해 사회적 지지를 창출하고 형성할 수 있었다. 이 사례는 관리인의 딸에 대한 프로이트의 논점—감정적 전략이 (하강 또는 상승) 이동에 결정적일 수 있다는 것—을 예증하지만, 여기서 치료요법적 전망이 그러한 감정적 전략을 틀 짓는 데서 결정적인 역할을 한다는 것은 분명하다.

이제 더 중요한 논점을 개진해 보자. 이들 인터뷰가 시사하듯이, 치료요법적인 문화 프레임을 이용하는 데서, 중중계급과 중상계급의 남성들은 '여성적인' 자아 모델과 더 잘 양립할 수 있는 새로운 형태의 남성성에 접근할 수 있다. 이 새로운 형태의 남성성은 큰 세력을 떨치고 있는 치료요법 에토스에 의해 유일하게 건강한 형태의 남성성으로 간주되기 때문에 점점 더 지배적이 되고 있다. 프랭크 푸레디가 주장하듯이, 헤게모니적 남성성—말이 없고 완고하고 자립적이고 비감정적인 남성성—이 이제 병리화되고 있으며, 정신건강 종사자들은 오히려 여성적인 남성성을 더 선호하고 있다(즉, 더 건강한 것으로 간주한다). "감정적으로 올바른 고결한 행동의 위계에 따르면, 여성적인 여성이 최고 높은 자리에 올라 있다. 여성적인 남성은 남성적인 여성을 제치고 두 번째 자리를 차지하고 있다. 그리고 물론 남성적인 마초적 남성이 맨 마지막에 위치한다. 이 위계가 많은 건강 전문가의 견해를 특징짓고 있다."[64] 나는 이 위계 또한 남성성의 형태에 대한 사회적 위계를 반영한다고 주장해 왔다. 왜냐하면 비마초적 남성들은 대학 교육을 받고 지식과 문화적 상징을 다루는 유형의 노동에 참여할 가능성이 훨씬 더 크기 때문이다. 실제로 ≪뉴욕타임스≫의 칼럼니스트이자 남성과 여성의 차이를 예리하게 통찰하는 논평자인 모린 다우드가 지적하듯이, "이제 남성들은 이기고 싶다면 스스로를 여성화해야만 한다."[65] 앞서 논의한 인터뷰들과 시카고 지역에서 청소원으로 고용된 56세의 아프리카계 미국인 노동계급 남성인 조지George와의 인터뷰를 비교해 보면, 이 점은 더욱 분명해진다.

조지: 나는 몇 년 전에 결혼해서 의붓아들이 하나 있는데, 그 애는 자신이

외동아들이라는 것을 알고 있었어. 그리고 그 애 엄마는 내 어머니와 비교하면 완전히 다른 종자였어. 나의 첫 번째 아내와 비교하더라도, 두 번째 아내는 아이들을 키우는 방식이 너무 달랐지. 내 말은 그녀가 내가 허락하지 않았던 많은 다른 일을 그 애가 그냥 하게 놔둔다는 거야. 이를테면 밤새도록 전화하는 거 같은 짓 말이야. 그런 식으로 그녀와 8년을 살고 나니 나는 집에 전화 놓은 일에 대해선 전혀 관심도 가지지 않았어. 왜냐면 밤새 전화벨이 울릴 거니까. 난 그건 생각하기도 싫어.

면접자: 전화기가 당신을 괴롭혔나요?

조지: 응, 그래.

면접자: 그 애한테 말했나요?

조지: 아, 그럼. 말하고말고. 그 애한테도 얘기했고 아내한테도 얘기했어.

면접자: 뭐라고 했어요?

조지: 글쎄, 모르겠네. 글쎄, 나는 …… 나는 …… 어 …… 나는 가끔 못돼 먹어질 때가 있어. 나는 아내에게 몇 번이나 말했어. 그래서 우리가 함께 살았던 8년 동안 우리는 밤새 울리는 전화벨 때문에 항상 문제가 있었지. 내가 그 애를 만났을 때 그 애가 15살이었는데 그 애도 나이가 들었고, 그래서 우리는 2년 전에 헤어졌어. 그땐 그 애도 다 큰 남자였으니까.

면접자: 아내와 헤어졌다고요?

조지: 뭐 그랬지. 우린 헤어졌어. 난, 난, 난 …… 그런 사람이야. 그래서 – 그 과정에서 – 그게 우리가 헤어진 가장 큰 이유 중 하나야. 그리고 그녀는 물론 그 애가 어떤 잘못도 하지 않는 애라고 생각하는 사람이었고. 그래서, 어, 그래서 그 애는 외동아이라는 구실로 자기 하고 싶은 대로 다 했지. 내 말은, 요즘 같은 때에는 여자를 만날 때 애가 있으면

반쯤은 위험하다는 거야. 그 애들이 10대이고, 그 애들이랑 다투기라도 하면 그렇다는 거지. 무슨 말인지 알지? 내 말은, 내 동료 중에도 10대 아이들이 있는 여자와 관계를 가지는 사람이 여럿 있는데, 그건 절절하지 않다는 거야.

면접자: 그것 때문에 당신의 결혼생활이 결딴난 건가요?

조지: 음, 글쎄, 음, 글쎄. 그게 다 그 애의 잘못은 아니었지. 그건 문제의 일부였어.

면접자: 말다툼을 했었나요?

조지: 오, 그래. 분명히 내가 그 애한테 소리쳤어. 그 애한테 말야. 나는 아내한테도 소리쳤어. 당신은 이해할 수 없을 수 없을지 모르지만, 내가 말했듯이 나도 고함칠 만했어. 그러나 결국에는 난 모든 걸 다 떨쳐버렸고, 내 일을 계속하고 있어. 난 누구에게도 원한을 품지 않아. 무슨 말인지 알지?

난 잠자리에 드는 게 싫어—아침에 일어나는 게 싫어—나는 아침에 일어나서 여자에게 화내는 게 싫어. 나는 자기 전에 모든 걸 수습하는 걸 좋아해. 당신, 내가 무슨 말을 하는지 알지? 우리는 온종일 싸울 수도 있지만, 서로에게 원한을 품고 화를 내는 것은 내가 피하고 싶어 하는 거야. 화해하는 것도 멋지지. 알잖아. 싸우고 나서 화해하는 것 말이야.

면접자: 어떻게 화해하나요?

조지: 음, 여러 가지 방법으로 하지. 우선 좋은 섹스 파트너가 있는 건 항상 좋은 일이야. 그건 항상 멋진 일이지. 난 싸우고 난 후 하는 섹스가 제일 즐거워. …… [인터뷰 후반에] 그리고 두 번째 [아내]도 나를 떠났어—내가 그녀를 떠난 게 아냐. 내가 그녀를 떠났다고 말한 적이 있지만, 내가 그녀를 떠난 게 아냐. 그녀가 나를 떠났어. 내가 어느 날 새벽 2

시에 일터에서 집으로 돌아와 보니까, 그녀는 가져가지 말아야 할 많은 물건을 가지고 떠났더라고. 그녀는 그것에 대해 나에게 아무 말도 하지 않았어. 그랬다면 나는 그녀에 말했을 거야. —

면접자: 그럼 그녀가 떠날 수도 있다는 것을 암시하는 어떤 말도 사전에 한 적이 없었나요?

조지: 전혀, 전혀 없었어.

면접자: 당신은 그녀가 떠났다는 것을 어떻게 설명할 수 있죠?

조지: 그 여자가 집을 나갔어. 그리고 그 여자는 그것에 대해 나에게 아무 말도 하지 않았어. 내가 생각할 수 있는 건 그것밖에 없어. [인터뷰 후반에] 그녀가 떠난 다음에는 — 내가 처음에 충격을 받고 난 다음에는 그녀가 떠난 것에 대해서는 크게 충격 받지 않았어. 내가 충격 받은 것은 — 그건 당신도 알다시피, 그녀가 한 짓 때문이지. 그게 다른 무엇보다도 더 나를 화나게 했지.

면접자: 그녀가 한 짓이라는 게 뭐죠?

조지: 글쎄, 어, 어, 당신이 알잖아. 어, 그녀가 앉아서 나에게 말을 하지 않는 거. 그녀가 내게 말할 수도 있었는데 말이야. 만약 그녀가 내게 말을 했더라면 — 만약 그녀가 "조지, 어, 어, 나는 이 상황에 만족하지 않아, 나 떠날 거야"라고 말했더라면 — 나는 훨씬 더 좋게 느꼈을 거야. 내게 똑바로 다가와서 말했더라면 좋았을 텐데. 왜냐면 그게 내가 — 내가 몇 번이나 그녀에게 나도 만족하지 않는다고 말한 방식이거든. 그리고, 어, 당신도 알다시피 — (침묵) —

면접자: 그럼 그녀는 당신에게 어떤 식으로 말했어요?

조지: 기억 안 나. 기억이 나지 않아. (침묵)

면접자: 그럼 그녀가 당신에게 말하지 않고 떠나서 어려운 건 뭔가요?

조지: 그건 내가 믿을 수 있는 여자는 거의 없다고 느끼게 만들었어. 아니

> 어느 누구도 믿지 못하게 만들었어. 왜냐면 일단 누군가와 매일 밤 함께 잤는데, 집에 돌아와 보니 그 사람이 갑자기 없어졌을 경우, 소름이 싹 끼치는 느낌이 들거든. 그건 "내가 당신을 내 집에 들어오게 했더니 당신이 지구에서의 나의 60년을 철저하게 파괴해 버린 거"나 마찬가지야. 그건 그녀가 떠난 것처럼 떠나는 것과 같은 거야 — 내가 일 끝내고 집에 왔더니 누군가가 집을 부수고 들어와서 집에 있던 것들을 다 가져가버린 거나 같은 거야. 그건 내가 열심히 일해서 마련해 놓은 것들인데. 당신은 내가 무슨 말 하는지 알지? 그럴 땐 정말 참담한 느낌이 들어. 당신은 알지? 내가 병원에서 화환을 치우고 있는데, 그들이 내게 내 [첫 번째] 아내가 자동차 사고로 죽었다고 말했어 — 이것들이 내 인생을 통틀어 내게 가장 큰 충격을 준 사건이야.

이 노동계급 남성은 노동계급의 결혼생활이 대혼란의 가능성을 내포하는 까닭은 노동계급의 삶이 끊임없이 객관적인 곤경에 처하기 때문일 뿐만 아니라 노동계급의 남성과 여성이 자신들의 사적 자아를 조직화하고 서로 다른 전기에 공통의 프로젝트를 접합시킬 명확한 공통의 언어를 가지고 있지 않기 때문이기도 하다는 사실을 극적인 방식으로 예증한다. 이 남자는 자신들이 서로에게 자주 소리를 질렀고 섹스를 함으로써 자신들의 갈등을 해결했다고 언급한다는 점에 주목하라. 이 두 행위 양식은 치료요법적인 언어적 소통의 교의와 정반대이다. 다시 말해 그들은 자신들의 관계와 갈등을 관리하기 위해 일상생활의 틀에서 이용할 수 있는 공통의 문화적 자원을 결여하고 있다. 이 노동계급의 남자는 자신의 고통을 설명할 수 있는 해석 프레임을 가지고 있지 않기 때문에 그 고통이 여전히 무의미하게 남아 있다는 점에서 더더욱 참을 수 없는 고통의 경험을 여전히 지니고 있었다. 그는 그 사건에 의미를 부여할 수 있는 서사를 쉽게 손에 넣을 수도 없었고, 그 사건을 처리하거나 흡수하거나 극복하는 심리적 목표를 달성하기 위한 '작업'을 수행할 수도 없었다.

내가 (또는 다른 연구자가) 인터뷰한 노동계급 사람들은 중간계급 성원들보다 침묵에 대해, 즉 소통을 하고 만족스러운 관계를 맺는 데서 겪는 어려움에 대해 훨씬 더 불평한다. 노동계급의 삶에 치료요법적인 감정적·언어적 스킬과 아비투스가 부재하는 까닭은 그러한 스킬과 아비투스가 노동계급 남성의 작업장에서 덜 통용되기 때문이다. 영국 사회학자 폴 윌리스Paul Willis가 작업 현장에 대한 자신의 민족지적 연구에서 보여주었듯이, 블루칼라 노동은 용감함, 강인함, 그리고 말에 대한 불신의 에토스를 동원한다.[66] 인간관계 스킬—즉, 한 사람의 감정에 주의를 기울이고 다른 사람들과 협상하는 능력—은 노동계급 남성의 노동 영역과 별 관련성이 없다. 감정적 기질이 자신들의 업무 수행에 중요한 역할을 하는 중간계급 남성과 달리 노동계급 남성은 헤게모니적 남성성의 모델에 순응할 가능성이 더 크다. 보다 넓게 보면, 이러한 차이는 노동계급 개인주의와 중간계급 개인주의 간의 차이를 반영하는데, 전자는 '거친' 개인주의 또는 '완고한' 개인주의로 묘사될 수 있고, 후자는 '부드러운' 개인주의와 '심리학적' 개인주의로 묘사될 수 있다.[67] 노동계급의 남성과 여성에게서 나타나는 개인주의는 역경과 투쟁하는 서사로 특징지어진다. 그것은 불신, 완고함, 체력을 강조하는 거친 개인주의이다. 이와는 대조적으로 중중계급과 중상계급의 개인주의는 '부드러운 심리학화된 개인주의'로 특징지을 수 있는데, 이것은 심리학적 자아의 감정, 욕구, 욕망뿐만 아니라 독특함, 개성, 자신감도 강조한다. 이러한 차이는 일상적인 형태의 웰빙에 접근하는 기회에서 나타나는 불평등으로 간주되어야 한다. 역사학자 스테파니 쿤츠는 사회학자 프랭크 퍼스텐버그Frank Furstenberg를 인용하여 "결혼은 사치스러운 소비 아이템이 되어온 것 같고, 결혼을 해내는 수단을 가진 사람들만이 이용할 수 있다"라고 말한다.[68] 퍼스텐버그와 쿤츠는 '물질적인 수단'을 의미했을지도 모르지만, 또한 분명히 결혼은 "결혼을 해내기" 위한 **문화적** 수단을 요구하기 때문에 하나의 사치품이다.

결론

나는 마지막 사례를 통해 앞에서의 논의를 요약하고자 한다. 왜 흑인 남성과 여성이 백인 남성과 여성보다 훨씬 낮은 비율로 서로 결혼하는지를 설명하려고 노력하는 한 논문에서 아프리카계 미국인 가족을 전문으로 연구하는 두 사회학자는 자신들이 "흑인 남성의 냉정한 태도the cool pose of the Black male"라고 부르는 문제가 그 원인 중 하나일 수 있다고 본다. 그들의 말을 옮겨놓으면, "이 용어는 자신을 감정이 없고 두려움이 없는 냉담한 존재로 드러내는 능력을 지칭하며, 흑인 남성의 자존심, 품위, 자기 존중감을 지키면서 동시에 더 넓은 사회에 대한 냉담함, 화, 불신을 표현하는 기능을 한다. 비록 이 행동이 흑인 남성을 억압적인 사회에서 살아가는 고통으로부터 보호하는 데에는 기능적일 수 있지만, …… 흑인 여성과의 관계에서뿐만 아니라 다른 흑인 남성 및 백인 남성과의 관계에서도 역기능적일 수 있다."[69] 흑인 남성의 냉정한 태도는 앞서 제기한 논점, 즉 우리의 감정적 반응은 상충되는 요구 — 여기서는 자신의 품위 유지와 분노 표출의 필요성 간의 모순 — 를 하는 상황에 대한 간접적인 반응인 경우가 많다는 점을 예증한다. 그러한 태도는 또한 불공정한 사회로부터 자신을 보호하는 데서는 도움이 되는 것이 짝을 찾는 데서는 도움이 되지 않을 수도 있다는 것, 그리고 더 나아가서는 친밀성의 영역, 또는 신뢰에 기초하여 오래 지속되는 유대를 형성할 수 있는 능력이 불평등이 가시화될 수 있는 사회적 현장 중 하나라는 것도 예증한다. 마지막으로, 만약 우리가 그 남자들을 감정 지능의 척도에 따라 측정한다면, 우리는 그들이 의심할 바 없이 아주 형편없을 또 다른 차원을 도입하는 것이 될 것이다. 다시 말해 감정 지능을 분류 장치로 이용할 경우, 우리는 '냉정한 태도'를 가진 흑인 남성을 감정적으로 무지하고 무능한 사람으로 범주화하게 될 것이다. 따라서 감정 지능 관념은 그들의 사회적 역량 없음을 측정하는 또 다른 방법을 제공함으로써 노동계급 남성의 배제를 실제로 심화시킬 수 있다. 우리는 감정 지능 관념을 사용하고 채택함으로써 실제로는 우리의 제도들이 이미 역량으로 정의한 것을 '역량'으로 동어반복적으로 정의하고 있으며, 이미 특권 있는 사람들의 사회적 특권을 재확인하고 있다.

하지만 감정 역량 또는 감정 지능 관념은 특권 있는 사람들의 사회적 정체성이 미묘하지만 중요하게 변화해 왔음을 알려주는 것일 수도 있다. 새로운 감정 경제emotional economy에서 여성은 전통적으로 그들에게 할당된 역할보다 더 중요한 역할을 할 수 있다. 연결주의적 자본주의에서 여성은 그들로 하여금 사회적 장에서 새로운 다른 게임을 할 수 있게 해주는 스킬과 자본 형태들을 갖추고 있다. 마르크스 자신이 기분 나쁠 정도로 선견지명을 가지고 제시했듯이, "육체노동이 스킬과 힘든 활동을 덜 요구할수록, 다시 말해 근대 산업이 발달할수록 남성의 노동은 여성의 노동으로 더욱 대체된다."[70] 여기서의 요점은 우리가 현재의 남성 위계질서와 권력 분포를 부정하는 것이 아니라 오히려 감정의 문화적 범주들이 전통적인 사회적 위계의 모델을 점점 더 복잡하게 만들 가능성이 크다는 것을 시사한다는 것이다. 이 책 전반에 걸쳐 묘사된 감정적 양성성emotional androgyny을 향한 일반적인 추세는 여성이 감정 스킬을 가지고 사회 시장에서 경쟁할 수 있다는 사실과 그들이 전통적인 (남성) 계층화 사회학에 의해 불완전하게 설명되었던 형태의 재화에 접근할 수 있다는 사실을 지적한다. 실제로 사람들은 전통적으로 돈과 위세 같은 재화에 대한 접근 정도에 의해 분류되고 계층화되어 왔다. 하지만 감정사회학의 관점에서 볼 때, 우리는 또한 사람들이 행복 성취 재화eudaimonic goods, 즉 좋은 삶을 구성하는 무형의 재화, 다시 말해 악셀 호네트가 '인정recognition'이라고 부르는 것[71] — 호네트에 따르면, 이것은 사회공동체에서 성공적인 성원 자격을 획득하는 종석宗石이다 — 을 주고받을 수 있는 능력에 불평등하게 접근하고 있다고 말할 수 있다. 젠더와 감정의 사회학 앞에 놓여 있는 긴급한 과제 중 하나가 바로 새로운 형태의 불평등을 밝혀내기 위해 행복 성취 재화에 대해 남성과 여성이 갖는 차별적 지위를 탐구하는 것일 것이다.

제7장

결론: 문화 연구에서의 제도적 실용주의

> 다른 많은 영역에서와 마찬가지로 어떤 것이 원인이고 어떤 것이 결과인지를 판단하기는 쉽지 않다. 카피아(kapia)[다리의 중간]가 그 도시의 주민들을 현재의 모습으로 만들었을까, 아니면 반대로, 그것이 그 주민들의 심성과 관념에 따라 구상되어 그들의 욕구와 아비투스에 대응하기 위해 건설되었을까?
>
> _이보 안드리치Ivo Andric*

지적 질문은 자주 우리의 개인적인 삶을 괴롭히는 질문에서 비롯된다. 다른 사람들과 마찬가지로 나도 치료요법의 명백한 성공을 빈번히 목격했다. 하지만 책, 표현방식, 인기 있는 조언 문헌에서 '치료요법적인' 것을 접할 때, 나는 우리의 감정적 상상력과 경험을 몹시 압착해 온 진부한 언어들에 자주 충격을 받아왔다. 내가 이 책에서 주장해 왔듯이, 치료요법이라는 문화적 표현 양식이 도처에서 성공을 거둔 것은 사회적 유대에 관해 선험적으로 주어진 규범적·정치적인 비전에 기초하지 않은 설명이 요구되었기 때문이다. 그 대신에 나는 문화사회학과 감정사회학이 뒤엉킨 지형을 탐색함으로써 몇 가지 중요한 문화적·사회적 과정을 밝혀내고자 했다.

실제로 치료요법 담론은 20세기 내내, 그리고 어쩌면 보다 구체적으로는

20세기 후반부에 몇몇 주요한 사회적 변화를 이끌어온 문화적 도관이었다. 제일 먼저 지적할 변화는 현대 작업장과 가족에 관한 언어와 감정 규범이 문화적으로 부호화되었다는 것이다. 심리학자들은 역사적으로 일과 가정이라는 쌍둥이 영역을 부호화하는 사람들이었다. 그들은 이 두 영역의 상호작용 의례, 감정적 행동의 규칙, 언어적 상호작용의 모델을 규정하고 범주화해 왔다. 그러나 치료요법 언어는 또한 공적 영역과 사적 영역, 남성적인 것과 여성적인 것을 분리하고 규제하는 문화적 경계를 재편하여, 사적 자아를 공적으로 말하고 소비하는 하나의 서사로 만들어왔다. 심리학은 사생활을 공적 수행으로 바꾸어온 기법과 언어를 사적 자아에 주입함으로써, 두 젠더의 감정 문화 간의 차이를 모호하게 만들어왔다. 이것은 두 가지 주요한 방식으로 이루어졌다. 먼저 심리학은 언어적·감정적 '소통'을 젠더 중립적 사회성의 중심적인 구성요소의 하나로 만들어왔다. 그다음으로 심리학은 정신적 고통을 근대 자아 수행의 중심에 위치시켜 왔다. 이 부호화의 결과, 가정과 작업장을 관장하는 문화적 모델과 언어가 점점 더 한 곳으로 수렴되어, 한편에서는 자아를 더 이성적이고 전략적이게 만들었고, 다른 한편에서는 자아가 감정에 더 집중하게 만들었다. 이는 이해관계와 감정이 존재론적 범주나 자아를 이해하기 위한 이분법적 범주가 아니라는 것을 시사한다. 오히려 지금까지의 나의 분석은 심리학자들이 이 두 범주를 동시에 자아 속에 강력하게 문화적으로 부호화해 왔다는 것을 보여준다. 리더십 개념을 틀 짓는 데서 중요한 역할을 해온 경영이론은 감상, 대인관계, **그리고** 자기 이익을 생산성과 효율성이라는 경제적 언어의 중심에 정면으로 위치시켜 왔다. 이와 반대로 페미니즘의 영향과 중재를 통해 심리학은 공리주의와 절차적 형태의 말하기를 친밀한 관계에 접목시켜 왔다. 경제적 행위의 감정화와 친밀한 관계의 합리화는 전략적 자기 이익과 감정적 성찰성이 매끄럽게 서로 연결되는 형태의 자아를 만들어내 왔다. 새로운 사회성 모델을 제공함으로써 심리학적 자아의 전략적 요소와 감정적 요소를 가장 잘 종합해 온 문화 모델이 바로 소통 모델이다. 이 소통 모델은 20세기 사회성의 가장 중요한 에피스테메episteme와 형태를 출현시켰다. 치료요법적 소통의 이상은 감정통제, '중립적' 관점, 그리고 다른 사람의 말을 경청하고 그들과 공감하고 공정한 말하기 절차에 따라 관계를 지속할 수 있는 능력을 심어주는 것을 목적으로 한다.

이 모델은 다시 남성과 여성의 젠더 정체성이 작업장과 친밀한 관계 모두에서 양성적 정체성으로 수렴되고 있음을 말해준다. 치료요법 시대에 남성과 여성은 자기주장이라는 '남성적' 속성과 관계와 감정을 모니터하는 '여성적' 능력을 조화시킬 것을 요구받는다. 심리학이 키워낸 매우 감정적인 문화는 전통적인 젠더 정체성을 파괴하고 해체하여, 젠더 형성에 관한 훨씬 더 다양한 문화 모델 — 심지어는 여성의 자아와 여성의 관점에 보다 미묘하게 특권을 부여하는 모델까지 — 이 등장할 수 있게 해주었다. 이러한 해체는 다시 사회적 재생산 메커니즘의 중심에 자리하고 있던 분류체계와 관행에 영향을 미쳤다. 치료요법 담론은 적어도 두 가지 방식으로 새로운 형태의 불평등이 형성되는 데 크게 한몫해 왔다. 치료요법 담론은 작업장 내부에 새로운 형태의 역량을 공식적으로 인정하고, 내가 '도덕적 재화'라고 부르는 것에 대한 차별적 접근을 구조화한다. 도덕적 재화는 비경쟁적인 정의正義의 영역(가족, 우정, 사랑)과 관련되어 있다. 이 영역에서는 (웰빙과 같은) 무형의 재화가 성패를 좌우한다. 따라서 감정 역량은 작업장과 친밀한 관계의 영역 모두에서 사회적 재화에 접근하기 위한 새로운 형태의 자본일 수 있다.

이 책에서 수행한 분석은 문화와 문화변동에 관한 연구에 하나의 암묵적인 모델을 제공한다. 우리는 지도map라는 은유를 통해 문화가 어떻게 작용하는지에 대한 근본적인 개념적 모델을 포착할 수 있다. 문화처럼 지도도 풍경을 반영하거나 묘사하는 것이 아니다. 오히려 지도는 사회적 현실을 양식화된 방식(이를테면 은유, 서사, 규범적 모델)으로 표현하는 코드와 기호를 통해 도표화하며, 그 안에서 사람들이 자신의 위치를 파악하는 데 도움을 준다. 지도의 양식화된 기호와 상징은 사람들이 이를테면 서로 다른 종류의 풍경(이를테면 물, 산, 계곡)을 대략적으로 구분하는 것을 돕고, 사람들에게 전반적인 방향감각, 사람들이 가야 하는 곳, 그리고 훨씬 더 중요하게는 가야 하는 방향, 그리고 어쩌면 더 결정적으로 그곳으로 가는 방법—즉, 어떤 길을 따라가야 하는지—을 제공한다. 이처럼 문화적 지도는 우리가 도표화된 사회적 지형과 도표화되지 않는 사회적 지형 모두에서 자신의 위치를 파악하기 위해 이용하는 것이다. 문화는 우리가 사회적 지형을 구성하는 주요 '세력의 선들lines of force'을 감지하는 것을 도와주어 우리로 하여금 그 속에서 자신의 위치를 확인할 수 있게 해준다. 다시 말해 문화는 우리로 하여금 이용할 수 있는 서로 다른 '길들'을 감지하여 (그 지형을 추정하거나 그냥 그 지형에 친숙해짐으로써) 한 지점에서 다른 지점으로 나아가는 방법을 선택할 수 있게 해준다.[1] 따라서 문화는 단지 누군가의 사회 세계가 구성되는 방식을 감지하게 해줄 뿐만 아니라, 자신의 위치를 파악하는 데 이용하는 (즉, 서로 다른 가능한 길들 사이에서 선택하고 가던 길을 계속해서 따라가고 그 과정에서 발생하는 문제를 해결하는 데 도움을 주는) 인지적·실천적 도구를 제공해 주기도 한다. 나의 주된 주장은 치료요법이 선진 자본주의 경제를 구축한 대부분의 나라에서 새로운 서비스 계급의 공통어lingua franca가 되어왔다는 것이다. 왜냐하면 치료요법이 현대 정치에서 그 나라의 삶의 행동을 관리하기 위한 인지적·감정적인 '도구 키트tool kit'를 제공하기 때문이다.

그러나 지도 은유는 여기서 그치지 않는다. 일단 설계되고 이용할 수 있게 되면, 지도는 지도가 원래 도표화한 공간(그리고 궁극적으로는 영토)에서 사람들이 움직이는 방식을 수정한다. 지리 지도와 마찬가지로 문화 지도도 사회적 관계의 복잡한 지형 내에 자아를 위치시키고, 그 사회적 관계는 다시 사회적 관행—그 자체로 자아를 위치시키고 조직화하는 데 도움을 주어온—에 의해 변화된다. 마셜 살린스Marshall Sahlins가 다른 맥락에서 말했듯이, "사건들은 문화에 의해 질서지어지고, …… [그리고] 그 과정에서 문화가 다시 질서지어진다."[2] 이 책에서 들려준 이야기는 심리학의 언어가 새로운 문화 지도의 제작술을 진전시켰는지에 관한 이야기일 뿐만 아니라, 이 지도가 어떻게 사회적 관계를 변화시켰는지에 관한 이야기이기도 하다. 이 새로운 지도의 윤곽은 정신분석학과 프로이트적 사업이 부상하면서 그려지기 시작했고, 프로이트의 카리스마는 정신분석학을 확산시키는 데 도움을 준 사회적 네트워크가 초기에 왜 그렇게 빠르고 강하게 뻗어나갈 수 있었는지를 설명해 준다. 프로이트가 미국 문화에 가장 독특하게 기여한 점은 일상생활, 정신건강, 정상성을 근대 남성과 여성의 정체성의 중심에 정면으로 위치시키는 언어와 의미 프레임들을 미국 문화 내에 정식화한 것이었다. 정신분석학이라는 신생 학문이 미국 문화를 빠르게 사로잡은 것은 근대 남성과 여성에게 근대 생활—그중에서도 특히 작업장과 가정—에서 봉착하는 문제, 즉 점점 더 증가하는 복잡성과 규범적 불확실성에 대처하는 데 도움을 주는 비책, 행위 방식, 은유, 서사 형판을 제공했기 때문이다. 프로이트의 은유와 서사는 실용적으로, 즉 일상생활에서 실제 문제를 해결하는 하나의 방법으로 이용될 수 있었다. 의미가 행동을 틀 짓지만, 모든 의미가 사람들의 해석 프레임을 속박하는 능력과 사람들이 사회적 환경을 헤쳐나가는 것을 돕는 능력에서 똑같은 것은 아니다. 의미가 오래 지속되기 위해서는 그 의미가 기존의 문화 형판과 공명해야 하고, 매우 효과적인 방식으로 자아를 보양해야 하며, 동시에 제도화되어 일상생활에서 실제 통화로 이용되어야 한다. 나는 이 책에서 문화에 대한 이러한 접근방식을 '제도적 실용주의

institutional pragmatism'라고 칭한다. 그 이유는 내가 이 책에서 달성하고자 하는 세 가지 주요 목표에 의해 이미 예증되었다. 나의 첫째 목표는 새로운 문화구조의 출현을 문서로 입증하는 것이었다. 문화사회학자들은 전통적으로 구조의 존재를 눈에 보이지는 않지만 강력한 행위 조직자로 가정한다. 하지만 나는 그 대신 이 문화구조가 **어떻게** 생겨났는지를 물어왔다. 내가 이 책 도처에서 증명해 왔듯이, 일단의 심리학적 지식이 미국 사회의 핵심 제도들—군대, 기업, 가족, 국가, 대중매체, 시민 사회—에 빠르게 침투했다. 이처럼 미국 사회가 심리학으로 흠뻑 젖게 된 것은 하나의 일치된 행동의 결과가 아니었다. 그것은 오히려 심리학을 끌어들인 각각의 장 내에서 서로 다른 **비대칭적**이고 **다소 자율적**인 논리들이 작동한 결과였다. '인적 요인'을 통제하고 예측하는 것을 돕는다고 주장하는 일단의 지식이 노동력을 통제하는 새로운 방식을 찾고 있던 기업에 의해 채택되어 사용된 것은 너무나 자연스러운 일이었다. 게다가 근대 국가의 정당성은 주로 자국 시민들의 웰빙을 보장하는 능력에서 비롯되었기 때문에, 국가는 인간의 고통을 덜어주고 전반적인 정신건강에 기여하는 것을 목적으로 하는 일단의 지식을 채택하는 데 열심이었다. 마지막으로, 가족이 하나의 감정적인 사회적 단위가 되었기 때문에, 그리고 가족 영역에서 남성과 여성의 역할이 점점 더 민주화되었기 때문에, 심리학은 근대 결혼생활에서 점점 더 발생하는 갈등 상황을 극복하는 데 도움을 주는 모델을 제공하는 데서 중요한 역할을 했다. 심리학을 자신들의 주요한 정당화 담론으로 채택한 대규모 기관과 치료요법직 자아의 미시적 수행 사이에서 미디어 산업은 심리학의 세계관을 부호화하고 정당화하고 전파하는 데서, 그리고 치료요법적 자아를 수행하는 플랫폼을 제공하는 데서 가장 중요한 역할을 해왔다. 미디어는 직업적 전문가 집단이라는 한편과 환자이자 소비자로 구성된 공중이라는 다른 한편을 중재한다는 점에서 결정적이었다. 제도와 시민사회 사이에서,

즉 제도적 의미와 일상생활 사이에서 미디어 산업은 자신의 모습을 크게 드러내왔으며, 심리적 문화구조의 출현, 부호화, 확산을 설명하는 데서 중요한 자리를 차지하고 있다. 다시 말해 미국 사회의 가장 강력한 네 가지 제도적 현장—기업, 가족, 대중매체, 국가—이 심리학을 채택하여 그것을 서로 다른 제도적·문화적 동학을 통해 근대 정체성의 중심적 특징으로 만들었다. 따라서 내가 이 책에서 달성하고자 하는 둘째 목적은 역사가가 서로 다른 유형의 시간성을 설명해야 한다면,[3] 문화사회학자는 동질적인 문화 과정으로 보일 수 있는 것의 이면에 자리하고 있는 비대칭적인 제도적 동학을 밝혀내야 한다는 것을 보여주는 것이다. 우리가 막스 베버와 근대 제도들을 관통하는 광범위한 합리화 과정에 대해 이야기할 수 있을 때조차, 이 과정은 서로 다른 제도 영역에서 서로 다른 형태와 경과를 취한다.

그러나—그리고 이것은 내가 이 책이 기여했기를 바라는 셋째 목적이다—비대칭적인 제도적 모델만으로는 일상생활을 장악해 온 심리학의 접지력과 점착력을 설명할 수 없다. 심리학이 일반 행위자들에 의해 열광적으로 채택되었던 까닭은 심리학이 일상생활에서 '효과를 발휘했기' 때문이었다. 다시 말해 심리학은 근대 남성과 여성을 괴롭혔던 문제들—이를테면 작업장에서 그리고 가정에서 초기 민주적 규범과 규칙이 유발한 불확실성, 남성과 여성이 떠맡은 사회적 역할의 다중성, 그리고 모순적인 규범적 정명들로 가득 찬 문화의 복잡성—을 관리하기 위한 도구와 기술을 제공했다. 자아는 근대성의 모순을 관리하는 최고의 현장이 되어왔고, 심리학은 그러한 모순을 관리하는 기법을 제공했다. 다시 말해 심리학은 '감시'나 '생명권력bio-power'에 관한 것이기보다는 근대 자아의 모순을 억제하고 관리하는 것에 관한 것이었다. 왜냐하면 민주화와 함께 작업장과 가정 모두가 더 '혼돈'에 빠지게 되면서 자아가 사회적 관계를 모니터링하기 위해 모순적 임무—이를테면 자립적이면서도 다른 사람들의 욕구에 민감해지는 것, 매우 합리적인 방식으로 관계를 구성하면서도 자신과 다른 사람들의 감정에 고도로 집중하는 것, 독특한 개인이면서도 다른 사람들과 지속적으로 협력하는 것 등—를 더 많이 수행해야 하는 규범 구조를 부여받았기 때문이었다. 심리학은 작업장 내부와 가족 내에서 그러한 긴장을 관리할 수 있을 것으로 보이는 대화적 상호작용 모델을 제공하는 데서 결정적인 역할을 했다. 이러한 대화 모델은 문화적 테마와 처방의 집합체일 뿐만 아니라 다양한 사회적·문화적 플랫폼—이를테면 치료요법 강좌, 텔레비전 토크쇼, 후원단체, 그리고 환경에 더 잘 적응하고 그 환경 속에서 더 잘 기능하는 자아를 만드는 것을 목표로 하는 다양한 영리 워크숍—에서 자아를 수행하는 서사이기도 하다는 점에서 더욱더 효율적이 되었다. 따라서 제도적 실용주의는 문화구조들이 어떻게 생겨나고 그 문화구조들이 일상생활에서 어떻게 실행되는지, 또 그 문화구조들이 다시 일상생활을 어떻게 변화시키는지를 동시에 설명하는 것을 목표로 한다.

이 책에서 주창하는 접근방식은 사회학의 비판적 사명을 버리는 것이 아니라 우리가 전통적으로 문화 연구의 지지자들이 가정한 것과 다른 관점에서 사회학을 다르게 추구할 수 있게 한다. 실용주의적인 문화사회학과 감정사회학의 관점에서 볼 때, 치료요법의 사회적 결과는 다양한 신념을 가진 비판사회학자들이 전통적으로 비난해 왔던 것과는 크게 다른 것으로 판명된다.

첫째, 오늘날 추구하는 소통의 이상—이 이상은 사회적 관계에 관한 우리의 모델들에 침입하여 그 모델들을 가득 채우고 있으며, 사회학자들에 의해 어떠한 의문도 제기받지 않았다—은 아마도 인류학자 마이클 실버스타인Michael Silverstein이 말하는 하나의 '언어 이데올로기language ideology'일 것이다. 언어 이데올로기는 "집단의 표현에 기여하기 때문에 그 **성원들의 사회적 경험에서 언어가 수행하는 역할**과 관련하여 어떤 집단이 보유하는 [일단의] 자명한 관념과 목표"를 말한다(강조 추가).[4] 치료요법이 조장해 온 언어 이데올로기에는 자기 인식은 내적 성찰에 의해 얻어진다는 믿음, 그러한 내적 성찰은 다시 우리가 사회적·감정적 환경을 이해하고 통제하고 받아들이는 데 도움을 줄 수 있다는 믿음, 언어적 표현은 사회적 관계의 열쇠라는 믿음 등 여러 신념이 자리하고 있다. 우리가 그러한 심리학의 신조를 지배하는 전제의 많은 것을 의심하는 데에는 상당한 이유가 있다. 심리학자 티모시 윌슨Timothy Wilson은 시인 시어도어 로스케Theodore Roethke의 말을 인용하면서 "자성自省, self-contemplation은 저주이다/그것은 오래된 혼란을 더 악화시킨다"라고 주장한다.[5] 우리는 우리 자신을 이해할 수 있는 인지적 장비를 그리 잘 갖추고 있지 못한 것으로 보일 뿐만 아니라, 자기분석self-analysis은 세상을 아는 다른 직관적인 방법들(즉, 실질적인 방법들)을 방해하기까지 할 수 있다. 나는 치료요법의 언어 이데올로기가 '언어적 장막 씌우기verbal overshadowing'라는 방대한 인지적·문화적 과정을 담당해 왔다고 제시할 것이다. 인지심리학자인 조너선 W. 스쿨러Jonathan W. Schooler와 T. Y. 엥슬러-스쿨러T. Y. Engstler-Schooler의 연구에 따르면, 사람들은 마음속에 한 사람의 얼굴을 기억했다가 줄을 서 있는 사람들 사이에서 그 얼굴을 식별하도록 요구받을 때에는 그 일을 꽤 잘 수행한다. 하지만 먼저 말로 얼굴을 묘사하고 그다음에 그 얼굴을 식별할 것을 요구받을 경우에는 실제로 얼굴을 그리 잘 인식하지 못한다. 조너선 스쿨러와 엥슬러-스쿨러는 이 효과를 '언어적 장막 씌우기'라고 부르는데, 이는 언어적 과정이 시각적 과정을 방해하는 것을 뜻한다.[6] 달리 표현하면, 그들과 많은 다른 심리학자들은 우리가 무엇을 하고 있는지 그리고 왜 그것을 하고 있는지를 말로 표현하지 않아야 우리가 더 잘 수행하는 것들이 있다고 주장한다. 나는 문화적 측면에서 치료요법적 신념이 사회적 상호작용에서 작동하는 비언어적 소통 방식을 언어적 자기성찰로 대체하는 언어적 장막 씌우기 과정을 광범위하게 수행해 왔을 수 있다고 주장한다. 내가 문화적인 언어적 장막 씌우기 과정이라고 부르는 것은 점점 더 증가하는 언어적 표현이 우리의

'직관', '통찰력', 또는 즉각적 판단을 이용할 것을 요구하는 결정을 방해하는 광범한 과정을 말한다. 심리학자들의 이데올로기는 아이러니하게도 자신들의 지식 집합체가 상정한 결정적 가정의 하나였던 퍼스낼리티 개념 자체를 물화하는 것으로 끝난다. 이러한 주장은 사회심리학자이자 퍼스낼리티에 대한 가장 탁월한 전문가인 월터 미셸Walter Mischel에 의해 보강된다. 그는 퍼스낼리티가 상황에 따라 다르며 상황을 가로지르는 일관된 특성들로 구성되어 있지 않다고 주장했다.[7] 미셸이 볼 때, 사람들의 행위와 반응은 (드러낼 필요가 있는) 자아의 불변적인 내적 속성이 아니라 상황적 제약에 의해 틀 지어진다. 미셸의 견해는 퍼스낼리티가 유아기에 습득한 일단의 특성보다 상황적 요인에 의해 더 많은 영향을 받는다고 주장한다는 점에서 사회학자들의 접근방식과 매우 부합한다. 여기서 우리가 시사하고자 하는 논점은 단순히 심리학적 신념은 우리가 파악할 수 있고 또 파악해야 하는 본질—우리의 자아—이 존재한다고 바라본다는 점에서 퍼스낼리티를 물화한다는 것이다.

둘째, 나는 심리학에 대한 표준적인 푸코식 설명과 대조적으로 치료요법 서사가 다양한 형태의 고통을 만들어내 왔다고 주장한다. 푸코식 설명에 따르면, "우리는 서로 다른 종류의 쾌락—쾌락의 진리 속에 있는 쾌락, 그 진리를 아는 쾌락, 그 진리를 발견하고 폭로하는 쾌락—을 …… 발명해 왔다."[8] 심리학이 쾌락을 만든다는 푸코적 견해에 반대하여, 나는 심리학의 가장 못마땅한 측면 중 하나가 심리학이 고통을 만들어낸다는 데 있다고 주장한다. 인류학자 리처드 슈위더Richard Schweder의 편을 들어, 나는 "사람들이 하나의 형태의 고통을 표현하는 것이 그 표현이 나타내는 고통의 일부이듯이, 고통에 대한 사람들의 인과적 존재론은 그 존재론이 설명하는 고통을 야기하는 데서 일정한 역할을 한다"고 제시한다.[9] 치료요법 담론에는 하나의 슬픈 아이러니가 자리하고 있다. 고통의 원인이 자아 속에 위치할수록 그 자아는 그 곤경과 관련해서 더 많이 이해되고, 그 자아의 '실제' 질병들이 더 많이 생산된다는 것이다. 치료요법 서사는 자아의 곤경에 대해 논의하고 그 곤경에 꼬리표를 붙이고 또 설명하기 때문에, 그 자아는 다시 감정적·심리적 문제로 가득 찬 자신에 대해 생각할 것을 요구받는다. 심리학적 담론은 근대 정체성의 모순과 곤경을 관리하는 데 실제로 도움을 주기는커녕, 그 모순과 곤경을 심화시킬 수 있을 뿐이다.

종래에는 고통의 경험이 하나의 문화체계가 자신을 정당화하는 데서 한계에 봉착하게 했다면,[10] 현대의 치료요법적 세계관에서 고통은 정신 전문가들에 의해 관리되어야 하는 문제가 되었다. 세계 종교와 근대의 사회적 유토피아들을 괴롭혀온, 고통의 분배(또는 신정론神正論)에 관한 불온한 질문—왜 무고한 사람은 고통 받고 악한 사람은 번영하는가?—은 이제 고통을 잘못 관리된 감정 내지 기능 장애를 지닌 정신의 결과로 보거나 심지어는 한 사람의 감정 발달의 피할 수 없는 단계로 보는 담론에 의해 전례 없이 진부한 것으로 전락했다. 수전 네이먼Susan Neiman이 위엄 있게 주장했듯이, 신정론의 문제는 서구 사상의 중심적인 도덕적 수수께끼 가운데 하나였다.[11] 그리고 우리는 실력과 운 간의 긴장이 자주 둘 간의 틈새를 정확하게 설명하는 것을 목적으로 했던 위대한 문화체계와 문화운동을 생산해 왔다고 덧붙일 수 있다. 임상심리학은 불운을 상처받거나 잘못 관리된 정신의 결과로 만듦으로써 이 문제를 일거에 해결하고자 한 최초의 문화체계이다. 임상심리학은 종교의 목표 중 하나—고통을 설명하고 합리화하고 궁극적으로는 항상 정당화하는 것—를 완벽하게 완성한다. 막스 베버가 말했듯이, "종교는 고통을 신이 불쾌함을 드러내는 징후로, 그리고 남모르는 죄의 표시로 취급하는 과정에서 매우 일반적인 욕구를 심리적으로 충족시켜 왔다. 운이 좋은 사람은 운이 좋다는 사실에 좀처럼 만족하지 않는다. 그는 그것을 넘어서 자신이 행운을 누릴 **권리**가 있다는 것을 확신하고자 한다. 그는 자신이 그럴 만한 '자격이 있다'는 것, 무엇보다도 다른 사람들과 비교해서 그러한 자격이 있다는 것을 확신하고 싶어 한다. 그는 운이 덜한 사람들은 단지 자신에게 주어진 것만큼만 누린다고 믿기를 바란다. 그러니까 행운이 '정당한' 행운이기를 원한다."[12]

베버가 여기에 묘사해 놓은 것은 가장 강력한 형태의 현상現狀 유지 방식이다. 다시 말해 이 묘사는 행운이나 불운을 숨어 있는 미덕이나 악덕에 소급해서 설명하고 그리하여 정당화한다. 심리학은 그러한 신정론의 형식을 열성적으로 소생시킨다. 치료요법 에토스에 무의미한 고통과 혼돈 같은 것은 존재하지 않는다. 그리고 이것이 바로 결국 우리가 치료요법이 문화에 미치는 영향을 걱정해야 하는 이유이다.

주

제1장 서론

* Jean Amery, *At the Mind's Limits: Contemplations by a Survivor on Auschwitz and Its Realities* (1970; reprint, Bloomington: Indiana University Press, 1980), xi.

** Sigmund Freud, *Introductory Lectures on Psychoanalysis*(New York: Norton, 1966), 20.

1 관료제화에 대해서는 Peter Berger, "Toward a Sociological Understanding of Psychoanalysis," *Social Research* 32(1965): 26~41을 보라. 나르시시즘에 대해서는 Christopher Lasch, *The Culture of Narcissism: American Life in an Age of Diminishing Expectations*(New York: Warner Books, 1979)를 보라. 거짓 자아의 구성에 대해서는 Ian Craib, *The Importance of Disappointment*(London: Routledge, 1994)를 보라. 근대 삶에 대한 국가의 통제에 대해서는 Ellen Herman, "Psychologism and the Child," in *The Cambridge History of Science*, vol. 7, *The Modern Social Sciences*, ed. Theodore M. Porter and Dorothy Ross(New York: Cambridge University Press, 2003), 649~662와 *The Romance of American Psychology: Political Culture in the Age of Experts, 1940~1970*(Berkeley: University of California Press, 1995)을 보라. 문화적·도덕적 위계질서의 붕괴에 대해서는 Philip Rieff, *The Triumph of the Therapeutic: Uses of Faith after Freud*(Chicago: University of Chicago Press, 1987)를 보라. 자본주의하에서의 삶의 사사화에 대해서는 Eli Zaretsky, *Secrets of the Soul: A Social and Cultural History of Psychoanalysis*(New York: Alfred A. Knopf, 2004)를 보라. 근대 자아의 공허함에 대해서는 Philip Cushman, "Why the Self Is Empty: Toward a Historically Situated Psychology," *American Psychologist* 45, no. 5(1990): 599~611을 보라. 감시에 대해서는 Michel Foucault, *Discipline and Punish: The Birth of the Prison*(New York: Vintage Books, 1995); Nikolas Rose, "Assembling the Modern Self," in *Rewriting the Self: Histories from the Renaissance to the Present*, ed. Roy Porter(London: Routledge, 1997), 224~247; *Inventing Our Selves: Psychology, Power, and Personhood* (Cambridge: Cambridge University Press, 1996)를 보라. 국가 권력의 확장, 그리고 국가를 정당화하기 위한 새로운 전거의 개발에 대해서는 James L. Nolan, *Therapeutic State: Justifying Government at Century's End*(New York: New York University Press, 1998)를 보라. '위험사회', 즉 위험 관리에 대한 사회의 강박 의식 및 위험과 자아의 취약성 계발 간의 관계에 대해서는 Frank Furedi, *Therapy Culture: Cultivating Vulnerability in an Uncertain Age*(London: Routledge, 2004)를 보라.

2 Robert Bellah et al., *Habits of the Heart: Individualism and Commitment in American Life* (New York: Harper and Row, 1985), 55~112를 보라.

3 Lionel Trilling, *Freud and the Crisis of Our Culture*(Boston: Beacon Press, 1955); Rieff, *Triumph of the Therapeutic*; Lasch, *Culture of Narcissism*; Philip Cushman, *Constructing the Self, Constructing America: A Cultural History of Psychotherapy*(Reading, MA: Addison-Wesley).

4 Foucault, *Discipline and Punish*; Rose, *Inventing Our Selves*를 보라.

5 이 용어는 니콜라스 로즈(Nikolas Rose)의 표현으로, 그의 『우리의 자아 발명하기(Inventing Our Selves)』에서 따온 것이다.

6 최근의 시도로는 Zaretsky, *Secrets of the Soul*을 보라.

7 Michel Callon, "Some Elements of a Sociology of Translation: Domestication of the Scallops and the Fishermen of St. Brieuc Bay," in *Power, Action, and Belief: A New Sociology of Knowledge?* ed. John Law(Boston: Routledge and Kegan Paul, 1986), 196~233.

8 필리프 코르퀴프와의 사적 교신(2000년 6월 6일).

9 Eva S. Moskowitz, *In Therapy We Trust: America's Obsession with Self-Fulfillment* (Baltimore: Johns Hopkins University Press, 2001); James Capshew, *Psychologists on the March: Science, Practice, and Professional Identity*(New York: Cambridge University Press, 1999); Furedi, *Therapy Culture*; Herman, *Romance of American Psychology*를 보라.

10 예외적인 저술로는 다음의 것들이 눈에 띈다. Moskowitz, *In Therapy We Trust*; Herman, *Romance of American Psychology*.

11 Richard Rorty, *Philosophy and Social Hope*(New York: Penguin Books, 1999)를 보라.

12 Robert Bellah, *Beyond Belief: Essays on Religion in a Post-traditional World*(New York: Harper and Row), 67.

13 Furedi, *Therapy Culture*, 103.

14 S. N. Eisenstadt, "Axial Age Civilizations: The Reconstruction of the World and the Crystallization of Distinct Civilizational Complexes," in *Blackwell Encyclopedia of Sociology*, ed. George Ritzer(Oxford: Blackwell, 2007)를 보라.

15 Doyle McCarthy, *Knowledge as Culture*(New York: Routledge, 1996)를 보라. 이는 애덤 쿠퍼(Adam Kuper)의 주장과 배치된다. 쿠퍼는 자신의 책에서 우리가 문화의 관념을 버리고 그 대신 지식이나 신념, 규범과 같은 개념들을 사용한다고 주장한다. Adam Kuper, *Culture: The Anthropologist's Account*(Cambridge, MA: Harvard University Press, 1999).

16 Karin Knorr-Cetina, "Sociality with Objects: Social Relations in Postsocial Knowledge Societies," *Theory, Culture, Society* 14, no. 4(1997): 9~10.

17 McCarthy, *Knowledge as Culture*, 20.

18 Orlando Patterson, "Taking Culture Seriously: A Framework and an Afro-American Illustration," in *Culture Matters: How Values Shape Human Progress*, ed. Samuel P. Huntington and Lawrence E. Harrison(New York: Basic Books, 2000).

19 George Steinmetz, *State Formation after the Cultural Turn*(Ithaca: Cornell University Press, 1999), 28.

20 Jeffrey Alexander and Phil Smith, "The Discourse of American Civil Society: A New Proposal for Cultural Studies," *Theory and Society* 22, no. 2(1993): 151~207을 보라. 또한 Roger Friedland and John Mohr ed., Matters of Culture(New York: Cambridge University Press, 2004)에 편집자들이 쓴 탁월한 서문(pp. 1~70)도 보라.

21 Michael Schudson, "How Culture Works: Perspectives from Media Studies on the Efficacy of Symbols," *Theory and Society* 18, no. 2(1989): 153~180.

22 John Steadman Rice, *A Disease of One's Own: Psychotherapy, Addiction, and the Emergence of Co-dependency*(New Brunswick, NJ: Transaction Publishers, 1998); Bellah, *Beyond Belief*; Rieff, *Triumph of the Therapeutic*; Lasch, *Culture of Narcissism*; Leslie Irvine, *Codependent Forevermore: The Invention of Self in a Twelve Step Group*(Chicago: University of Chicago Press, 1999).

23 물론 이러한 점에서 나는 푸코가 다음의 책에서 분석한 것에 동의한다. Foucault, *The History of Sexuality*, vol. 1, *The Will to Knowledge*(London: Penguin, 1998).

24 Friedland and Mohr ed., *Matters of Culture*, 15를 보라.

25 실제로 랜들 콜린스(Randall Collins)가 우리에게 유익하게 일깨워주듯이, 문화의 자율성 가정은 잘못된 것이거나 아니면 불필요한 것이다. 만약 우리가 사회적 관계로부터 의미를 따로 떼어내고자 한다면, 그 가정은 잘못된 것이다. 만약 우리가 **문화**에 의해 우리의 행위의 배경을 형성하는 전망과 가정을 뜻하고자 한다면, 그 가정은 불필요한 것이다. 다음을 보라. Randall Collins, "Comparative and Historical Patterns of Education," in *Handbook of the Sociology of Education*, ed. Maureen T. Hallinan(New York: Kluwer Academic Publishers/Plenum, 2000), 213~239; "Situational Stratification: A Micro-Macro Theory of Inequality," *Sociological Theory* 18, no. 1(2000): 17~43.

26 다음을 보라. Ann Swidler, *Talk of Love: How Culture Matters*(Chicago: University of Chicago Press, 2001); Michele Lamont, *The Dignity of Working Men: Morality and Boundaries of Race, Class, and Immigration*(Cambridge, MA: Harvard University Press, 2000); "Meaning Making in Cultural Sociology: Broadening Our Agenda," *Contemporary Sociology* 29(2000): 602~607.

27 Trilling, *Freud and the Crisis*.

28 Jorge Arditi and Ann Swidler, "The New Sociology of Knowledge," *Annual Review of Sociology* 20(1994): 305~329.

29 모든 감정이 행위에 기여하는 것은 아니지만, 사회학자들이 가장 관심을 가지는 것은 행위를 채색하고 구조화하는 감정들이다.

30 종교적 상징에 대한 클리퍼드 기어츠(Clifford Geertz)의 유명한 논의로는 Clifford Geertz, *The Interpretation of Cultures*(New York: Basic Books, 1973)를 보라. 또한 리처드 비어나키(Richard Biernacki)의 지적에 대해서는 아래의 책에 실린 그의 글을 보라. *Beyond the Cultural Turn: New Directions in the Study of Society and Culture*, ed. Victoria E. Bonnell and Lynn Hunt(Berkeley: University of California Press, 1999), 69~70.

31 Richard Biernacki, "Practice," in Ritzer, *Blackwell Encyclopedia of Sociology*. 관행으로서의 문화에 대해서는 Theodore R. Schatzki, Karin Knorr-Cetina, and Eike von Savigny, eds., *The Practice Turn in Contemporary Theory*(New York: Routledge, 2001)를 보라.

32 Bellah, *Beyond Belief*, 67.

33 Margaret R. Somers, "The Privatization of Citizenship: How to Unthink a Knowledge Culture," in Bonnell and Hunt, *Beyond the Cultural Turn*, 121~161.

34 사람들은 디포(Defoe)나 오스틴(Austen)을 '이데올로기' 또는 '관습'의 측면에서 분석할 때, 식자층 문헌의 상징적 세계와 저급 오락물 간에는 하나의 연속성이 존재한다고 암묵적으로 상정한다.

35 Carl Rogers, *On Becoming a Person*(Boston: Houghton Mifflin, 1961), vii.

36 Aaron T. Beck, *Love Is Never Enough*(New York: Harper and Row, 1988); Albert Ellis, *A New Guide to Rational Living*(North Hollywood, CA: Wilshire, 1975).

37 주목할 만한 두 사례로는 다음을 보라. Robin Norwood, *Women Who Love Too Much*(New York: Pocket, 1990); Susan Forward and Joan Torres, *Men Who Hate Women and the Women Who Love Them: When Loving Hurts and You Don't Know Why*(New York: Bantam Trade, 2002).

38 Suzanne K. Langer, *Philosophy in a New Key*(Cambridge, MA: Harvard University Press, 1976), 3.

39 이 논의는 다음에 근거한다. Martin Albrow, "The Application of the Weberian Concept of Rationalization to Contemporary Conditions," in *Max Weber, Rationality and Modernity*,

ed. Scott Lash and Sam Whimster(Boston: Allen and Unwin, 1987), 164~182.

40 Eva Illouz, *Consuming the Romantic Utopia: Love and the Cultural Contradictions of Capitalism*(Berkeley: University of California Press, 1997); *Oprah Winfrey and the Glamour of Misery: An Essay on Popular Culture*(New York: Columbia University Press, 2003).

41 William H. Sewell, "Theory, History, and Social Science," in *Logics of History: Social Theory and Social Transformation*(Chicago: University of Chicago Press, 2005), 1.

42 Jeffrey C. Alexander, Bernhard Giesen, and Jason L. Mast, "Introduction: Symbolic Action in Theory and Practice: The Cultural Pragmatics of Symbolic Action," in *Social Performance: Symbolic Action, Cultural Pragmatics, and Ritual*, ed. Jeffrey C. Alexander, Bernhard Giesen, and Jason L. Mast(New York: Cambridge University Press, 2006), 1~29를 보라.

43 Hans Robert Jauss, *Toward an Aesthetic of Reception*(Minneapolis: University of Minnesota Press, 1982); Tamar Liebes and Elihu Katz, eds., *The Export of Meaning: Cross Cultural Readings of "Dallas"*(Oxford: Oxford University Press, 1990).

44 Karen A. Cerulo, *Culture in Mind: Toward a Sociology of Culture and Cognition*(New York: Routledge, 2002).

45 Paul Ricoeur, "The Hermeneutical Function of Distanciation," in *Hermeneutics and the Human Sciences: Essay on Language, Action, and Interpretation*, ed. and trans. J. B. Thompson(Cambridge: Cambridge University Press, 1981), 140; Brian Stock, *Listening for the Text: On the Uses of the Past*(Baltimore: Johns Hopkins University Press, 1990), 103에서 인용.

46 Illouz, *Oprah Winfrey*.

47 William James, *Pragmatism*(1907; reprint, Indianapolis: Hackett, 1981), 26.

48 John P. Murphy, *Pragmatism: From Peirce to Davidson*(Boulder, CO: Westview Press, 1990), 54~55.

제2장 프로이트: 문화 혁신가

* Thomas Kuhn, *The Structure of Scientific Revolutions*(Chicago: University of Chicago Press, 1962), 110.

1 Jerry Adler, "Freud in Our Midst," *Newsweek*, March 27, 2006, www.msnbc.msn.com/id/11904222/site/newsweek/.

2 Hendrik Ruitenbeek, *Freud and America*(New York: Macmillan, 1966), 13.

3 이와 유사하게 문화와 감정을 강조하는 것으로는 Joel Pfister, "On Conceptualizing the Cultural History of Emotional and Psychological Life in America," in *Inventing the Psychological*, ed. Nancy Schnog and Joel Pfister(New Haven: Yale University Press, 1997), 17~62를 보라.

4 Robert Wuthnow, "Cultural Change and Sociological Theory," in *Social Change and Modernity*, ed. Hans Haferkamp and Neil J. Smelser(Berkeley: University of California Press, 1991), 256~276, http://ark.cdlib.org/ark:/13030/ ft6000078s/.

5 사회이론에서 행위의 창조성을 무시해 온 것에 대한 탁월한 비판으로는 Hans Joas, *The Creativity of Action*(Cambridge: Polity Press, 1996)을 보라.

6 "문화가 매우 유연하고 개인의 행위가 그처럼 매우 유동적인 방식으로 이루어질 수 있는 것은 단지 창의력이 현상학적 순응 내에 숨어 있기 때문이다." Jeffrey Alexander, *Action and Its Environment*(New York: Columbia University Press, 1988), 314.

7 "[행위의] 일반 이론은 창조성을 인간의 모든 행동에 존재하는 차원으로 간주해야 하며, 관례를 창조성의 결과로 해석해야 한다"(Joas, *Creativity of Action*, 197).

8 Eva Illouz, *Oprah Winfrey and the Glamour of Misery: An Essay on Popular Culture* (Berkeley: University of Columbia Press, 2003).

9 다음을 보라. Harrison C. White and Cynthia A. White, *Canvases and Careers: Institutional Change in the French Painting World*(Chicago: University of Chicago Press, 1993); Paul DiMaggio, "Market Structure, the Creative Process, and Popular Culture: Toward an Organizational Reinterpretation of Mass-Culture Theory," *Journal of Popular Culture* 11, no. 2(1977): 436~452.

10 Jurgen Habermas, "Self-Reflection as Science: Freud's Psychoanalytic Critique of Meaning," in *Jurgen Habermas on Society and Politics: A Reader*, ed. Steven Seidman(Boston: Beacon Press, 1989), 55. 하버마스의 주장은 일반적으로 받아들여지지 않는다. 이를테면 헨리 엘런버거(Henri Ellenberger)는 프로이트는 심리요법적 치료라는 긴 사슬에서 하나의 연결고리일 뿐이었다고 주장한다. Henri Ellenberger, *The Discovery of the Unconscious: The History and Evolution of Dynamic Psychiatry*(New York: Basic Books, 1970).

11 Max Weber, *On Charisma and Institution Building: Selected Papers*, ed. S. N. Eisenstadt (Chicago: University of Chicago Press, 1968).

12 Paul Roazen, *Freud and His Followers*(New York: Alfred Knopf, 1975), 7.

13 Ibid., 180에서 인용.

14 Louis Breger, *Freud: Darkness in the Midst of Vision*(New York: John Wiley, 2000), 177에서 인용.

15 Weber, *On Charisma*, 246.

16 Breger, *Freud*, 178.

17 Max Weber, "The Sociology of Charismatic Authority," in *Max Weber*, ed. H. H. Gerth and C. Wright Mills(New York: Galaxy, 1946), 249.

18 Edward Shils; S. N. Eisenstadt, introduction to *Max Weber: On Charisma and Institution Building*(Chicago: University of Chicago Press, 1968), xxv에서 인용.

19 Johannes Fabian, "Charisma and Cultural Change: The Case of the Jamaa Movement in Katanga(Congo Republic)," *Comparative Studies in Society and History* 11, no. 2(1969): 158.

20 Talcott Parsons, *The Structure of Social Action: A Study in Social Theory with Special Reference to a Group of Recent European Writers*(New York: Free Press of Glencoe, 1961), n. 668 F.

21 Margaret Somers, "The Privatization of Citizenship: How to Unthink a Knowledge Culture," in *Beyond the Cultural Turn: New Directions in the Study of Society and Culture*, ed. Victoria E. Bonnell and Lynn Hunt(Berkeley: University of California Press, 1999)를 보라.

22 나는 아래의 분석의 많은 부분을 다음의 책에 의지하여 진행했다. Edith Kurzweil, *The Freudians: A Comparative Perspective*(New Haven: Yale University Press, 1989).

23 Paul J. DiMaggio and Walter W. Powell, introduction to *The New Institutionalism in Organizational Analysis*, ed. Walter W. Powell and Paul J. DiMaggio(Chicago: University

of Chicago Press, 1991), 29.

24 알프레드 아들러, 루돌프 라이틀러(Rudolf Reitler), 이시도르 사저(Isidor Sadger), 빌헬름 스테켈, 라이너 마리아 릴케(Rainer Maria Rilke), 오토 랑크(Otto Rank), 알프레드 마이슬(Alfred Meisl)이 바로 이들 추종자에 속한다.

25 DiMaggio and Powell, introduction to Powell and DiMaggio, *New Institutionalism*.

26 Kurzweil, *Freudians*, 3.

27 Breger, *Freud*, 179를 보라.

28 Kurzweil, *Freudians*, 41.

29 Stephan Fuchs, *Against Essentialism: A Theory of Culture and Society*(Cambridge, MA: Harvard University Press, 2001), 188; 또한 Randall Collins, *The Sociology of Philosophies: A Global Theory of Intellectual Change*(Cambridge, MA: Harvard University Press, 1988)도 보라.

30 이를테면 Walter Powell and Laurel Smith-Doerr, "Networks and Economic Life," in *The Handbook of Economic Sociology*, ed. Neil Smelser and Richard Swedberg(Princeton: Princeton University Press, 1994), 368~402를 보라.

31 이를테면 로젠과 인터뷰한 사람 중 한 명은 프로이트에게서 정신분석 치료를 받은 후 정신분석 전문직의 일을 하기 위해 미국으로 돌아갔다(*Freud and His Followers*, xxiii).

32 아들러는 정신분석학 이론을 지역사회에 적용하려 했기 때문에 추방되었다. 프로이트는 그러한 응용이 무의식을 이해하는 데 도움이 되지 않는다고 보았다.

33 Peter Gay, *Freud: A Life for Our Time*(New York: Norton, 1988), 213.

34 Kurzweil, *Freudians*, 23.

35 Eric Caplan, *Mind Games: American Culture and the Birth of Psychotherapy*(Berkeley: University of California Press, 1998), 151.

36 Caplan, *Mind Games*를 보라. 그리고 심리치료요법의 기원에 대한 탁월한 역사적 서술로는 Eva Moskowitz, *In Therapy We Trust: America's Obsession with Self-Fulfillment*(Baltimore: John Hopkins University Press, 2001)를 보라.

37 이를테면 헨리 럿거스 마셜(Henry Rutgers Marshall)과 휴고 먼스터버그(Hugo Munsterberg) 같은 심리학자들의 반대에 대해서는 Caplan, *Mind Games*, 145~146을 보라.

38 Ibid., 147.

39 William H. Sewell Jr., "The Concept(s) of Culture," in Bonnell and Hunt, *Beyond the Cultural Turn*, 57을 보라.

40 Nathan G. Hale, *Freud and the Americans: The Beginnings of Psychoanalysis in the United States, 1876~1917*(New York: Oxford University Press, 1971)을 보라.

41 다음을 보라. Robert C. Holub, *Reception Theory: A Critical Introduction*(New York: Methuen, 1984); Hans R. Jauss, *Toward an Aesthetic of Reception*(Minneapolis: University of Minnesota Press, 1982); Janice Radway, *Reading the Romance: Women, Patriarchy, and Popular Literature*(Chapel Hill: University of North Carolina Press, 1984).

42 Mary Jo Buhle, *Feminism and Its Discontents: A Century of Struggle with Psychoanalysis*(Cambridge, MA: Harvard University Press, 1998), 22.

43 Nathan G. Hale, "From Berggasse XIX to Central Park West: The Americanization of Psychoanalysis, 1919~1940," *Journal of the History of the Behavioral Sciences* 14(1978): 303.

44 Gay, *Freud*, 209.

45 Ruitenbeek, *Freud and America*, 61.

46 Breger, *Freud*, 176을 보라.

47 Hale, *Freud and the Americans*.

48 Magali Sarfati Larson, *The Rise of Professionalism: A Sociological Analysis*(Berkeley: University of California Press, 1977), 70.

49 James Capshew, *Psychologists on the March: Science, Practice, and Professional Identity* (New York: Cambridge University Press, 1999.

50 Kurzweil, *Freudians*, 208.

51 Ellen Herman, *The Romance of American Psychology: Political Culture in the Age of Experts* (Berkeley: University of California Press, 1995), http://ark.cdlib.org/ark:/13030/ft696nb3n8/.

52 Ibid., p.2.

53 Sarfatti Larson, *Rise of Professionalism*을 보라.

54 Ibid.

55 James L. Nolan, *The Therapeutic State: Justifying Government at Century's End*(New York: New York University Press, 1998).

56 이는 쿤이 말하는 과학공동체와 모순된다. 쿤의 『과학혁명의 구조(The Structure of Scientific Revolutions)』에 따르면, 과학공동체는 자신들이 생산하는 지식의 생산자이자 소비자이다.

57 Fuchs, *Against Essentialism*, 189.

58 Sigmund Freud, *Five Lectures on Psycho-Analysis*(New York: Norton, 1990); *Introductory Lectures on Psychoanalysis*, ed. and trans. James Strachey(1966; reprint, New York: Norton, 1989).

59 Sigmund Freud, *Psychopathology of Everyday Life*(New York: Macmillan, 1948); *The Interpretation of Dreams*, vol. 4(1900; reprint, London: Hogarth Press, 1971).

60 Hale, *Freud and the Americans*, 22.

61 이에 대한 뛰어난 연구로는 다음과 같은 것이 있다. José Brunner, *Freud and the Politics of Psychoanalysis*(Oxford: Blackwell, 1995); Philip Rieff, *Freud: The Mind of the Moralist* (Chicago: University of Chicago Press, 1979).

62 Freud, "Third [Clark] Lecture," in Saul Rosenzweig, *The Historic Expedition to America (1909): Freud, Jung, and Hall the King-Maker*(St. Louis, MO: Rana House, 1992), 422.

63 Charles Taylor, *Sources of the Self: The Making of the Modern Identity*(Cambridge, MA: Harvard University Press, 1992), 211.

64 사건이 없는 것(the uneventful)은 "일상생활에 대한 해석의 하나이다." Stanley Cavell, "The Ordinary as the Uneventful," in *The Cavell Reader*, ed. Stephen Mulhall(Cambridge, MA: Blackwell, 1996), 200.

65 찰스 테일러가 『자아의 원천(Sources of the Self)』에서 주장했듯이, 정체성의 원천은 귀족적-영웅적 정신으로부터, 내세에 대한 금욕적 명상으로부터, 또는 시민권에 대한 시민적 공화주의의 이상으로부터 도출될 수 있다. 오이코스(oikos)의 영역, 즉 여성의 영역은 가치 있는 남성 자아를 형성하는 데 가치 있는 장으로 여겨지지 않았다. 귀족주의적인 명예 윤리 또는 마키아벨리적인 공화주의적 시민권의 윤리는 전쟁이나 정치라는 공공 영역에서 (항상 남성의) 자아로 하여금 높은 위업과 용맹함을 지향하게 한다.

66 John Demos, "History and the Psychosocial: Reflections on 'Oedipus and America,'" in

Pfister and Schnog, *Inventing the Psychological,* 79~83.

67 Ibid.

68 Barbara Ehrenreich and Deirdre English, *For Her Own Good: 150 Years of the Experts' Advice to Women*(Garden City, NY: Doubleday/Anchor Press, 1978)을 보라.

69 Demos, "History and the Psychosocial."

70 Suzanne R. Kirschner, *The Religious and Romantic Origins of Psychoanalysis: Individuation and Integration in Post-Freudian Theory*(New York: Cambridge University Press, 1996), 34.

71 키르슈너는 다음의 것에 의지하여 자신의 논의를 전개한다. Karl Lowith, *Meaning in History: The Theological Implications of the Philosophy of History*(Chicago: University of Chicago Press, 1949); M. H. Abrams, *Natural Supernaturalism: Tradition and Revolution in Romantic Literature*(New York: Norton, 1971).

72 세 가지 주요 문화 운동 — 프로테스탄티즘, 계몽주의, 낭만주의 — 이 성서 서사를 세속화시켰다. 프로테스탄티즘 속에서 구원 서사는 신자들로 하여금 자기 자신의 내적 자아를 지향하게 했다. 내적인 빛(inner light)[각자의 마음속에 있는 그리스도의 빛_옮긴이]의 교리는 신과 직접 연결될 수 있다는 점을 강조했는데, 이는 결국 자기 자신의 자아와 연결되었고, 여전히 그대로 남아 있다. 계몽주의의 문화적 전통 속에서 구원 서사는 자유와 자율성의 관념을 강조했는데, 이것은 심리학과 정신분석학의 서사에서 중요한 텔로스의 하나가 되었다. 낭만주의 버전의 성서 서사는 대립 경향 간의 고질적인 갈등과 자아가 진실을 찾기 위해 내면을 향하고 있음을 강조했다[원서에는 낭만주의에 관한 부연 설명이 주석 73에 제시되어 있으나, 이는 편집상의 오류로 보여 현재의 위치로 옮겨놓았다_옮긴이].

73 Kirschner, *The Religious and Romantic Origins, passim.*

74 Ibid., 195.

75 Ibid., 196.

76 Freud, *Introductory Lectures*; Roazen, *Freud and His Followers,* 111에서 인용.

77 Ibid; Roazen, *Freud and His Followers,* 419에서 인용.

78 이를테면 『입문 강의』에서 프로이트는 순수하고 순진무구한 아이들이 배변, 생식기 만지기, 엄지손가락 빨기, 대변 참기와 같은 일상적인 활동에서 에로틱한 쾌락을 얻는다고 논의했다. 프로이트는 또한 아이 — 우리가 기억하기에 그 당시에 순수함과 순진무구함의 상징이었던 — 가 당시에 엄격하게 금지되었던 자위 행동을 하는 것을 자연스러운 것이라고 주장했다. 프로이트는 그의 동시대인들에게 충격적인 도착 행동처럼 보였을 가능성이 큰 것 — 그러한 일들이 '순수하'고 '순진무구한' 아이에 의해 행해졌기 때문에 더더욱 그러할 가능성이 컸다 — 을 정상적인 (그리고 보편적인) 충동의 연속일 뿐이라고 주장했다. 그러므로 프로이트가 말하는 '정상성'은 그 당시에 특히 새롭고 낯선 것이었다.

79 Freud, *Introductory Lectures*; Roazen, *Freud and His Followers,* 348에서 인용.

80 Ibid; Roazen, *Freud and His Followers,* 349에서 인용.

81 Rieff, *Freud,* 354.

82 Steven Seidman, *Difference Troubles: Queering Social Theory and Sexual Politics*(New York: Cambridge University Press, 1997), xi.

83 Gay, *Freud,* 148.

84 Michel Foucault, *Discipline and Punish: The Birth of the Prison*(New York: Vintage Books, 1995).

85 Freud, *Introductory Lectures*; Roazen, *Freud and His Followers,* 76에서 인용.

86 Ibid.; Roazen, *Freud and His Followers,* 76에서 인용.

87 Ibid.; Roazen, *Freud and His Followers,* 76에서 인용.

88 Freud, "Third [Clark] Lecture," in Rosenzweig, *Historic Expedition,* 423.

89 Freud, "Fifth Lecture," in *Introductory Lectures* [Norton ed.], 106~7.

90 Freud, "Third [Clark] Lecture," in Rosenzweig, *Historic Expedition*, 419. 하지만 프로이트는 정신분석학자의 일을 '의사'의 일과 비교하고, 정신에 대한 정신분석학자의 행위를 외과 의사의 행위와 비교한다. 이는 프로이트가 자신의 방법과 수사가 서로 다른 두 청중 — 평범한 사건에 숨어 있는 의미를 부여하려는 경향을 가진 '일반인'과 그 새로운 과학을 위세 있는 의학의 전문적·과학적 표제하에 위치시키려는 과학자 — 에 의해 이용되어 정신분석학이 두 영역 모두에서 성공을 거두기를 바랐다는 것을 시사한다.

91 Freud, "Fifth [Clark] Lecture," in Rosenzweig, *Historic Expedition,* 434.

92 Abraham Maslow, *The Farther Reaches of Human Nature*(New York: Penguin Books, 1971)를 보라.

93 Ann Swidler, *Talk of Love: How Culture Matters*(Chicago: University of Chicago Press, 1991).

94 William H. Sewell Jr., "Geertz, Cultural Systems, and History: From Synchrony to Transformation," in *The Fate of "Culture": Geertz and Beyond,* ed. Sheryl Ortner(Berkeley: University of California Press, 1999), 47.

95 Peter Gay, *The Bourgeois Experience: Victoria to Freud*(New York: Oxford University Press, 1984), 403.

96 이를테면 여성 색정증(nymphomania)이라는 용어가 오늘날에는 정상적인, 그리고 심지어는 건강한 것으로 여겨지는 성욕의 한 형태에 적용되었다.

97 *Bourgeois Experience*를 보라.

98 Estelle Freedman, "Sexuality in Nineteenth Century America: Behavior, Ideology, Politics," *Reviews in American History* 10(December 1982): 196~215를 보라.

99 John D'Emilio and Estelle Freedman, *Intimate Matters: A History of Sexuality in America* (New York: Harper and Row, 1988), 225.

100 Caplan, *Mind Games,* 151.

101 D'Emilio and Freedman, *Intimate Matters,* 223.

102 E. Fuller Torrey, *Freudian Fraud: The Malignant Effect of Freud's Theory on American Thought and Culture*(New York: HarperCollins, 1992), 114를 보라.

103 프로이트는 다음과 같이 말한다. "우리는 우리 자신을 너무 높이 끌어올리기 위해 우리가 본래 그 본성상 동물이었다는 것을 완전히 무시해서는 안 된다. 개인의 행복에 대한 만족은 우리 문명의 목표 가운데서 지워질 수 없다는 것 역시 잊어서는 안 된다." Rosenzweig, *Historic Expedition*에서 인용.

104 Torrey, *Freudian Fraud,* 124에서 인용.

105 이 해석은 프로이트가 자신의 작업에서 이 주제에 대해 표현한 많은 모순에도 불구하고 프로이트 자신의 개인적인 견해와 일치하는 것으로 보인다. 이를테면 1935년에 프로이트는 한 어머니에게 편지를 쓰면서 다음과 같은 견해를 제시했다. "동성애는 확실히 이점이 아니지만 부끄러워할 것도, 사악한 것도, 타락도 아닙니다. 질병으로 분류될 수도 없습니다. 우리는 그것을 성 발달의 특정한 정지에 의해 생겨나는 성 기능의 한 변이로 간주합니다." Jack Drescher, *Psychoanalytic Therapy and the Gay Man*(Hillsdale, NJ: Analytic Press, 1998), 19에서 인용.

106 Illouz, *Oprah Winfrey.*

107 Eli Zaretsky, "Psychoanalysis, Marxism, Post Structuralism," in *Social Theory and the Politics of Identity,* ed. Craig Calhoun(Cambridge, MA: Blackwell, 1994)을 보라.

108 Jeffrey B. Abramson, *Liberation and Its Limits: The Moral and Political Thought of Freud* (New York: Free Press, 1984), 121.

109 더 나아가 에이브럼슨은 폴 리쾨르의 다음과 같은 말을 인용하면서, 그것이 자아의 윤리적인 프로젝트에 각인되어 있었다고 주장한다. "이상과 우상의 거짓이 드러나는 곳에서 진실함의 개척지가 열린다. …… 이 진실함이 분명 윤리의 전체는 아니지만 적어도 출발점이다"(*Liberation and Its Limits,* 121).

110 Steven Marcus, *Freud and the Culture of Psychoanalysis*(New York: Norton, 1984), 7.

111 Herman, *Romance of American Psychology*를 보라.

112 T. S. Strang, David Strang, and John Meyer, "Institutional Conditions for Diffusion," *Theory and Society* 22(1993): 492.

113 Torrey, *Freudian Fraud,* 124에서 인용.

114 Eli Zaretsky, *Secrets of the Soul: A Social and Cultural History of Psychoanalysis*(New York: Alfred A. Knopf, 2003), 145.

115 Ibid.

116 Karin Gabbard and Glen O. Gabbard, *Psychiatry and the Cinema*(Chicago: Chicago University Press, 1987), 252.

117 이에 대한 상세한 분석으로는 Virginia Richter, "Strangers on a Couch: Hitchcock's Use of Psychoanalysis in *Spellbound and Marnie,*" in *Psychoanalyticism: Uses of Psychoanalysis in Novels, Poems, Plays and Films,* ed. Ingrid Hotz-Davies and Anton Kirchhofer(Trier: Wissenshaftlicher Verlag, 2000), 114~131을 보라.

118 〈스펠바운드〉, 〈닥터 에드워즈의 집〉, 〈사이코(Psycho)〉, 〈마니(Marnie)〉와 같은 영화를 보라.

119 Daniel Robinson, "Marketing Gum, Making Meanings: Wrigley in North America, 1890~1930," *Enterprise and Society* 5, no. 1(2004): 31.

120 Kathy Peiss, *Hope in a Jar*(New York: Henry Holt, 1998), 248.

121 Ibid., 248.

122 Ibid.

123 Pierre Bourdieu, *Ce que parler veut dire: L'economie des échanges linguistiques*(Paris: Fayard, 1982); Michel Foucault, *Archaeology of Knowledge*(New York: Pantheon, 1972).

124 또는 부르디외가 '왕권(skeptron)'이라고 불렀던 것에 대해서는 Pierre Bourdieu, *Language and Symbolic Power*(Cambridge, MA: Harvard University Press, 1994)를 보라.

125 Swidler, *Talk of Love,* 89.

126 Ibid., 82.

제3장 호모 에코노미쿠스에서 호모 커뮤니칸스로

* Friedrich Nietzsche, *The Genealogy of Morals, in The Birth of Tragedy and The Genealogy of Morals,* trans. F. Golffing(New York: Doubleday, 1956), 193~194.

1 Jeffrey Alexander, "The Computer as Sacred and Profane," in *The New American Cultural Sociology,* ed. Philip Smith New York: Cambridge University Press, 1998), 29.

2 Viviana Zelizer, *The Purchase of Intimacy*(Princeton: Princeton University Press, 2005); *The Social Meaning of Money: Pin Money, Paychecks, Poor Relief, and Other Currencies* (New York: Basic Books, 1994).

3 Marshall David Sahlins, *Culture and Practical Reason*(Chicago: University of Chicago Press, 1976).

4 Ann Swidler, *Talk of Love: How Culture Matters*(Chicago: University of Chicago Press, 1991).

5 Eva Illouz, *Cold Intimacies: The Making of Emotional Capitalism*(Cambridge: Polity Press, 2007).

6 C. Wright Mills, *White Collar: The American Middle Classes*(New York: Oxford University Press, 1951); William H. Whyte, *The Organization Man*(New York: Doubleday, 1956).

7 Arlie Hochschild, *The Managed Heart: The Commercialization of Human Feeling* (Berkeley: University of California Press, 1983).

8 Gideon Kunda, *Engineering Culture: Control and Commitment in a High-Tech Corporation* (Philadelphia: Temple University Press, 1992), 218.

9 Carol Zisowitz Stearns and Peter N. Stearns, *Anger: The Struggle for Emotional Control in America's History*(Chicago: University of Chicago Press, 1986).

10 C. Dallett Hemphill, "Class, Gender, and the Regulation of Emotional Expression in Revolutionary Era Conduct Literature," in *An Emotional History of the United States,* ed. Peter N. Stearns and Jan Lewis(New York: New York University Press, 1998), 33~51을 보라.

11 Erving Goffman; Alasdair MacIntyre, *After Virtue: A Study in Moral Theory*(Notre Dame: University of Notre Dame Press, 1984), 115에서 인용.

12 자기 통제 훈련은 전통적으로 서구 문명이라고 불리는 것의 발전을 수반해 온 모티프이다. 절제(또는 감정통제)는 플라톤 이후부터 분별력을 키우는 전제조건뿐만 아니라 협력의 전제조건으로도 일관되게 간주되어 온 기본 범주 중 하나인 것으로 보인다. 서양 사상사에서 눈에 띄는 몇 가지 예외를 제외하고는, 아우구스티누스 신앙에서 영감을 받았든 아니면 직설적인 합리주의에서 영감을 받았든 간에, 거의 어떤 사상가도 자신의 감정을 통제할 필요성에 대해 심각하게 반대하지 않았다. "그 도덕이론이 법과 도덕의 측면에서 발전했든 아니면 행복과 덕성의 측면에서 발전했든 간에, 또는 선험적 원리에 호소하든 아니면 경험적으로 적용되는 효용의 기준에 호소하든 간에, 이성에 의해 욕망을 규율할 것을 권고하지 않는, 그리고 육욕, 방종, 억제되지 않거나 통제되지 않는 열정을 비난하지 않는 도덕이론은 좀처럼 찾아볼 수 없다"(*The Synopticon: An Index to the Great Ideas,* 2nd ed., ed. Mortimer J. Adler[Chicago: Encyclopedia Britannica, 1990], 684). 제창되는 것이 종교적 겸양이든, 합리적 통제이든, 아리스토텔레스적 절제이든, 또는 마키아벨리적인 전략적 사고이든 간에, 감정통제는 실제로 사회적 존재 양식, 정신적 진보, 덕성, 사회적 성공에 중요한 것으로 여겨져 왔다.

13 Norbert Elias, *The Civilizing Process: The History of Manners and State Formation and Civilization,* trans. Edmund Jephcott(1939; reprint, Oxford: Blackwell, 1968).

14 Yehouda Shenhav, *Manufacturing Rationality*(Oxford: Oxford University Press, 1998), 20.

15 기업 소유자들은 그때까지 생산과정을 통제하고 노동자들에 대한 통제권—고용과 해고의 권리—을 가지고 있던 도급자들을 점점 더 밀어냈다.

16 당시의 한 견해는 이를 분명히 하고 있다. "전적으로 책임을 질 만한 능력을 가지고 있지 못한 사람들이 많다. 그는 지도받는 사람으로서는 성공하지만 지도자로서는 성공하지 못한다." N. C. Fowler, *The Boy, How to Help Him Succeed*(New York: Moffat, Yard, 1902), pp.56~57; Reinhard Bendix, *Work and Authority in Industry: Ideologies of Management in the Course of Industrialization*(New York: John Wiley, 1956), 259에서 인용.

17 Alfred D. Chandler, *The Visible Hand: The Managerial Revolution in American Business* (Cambridge, MA: Belknap Press, 1977).

18 Bendix, *Work and Authority,* 278에서 인용.

19 Ibid에서 인용.

20 Ibid., 298.

21 Ibid.

22 Shenhav, *Manufacturing Rationality.*

23 Ibid., 206.

24 Ibid., 197.

25 셴하브가 거의 전적으로 엔지니어에게 초점을 맞추었기 때문에, 그는 엔지니어들의 수사로부터 기업 일반을 과도하게 일반화했다. 실제로 엔지니어들은 사람들을 주의 깊게 모니터해야 하는 기계로 생각하고 기업을 비인격적인 운영체제로 생각하는 경향이 있었다.

26 프레더릭 테일러가 "걸핏하면 화를 내는 공장 노동자들의 퉁명스러움으로 인해 자신이 받았던 충격에 대해 언급한" 것을 보면, 테일러 자신이 작업 현장의 감정적인 분위기에 무감각하지는 않았다. 프레더릭 테일러가 제안한 정신 혁명은 노동자들의 업무 성과 못지않게 노동자의 기분과 감정을 표적으로 삼았다. Peter Stearns, *American Cool: Constructing the 20th Century Emotional Style*(New York: New York University Press, 1994), 122를 보라.

27 Loren Baritz, *Servants of Power: A History of the Use of Social Science in American Industry*(Middletown, CT: Wesleyan University Press, 1979).

28 Donald Napoli, "The Motivation of American Psychologists, 1938~1941," *Military Affairs* 42 (February 1978): 32~26.

29 Ibid., 33.

30 Thomas Camfield, "'Will to Win': The US Army Troop Morale Program of WWI," *Military Affairs* 41, no. 3(1977): 124~128.

31 오하이오 주립대학교, 카네기 공과대학(Carnegie Institute of Technology), 미네소타 대학교, 스탠포드 대학교가 그러한 학위를 처음으로 수여한 대학이었다.

32 Alex Carey, "The Hawthorne Studies: A Radical Criticism," *American Sociological Review* 32(June 1967): 403~416.

33 Daniel A. Wren, *The Evolution of Management Thought*(New York: John Wiley, 1979), 313.

34 워런 I. 서스먼(Warren I. Susman)은 아래의 책에서 '성격' 지향적인 사회에서 퍼스낼리티 지향적인 문화로의 이행을 상세히 기록했다. 그는 '퍼스낼리티'에 대한 강조가 기업에 기원을 두고 있다는 것, 그리고 문화영역에 대한 심리학자들의 개입이 '퍼스낼리티'를 '활용'하고 '만들어내고' 조정할 수 있는 어떤 것으로 만들었다는 것을 입증한다. Warren I. Susman, *Culture as History: The Transformation of American Society in the Twentieth Century*(New York: Pantheon Books, 1984).

35 Elton Mayo, *The Social Problems of an Industrial Civilization*(London: Routledge and Kegan Paul, 1949), 69.

36 Ibid., 71.

37 Ibid., 72.

38 Ibid., 65.

39 Wren, *Evolution of Management Thought,* 318.

40 특히 트라헤어(Trahair)가 쓴 엘턴 메이요 전기를 보라. R. C. S. Trahair, *The Humanist Temper: The Life and Work of Elton Mayo*(New Brunswick, NJ: Transaction Books, 1984).

41 Luc Boltanski and Eve Chiapello, *Le nouvel esprit du capitalisme*(Paris: Gallimard, 1999)을 보라.

42 Ross Stagner, "Psychological Aspects of Industrial Conflict: I. Perception," *Personnel Psychology* 1(1948): 131.

43 M. S. Viteles, " 'Human Relations' and the 'Humanities' in the Education of Business Leaders: Evaluation of a Program of Humanistic Studies for Executives," *Personnel Psychology* 12 (1959): 1.

44 Wren, *Evolution of Management Thought,* 475.

45 이 과업을 매우 잘 수행하고 있는 연구들로는 다음을 보라. Mauro F. Guillen, *Models of Management: Work, Authority, and Organization in a Comparative Perspective*(Chicago: University of Chicago Press, 1994); Yehouda Shenhav, "From Chaos to Systems: The Engineering Foundations of Organization Theory," *Administrative Science Quarterly* 40 (1995): 557~585; Wren, *Evolution of Management Thought.*

46 아래의 분석은 기업 내부에서의 성공, 리더십, 경영, 소통을 다룬 조언 서적들 — 1930년대부터 1990년대까지 출간된 — 에 대한 나의 독해에 기초한다. 이 52종의 책은 중서부에 있는 여섯 개 교외 도서관 네트워크에서 이용할 수 있는 것 중에서 선택되었다. 나는 또한 경영학 저널인 ≪인사심리학≫ — 1940년대부터 1960년대까지의 — 을 읽고 사례들을 모았다.

47 Roger Chartier, *The Cultural History: Between Practices and Representations*(Ithaca, NY: Polity Press, 1988).

48 Louise M. Rosenblatt, *The Reader, the Text, the Poem: The Transactional Theory of the Literary Work*(Carbondale: Southern Illinois Press, 1978), 184.

49 Wayne C. Booth, *The Company We Keep: An Ethics of Fiction*(Berkeley: University of California Press, 1988), 13.

50 아래의 분석은 기업 내에서 자신들의 지위로 인해 별로 제약을 받지 않는 고위 경영진에게는 적용되지 않는다. Robert Jackall, *Moral Mazes: The World of Corporate Managers*(New York: Oxford University Press, 1988)를 보라.

51 C. Stearns and Stearns, *Anger.*

52 Frank Dobbin, "The Sociological View of the Economy," in *The New Economic Sociology: A Reader,* ed. Frank Dobbin(Princeton: Princeton University Press, 2004), 11.

53 Elton Mayo, *The Human Problems of an Industrial Civilization*(New York: Macmillan, 1933).

54 C. Stearns and Stearns, *Anger.*

55 P. Stearns, *American Cool,* 123.

56 Ibid., 124에서 인용.

57 C. Stearns and Stearns, *Anger,* 133.

58 P. Stearns, *American Cool,* 133에서 인용.

59 Hochschild, *Managed Heart*; Jackall, *Moral Mazes*; Kunda, *Engineering Culture*.

60 Ann Curran, "Is It OK to Sob on the Job?" *Redbook,* March 1985, 115.

61 Catherine Lutz, "Engendered Emotion: Gender, Power and the Rhetoric of Emotional Control in American Discourse," in *Language and the Politics of Emotion,* ed. Catherine A. Lutz and Lila Abu-Lughod(New York: Cambridge University Press, 1990), 69~91.

62 Hemphill, "Class, Gender," 43을 보라.

63 Stephanie Coontz, *The Social Origins of Private Life: A History of American Families, 1600~1900*(New York: Verso, 1988), 339.

64 마이클 키멜(Michael Kimmel)이 시사하듯이, 20세기 초에 미국이 농업경제에서 서비스 경제로, 그리고 황야의 신화에서 도시적 생활방식으로 옮겨가면서 미국 남성의 담론은 여성 영역으로 위험하게 흡수된다고 인식되는 것에 대해 매우 우려하게 되었다. 과거에는 남성이 그들 자신의 주인이었다면, 중간계급 남성은 위계질서에 대한 복종과 상호의존에 의해 특징지어지는 화이트칼라 노동의 맥락에서 어떻게 남성성을 유지할 것인가에 대한 문제에 직면했다. 새로운 경제에서 남성성은 (공식 조직에 적응하기 위해) 더 비인격적이 되어야 하지만 다른 사람들과 협력하기에 충분할 정도로 친절해야 하는 것으로 재정의되었다. Michael Kimmel, *Manhood in America: A Cultural History*(New York: Free Press, 1996)를 보라.

65 P. Stearns, *American Cool,* 215~216.

66 Allen E. Ivey, *Managing Face to Face Communication: Survival Tactics for People and Products in the 1990s*(Bromley: Chartwell Bratt Press, 1988), 40.

67 Kathy Ferguson, *The Feminist Case against Bureaucracy*(Philadelphia: Temple University Press, 1984).

68 Carol Saline, "How Not to Crumble under Criticism," *Redbook,* August 1980, 177.

69 Ibid., 178.

70 William Ury, *Getting Past No: Negotiating with Difficult People*(New York: Bantam Books, 1991), 15.

71 Joan Acker의 뛰어난 글 "Hierarchies, Jobs, Bodies: A Theory of Gendered Organizations," *Gender and Society* 4(June 1990): 139~158을 보라.

72 Dale Carnegie, *How to Win Friends and Influence People*(1937; reprint, New York: Simon and Schuster, 1981), 218.

73 Leonard Jarrard, "Empathy: The Concept and Industrial Applications,"*Personnel Psychology* 9, no. 2(1956): 157.

74 Jackall, *Moral Mazes,* 55.

75 Paul Rosenfeld, Robert Giacalone, and Catherine Riordan, *Impression Management in Organizations*(New York: Routledge, 1995), 28~47.

76 Roos Vonk and Richard D. Ashmore, "The Multifaceted Self: Androgyny Reassessed by Open-Ended Self-Descriptions," *Social Psychology Quarterly* 56, no. 4(1993): 278~287.

77 David Fontana, *Social Skills at Work*(New York: Routledge, 1990), 8.

78 Richard Sennett, *The Corrosion of Character: The Personal Consequences of Work in the New Capitalism*(New York: Norton, 1998), 109.

79 Max Weber, "Domination by Economic Power and Authority," in *Power: A Radical View,* ed. Steven Lukes(New York: New York University Press, 1986), 29.

80 Leslie Beach and Elon Clark, *Psychology in Business*(New York: McGraw, 1959), 97.

81 Ury, *Getting Past No,* 15.

82 Roderick M. Kramer and Karen S. Cook, *Trust and Distrust in Organizations: Dilemmas and Approaches*(New York: Russell Sage Foundation, 2004).

83 Andrew Abbott, *The System of Professions: An Essay on the Division of Expert Labor* (Chicago: University of Chicago Press, 1988), 148.

84 Karl Mannheim, *Ideology and Utopia: An Introduction to the Sociology of Knowledge* (New York: Harcourt Brace Jovanovich, 1936), 3.

85 Jorge Arditi and Ann Swidler, "The New Sociology of Knowledge," *Annual Review of Sociology* 20(1994): 306.

86 Kimmel, *Manhood in America*를 보라.

87 Shenhav, *Manufacturing Rationality*, 21.

88 엘턴 메이요 자신은 결코 민주주의자가 아니었지만(Ellen S. O'Connor, "The Politics of Management Thought: A Case Study of the Harvard Business School and the Human Relations School," *Academy of Management Review* 24, no. 1 [1999]: 117~131을 보라), 그의 사상은 그 자체로 민주적이라고 쉽게 해석될 수 있다.

89 Max Weber, *The Sociology of Religion,* trans. Ephraim Fischoff(Boston: Beacon Press, 1993), 280.

90 Connor, "Politics of Management Thought," 특히 119~120을 보라.

91 Hubert L. Dreyfus and Paul Rabinow, *Michel Foucault: Beyond Structuralism and Hermeneutics*(New York: Pantheon Books, 1984).

92 Michel Foucault, "On the Genealogy of Ethics: An Overview of Work in Progress," in Dreyfus and Rabinow, *Michel Foucault*, 229~252.

93 Fontana, *Social Skills at Work,* 23.

94 Rebecca B. Mann, *Behavior Mismatch: How to Manage "Problem" Employees Whose Actions Don't Match Your Expectations*(New York: Amacom Books, 1993), 4.

95 *Talking and Listening: Keys to Success with Customers and Co-Workers*(Chicago: Institute of Financial Education, 1990), 34.

96 Ibid., 41.

97 James Eicher, *Making the Message Clear: Communicating for Business*(Santa Cruz, CA: Grinder, DeLozier, and Associates, 1987), 33에서 인용. 미러링(mirroring)이라는 용어는 물론 정신분석학의 관행에서 빌려온 것으로, 피정신분석자-정신분석자 관계를 구조화하기 위한 실제적인 장치로 이용된다. 하지만 여기서는 자기 인식을 끌어올리기 위해서가 아니라 오히려 협력과 대인관계 효율성을 증진시키기 위해서 사용된다.

98 Ivey, *Managing Face to Face Communications,* 26.

99 Mind Tools, "Introduction: Why You Need to Get Your Message Across," 1995~2007, www.mindtools.com/CommSkll/CommunicationIntro.htm(accessed March 14, 2007).

100 Redford Williams and Virginia Williams, *Anger Kills: Seventeen Strategies for Controlling the Hostility That Can Harm Your Health*(New York: Random House, 1993), 141~142.

101 Eicher, *Making the Message Clear,* xii.

102 Axel Honneth, "Personal Identity and Disrespect," in *The New Social Theory Reader: Contemporary Debates,* ed. Steven Seidman and Jeffrey Alexander(New York: Routledge, 2001), 39.

103 Conflict Research Consortium, "Communication Improvement," 1998, www.colorado.edu/conflict/peace/treatment/commimp.htm(accessed March 14, 2007).

104 Nicole Aubert and Vincent de Gaulejac, *Le cout de l'excellence*(Paris: Seuil, 1991), 148.

105 Mind Tools, "Introduction."

106 Sennett, *Corrosion of Character,* 99.

107 Anthony Giddens, *Modernity and Self-Identity: Self and Society in the Late Modern Age* (Cambridge: Polity Press, 1991)를 보라.

108 Jackall, *Moral Mazes.*

109 기업의 성공에 대해 조언하는 한 서적이 지적하듯이, "1단계에서 성공을 거두는 데 필요한 스킬들은 상대적으로 간단한 [부하들과의 관계인] 반면, 2단계 이후의 스킬들은 점점 더 복잡해진다." Fontana, *Social Skills at Work,* 12.

110 Adam Smith, *The Theory of Moral Sentiments*(New York: Cambridge University Press, 2004).

111 Vern Baxter and A. V. Margavio, "Honor, Status, and Aggression into Economic Exchange," *Sociological Theory* 18, no. 3(2000): 4.

112 Adam Smith, *The Wealth of Nations*(London: J. M. Dent, 1910).

113 Krishan Kumar, *From Post-industrial to Post-modern Society: New Theories of the Contemporary World*(Malden, MA: Blackwell, 2005).

114 William H. Sewell Jr., "The Concept(s) of Culture," in *Beyond the Cultural Turn: New Directions in the Study of Society and Culture,* ed. Victoria E. Bonnell and Lynn Hunt (Berkeley : University of California Press, 1999), 47.

115 나의 두 범주의 인터뷰 대상자는 나의 목적에서 중요했다. 왜냐하면 나는 직업 역량을 갖추기 위해 실제로 전력을 다해 노력하는 현장 관리자들과 직업 역량을 정의하는 이미지와 모델만 가지고 있을 것으로 추정되는 학생들을 비교하고 싶었기 때문이다.

116 John W. Meyer and Brian Rowan, "Institutionalized Organizations: Formal Structure as Myth and Ceremony," in *The New Institutionalism in Organizational Analysis,* ed. Walter W. Powell and Paul J. DiMaggio(Chicago: University of Chicago Press, 1991), 41~62.

117 이 가정은 여러 과학적 연구[이를테면 Antonio Damasio, *Descartes' Error: Emotion, Reason, and the Human Brain*(New York: Putnam, 1994)]에 의해 매우 설득력 있게 논박되어 왔지만, 여전히 감정과 이성 간의 관계에 대한 우리의 공공 철학에서 초석을 이루고 있다.

118 합리성과 자기 통제 간의 등식이 우리가 가정하는 것처럼 자명하지 않다는 것을 예증하기 위해, 우리는 눈물의 역사에 관한 한 연구를 인용할 수 있다. 18세기에 남자들은 울음이 자신들의 위대한 심성을 보여주는 것이었기 때문에 아주 많이 울었다. 들리슬 드 라 살레(Delisle de la Sales)는 다음과 같이 기술했다. "엄청난 감성을 지닌 남자[즉, 잘 우는 남자]는 종종 차가운 이성만큼이나 차가운 기질을 가진 남성보다 자신을 더 잘 다스린다." Anne Vincent-Buffault, *History of Tears,* trans. Teresa Bridgeman(New York: St. Martin's Press, 1991), 46에서 인용.

119 Robert A. Nye, *Masculinity and Male Codes of Honor in Modern France*(New York: Oxford University Press, 1998), 22에서 인용.

120 Pierre Bourdieu and Loic Wacquant, *An Invitation to Reflexive Sociology*(Chicago: University of Chicago Press, 1992), 116.

제4장 친밀성의 독재

* Edith Wharton, *The Age of Innocence* (Ware: Wordsworth, 1994), 198.

1 Max Weber, "The Social Psychology of World Religions," in *From Max Weber: Essay in Sociology,* ed. Hans H. Gerth and C. Wright Mills (New York: Oxford University Press, 1958), 267~301; Pierre Bourdieu, *Distinction: A Social Critique of the Judgement of Taste* (Cambridge, MA: Harvard University Press, 1984).

2 Tamar Hareven, "Continuity and Change in American Family Life," in *Family in Transition,* ed. Arlene Skolnick and Jerome Skolnick (New York: HarperCollins College, 1993), 40~46.

3 이를테면 1947년에 출간된 책[Joseph L. Fox, *How to Keep Happily Married* (Philadelphia: Dorrance)]에서조차 결혼에 대한 다음과 같은 전형적인 전통적 정의를 발견할 수 있다. "마르쿠스 아우렐리우스(Marcus Aurelius)는 남성의 행복의 열쇠는 '남자에게 적합한 일을 하는 것이다'라는 한 문장으로 요약했다. 이처럼 '남자에게 적합한 일을 하는 것'은 중간계급의 성원들이 공유하는 비공식적인 도덕규범이었다."

4 이를테면 1905년에 대학 교육을 받은 한 여성은 ≪레이디스 홈 저널(Ladies' Home Journal)≫에 기고한 글에서 행복한 결혼생활의 원천을 다음과 같은 사실에서 비롯되는 것으로 당당하게 정의했다. "매일 밤 우리는 최고의 이상에 따라 생활할 수 있도록 상호 자제와 현명함을 위해 기도해요. 내게는 기독교만큼 안정적인 행복한 결혼생활의 토대는 없는 것으로 보여요."

5 "그 규정의 제1조는 회원가입을 신청하는 사람은 누구나 '계약' 기간으로 알려진 시기에 속하는 결혼생활 내내 모든 예의를 지키고 사려 깊게 행동하고 이기적으로 행동하지 않을 것을 엄숙히 서약하고 동의해야 한다는 것이다. …… 부부 행복의 비밀은 이 공식, 즉 숨기지 않는 애정 표현과 자기희생에 담겨 있다. 남자는 아내를 끔찍이 사랑해야 할 뿐만 아니라 아내에게 사랑한다고 말해야 하고 그것도 아주 자주 말해야 하며, 각자는 한 번 또는 두 번이 아니라 끊임없이 상대방에게 기꺼이 실제로 양보해야 한다. 이기심은 사랑을 몰아낸다. 그리고 서로에 대한 애정 없이 차갑고 무감각한 마음으로, 밝고 거룩한 불꽃이 아니라 타고 남은 재를 가지고 살아가는 부부들 대부분은 자신에 대해 너무 많이 신경 쓰고 서로에 대해서는 너무 적게 배려함으로써 자신들을 파괴해 왔다." 익명의 "결혼생활 대학교 졸업자"; Edward John Hardy, *How to Be Happy though Married,* 7th ed. (New York: Scribner, 1887), 7에서 인용.

6 Stephanie Coontz, *The Social Origins of Private Life: A History of American Families, 1600~1900* (New York: Verso, 1988), 269.

7 1916년에 샌프란시스코에서는 네 건의 결혼 중 한 건이 이혼으로 끝났다. Michael Kimmel, *Manhood in America: A Cultural History* (New York: Free Press, 1996), 159.

8 1800년에서 1849년 사이에는 아내당 거의 다섯 명의 자녀가 있었다면, 1870년에서 1900년 사이에는 세 명 미만의 자녀가 있었다(ibid.).

9 Arlene Skolnick and Jerome Skolnick, introduction to Skolnick and Skolnick, *Family in Transition,* 1~18.

10 Clifford Geertz, *The Interpretation of Cultures* (New York: Basic Books, 1973), 219.

11 이를테면 1908년에 ≪레이디스 홈 저널≫의 기고자는 자신이 남편과 다시 결혼하지 않을 이유를 설명하면서 다음과 같이 썼다. "나는 남편이 먼저 불쾌한, 참을 수 없는 말을 했다고, 그러니까 동거인의 행복에 필요한 작은 배려와 친절을 베풀지 않았다고 확신합니다. 나는 그가 그것이 내 사랑에 어떤 영향을 미칠지에 대해 전혀 생각하거나 개의치 않고 의도적으로 자신의 다른 면을 나에게 보여주었다고 확신합니다." "Why I Would Not Marry My Husband Again," *Ladies' Home Journal,* August 1908, 38.

12 빅토리아 시대의 중간계급 여성 문화에 대해서는 Carroll Smith-Rosenberg, *Disorderly*

Conduct: Visions of Gender in Victorian America(New York: A. A. Knopf, 1985)를 보라. 남성에 대한 이러한 새로운 기대는 이전에는 남성과 여성에게 분할되어 있던 여가 영역이 남녀가 혼합된 이성관계적(heterosocial) 여가에 자리를 내주기 시작한 것과 관련이 있을 것이다. Lawrence Birken, *Consuming Desire: Sexual Science and the Emergence of a Culture of Abundance, 1871~1914*(Ithaca: Cornell University Press, 1988)를 보라.

13 John D'Emilio and Estelle B. Freedman, *Intimate Matters: A History of Sexuality in America* (New York: Harper and Row, 1988).

14 Mary Jo Buhle, *Feminism and Its Discontents: A Century of Struggle with Psychoanalysis* (Cambridge, MA: Harvard University Press, 1998), 25를 보라.

15 누군가는 도라(Dora)의 사례에 의지하여 주장을 펼칠 수도 있지만, 아이러니하게도 도라의 사례는 페미니즘에 정신분석학을 비난하는 원인을 제공해 왔다. 도라 — 도라의 사례는 프로이트의 유명한 '실패 사례' 중 하나이다 — 가 극심한 기침으로 고생하자 그녀의 아버지는 그녀를 프로이트에게 보냈다. 프로이트는 그녀가 기침을 하는 것은 그녀 자신이 얽혀 있음을 알게 된 이야기에 대한 신경질적인 반응이라고 진단했다. 아버지는 도라를 K씨의 품에 안겨주었고, 그리하여 아버지는 K씨의 아내와 은밀하게 불륜을 저지질 수 있었다. 페미니스트들은 자주 이 이야기를 프로이트를 비난하는 데 이용했다. 페미니스트들이 볼 때, 이 이야기는 정신분석학 프로젝트가 가부장제적 구조 — 남성이 자신들의 성적 욕구를 충족시키기 위해 남성들 간에 여성을 교환하는, 그리고 다시 자신들의 지배를 표현하는 — 를 포함하는 방식과 그 구조에 봉사하는 방식을 예증해 준다. 이러한 맥락에서 치료요법은 가부장제적 사회구조에 의해 발생하는 증상과 질병의 영속성을 숨기고 심지어는 보장하는 데 일조하는 것으로 간주된다. 의심할 바 없이 이 이야기는 그러한 가부장제적 장치와 지배의 사례였다. 그러나 프로이트가 이 이야기를 다루는 방식은 그렇지 않았다. 나는 프로이트가 그 이야기에 대해 한 말이 그 당시에 이용 가능한 다른 어떤 문화적 형성물보다 여성에 대한 표현을 동요시켰다고 주장할 것이다.

가족사가인 칼 데글러(Carl Degler)가 지적하듯이, "19세기에서 20세기 초기 동안에 서구 세계 전체에서는 여성이 강력한 성적 고조감을 느낀다는 것을 인정하는 것은 수치스러운 것일 뿐만 아니라 모든 논평에 반하는 것이었다"(Carl Degler, "What Ought to Be and What Was: Women's Sexuality in the Nineteenth Century," *American Historical Review* 79 [December 1974]: 1467~1490). 이와는 대조적으로 프로이드가 재서술하고 있는 노라 이야기에서 도라의 섹슈얼리티는 그녀를 교환하던 두 남자의 섹슈얼리티만큼이나 강력하고 누그러뜨리기 어려운 것으로 등장한다. 실제로 도라의 히스테리 반응에 대한 프로이트의 이해와 재서술 속에서 그녀의 갈등은 그녀의 아버지에 대한 그녀 자신의 사랑과 욕망에 의해, 그녀의 부도덕한 구혼자 K씨에 대한 무의식적인 욕망에 의해, 그리고 K씨의 부인에 대한 그녀의 성적 욕망에 의해 유발된 것으로 입증된다. 도라의 섹슈얼리티에 대한 그러한 재묘사가 포르노 이야기가 아니라 중립적인 (따라서 정당한) 과학적 설명으로 쓰였다는 것은 프로이트의 설명을 더욱더 전복적이게 만들었다. 프로이트는 도라에게 가정된 엄청나고 다양한 성욕에 대해 쓰면서, 도덕성을 그 여성의 섹슈얼리티에 대한 평가와 분리시켰다. 피터 게이의 말을 다시 인용하면, "리비도에 대한 프로이트의 관대한 견해는 프로이트를 심리적 민주주의자로 만들었다. 모든 인간은 에로틱한 삶을 공유하기 때문에, 모든 남자와 여자는 자신들의 문화적 제복을 입고 있는 형제와 자매이다"(Peter Gay, *Freud: A Life of Our Time* [London: J. M. Dent, 1988], 148).

우리는 여성의 상태를 노골적으로 비난하는 적극적이고 명시적인 담론이 아니라 여성의 강렬한 섹슈얼리티를 폭로하는 새로운 문화적 스타일에서 여성에 대한 표현의 변화를 발견할 수 있으며, 이러한 변화는 여성의 성적 욕구가 여성의 행동에서 남성의 성적 욕구만큼 강력하고 결정적일 수 있다는 견해를 정당화한다. 비록 프로이트가 의심할 바 없이 페미니스트가 아니었고, 그리고 비록 프로이트 자신이 여성의 성적 쾌락에 대한 관념을 발명하지는 않았지만, 남성과 여성이 똑같이 강력한 섹슈얼리티를 가지고 있다는 프로이트의 견해는 여성의 섹슈얼리티에 대한 문화적 정의를 동요시키는 데 크게 일조했다.

16 Clifford Adams, "Making Marriage Work," *Ladies' Home Journal,* June 1950, 26.

17 Paul Popenoe, "Can This Marriage Be Saved?" *Ladies' Home Journal,* June 1960, 22.

18 Buhle, *Feminism and Its Discontents,* 206.

19 이를테면 즉각 크게 성공한 베스트셀러인 『독사 세대(A Generation of Vipers)』(1942)는, 미국은 여성이 자신의 남편을 무력하게 만들고 자신의 아들의 남성성을 박탈했기 때문에 병든 사회라고 주장했다. 그 책의 저자 필립 와일리(Philip Wylie)는 정신분석학의 용어를 사용하여 리더십과 민주적 가치의 쇠퇴에 대한 책임이 어머니들에게 있다고 선언했다. 또 다른 예를 들면, 1944년에 할리우드 영화 〈어둠 속의 여인(Lady in the Dark)〉은 정신분석학적 테마(억압된 욕망, 무의식, 오이디푸스 콤플렉스 등)를 이용하여 일하는 여성은 불행해지게 되어 있으며 자신을 지배할 수 있는 남자를 발견하면 행복을 되찾을 수 있을 것이라는 기본 메시지를 전달했다.

20 Buhle, *Feminism and Its Discontents*, 173.

21 Marynia F. Farnham, *Modern Woman: The Lost Sex*(New York: Harper, 1974); Ellen Herman, *The Romance of American Psychology: Political Culture in the Age of Experts, 1940-1970*(Berkeley: University of California Press, 1995), 278에서 인용.

22 Herman, *Romance of American Psychology.*

23 Ibid.

24 Ibid.

25 Bruce Schulman, *The Seventies: The Great Shift in American Culture, Society and Politics* (New York: Free Press, 2001), 171.

26 1970년에 미국 대학에서 개설된 여성 관련 강좌는 20개가 채 되지 않았다. 하지만 20년 후에는 학부 수준에서 제공되는 여성 관련 강좌의 수가 3만 개가 넘었다(ibid., 172).

27 여성에 대한 심리학적·정신분석학적 이해에 도전하는 목소리가 1920년대부터 나왔지만, 그것은 대부분 그러한 일에 종사하는 다른 여성 정신분석가들로부터 제기되었다. 정신분석학에 대한 초기 페미니즘적 비판은 그 학문 자체를 훼손하려 하지는 않았던 동료 실무 종사자들에 의해 이루어졌다.

28 Betty Friedan, *The Feminine Mystique*(New York: Norton, 1963).

29 베티 프리던은 사회과학 전반, 그리고 특히 심리학에 대해 말하면서 "미국의 사회과학은 여성의 삶을 제약했던 낡은 편견을 파괴하기는커녕 그러한 편견에 새로운 권위를 부여했을 뿐"이라고 주장했다(ibid., 117).

30 Buhle, *Feminism and Its Discontents,* 209에서 인용.

31 다음을 보라. Elizabeth Lunbeck, *The Psychiatric Persuasion: Knowledge, Gender, and Power in Modern America*(Princeton: Princeton University Press, 1994); Jane Ussher, *Women's Madness: Misogyny or Mental Illness*(Amherst: University of Massachusetts Press, 1992).

32 Ussher, *Women's Madness,* 166.

33 Herman, *Romance of American Psychology.*

34 Ibid., 278, 303.

35 Ibid., 280.

36 William H. Sewell Jr., "The Concept(s) of Culture," in *Beyond the Cultural Turn: New Directions in the Study of Society and Culture,* ed. Victoria E. Bonnell and Lynn Hunt (Berkeley: University of California Press, 1999), 50.

37 Michael Walzer, *Exodus and Revolution*(New York: Basic Books, 1984)을 보라.

38 Janet Fowler Nelson, "Current Trends in Marriage Counseling," *Journal of Home Economics* 44(April 1952): 8.

39 Ibid., 254.

40 Michel Callon, "Some Elements of a Sociology of Translation: Domestication of the Scallops and the Fishermen of Saint Brieuc Bay," in *Power, Action, and Belief: A New Sociology of Knowledge?* ed. John Law(Boston: Routledge and Kegan Paul, 1986), 204.

41 Popenoe, "Can This Marriage Be Saved?" 144.

42 Ibid., 146.

43 Clifford Adams, "Making Marriage Work," *Ladies' Home Journal,* March 1950, 26.

44 Callon, "Some Elements," 208.

45 Ibid., 211.

46 Clifford Adams, *How to Pick a Mate*(New York: Dutton, 1946), 91.

47 Joyce Brothers, "Make Your Marriage a Love Affair," *Readers' Digest,* March 1973, 80.

48 Terri Brooks, "A Better Marriage," *Redbook,* August 1988, 142.

49 이에 대한 하나의 사례가 바로 John J. Anthony, *Marriage and Family Problems*(New York: Doubleday, Doran, 1939)이다.

50 Peters Stearns, *American Cool: Constructing the 20th-Century Emotional Style*(New York: New York University Press, 1994)을 보라.

51 Adams, "Making Marriage Work," 26.

52 Natalie Winslow, "How to Assault a Husband Safely," *Mademoiselle,* July 1958, 71.

53 Ibid., 123.

54 이러한 비판들에 대해서는 다음을 보라. Kate Millett, *Sexual Politics*(New York: Ballantine Books, 1970); Juliet Mitchell, *Psychoanalysis and Feminism*(New York: Pantheon Books, 1974).

55 도식의 전치 가능성에 대해서는 Bourdieu, *Distinction,* 또는 Paul J. DiMaggio, "Culture and Cognition," *Annual Review of Sociology* 24(1997): 263을 보라.

56 Herman, Romance of American Psychology, 276~304.

57 John Berger, *Ways of Seeing*(London: British Broadcasting Corporation, 1972), 46.

58 Ellen Kaschak, *Engendered Lives: A New Psychology of Women's Experience*(New York: Basic Books, 1992), 151.

59 Joel Pfister and Nancy Schnog, eds., *Inventing the Psychological: Toward a Cultural History of Emotional Life in America*(New Haven: Yale University Press, 1997), 17~59.

60 하지만 킨제이 보고서는 조작된 데이터와 표집 방법에 근거했던 것으로 보인다. Nachman Ben-Yehuda, *Sacrificing Truth: Archaeology and the Myth of Masada*(Amherst, NY: Humanity Books, 2002)를 보라.

61 William H. Chafe, *The Paradox of Change*(New York: Oxford University Press, 1991), 176.

62 Schulman, *The Seventies,* 175.

63 이를테면 앨프리드 킨제이(Alfred Kinsey)가 질의 무감각성을 확증하고 음핵을 성적 만족의 주요 장소로 만듦으로써 정신분석학적 섹슈얼리티 이론에 의문을 제기했을 때, 페미니스트들은 그러한 의문을 섹슈얼리티에 대한 프로이트의 견해가 여성에게 편향되어 있다는 증거로 사용했다. 그러나 나는 이 주장이 지적 양립 가능성과 문화적 양립 가능성을 혼동하고 있다고 주장할 것이다. 왜냐하면 여성의 섹슈얼리티를 그렇게 논쟁적인 쟁점으로 만들고 여성해방의 현장이라고 판단한 것은 애초에 프로이트와 그의 추종자들이 여성의 섹슈얼리티를 과학적인 조사를 할 만한 가치가 있다고 여겼기 때문이다.

64 Robert R. Bell, *Worlds of Friendship*(Beverly Hills, CA: Sage Publications, 1981); M. A. Caldwell and L. A. Peplau, "Sex Differences in Same-Sex Friendships," *Sex Roles* 8(1982): 721~732.

65 A. C. Kinsey, W. B. Pomeroy, and C. E. Martin, *Sexual Behavior in the Human Male* (Philadelphia: W. B. Saunders, 1948); A. C. Kinsey et al., *Sexual Behavior in the Human Female*(Philadelphia: W. B. Saunders, 1953); Helen Gurley Brown, *Sex and the Single Girl* (New York: Avon, 1962); Grace Metalious, *Peyton Place*(New York: Random House, 1956); Robert Rimmer, *The Harrad Experiment*(New York: Bantam Books, 1973).

66 David R. Shumway, *Modern Love: Romance, Intimacy, and the Marriage Crisis*(New York: New York University Press, 2003), 149.

67 이 클리닉이 오늘날 '성적 강박증'뿐만 아니라 친밀성 문제, '트라우마', 섭식장애도 다루고 있다는 것은 흥미롭다. 이는 그들이 개발한 도구들이 다른 행동 영역을 빠르게 '식민지화'했다는 것을 암시한다.

68 매스터스와 존슨은 킨제이처럼 사람들에게 그들의 성적 활동에 대해 물어보는 대신 실험실적 상황에서 700명의 남녀의 성적 활동을 관찰하여 자위와 성교를 하는 동안 일어나는 신체 반응을 정확하게 측정하는 도구와 기법을 개발했다. 1966년에 그들은 자신들의 연구 결과를 『인간의 성적 반응(Human Sexual Response)』이라는 책으로 출판했고, 이 책은 빠르게 국제적인 베스트셀러가 되었다. 킨제이 보고서처럼 그들의 책은 매우 인기가 있었고, 일반 공중에게서 호평을 받았다. 매스터스와 존슨의 연구가 특히 흥미로웠던 것은 그들이 프로이트와 마찬가지로 성기능 장애를 다루는 동시에 건강한 섹슈얼리티를 묘사하고 규정했기 때문이고, 또한 두 사람 모두 엄격한 실험실 실험을 수행하고 널리 인기 있는 책을 썼기 때문이다. 그들은 미국에서 부부 문제와 섹슈얼리티를 치료하기 위한 최초의 클리닉 중 하나를 만들었다.

69 William H. Masters, Virginia E. Johnson, and Robert J. Levin, *The Pleasure Bond: A New Look at Sexuality and Commitment*(Boston: Little, Brown, 1974).

70 David Allyn, *Make Love, Not War: The Sexual Revolution, an Unfettered History*(New York: Routledge, 2001), 169를 보라.

71 Suzanne R. Kirschner, *The Religious and Romantic Origins of Psychoanalysis: Individuation and Integration in Post-Freudian Theory*(New York: Cambridge University Press, 1996).

72 Ibid., 195.

73 Stephen Mitchell, *Relational Concepts in Psychoanalysis*(Cambridge, MA: Harvard University Press, 1988)를 보라.

74 74. Ibid., 20.

75 D. W. Winnicott, *Maturational Processes and the Facilitating Environment: Studies in the Theory of Emotional Development*(New York: International Universities Press, 1965)를 보라.

76 Philip Sarrel and Lorna Sarrel, "The Redbook Report on Sexual Relationships," *Redbook,* October 1980, 73.

77 J. Barnard and M. Fain, "Five Challenges That Can Make or Break Your Marriage," *Redbook,* April 1980, 178.

78 Masters et al., *Pleasure Bond,* 24~25.

79 Francine Klagsbrun, *Married People: Staying Together in the Age of Divorce*(New York: Bantam Books, 1985), 21.

80 Ibid., 18.

81 Masters et al., *Pleasure Bond,* 14.

82 Ibid., 84.

83 Ibid., 27.

84 Ibid., 36.

85 Ibid.

86 Ibid., 28~29.

87 William Masters and Virginia Johnson, "Sex and Marriage," *Redbook,* October 1970, 83.

88 Mary Ann Glendon, *Rights Talk: the Impoverishment of Political Discourse*(Toronto: Free Press, 1991), xi.

89 Angela McRobbie, "Just Like a Jackie Story," in *Feminism for Girls: An Adventure Story,* ed. Angela McRobbie and Trisha McCabe(New York: Routledge and Kegan Paul, 1981), 6.

90 "여성뿐만 아니라 남성들과도 이야기를 나눌수록 나는 불완전감, 공허감, 자기회의감, 자기혐오감이라는 내면의 감정은 누가 그 감정을 경험했든 간에(남성과 여성이 그 감정을 문화적으로 정반대로 표현한다고 하더라도) 똑같다는 생각이 더욱 들었다." Gloria Steinem, *The Revolution from Within: A Book of Self-Esteem*(Boston: Little, Brown, 1992), 5.

91 Nathaniel Branden, "If You Could Hear What I Cannot Say: The Husband/Wife Communication Workshop," *Redbook,* April 1985, 94.

92 Dale R. Olen, *Resolving Conflict: Learning How You Both Can Win and Keep Your Relationship*(Milwaukee: Joda Communications, 1993), 6.

93 Abigail Gerd, "When Money Comes between Couples," *Redbook,* January 1985, 82.

94 Lynne Sharon Schwartz, *Rough Strife*(New York: Harper and Row, 1981), 89.

95 Carol Tavris and Toby Epstein Jayaratne, "How Happy Is Your Marriage?" *Redbook,* June 1976, 92.

96 Terri Brooks and Judith Glassman, "Three Ways to a Better(Trouble-Proof) Marriage," *Redbook,* August 1998, 96.

97 Lori H. Gordon and Jon Frandsen, *Passage to Intimacy: Key Concepts and Skills from the Pairs Program Which Has Helped Thousands of Couples Rekindle Their Love*(New York: Fireside Simon and Schuster, 1993), 114.

98 John Steadman Rice, *A Disease of One's Own: Psychotherapy, Addiction, and the Emergence of Co-dependency*(New Brunswick, NJ: Transaction Publishers, 1998), 163에서 인용.

99 Gordon and Frandsen, *Passage to Intimacy,* 91.

100 Ibid., 105~106.

101 Ibid., 120.

102 Frederic Jameson, Arthur P. Bochner, "On the Efficacy of Openness in Close Relationships," in *Communication Yearbook 5,* ed. Michael Burgoon(New Brunswick, NJ: Transaction Books, 1982), 109에서 인용.

103 Philip Gorski, "Calvinism and State-Formation in Early Modern Europe," in *State/Culture: State Formation after the Cultural Turn,* ed. George Steinmetz(Ithaca: Cornell University Press, 1999), 161.

104 Martin Albrow, "The Application of the Weberian Concept of Weberian Concept of Rationalization to Contemporary Conditions," in *Max Weber, Rationality and Modernity,* ed. Scott Lash and Sam Whimster(Boston: Allen and Unwin, 1987), 164~182를 보라. 앨브로(Albrow)는 합리화 개념에 대한 하버마스의 논의를 따라 합리화가 다섯 가지 요소를 포함하고 있다고 제시한다. 계산된 수단의 사용, 더 효과적인 수단의 사용, 합리적 근거(즉, 지식과 교육)에 근거한 선택, 일반적인 가치 원리가 사람의 삶을 인도하게 하는 것, 그리고 앞의 네 가지 요소를 합리적이고 체계적인 라이프스타일로 통합하는 것이 그것이다. 그러나 합리화는 추가적인 중요한 의미를 가지고 있다. 그것이 바로 공식적인 지식체계의 확장과정으로, 이는 다시 일상생활의 '지성화(intellectualization)' — 일상생활이 지식체계에 의해, 그리고 세계에 대한 믿음의 체계화에 의해 점점 더 틀 지어지는 것 — 로 이어진다.

105 Ibid., 170.

106 Harriet Lerner, *The Dance of Anger: A Woman's Guide to Changing the Patterns of Intimate Relationships*(New York: HarperCollins, 1985), 29.

107 Sarrel and Sarrel, "Redbook Report," 73.

108 Max Weber; Seyla Benhabib, *Critique, Norm, and Utopia: A Study of the Foundations of Critical Theory*(New York: Columbia University Press, 1986)에서 인용.

109 Popenoe, "Can This Marriage Be Saved?"

110 Ann Curran, "Should You Sob on the Job?" *Redbook,* March 1985, 174.

111 Wells Goodrich, "How to Handle a Hot Marriage and Warm up a Cool One," *Redbook,* November 1980, 25, 181.

112 Wendy Espeland and Mitchell Stevens, "Commensuration as a Social Process," *Annual Review of Sociology* 24(1998): 313~343.

113 Wendy Nelson Espeland, "Commensuration and Cognition," in *Culture in Mind: Toward a Sociology of Culture and Cognition,* ed. Karen Cerulo(New York: Routledge, 2002), 64.

114 Mary Beth Crain, "The Marriage Checkup," *Redbook,* [unknown year], 89.

115 Sarrel and Sarrel, "Redbook Report," 73.

116 "나의 시도는 담론의 부속물로 인식되는 텍스트가 인간의 행동에 침투하는 지점을 예증하기 위한 노력의 하나이다." Brian Stock, *Listening for the Text: On the Uses of the Past* (Baltimore: Johns Hopkins University Press, 1990), 104~105.

117 Jack Goody and Ian Watt, "The Consequences of Literacy," in *Literacy in Traditional Societies,* ed. Jack Goody(New York: Cambridge University Press, 1968), 27~68.

118 Walter J. Ong, "Print, Space, and Closure," in *Communication in History: Technology, Culture, Society,* ed. David Crowley and Paul Heyer(New York: Longman, 1991), 110.

119 Anthony Giddens, *The Transformation of Intimacy, Sexuality, Love and Eroticism in Modern Societies*(Cambridge: Polity Press, 1994).

120 Jorge Arditi, "Simmel's Theory of Alienation and the Decline of the Nonrational," *Sociological Theory* 14(July 1996): 93~108.

121 Eva Illouz, *Cold Intimacies: The Making of Emotional Capitalism*(Cambridge: Polity Press, 2007)을 보라.

122 Genevieve Lloyd, *The Man of Reason: "Male" and "Female" in Western Philosophy* (Minneapolis: University of Minnesota Press, 1993).

제5장 고통의 승리

* Kate Harrison, *The Starter Marriage*(London: Orion, 2005), 75.

** Friedrich Nietzsche, *The Genealogy of Morals, in The Birth of Tragedy and The Genealogy of Morals*, trans. F. Golffing(New York: Doubleday, 1956), 192.

*** Michel Foucault, interview with Lucette Finas, "The History of Sexuality," in *Power/Knowledge: Selected Interviews and Other Writings, 1972~1977*, ed. and trans. Colin Gordon(New York: Pantheon Books, 1980), 193.

1 Samuel Smiles, *Self-Help*(London: John Murray, 1882), 6.

2 Sigmund Freud, "Lines of Advance in Psychoanalytic Therapy"(1919), in *The Standard Edition of the Complete Psychological Works of Sigmund Freud,* ed. and trans. James Strachey, vol. 17(London: Hogarth Press, 1963), 168.

3 Erich Auerbach, Melvin J. Woody, "The Unconscious as a Hermeneutic Myth: Defense of the Imagination," in *Imagination and Its Pathologies,* ed. James Phillips and James Morley (Cambridge, MA: MIT Press, 2003), 191에서 인용.

4 Orlando Patterson, "Culture and Continuity: Causal Structures in Socio-Cultural Persistence," in *Matters of Culture: Cultural Sociology in Practice,* ed. Roger Friedland and John Mohr(New York: Cambridge University Press, 2004), 82.

5 Raymond Williams, *Marxism and Literature*(Oxford: Oxford University Press, 1977).

6 Terry Eagleton, *Ideology: An Introduction*(London: Verso, 1991).

7 '심층' 관념에 대해서는 William H. Sewell Jr., "A Theory of Structure: Quality, Agency, and Transformation," *American Journal of Sociology* 98, no. 1(1992): 1~29를 보라.

8 Eva Moskowitz, *In Therapy We Trust: America's Obsession with Self-Fulfillment*(Baltimore: John Hopkins University Press, 2001)를 보라.

9 William James, *The Varieties of Religious Experience*(New York: Mentor, 1960), 87, 85.

10 Erik H. Erikson, *Childhood and Society*(New York: Norton, 1963).

11 Larry A. Hjelle and Daniel J. Ziegler, *Personality Theories: Basic Assumptions, Research, and Applications,* 3rd ed. (New York: McGraw-Hill, 1992), 188~189.

12 Carl Rogers, *On Becoming a Person*(Boston: Houghton Mifflin, 1961), 35.

13 Ibid.

14 Abraham Maslow, *The Farther Reaches of Human Nature*(New York: Penguin Books, 1993), 25~26.

15 Ibid., 52.

16 Ibid., 57.

17 John Meyer, "The Self and Life Course: Institutionalization and Its Effects," in *Human Development and the Life Course: Multidisciplinary Perspectives,* ed. Aage B. Sørensen, Franz E. Weinert, and Lonnie R. Sherrod(Hillsdale, NJ: Lawrence Erlbaum, 1986), 206.

18 Steven Brint, "Rethinking the Policy Influence of Experts," *Sociological Forum* 5(1990): 372~373.

19 Ann Swidler, "Culture in Action," *American Sociological Review* 51, no. 2(1986): 273~286.

20 Micki McGee, *Self-Help, Inc.: Makeover Culture in American Life*(New York: Oxford University Press, 2005), 11.

21 James Nolan, *The Therapeutic State: Justifying Government at Century's End*(New York: New York University Press, 1998).

22 Ellen Herman, *The Romance of American Psychology: Political Culture in the Age of Experts, 1940~1970*(Berkeley: University of California Press, 1995), 241. 재향군인관리국(Veterans Administration)과 같은 일부 연방 기관이 정신건강에 새로운 프로그램을 채택하기를 간절히 바랐다는 사실은 정신건강에 대한 그 같은 관심을 보여주는 또 다른 사례이다.

23 Ibid.

24 Nolan, *Therapeutic State,* 281.

25 이 통계치는 모두 ibid., 8에서 따온 것이다.

26 Ibid., 48.

27 George M. Thomas et al., "Ontology and Rationalization in the Western Cultural Account," in *Institutional Structure: Constituting State, Society, and the Individual*(Newbury Park, CA: Sage Publications), 27.

28 심리학적 자아가 몰사회적이라고 주장하는 사례로는 John Steadman Rice, *A Disease of One's Own: Psychotherapy, Addiction, and the Emergence of Co-dependency*(New Brunswick, NJ: Transaction Publishers, 1996), 89~99를 보라.

29 John Meyer, "World Society and the Nation State," *American Journal of Sociology* 103, no. 1(1997): 144~181.

30 American Psychiatric Association, *Diagnostic and Statistical Manual of Mental Disorders,* 3rd ed.(Washington, DC: American Psychiatric Association, 1980)(이하 『DSM III』로 지칭한다).

31 Atwood D. Gains, "From DSM to III-R: Voices of Self Mastery and the Other. A Cultural Constructivist Reading of U.S. Psychiatric Classification," *Social Science and Medicine* 35, no. 1(1992): 3~24.

32 Herb Kutchins and Stuart Kirk, *Making Us Crazy: DSM: The Psychiatric Bible and the Creation of Mental Disorders*(New York: Free Press, 1997), 247. 여기서 이루어지는 『DSM』에 대한 논의의 많은 것은 이 책에 기초한다.

33 *DSM III,* 63, 313, 323.

34 Kutchins and Kirk, *Making Us Crazy,* 12.

35 Ibid.

36 Ibid., 261.

37 Ibid., 247. 커친스와 커크는 일부 제약회사가 『DSM』 개발에 직접 기여하기도 했다고 주장한다.

38 Ibid., 13.

39 Ian Hacking, *The Social Construction of What?*(Cambridge, MA: Harvard University Press, 1999), 136~137.

40 Ibid., 139.

41 Alice Miller, *The Drama of the Gifted Child: The Search for the True Self*(New York; Basic Books, 1981).

42 Alice Miller, *Banished Knowledge: Facing Childhood Injuries*(New York: Anchor Books, 1990), 190.

43 Mark S. Micale and Paul Lerner, "Trauma, Psychiatry, and History," in *Traumatic Pasts: History, Psychiatry, and Trauma in the Modern Age, 1870~1930,* ed. Mark S. Micale and Paul Lerner(New York: Cambridge University Press, 2001), 2.

44 Ron Eyerman, *Cultural Trauma: Slavery and the Formation of African-American Identity* (Cambridge: Cambridge University Press, 2002).

45 Frank Furedi, *Therapy Culture: Cultivating Vulnerability in an Uncertain Age*(New York: Routledge, 2004), 82를 보라.

46 Moskowitz, *In Therapy We Trust,* ch. 8; Furedi, *Therapy Culture,* chs. 1 and 7.

47 Bruno Latour, *The Pasteurization of France*(Cambridge, MA: Harvard University Press, 1988)를 보라. 이를테면 라투르는 위생학자들이 파스퇴르의 미생물 이론을 지지했던 것은 그 이론이 비위생적인 숙박시설과의 싸움에서 정당성을 제공해 줄 수 있기 때문이었다는 것을 보여준다. 또한 Michel Callon, "Some Elements of a Sociology of Translation: Domestication of the Scallops and the Fishermen of St Brieuc Bay," in *Power, Action, and Belief: A New Sociology of Knowledge?* ed. John Law(London: Routledge and Kegan Paul, 1986), 196~233을 보라.

48 Peter Galison, *Image and Logic: A Material Culture of Microphysics*(Chicago: University of Chicago Press, 1997).

49 Mariana Valverde, *Diseases of the Will: Alcohol and the Dilemmas of Freedom*(New York: Cambridge University Press, 1998).

50 Sidney Jourard, "The Fear That Cheats Us of Love," *Redbook,* October 1971, 157; Maslow, *Farther Reaches,* 57.

51 Lawrie Reznek, *The Philosophical Defense of Psychiatry*(New York: Routledge, 1991).

52 William Labov, *Language in the Inner City: Studies in the Black English Vernacular* (Philadelphia: University of Pennsylvania Press, 1972); 또한 Catherine Kohler Riessman, *Narrative Analysis*(Newbury Park, CA: Sage Publications, 1993)도 보라.

53 서사에 대한 이러한 논의는 다음의 탁월한 연구로부터 영감을 받아 끌어낸 것이다. Carol Kidron, "Amcha's Second Generation Holocaust Survivors: A Recursive Journey into the Past to Construct Wounded Carriers of Memory"(MA thesis, Hebrew University of Jerusalem, 1999).

54 Paul Ricoeur, *Time and Narrative,* 3 vols.(Chicago: University of Chicago Press, 1984~1988).

55 Sherry Ortner; Kidron, "Amcha's Second Generation," 6에서 인용.

56 Kenneth J. Gergen and Mary Gergen, "Narrative and the Self as Relationship," *Advances in Experimental Social Psychology* 21(1988): 18.

57 Michel Foucault, "The Care of the Self," in *History of Sexuality,* vol. 3, *The Care of the Self* (Chicago: University of Chicago Press, 1992).

58 Carol Botwin, "The Big Chill," *Redbook,* February 1985, 102. 59.

59 Ibid., 106.

60 Robin Norwood, *Women Who Love Too Much: When You Keep Wishing and Hoping*

He'll Change(New York: J. P. Tarcher, 1985).

61 이따금 그 책은 아래의 커빙턴(Covington)의 글을 인용하여 행동의 전 범위를 설명하기도 한다. "중독과 학대가 분명히 파트너들이 서로 정직하고 완전하게 관계를 맺는 것을 막지만, 사람들은 다른 이유 때문에 쌀쌀맞아질 수도 있다. 그들은 다른 누군가와 결혼했을 수도 있고 다수의 사람과 관계를 맺고 있을 수도 있다. 그들은 친밀성을 배제하는 엄격한 경계를 가지고 있을 수도 있다. 그들은 우울하고 따라서 당신의 욕구를 충족시키지 못할 수도 있다. 그들은 아주 나르시시즘적이어서 모든 것을 자기 자신에게 회부하여 전적으로 자기 자신에게 미치는 영향에만 집중하기 때문에 당신의 감정이나 기억을 부정할 수도 있다." Stephanie S. Covington, *Awakening Your Sexuality: A Guide for Recovering Women*(Center City, MN: Hazelden Information and Educational Services, 2000), 126~127.

62 Norwood, *Women Who Love Too Much.*

63 Ibid., xiv.

64 Ibid., xiii.

65 Ibid., 18.

66 William H. Sewell Jr., "The Concept(s) of Culture," in *Beyond the Cultural Turn: New Directions in the Study of Society and Culture,* ed. Victoria E. Bonnell and Lynn Hunt (Berkeley: University of California Press, 1999), 56.

67 Margaret S. Mahler, "On the Current Status of the Infantile Neurosis," *Journal of the American Psychoanalytic Association* 23(1975): 327~333; Suzanne Kirschner, *The Religious and Romantic Origins of Psychoanalysis: Individuation and Integration in Post-Freudian Theory*(New York: Cambridge University Press, 1996), 41에서 인용.

68 Alon Nahi and Haim Omer, "Demonic and Tragic Narratives in Psychotherapy," in *Healing Plots: The Narrative Basis of Psychotherapy,* ed. Amia Lieblich, Dan P. McAdams, and Ruthellen Josselson(Washington, DC: American Psychological Association, 2004), 29~48. 그러나 나는 악령 서사를 구성하는 것에 대한 그들의 특성화를 얼마간 수정할 것이다.

69 Sewell, "Concept(s) of Culture," 56.

70 Jeffrey Alexander and Jason L. Mast, "Introduction: Symbolic Action in Theory and Practice: The Cultural Pragmatics of Symbolic Action," in *Social Performance: Symbolic Action, Cultural Pragmatics, and Ritual,* ed. Jeffrey C. Alexander, Berhard Giesen, and Jason L. Mast(New York: Cambridge University Press, 2006), 5.

71 Jeffrey Alexander, "Cultural Pragmatics: Social Performance between Ritual and Strategy," in Alexander, Giesen, and Mast, *Social Performance,* 32.

72 "Can't Get Over Your Ex," *Oprah Winfrey Show,* March 28, 1995.

73 Jaber Gubrium and James Holstein, "The Self in a World of Going Concerns," *Symbolic Interaction* 23, no. 2(2000): 109.

74 Gergen and Gergen, "Narrative."

75 L. Randolph, "Oprah Opens up about Her Weight, Her Wedding, and Why She Withheld the Book," *Ebony,* October 1993, 130.

76 Brooke Shields, *Down Came the Rain: My Journey through Postpartum Depression*(New York: Hyperion Press, 2005).

77 Jane Fonda, *My Life So Far*(New York: Random House, 2005).

78 Maureen Dowd, "The Roles of a Lifetime," *New York Times Book Review,* April 24, 2005, 13.

79 Furedi, *Therapy Culture,* 41.

80 Brendan O'Neill, "Misery Lit ... Read On," April 17, 2007, http://news .bbc.co.uk/2/hi/uk_news/magazine/6563529.stm(accessed June 13, 2007).

81 Abraham Lincoln's remark to John L. Scripps, 1860, in J. L. Scripps and M. L. Houser, *John Locke Scripps' 1860 Campaign Life of Abraham Lincoln*(Peoria, IL: Edward Jacob, 1931).

82 David Held, *Introduction to Critical Theory: Horkheimer to Habermas*(Berkeley: University of California Press, 1980), 183~184.

83 Kidron, "Amcha's Second Generation."

84 Christina Hoff Sommers and Sally Satel, *One Nation under Therapy: How the Helping Culture Is Eroding Self-Reliance*(New York: Saint-Martin's Press, 2005).

85 Paul DiMaggio, "Culture and Cognition," *Annual Review of Sociology* 23(1997): 263~287.

86 Eagleton, *Ideology,* 48.

87 Robert Wuthnow, *Sharing the Journey: Support Groups and America's New Quest for Community*(New York: Free Press, 1994).

88 "Werner Erhard: Influence," 2002, www.wernererhard.com/werner-erhardinfluence.htm (accessed March 16, 2007).

89 비록 이 기업이 치료요법 기법에 크게 의존하기는 하지만, 심리학자들의 통제와 승인을 받지 않기 위해 자신을 '교육' 기업이라고 칭한다.

90 Robert Todd Carroll, "Landmark Forum," 2005, http://skepdic.com/landmark.html (accessed March 16, 2007).

91 Kohler Riessman, *Narrative Analysis.*

92 Y. Klar et al., "Characteristics of Participants in a Large Group Awareness Training," *Journal of Consulting and Clinical Psychology* 58, no. 1(1990): 99~108, "Landmark Forum"에서 인용.

93 Alain Ehrenberg, *L'individu incertain*(Paris: Hachette, Coll. Pluriel, 1995)을 보라.

94 Victor Turner, "The Anthropology of Performance," in *The Anthropology of Performance* (New York: PAJ Publications, 1986), 76.

95 James Clifford, "On Ethnographic Allegory," in *The New Social Theory Reader,* ed. Jeffrey Alexander and Steven Seidman(New York: Routledge, 2001), 58.

96 Fred Alford, *Narcissism: Socrates, the Frankfurt, and Psychoanalytic Theory*(New Haven: Yale University Press, 1988), 11~13.

제6장 새로운 감정적 계층화?

* Karl Marx, *Communist Manifesto* (Chicago: H. Regnery, 1969), 5.

1 Sigmund Freud, *Letters of Sigmund Freud,* ed. Ernst L. Freud, trans. Tania and James Stern (New York: Basic Books, 1975), 50~51.

2 Pierre Bourdieu, *Distinction: A Social Critique of the Judgement of Taste*(Cambridge, MA: Harvard University Press, 1984).

3 Sigmund Freud, "Lecture XXII: "Some Thoughts on Development and Regression Aetiology," from *Introductory Lectures,* in *The Standard Edition of the Complete Psychological Works of Sigmund Freud,* ed. and trans. James Strachey(London: Hogarth

Press, 1963), 16: 352~353.

4 내가 이 두 텍스트에 주목할 수 있었던 것은 호세 브루너(Jose Brunner) 덕분이다. 그에게 감사한다.

5 Karin Knorr-Cetina, "Culture in Global Knowledge Societies," in *The Blackwell Companion to the Sociology of Culture,* ed. Marc Jacobs and Nancy Weiss Hanrahan(Oxford: Blackwell, 2005), 74.

6 Roger Friedland and John Mohr, "The Cultural Turn in American Sociology," in *Matters of Culture,* ed. Roger Friedland and John Mohr(New York: Cambridge University Press, 2004), 9.

7 휴고 먼스터버그(Hugo Munsterberg)는 최초로 노동자들을 위한 인성 검사를 고안한 심리학자였으며(그의 *Psychology and Industrial Efficiency* [Boston: Mifflin, 1913]를 보라), 거의 혼자서 직업 지도 상담 분야를 개척했다.

8 Andrew Abbott, *The System of Professions: An Essay on the Division of Expert Labor* (Chicago: University of Chicago Press, 1988), 149.

9 Bruce Walsh and Nancy Betz, *Tests and Assessments*(Englewood Cliffs, NJ: Prentice Hall, 1985), 110.

10 Katherine C. Briggs and Isabel Myers, *Myers-Briggs Type Indicator*(Palo Alto, CA: Consulting Psychologists Press, 1976).

11 Annie Murphy Paul, *Cult of Personality: How Personality Tests Are Leading Us to Miseducate Our Children, Mismanage Our Companies, and Misunderstand Ourselves*(New York: Free Press, 2004).

12 Ann Curran, "Is It OK to Sob on the Job?" *Redbook,* March 1985, 115.

13 Claude Steiner, *Achieving Emotional Literacy: A Personal Program to Improve your Emotional Intelligence*(New York: Avon Books, 1997), 13.

14 Daniel Goleman, *Emotional Intelligence*(New York: Bentham Books, 1995).

15 Howard Gardner, *Frames of Mind: The Theory of Multiple Intelligences*(New York: Basic Books, 1983).

16 Peter Salovey et al., "Emotional Attention, Clarity, and Repair: Exploring Emotional Intelligence Using the Trait Meta-Mood Scale," in *Emotion, Disclosure, and Health,* ed. J. W. Pennebaker(Washington, DC: American Psychological Association, 1995), 126에서 인용.

17 John D. Mayer and Peter Salovey, "The Intelligence of Emotional Intelligence," *Intelligence* 17(1993): 433.

18 John D. Mayer, Peter Salovey, and David Caruso, "Models of Emotional Intelligence," in *Handbook of Human Intelligence,* 2nd ed., ed. R. J. Sternberg(New York: Cambridge University Press, 2000), 396~420.

19 감정 지능은 가드너의 대인관계 지능(interpersonal intelligence)과 자기성찰 지능(intrapersonal intelligence)을 포괄하며, 다음과 같은 다섯 가지 영역으로 분류될 수 있는 능력을 포함한다. (1) **자기 인식**: 자신에게 어떤 감정이 일어나고 있음을 인식하는 능력, (2) **감정 관리하기**: 감정을 적절하게 다루는 능력, 감정 배후에 있는 것을 깨닫는 능력, 두려움, 불안, 화, 슬픔과 같은 부정적인 감정을 다루는 방법을 찾는 능력, (3) **스스로 동기 부여하기**: 목표를 달성하는 데로 감정을 돌리는 능력, 만족을 연기하고 충동을 억제하는 능력, 자기 통제력을 발휘하는 능력, (4) **공감**: 타인의 감정과 걱정에 민감하게 반응하고 그들의 관점을 취하는 능력, 사람들

이 사물에 대해 느끼는 방식의 차이를 식별하는 능력,(5) **관계 다루기**: 다른 사람들 사이에서 감정을 관리하는 능력, 사회적 능력과 사회적 스킬.

20 Bourdieu, *Distinction*.

21 "Emotional Intelligence," *Oprah Winfrey Show*, October 6, 1998.

22 J. D. Mayer and G. Geher, "Emotional Intelligence and the Identification of Emotion," *Intelligence* 22, no. 2(1996): 90~91.

23 Catherine A. Lutz and Lila Abu-Lughod, eds., *Language and the Politics of Emotion* (Cambridge: Cambridge University Press, 1990)을 보라.

24 Neil J. Smelser, "The Rational and the Ambivalent in the Social Sciences," *American Sociological Review* 63, no. 1(1998): 1~16.

25 Timothy Wilson and Jonathan W. Schooler, "Thinking Too Much: Introspection Can Reduce the Quality of Preferences and Decisions," *Journal of Personality and Social Psychology* 60(February 1991): 181~192.

26 Ibid.; Jonathan Schooler, Stellan Ohlsson, and Kevin Brooks, "Thoughts beyond Words: When Language Overshadows Insight," *Journal of Experimental Psychology*(June 1993): 166~183.

27 Bourdieu, *Distinction*.

28 Cary Cherniss, "The Business Case for Emotional Intelligence," 2004, www.eiconsortium.org/research/business_case_for_ei.htm(accessed March 18, 2007).

29 Ibid.; U.S. Government Accounting Office, "Military Recruiting: The Department of Defense Could Improve Its Recruiter Selection and Incentive Systems"(1998년 1월 30일에 의회에 제출한 보고서)를 인용하고 있다.

30 Ibid.; R. E. Boyatzis, "Emotional Intelligence"(the Linkage Conference on Emotional Intelligence, Chicago, September 27, 1999에서 발표된 논문)를 인용하고 있다.

31 Ibid.; Lyle M. Spencer, David C. McClelland, and S. Kelner, *Competency Assessment Methods: History and State of the Art*(Boston: Hay/McBer, 1997)를 인용하고 있다.

32 Ibid.; J. E. Hunter, F. L. Schmidt, and M. K. Judiesch, "Individual Differences in Output Variability as a Function of Job Complexity," *Journal of Applied Psychology* 75(1990): 28~42, 그리고 Daniel Goleman, *Working with Emotional Intelligence*(New York: Bantam, 1998)를 인용하고 있다.

33 Ibid.; Lyle M. Spencer and Signe M. Spencer, *Competence at Work: Models for Superior Performance*(New York: John Wiley, 1993), 그리고 Spencer, McClelland, and Kelner, *Competency Assessment Methods*를 인용하고 있다.

34 Ibid.; Goleman, *Working with Emotional Intelligence*를 인용하고 있다.

35 Ibid.; David C. McClelland, "Identifying Competencies with Behavioral-Event Interviews," *Psychological Science* 9, no. 5(1999): 331~339를 인용하고 있다.

36 Ibid.; 아무런 인용 표시가 되어 있지 않다.

37 Ibid.; 아무런 인용 표시가 되어 있지 않다.

38 Ibid.; John Bachman et al., "Emotional Intelligence in the Collection of Debt," *International Journal of Selection and Assessment* 8, no. 3(2000): 176~182를 인용하고 있다.

39 Wendy Espeland and Mitchell Stevens, "Commensuration as a Social Process," 24(1998): 313~343.

40 Joan Acker, "Hierarchies, Jobs, Bodies: A Theory of Gendered Organizations," *Gender and Society* 4, no. 2(1990): 148.

41 이 주장은 알리 혹실드가 자신의 중요한 저작[*The Managed Heart: Commercialization of Human Feeling*(Berkeley: University of California Press, 1983)]에서 제기한 주장과 다르다는 점에 주의하라. 그녀의 저작에서 상품화된 것은 감정적 기질이 아니라 감정적 수행이다.

42 Pierre Bourdieu, *Pascalian Meditations*(Cambridge: Polity Press, 2000), 166.

43 Pierre Bourdieu and Loïc Wacquant, *An Invitation to Reflexive Sociology*(Chicago: University of Chicago Press, 1992), 18.

44 Pierre Bourdieu, "The Forms of Capital," in *Handbook of Theory and Research for the Sociology of Education,* ed. John G. Richardson(New York: Greenwood Press, 1986), 243.

45 Randall Collins, *Interaction Ritual Chains*(Princeton: Princeton University Press, 2004).

46 Randall Collins, "Stratification, Emotional Energy and Transient Emotions," in *Research Agendas in the Sociology of Emotions,* ed. Theodore D. Kemper(Albany: SUNY Press, 1990), 27~57.

47 하지만 적어도 부르디외의 의미에서는 문화 자본이 '고급문화'로 식별된 일단의 기존의 예술적 창조물에 대한 접근을 의미하기 때문에, 감정 지능은 문화 자본의 한 아종으로서의 자격을 갖추지 못한다.

48 "연결을 예측할 수 없는, 그리고 더 멀리까지 연결될수록 수익성이 더 커질 수 있는 네트워크 세계에서는 계급 아비투스—가정 내의 지배적인 사회질서 속에서 취향은 계급 아비투스에 근거하여 무의식적으로 수렴된다—는 더 이상 직관이나 직감으로부터 충분한 뒷받침을 받지 못한다. 이와 반대로 위대한 인물은 서로 떨어져서 다른 세계에 자리하고 있을 뿐만 아니라 자신의 사회적 배경과 직접적인 관계의 범위로부터도 멀리 떨어져 있는 존재들 사이에 연결 고리를 확립하는 사람이다. 이것은 바로 옛 부르주아 사회와 달리 연결주의적 자본주의가 풍부한 경험을 가지고 있고 여러 세계를 잘 알고 있는—이것이 그들에게 상당한 적응력을 부여한다—사람들을 인정하는 이유이다." Luc Boltanski and Eve Chiapello, *Le nouvel esprit du capitalisme*(Paris: Gallimard, 1999), 176.

49 Alejandro Portes, "Social Capital: Its Origins and Applications in Modern Sociology," *Annual Review of Sociology* 24(1998): 1~24.

50 이를테면 John Meyer et al., "World Society and the Nation-State," *American Journal of Sociology* 103, no. 1(1997): 144~181을 보라.

51 그날 열린 워크숍을 개최한 주체는 사람과 컴퓨터(Anashim ve Machshevim)라고 불리는 이스라엘 회사였다.

52 David Ryback, *Putting Emotional Intelligence to Work*(Boston: Butterworth-Heinemann, 1998).

53 Susan Moller-Okin, *Justice, Gender and the Family*(New York: Basic Books, 1989)를 보라.

54 Andrew Sayer, *The Moral Significance of Class*(New York: Cambridge University Press, 2005), 95.

55 Bourdieu, *Distinction.*

56 Michael Walzer, *Spheres of Justice: A Defense of Pluralism and Equality*(Oxford: Martin Robertson, 1983).

57 Michael Rustin, *The Good Society and the Inner World: Psychoanalysis, Politics and Culture*(New York: Verso, 1991).

58 이와 다소 유사한 접근방식으로는 Sayer, *Moral Significance of Class*를 보라.

59 Anthony Giddens, *Modernity and Self-Identity: Self and Society in the Late Modern Age* (Cambridge: Polity Press, 1991), 6.

60 Stephanie Coontz, *Marriage, a History: From Obedience to Intimacy*(New York: Penguin, 2005), 285.

61 Judith A. Sellner and James G. Sellner, *Loving for Life: Your Self-Help Guide to a Successful, Intimate Relationship*(Vancouver, BC: International Self-Counsel Press, 1991), 14.

62 Charles J. Margerison, *Conversation Control Skills for Managers*(London: Mercury Books, 1987), 7.

63 이 말이 기업적 자아와 가정 내 자아 간에 중요한 차이가 별로 없다는 뜻은 아니다. 여기서 가장 주목할 것은 기업적 자아가 가정 내 자아보다 훨씬 더 많은 가면을 쓰고 있다는 사실이다. 그러나 기업적 자아가 의식적으로 가면을 쓰고 있다는 사실은 사적 영역에서의 '자기 표출' 이상과 문화적으로 상응한다. 왜냐하면 '자기 현시'와 '가장'은 '진실성' 측면에서 구상된, 동일한 이원적 자아 코드에 속하기 때문이다. 더 나아가 이 자아는 가면을 쓰고 있든 아니면 벗고 있든 간에 다른 사람과 어떻게 함께 살 것인가 하는 문제에 대해서는 동일한 방식으로 대처해야 한다.

64 Frank Furedi, *Therapy Culture: Cultivating Vulnerability in an Uncertain Age*(New York: Routledge, 2004), 35.

65 Dowd, *Are Men Necessary?* 76.

66 Paul E. Willis, *Learning to Labour: How Working Class Kids Get Working Class Jobs* (Farnborough: Saxon House, 1977).

67 Adrie Suzanne Kusserow, "De-homogenizing American Individualism: Socializing Hard and Soft Individualism in Manhattan and Queens," *Ethos* 27(1999): 210~234; Richard Harvey Brown, *Culture, Capitalism, and Democracy in the New America*(New Haven: Yale University Press, 2005), 169에서 인용.

68 Coontz, *Marriage, a History*, 289.

69 Lynda Dickson, "The Future of Marriage and Family in Black America," *Journal of Black Studies* 23(June 1993): 481.

70 Karl Marx and Friedrich Engels, *The Communist Manifesto,* trans. Samuel Moore(New York: Penguin, 2002), 228.

71 Axel Honneth, *The Struggle for Recognition: The Moral Grammar of Social Conflicts*, trans. Joel Anderson(Cambridge: MIT Press, 1996).

제7장 결론: 문화 연구에서의 제도적 실용주의

* Ivo Andric, *Le pont sur la Drina* (Paris: Livre de Poche, 1999). 이는 내가 번역한 것이다.

1 Ann Swidler, *Talk of Love: How Culture Matters*(Chicago: University of Chicago Press, 2001)를 보라.

2 Marshall Sahlins, *Historical Metaphors and Mythical Realities*(Ann Arbor: University of Michigan Press, 1981), 8.

3 William H. Sewell, *The Logics of History: Social Theory and Social Transformation* (Chicago: University of Chicago Press, 2005), 10~12를 보라.

4 Michael Silverstein; Katherin A. Woolard, "Introduction: Language Ideology as a Field of Inquiry," in *Language Ideologies: Practice and Theory,* ed. Bambi B. Schieffelin, Kathryn A. Woolard, and Paul V. Kroskrity(Oxford: Oxford University Press, 1998), 4에서 인용.

5 Timothy Wilson, "Don't Think Twice, It's All Right," *International Herald Tribune,* December 30, 2005, 6.

6 J. W. Schooler and T. Y. Engstler-Schooler, "Verbal Overshadowing of Visual Memories: Some Things Are Better Left Unsaid," Cognitive Psychology 22(1990): 36~71.

7 Walter Mischel, Y. Shoda, and R. Mendoza-Denton, "Situation-Behavior Profiles as a Locus of Consistency in Personality," *Current Directions in Psychological Science* 11(2002): 50~54.

8 Michel Foucault, *The History of Sexuality: An Introduction,* trans. R. Hurley(1976; reprint, New York: Vintage Books, 1990), 71.

9 Richard A. Shweder, *Thinking through Cultures: Expeditions in Cultural Psychology* (Cambridge, MA: Harvard University Press, 1991), 488.

10 Max Weber, "The Social Psychology of the World Religions," in *From Max Weber: Essays in Sociology,* ed. Hans H. Gerth and C. Wright Mills(New York: Oxford University Press, 1958)를 보라.

11 Susan Neiman, *Evil in Modern Thought: An Alternative History of Philosophy*(Princeton: Princeton University Press, 2002)를 보라.

12 Weber, "Social Psychology," 271.

찾아보기

주제어

ㄱ
가족 61, 148, 150~151
감정 24, 187, 247, 271, 273, 278, 282, 287, 293
감정의 객관화 191
감정의 상품화 90
감정의 탈맥락화 195
순수 감정이라는 관념 196
감정 아비투스 292
글로벌 감정 아비투스 300
감정 양식 28, 57, 303
치료요법적 감정 양식 29
감정 에너지 293
감정 역량 116, 288, 292~293
감정 자본 288, 292
감정 자본주의 87~88, 115, 208
감정 지능 276~281, 284, 286, 294~295, 366
감정장 234, 287
감정통제 88~89, 91~92, 107~109, 113, 140, 142~144, 146
개인주의 164
거친 개인주의 322
부드러운 개인주의 322
원자론적 개인주의 12
과학적 관리 이론 93
관리계급 93
관심 끌기 162
권력 117~118, 120, 143
심리적 권력 117
규율 188
근대성의 사회학 12
꿈 64~65

ㄴ
내재적 비판 36
느낌의 구조 215

ㄷ
대인 관계 상상력 28
대칭의 원칙 15
도덕적 재화 328
동성애 65
동형화 46
등록하기 163

ㄹ
리스닝 128~129

ㅁ
문제제기하기 161
문화 12, 21~22, 32, 37, 56, 84, 329
문화변동 56
문화와 사회의 관계 22
문화와 지식의 관계 18~19
문화사회학 20~23, 32, 37, 85
미러링 127, 352

ㅂ
베수비오 기법 184
불가지론의 원칙 14

ㅅ
사상의 제도화 45
상징적 통화 132
서사
고통의 서사 237, 242, 249
구원 서사 63~64
발달심리학적 자아 서사 64
성서 서사 63
악령 서사 243
오이디푸스 서사 62~63
치료요법 서사 237, 239, 241~245, 247~248, 251~254, 257
소통 125, 130, 133, 182
소통 모델 124~125, 182~183, 328

소통 스킬 130
소통의 에토스 132, 185
수행
문화적 수행 244
사회적 수행 268
신남성 301, 303
실용주의적 접근방식 36
심리치료사 77
심리학 12, 18~19, 32, 55, 114, 121, 159, 167, 172
심리학 담론 15
심리학과 광고 81
심리학과 페미니즘 158~160, 169, 171, 173
심리학의 담론 121~123
심리학자 83
심리학적 에토스 115
심리학적 해석학 72

ㅇ

아비투스 292
언어 22
언어 이데올로기 333
언어적 장막 씌우기 334
에고 심리학 217~218
오프라 윈프리 토크쇼 245
온실 가족 62~63
원심적 교류 106
유해한 공리주의 12
윤리적 실체 124~125
의미 21
의심의 인식론(해석학) 14, 16, 69
의지의 질병 235
인간관계 운동 108
인성 검사 274~275
인성 지능 278
인정 129
읽고 쓰는 능력 193

ㅈ

자기 통제 90, 109~110, 113, 118, 145
자기계발 71
자기계발 에토스 212, 214
자본주의 115
연결주의적 자본주의 295, 311, 324, 368
자아 75
근대 자아 43
성찰적 자아 131
소통적 자아 132
자아실현 경향 219
자아의 정치적 테크놀로지 14
장 이론 149
정상상태와 병리 상태 66~67
정신분석학 13, 42, 44, 46, 63~64, 75~76, 217
정신분석학 담론 14
정신분석학과 영화 79~80
정신분석학과 페미니즘 153~156
정신분석학의 조직구조 45
정신분석학적 상상력 59
정신분석학(협)회
국제정신분석학회 46
뉴욕 정신분석학회 54
미국 정신분석학협회 54
보스턴 정신분석학회 54
비엔나 정신분석학회 46
제도적 실용주의 330
조언 문헌 77~78, 106
조직사회학 88, 90
지구화 296
지식 19

ㅊ

착오행동 60
창조성 41, 46
치료요법 11, 13, 326
치료요법 담론 13~14, 17~18, 21~23, 25, 163, 165, 235, 328
치료요법 문화 208
치료요법 아비투스 296
치료요법 언어 16, 147
치료요법 에토스 21, 145, 215, 312
치료요법 윤리 145
치료요법 코드 134, 137
치료요법과 페미니즘 148~149, 165
치료요법적 담론 21
치료요법적 세계관 12
치료요법적 신념 13, 298
치료요법적 인간 145

치료요법적인 것 29
친밀성 173~175, 178, 180, 197, 238
친밀성 담론 173

ㅋ
카리스마 41, 43
카리스마적 인물 42
카리스마적 지도자 42~43
클라크 강의 51, 58~59, 70~71

ㅌ
텍스트 32~33
텍스트와 사회의 관계 32
텍스트와 행위의 관계 33
통약 193, 291
트라우마 231~232

ㅍ
페미니즘 109, 112, 229~230
제2의 물결 페미니즘 148, 167
페미니즘과 심리학 157, 168
페미니즘과 치료요법 168, 170, 188
피해자 254

ㅎ
합리성의 신화 137
합리화 193
가치 합리화 189
인지적 합리화 190
행복 성취 재화 325
호모 이코노미쿠스 133
호모 커뮤니칸스 133
후원단체 256~257, 262

인명

가드너, 하워드(Howard Gardner) 278, 366
가버드, 글렌(Glen Gabbard) 80
가버드, 카린(Karin Gabbard) 80
갤리슨, 피터(Peter Galison) 234
게어, 글렌(Glenn Geher) 281, 282~283, 287
게이, 피터(Peter Gay) 48, 67, 73, 355
고프먼, 어빙(Erving Goffman) 90
골드먼, 에마(Emma Goldman) 52, 74
골드윈, 샘(Sam Goldwyn) 80
골먼, 대니얼(Daniel Goleman) 278, 297
구디, 잭(Jack Goody) 195
그라프, 막스(Max Graf) 42
글렌던, 메리 앤(Mary Ann Glendon) 179
기든스, 앤서니(Anthony Giddens) 197, 307
기어츠, 클리퍼드(Clifford Geertz) 72, 152
나히, 알론(Alon Nahi) 243
네이먼, 수전(Susan Neiman) 336
노우드, 로빈(Robin Norwood) 239
놀런, 제임스(James Nolan) 224~225
다우드, 모린(Maureen Dowd) 250, 317
데글러, 칼(Carl Degler) 355
데모스, 존(John Demos) 61~62
도빈, 프랭크(Frank Dobbin) 86, 107, 134
뒤르켐, 에밀(Emile Durkheim) 33
듀이, 존(John Dewey) 124
드 라 살레, 들리슬(Delisle de la Sales) 353
드레이퍼스, 휴버트(Hubert Dreyfus) 124
디마지오, 폴(Paul(DiMaggio) 46, 86
디즈니, 도러시 카메론(Dorothy Cameron Disney) 154
라비노, 폴(Paul Rabinow) 124
라슨, 마갈리 사파티(Magali Sarfati Larson) 54~55
라시, 크리스토퍼(Christopher Lasch) 12, 269
라이백, 데이비드(David Ryback) 298
라이틀러, 루돌프(Rudolf Reitler) 343
라투르, 브루노(Bruno Latour) 14, 233, 363
랑크, 오토(Otto Rank) 47~48, 343
랭어, 수잔(Suzanne Langer) 28
러스틴, 마이클(Michael Rustin) 306
러시, 플로렌스(Florence Rush) 229
런드버그, 페르디난드(Ferdinand Lundberg) 155
렌, 대니얼(Daniel Wren) 98
로스케, 시어도어(Theodore Roethke) 334
로완, 브라이언(Brian Rowan) 86, 137
로이드, 제네비브(Genevieve Lloyd) 209
로저스, 칼(Carl Rogers) 27, 31, 219, 259

로젠, 폴(Paul Roazen)　41
로젠블랫, 루이즈(Louise Rosenblatt)　106
뢰벤슈타인, 루돌프(Rudolph Loewenstein)　217
리머, 로버트(Robert Rimmer)　173
리쾨르, 폴(Paul Ricoeur)　33, 236, 347
리프, 필립(Philip Rieff)　12, 66
릴케, 라이너 마리아(Rainer Maria Rilke)　343
마르가비오, A. V.(A. V. Margavio)　132
마르크스, 카를(Karl Marx)　60, 303, 324
마셜, 헨리 럿거스(Henry Rutgers Marshall)　343
마이슬, 알프레드(Alfred Meisl)　343
마이어스, 이사벨(Isabel Myers)　275
마커스, 스티븐(Steven Marcus)　76
만하임, 카를(Karl Manheim)　121
말러, 마거릿(Margaret Mahler)　242
매스터스, 윌리엄 하월(William Howell Masters)　174, 176~179, 358
매슬로, 에이브러햄(Abraham Maslow)　31, 71, 105, 219~220, 235, 259
매킨타이어, 알래스데어(Alaisdair McIntyre)　269
맥로비, 앤절라(Angela McRobbie)　181
머피, 존 P.(John P. Murphy)　37
먼스터버그, 휴고(Hugo Munsterberg)　343, 366
메이어, 아돌프(Adolf Meyer)　51
메이어, 존(John Mayer)　78, 86, 137, 221, 225, 228, 279, 281~283, 287, 296, 300
메이요, 엘턴(Elton Mayo)　31, 97~103, 107, 109, 122, 156, 352
모스코비츠, 에바(Eva Moskowitz)　233
모어, 존(John Mohr)　274
미드, 조지 허버트(George Herbert Mead)　126
미셸, 월터(Walter Mischel)　335
미첼, 스티븐(Stephen Mitchell)　31, 175
밀러, 앨리스(Alice Miller)　229~230
밀렛, 케이트(Kate Millett)　158
밀스, C. 라이트(C. Wright Mills)　88
발베르데, 마리아나(Mariana Valverde)　235
백스터, 베른(Vern Baxter)　132
버거, 존(John Berger)　169
베버, 막스(Max Weber)　40~43, 88~89, 117, 123, 149, 188~190, 193, 303, 332, 336
벡, 아론(Aaron Beck)　27
벤딕스, 라인하르트(Reinhard Bendix)　92, 94
벨라, 로버트(Robert Bellah)　16
볼탄스키, 뤽(Luc Boltanski)　216, 295
부르디외, 피에르(Pierre Bourdieu)　83, 144, 149, 271, 292, 306, 310, 368
부숑, 캐럴린(Carolyn Bushong)　245
부스, 웨인(Wayne Booth)　106
브라더스, 조이스(Joyce Brothers)　164
브라운, 헬렌 걸리(Helen Gurley Brown)　173
브로이어, 요세프(Joseph Breuer)　69
브리그스, 캐서린 C.(Katherine C. Briggs)　275
브린트, 스티븐(Steven Brint)　222
브릴, 아브라함(Abraham Brill)　52
브릴, 피터(Peter Brill)　53, 111
비딩, 프랜시스(Francis Beeding)　79
비어나키, 리처드(Richard Biernacki)　25
비티, 멜로디(Melody Beattie)　184
사이드먼, 스티븐(Steven Seidman)　66
사저, 이시도르(Isidor Sadger)　343
삭스, 한스(Hanns Sachs)　48
살린스, 마셜(Marshall Sahlins)　330
새이어, 앤드루(Andrew Sayer)　305
새텔, 샐리(Sally Satel)　255
샐러베이, 피터(Peter Salovey)　279
샤르티에, 로제(Roger Chartier)　106
서스먼, 워런 I.(Warren I. Susman)　349
세넷, 리처드(Richard Sennett)　116, 130
셀즈닉, 데이비드(David Selznick)　79
셴하브, 예후다(Yehouda Shenhav)　95, 349
소머스, 크리스티나 호프(Christina Hoff Sommers)　255
슈얼, 윌리엄(William Sewell)　30, 36, 72, 134, 159, 241, 243
슈워츠, 린 샤론(Lynne Sharon Schwartz)　182
슈위더, 리처드(Richard Schweder)　335

슘웨이, 데이비드(David Shumway) 173
스마일스, 사무엘(Samuel Smiles) 210, 212~213
스미스, 애덤(Adam Smith) 132
스위들러, 앤(Ann Swidler) 72, 84, 206
스쿨러, 조너선 W.(Jonathan W. Schooler) 286, 334
스타이넘, 글로리아(Gloria Steinem) 181
스타인메츠, 조지(George Steinmetz) 21
스태그너, 로스(Ross Stagner) 105
스탠턴, 도나(Donna Stanton) 144
스턴스, 캐럴(Carol Stearns) 89, 108
스턴스, 피터(Peter Stearns) 89, 108
스테켈, 빌헬름(Wilhelm Stekel) 42, 343
스톡, 브라이언(Brian Stock) 194
스트랭, T. S.(T. S. Strang) 78
스트랭, 데이비드(David Strang) 78
스티븐스, 미첼(Mitchell Stevens) 193, 291
실버스타인, 마이클(Michael Silverstein) 333
아들러, 알프레드(Alfred Adler) 31, 47, 217, 343
아르디티, 호르헤(Jorge Arditi) 206
아브라함, 카를(Karl Abraham) 48
아우렐리우스, 마르쿠스(Marcus Aurelius) 354
아우어바흐, 에리히(Erich Auerbach) 213
아이어먼, 론(Ron Eyerman) 232
아이젠슈타트, S. N.(S. N. Eisenstadt) 18
아이팅곤, 막스(Max Eitingon) 45, 48
알렉산더, 제프리(Jeffrey Alexander) 32, 85
애덤스, 클리퍼드(Clifford Adams) 154, 162, 164, 166
애벗, 앤드루(Andrew Abbott) 121, 274
애커, 조앤(Joan Acker) 291
앨런, 우디(Woody Allen) 173
앨퍼드, 프레드(Fred Alford) 269
업다이크, 존(John Updike) 173
에르하르트, 베르너(Werner Erhard) 258
에릭슨, 에릭(Erik Erikson) 31, 217
에스펠랜드, 웬디(Wendy Espeland) 193, 291
에이브럼슨, 제프리 B.(Jeffrey B. Abramson) 76, 347
엘런버거, 헨리(Henri Ellenberger) 342
엘리스, 앨버트(Albert Ellis) 27, 217
엘리스, 해브록(Havelock Ellis) 73~74, 174
엘리아스, 노르베르트(Norbert Elias) 91
엥슬러-스쿨러, T. Y.(T. Y. Engstler-Schooler) 334
여키스, 로버트(Robert Yerkes) 96
오머, 하임(Haim Omer) 243
오트너, 셰리(Sherry Ortner) 236
옹, 월터(Walter Ong) 196
와일리, 필립(Philip Wylie) 356
와트, 이안(Ian Watt) 195
왓슨, 존 B.(John B. Watson) 96
우스노, 로버트(Robert Wuthnow) 40
월저, 마이클(Michael Walzer) 306
위니콧, D. W.(D. W. Winnicott) 118, 175
윈프리, 오프라(Oprah Winfrey) 245, 248
윌리스, 폴(Paul Willis) 322
윌리엄스, 레이먼드(Raymond Williams) 215
윌슨, 캐럴(Carol Wilson) 232
윌슨, 티모시(Timothy Wilson) 286, 334
유리, 윌리엄(William Ury) 112, 118
융, 칼(Carl Jung) 47
이글턴, 테리(Terry Eagleton) 255
자레츠키, 엘리(Eli Zaretsky) 80
자야라트네, 토비 엡스타인(Toby Epstein Jayaratne) 183
재라드, 레너드(Leonard Jarard) 113
재칼, 로버트(Robert Jackall) 109, 114, 131
제임스, 윌리엄(William James) 37, 51, 216
젤라이저, 비비아나(Viviana Zelizer) 86
존스, 어니스트(Ernest Jones) 48, 54
존슨, 버지니아(Virginia Johnson) 174, 176~179, 358
종, 에리카(Erica Jong) 171
짐멜, 게오르크(Georg Simmel) 206~207, 257
카네기, 데일(Dale Carnegie) 113
카루소, 데이비드(David Caruso) 279
카벨, 스탠리(Stanley Cavell) 60
칼롱, 미셸(Michel Callon) 14, 161~162
커빙턴, 스테파니(Stephanie Covington) 364

커츠와일, 에디스(Edith Kurzweil) 48
커친스, 허브(Herb Kutchins) 227
커크, 스튜어트(Stuart Kirk) 227
코르퀴프, 필리프(Philippe Corcuff) 15
코헛, 하인츠(Heinz Kohut) 118, 175
콜린스, 랜들(Randall Collins) 292~293, 340
쿠시먼, 필립(Philip Cushman) 12
쿠퍼, 애덤(Adam Kuper) 339
쿡, 캐런(Karen Cook) 120
쿤, 토머스(Thomas Kuhn) 344
쿤다, 기디언(Gideon Kunda) 89
쿤츠, 스테파니(Stephanie Coontz) 109, 151, 322
크노르-세티나, 카린(Karin Knorr-Cetina) 18, 274
크래머, 로데릭 M.(Roderick M. Kramer) 120
크리스, 에른스트(Ernst Kris) 217
클라인, 멜라니(Melanie Klein) 175
클리퍼드, 제임스(James Clifford) 268
키르슈너, 수잔(Suzanne Kirschner) 63~64, 174
키멜, 마이클(Michael Kimmel) 351
킨제이, 앨프리드(Alfred Kinsey) 171, 358
태브리스, 캐럴(Carol Tavris) 183
터너, 빅터(Victor Turner) 266, 268
테일러, 찰스(Charles Taylor) 60, 344
테일러, 프레더릭(Frederick Taylor) 93, 349
토리, 풀러(Fuller Torrey) 74, 79
토머스, 조지(George Thomas) 225
트릴링, 리오넬(Lionel Trilling) 12, 23
티치너, E. B.(E. B. Titchener) 51
파넘, 매리니아(Marynia Farnham) 156
파비안, 요하네스(Johannes Fabian) 43
파슨스, 탤컷(Talcott Parsons) 43
파월, 월터(Walter Powell) 46, 86
패터슨, 올랜도(Orlando Patterson) 19, 214
퍼거슨, 캐시(Kathy Ferguson) 110
퍼스텐버그, 프랭크(Frank Furstenberg) 322
퍼트넘, 제임스(James Putnam) 51, 53
페렌치, 산도르(Sándor Ferenczi) 48, 54
포르테스, 알레한드로(Alejandro Portes) 295
포페노, 폴(Paul Popenoe) 154, 161, 166, 191
폴, 앤 머피(Ann Murphy Paul) 275
푸레디, 프랭크(Frank Furedi) 233, 250, 317
푸코, 미셸(Michel Foucault) 13~15, 67, 83, 124~125, 188, 225, 237
푹스, 스테판(Stephan Fuchs) 56
프로마우스, 메리 엘런(Mary Ellen Fromouth) 232
프로이트, 지그문트(Sigmund Freud) 27, 29, 31, 39~52, 54, 57~61, 63~66, 68~76, 80, 153, 158, 174, 211~213, 216, 218, 242, 270~274, 294, 303, 330, 342~343, 345~346, 355, 358
프롬, 에리히(Erich Fromm) 47, 217
프리던, 베티(Betty Friedan) 157, 356
프리드랜드, 로저(Roger Friedland) 274
프리드리히, 오토(Otto Friedrich) 79
프린스, 모턴(Morton Prince) 51
피스, 캐시(Kathy Peiss) 81~82
하르트만, 하인츠(Heinz Hartmann) 217
하버마스, 위르겐(Jurgen Habermas) 41, 342
해킹, 이언(Ian Hacking) 229
허먼, 엘런(Ellen Herman) 156, 158, 168, 224
헤일, 네이선(Nathan Hale) 53, 58
헥트, 벤(Ben Hecht) 80
헬드, 데이비드(David Held) 252
헬먼, 릴리언(Lillian Hellman) 74
호나이, 캐런(Karen Horney) 31, 47, 217
호네트, 악셀(Axel Honneth) 129, 325
혹실드, 알리(Alie Hochchchild) 89~90, 109, 368
홀, 스탠리(Stanley Hall) 51
화이트, 윌리엄(William Whyte) 88
히치콕, 앨프리드(Alfred Hitchcock) 79, 81

책 제목

『감정 지능 작동시키기(Putting Emotional Intelligence to Work)』 298

『감정 지능(Emotional Intelligence)』 278
『거친 싸움(Rough Strife)』 182
『과학혁명의 구조(The Structure of Scientific Revolutions)』 344
『국부론(Wealth of Nations)』 132
『꿈의 해석(The Interpretation of Dreams)』 58
『내부로부터의 혁명(Revolution from Within)』 181
『너무 많이 사랑하는 여성들(Women Who Love Too Much)』 239
『네트의 도시: 1940년대 할리우드의 초상(City of Nets: A Portrait of Hollywood in the 1940s)』 79
『닥터 에드워즈의 집(The House of Doctor Edwards)』 79
『더 이상 동반 의존하지 말라(Co-dependent No More)』 184
『도덕감정이론(Theory of Moral Sentiments)』 132
『독사 세대(A Generation of Vipers)』 356
『메시지 분명하게 만들기(Making the Message Clear)』 129
『문명화 과정(Civilizing Process)』 91
『문화와 실천이성(Culture and Practical Reason)』 86
『반대 극복하기(Getting Past No)』 112, 118
『비행의 두려움(Fear of Flying)』 171
『사람이 되는 것에 대하여(On Becoming a Person)』 27
『사랑만으로는 결코 충분하지 않다(Love Is Never Enough)』 27
『산업문명의 인간 문제(The Human Problems of an Industrial Civilization)』 107
『섹슈얼리티의 역사(History of Sexuality)』 238
『섹스와 싱글 걸(Sex and the Single Girl)』 173
『여성의 신비(Feminine Mystique)』 157
『영재 아이의 드라마(The Drama of the Gifted Child)』 229
『유년기와 사회(Childhood and Society)』 217
『이데올로기와 유토피아(Ideology and Utopia)』 121
『인간성의 부식(The Corrosion of Character)』 116
『인간의 성적 반응(Human Sexual Response)』 358
『일상생활의 정신병리학(Psychopathology of Everyday Life)』 58~59
『일터에서의 사회적 스킬(Social Skills at Work)』 115
『입문 강의』 59, 65, 69, 345
『자아의 원천(Sources of the Self)』 344
『자조(자기계발)(Self- Help)』 210
『정신 장애 진단 및 통계 매뉴얼(DSM)』 226~228
『정신분석학 입문 강의(Introductory Lectures on Psychoanalysis)』 58
『정신분석학의 종교적·낭만적 기원(The Religious and Romantic Origins of Psychoanalysis)』 63
『정신장애 진단 및 통계 매뉴얼(The diagnostic and statistical manual of mental disorders(DSM)』 31
『조직인(Organization Man)』 88
『철학의 새로운 열쇠(Philosophy in a New Key)』 28
『친구를 얻고 사람들을 움직이는 방법(How to Win Friends and Influence People)』 113
『쾌락 유대(The Pleasure Bond)』 174, 176
『퍼스낼리티 숭배(Cult of Personality)』 275
『프로이트의 사기(Freudian Fraud)』 74
『합리적 삶을 위한 새로운 가이드(A New Guide to Rational Living)』 27
『해러드 실험(The Harrad Experiment)』 173
『현대 여성: 잃어버린 성(Modern Woman: The Lost Sex)』 155
『화이트칼라(White Collars)』 88

옮긴이 후기

'감정자본주의'는 어떻게 형성되었는가?

현대 사회학자 중에서 최근에 에바 일루즈만큼 국내에서 주목받은 학자는 없을 것이다. 아마도 그녀가 국내에서 널리 회자된 것은 그녀의 소책자 『차가운 친밀성: 감정자본주의의 형성Cold Intimacies: The Making of Emotional Capitalism』이 『감정자본주의』라는 타이틀로 출간되고 나서였을 것이다. 그 후 대중의 주목을 받을 만한 그녀의 '사랑의 사회학' 책들이 계속해서 번역되어 나왔다. 이러한 출판계의 활동은 우리 사회에 '감정자본주의'라는 용어가 학자들뿐만 아니라 식자층에서 널리 소비되게 했다. 그러나 일루즈가 말하는 감정자본주의가 무엇이고 그것이 어떻게 형성되었는지, 그리고 그 용어가 어떤 의미를 지니는지를 정확히 이해하고 사용하는 경우는 드물다.

그러나 그 책임을 모두 국내의 용어 소비자들에게만 돌릴 수는 없다. 왜냐하면 국내에 소개된 『감정자본주의』라는 책의 원제목에는 감정자본주의라는 용어가 부제로 등장하지만, 그 내용에서는 감정자본주의에 대해 구체적으로 논의하고 있지 않기 때문이다. 하지만 그 책도 그럴 만한 이유가 있다. 그 책은 이 책 『근대 영혼 구원하기』를 준비하고 있던 시점에서 수행한 '아도르노 강의'에 토대한 것이었다. 그러니까 어떻게 보면 이 책에서 본격적으로 연구하기 위한 주제를 개관한 것이었다고 할 수 있다. 일루즈는 이 책에서 앞서의 소책자에서 제시한 아이디어들을 학문적으로 엄격하게 진술한다. 그러한 점에서 이 책은 앞서 출간된 『감정자본주의』의 완성본이라고 할 수 있다.

그렇다면 일루즈가 말하는 감정자본주의란 무엇인가? 일루즈는 이 책에서도 감정자본주의의 특성에 대해 이전의 책보다 더 구체적으로 규명하지는 않는다. 이전의 책에서 규정했던 내용을 다음과 같이 반복하고 있을 뿐이다. 그리고 일루즈의 또 다른 책들에서도 이 정의가 전제되어 있다.

> 감정 자본주의에서는 감정 담론과 경제 담론이 서로를 상호적으로 틀 짓고, 그리하여 감정이 경제적 행동의 본질적 측면이 되고 또 감정생활 — 특히 중간 계급의 감정생활 — 이 경제적 관계 및 교환의 논리를 따른다. 감정 자본주의에서는 시장에 기반한 문화적 레퍼토리들이 대인관계와 감정적 관계를 틀 짓고 인도한다. 대인관계를 만들고 유지하는 방법을 아는 것이 경제적 관계를 생각하고 상상하는 방법에서 중심적인 것이 된다.

이 설명만으로는 감정자본주의가 무엇인지를 쉽게 알 수 없다. 또한 독자들은 아마도 그렇다면 왜 이 책이 『감정자본주의』의 완결본인지, 그리고 왜 이 책의 제목—『근대 영혼 구원하기: 치료요법, 감정, 그리고 자기계발 문화』—에서 감정자본주의라는 말을 찾아볼 수 없는지 의아해할 것이다. 옮긴이는 이에 대해 답하고 일루즈의 이 책에서 보여주는 독특한 문화사회학적 접근방식을 소개하여 독자들의 독서를 돕는 것으로 이 짧은 후기를 대신하고자 한다.

첫째, 이 책의 목적은 감정자본주의의 '특성'을 밝히는 것이 아니라 이전의 소책자의 부제에서 언급된 감정자본주의의 '형성'과정을 추적하는 것이다. 문화사회학자 일루즈가 감정자본주의의 문화구조가 어떻게 출현했는지에 주목하는 까닭은 그녀의 접근방식, 즉 '내재적 접근방식'에서 기인한다. 그녀는 기본적으로 "문화분석의 요점은 문화적 관행이 어떠해야 하는지, 또는 어떠했어야 하는지에 근거하여 그 관행을 측정하는 것이 아니라, 오히려 문화적 관행이 어째서 현 상태가 되었는지, 그렇게 되는 과정에서 문화적 관행은 왜 사람들을 위해 '어떤 일을 수행하는지'를 이해하는 것"이라는 입장을 지니고 있기 때문이다.

둘째, 그렇다면 이 책의 부제에 등장하는 '치료요법'과 '자기계발 문화'라는 용어는 무엇을 의미하는가? 일루즈는 감정자본주의의 형성과정을 추적하기 위해 현대 문화의 주요한 경향의 하나인 자기계발 문화에 주목하고 그 밑에 깔린 치료요법 담론이, 더 넓게는 심리학과 정신분석학 담론이 미국의 기업, 결혼생활, 일상의 자기계발 관행에 스며들어 감정자본주의가 형성되는 과정을 면밀하게 살펴본다. 그녀가 그중에서도 치료요법 담론을 연구대상으로 설정한 것은 치료요법 에토스가 그 어떤 다른 주제보다도 "문화가 작동하는 방식"을 고찰하기 위한 하나의 이상적인 현장일 수 있을 것이라는 가정 때문이다.

셋째, 하지만 일루즈는 많은 사회학자가 논의한 치료요법 문화의 특징 및 그것의 유해한 효과에 대해서는 이 책에서 관심이 없다(이에 관심이 있는 독자라면 프랭크 푸레디의 『치료요법 문화』를 보라). 왜냐하면 그녀의 관심은 치료요법 담론의 문제 및 그 담론에 대한 무수한 비판에도 '불구하고' 치료요법이 어째서 현대 사회에서 하나의 주요한 문화적 흐름을 형성하고 있는가 하는 의구심을 풀어내는 것이기 때문이다. 그녀에 따르면, 그 이유는 치료요법 담론이 그럼에도 불구하고 뭔가 유효한 효과를 발휘하기 때문이다. 따라서 그녀는 이 문제를 추적하기 위해 '제도적 실용주의'라는 입장을 취한다. 제도적 실용주의는 그녀의 표현으로 "문화구조들이 어떻게 생겨나고 그 문화구조들이 일상생활에서 어떻게 실행되는지, 또 그 문화구조들이 다시 일상생활을 어떻게 변화시키는지를 동시에 설명하는 것을 목표로 한다."

넷째, 그렇다면 부제의 '감정'이라는 용어는 무엇을 의미하는가? 일루즈 문화사회학이 지닌 독특성의 하나는 그녀가 문화사회학에 구조와 행위를 연결하는 중심 고리로 감정을 도입한다는 것이다. 그녀는 콜린스를 따라 감정 에너지를 행위의 한 동력으로 간주한다. 그리고 그녀가 볼 때, 심리학이 사회 및 생활세계에 침투하여 참호를 구축하는 과정은 다름 아닌 '감정의 합리화'와 '경제적 행동의 감정화' 과정이었고, 이것이 바로 감정자본주의를 형성시킨 기본 메커니즘이다. 따라서 이제 감정도 하나의 '자본'이 된다. 그리고 그렇기에 이제 감정은 사회계층화의 한 범주가 된다. 일루즈는 이를 이 책의 마지막 장에서 검토한다.

다섯째, 그렇다면 왜 이 책의 제목이 『근대 영혼 구원하기』인가? 독자들은 이 답을 책을 다 읽고 난 다음에야 찾을 수 있을 것이다. 그 이유는 일루즈가 심리학이 근대세계에서 지배적인 힘을 획득할 수 있었던 것은 근대 영혼들이 맞닥친 고통의 문제를 해결해 주겠다고 나섰기 때문이라고 보고 있기 때문이다. 원래 인간의 고통 분배 문제는 신정론의 대상이었다. 그러나 종교가 약화된 이후 (임상)심리학은 종교를 대신하여 그 고통을 상처받거나 잘못 관리된 정신의 결과로 만듦으로써 이 문제를 일거에 해소하겠다고 약속했다. 이것이 결국은 현대의 치료요법적 신념의 요체이고, 치료요법 담론이 확산되어 하나의 문화를 형성한 것 또한 이 때문이다. 하지만 일루즈가 볼 때, 치료요법의 모순은 치료요법이 자신의 생존을 위해 고통과 곤경을 심화시킨다는 데 있다.

일루즈는 자신의 이러한 독창적인 견해를 피력하고 입증하기 위해 기존의 수많은 선행 연구들에 의존하여, 또한 자신의 경험적 자료에 의거하여 선행 연구자들의 주장을 비판하고 논박한다. 이 과정을 좇아가기란 결코 쉽지 않다. 특히 그녀는 자신의 학식을 자신만의 방식으로 표현하고 있어 번역하기도 만만치 않았다. 그렇기에 이 번역본을 읽는 독자들 또한 옮긴이들의 부족함으로 인해 고충을 느낄 수도 있다. 그럼에도 불구하고 이 책의 편집자인 신순남 팀장은 마치 숙제하는 것 같다고 그 어려움을 토로하면서도 이 책을 이만큼이나 번듯하게 내놓을 수 있도록 도와주었다. 감사하기 그지없다. 그리고 이 책은 전남대학교 교내 학술저서 번역 지원을 통해 이루어졌음을 밝힌다. 전남대학교 연구처에도 감사한다.

2023년 새해에

박형신·정수남

지은이

에바 일루즈(Eva Illouz) 파리 사회과학고등연구원 교수이자 예루살렘 히브리 대학교 사회학과 교수이다. 자본주의의 사회학, 감정사회학, 젠더사회학, 문화사회학에 초점을 맞추어 연구하고 있다. 주요 저서로는 *Consuming the Romantic Utopia: Love and the Cultural Contradictions of Capitalism*, *Cold Intimacies: The Making of Emotional Capitalism*, *Why Love Hurts: A Sociological Explanation*, *The End of Love: A Sociology of Negative Relations*, *What Is Sexual Capital?*(공저) 등이 있다.

옮긴이

박형신은 고려대학교 대학원에서 사회학 석사 및 박사학위를 취득했다. 그간 고려대학교에서 초빙교수, 연세대학교에서 연구교수로 일했다. 지금은 고려대학교에서 강의하고 있다. 사회이론, 감정사회학, 음식과 먹기의 사회학에 관심을 가지고 연구를 진행하고 있다. 주요 저서로 『정치위기의 사회학』, 『감정은 사회를 어떻게 움직이는가』(공저), 『에바 일루즈』 등이 있고, 옮긴 책으로는 『낭만적 유토피아 소비하기』(공역), 『자본주의의 문화적 모순』, 『탈감정사회』, 『감정사회학으로의 초대』 등이 있다.

정수남은 한국학중앙연구원 한국학대학원에서 사회학 석사 및 박사학위를 취득했다. 현재 전남대학교 사회학과 조교수로 재직 중이다. 주요 연구분야는 감정사회학, 문화사회학이며, 최근에는 후기근대사회의 불평등과 감정의 문제를 연구하는 데 전념하고 있다. 주요 저서로는 『감정은 사회를 어떻게 움직이는가』(공저), 『탈사회의 사회학』(공저) 등이 있고, 옮긴 책으로는 『감정의 거시사회학』(공역), 『타임워치』(공역), 『사회이론의 역사』(공역), 『뒤르켐주의 문화사회학』(공역) 등이 있다.

한울아카데미 2424

근대 영혼 구원하기

치료요법, 감정, 그리고 자기계발 문화

지은이 에바 일루즈
옮긴이 박형신·정수남
펴낸이 김종수
펴낸곳 한울엠플러스(주)
편집 신순남

초판 1쇄 인쇄 2023년 1월 30일
초판 1쇄 발행 2023년 2월 15일

주소 10881 경기도 파주시 광인사길 153 한울시소빌딩 3층
전화 031-955-0655
팩스 031-955-0656
홈페이지 www.hanulmplus.kr
등록번호 제406-2015-000143호

Printed in Korea.
ISBN 978-89-460-7425-5 93300(양장)
978-89-460-8240-3 93300(무선)

※ 책값은 겉표지에 표시되어 있습니다.
※ 무선제본 책을 교재로 사용하시려면 본사로 연락해 주시기 바랍니다.